DUMONT *Dokumente:*

eine Sammlung von Originaltexten, Dokumenten und grundsätzlichen Arbeiten zur Kunstgeschichte, Archäologie, Geisteswissenschaft, Musik- und Filmgeschichte, Ästhetischen Erziehung

# Tagebücher

# von Paul Klee
# 1898-1918

Herausgegeben und eingeleitet
von Felix Klee

DUMONT

Druck: Rasch, Bramsche
Buchbinderische Verarbeitung: Bramscher Buchbinder Betriebe

Printed in Germany ISBN 3-7701-0147-2

# Inhalt


Vorwort . . . . . . . . . . . . . . . . . . . . . . . . . 6

Tagebuch I . . . . . . . . . . . . . . . . . . . . . . . . 9
*Erinnerungen an die Kindheit* . . . . . . . . . . . . . . 15
*Der Lateiner* . . . . . . . . . . . . . . . . . . . . . . 26
*München, erstes Studienjahr 1898/99* . . . . . . . . . . 34
*München II 1899/1900* . . . . . . . . . . . . . . . . . 45
*München III 1900/1901* . . . . . . . . . . . . . . . . . 54
*Vor Italien (Sommer 1901) Bern und Umgebung* . . . . . . 68

Tagebuch II . . . . . . . . . . . . . . . . . . . . . . . 72
*Italienisches Tagebuch (Oktober 1901 bis Mai 1902)* . . . 75

Tagebuch III . . . . . . . . . . . . . . . . . . . . . . 127
*München* . . . . . . . . . . . . . . . . . . . . . . . . 218
*Studienreise nach Tunesien* . . . . . . . . . . . . . . . 293

Tagebuch IV . . . . . . . . . . . . . . . . . . . . . . . 335
*Erinnerungen* . . . . . . . . . . . . . . . . . . . . . . 422

Abbildungsverzeichnis . . . . . . . . . . . . . . . . . . 428

# Vorwort

Der Leser dieser hier vorliegenden vier Tagebücher Paul Klees wird als mutmaßlich Außenstehender in eine geheimnisvolle, seltsame, eigenartige und behutsame Welt des «Malers» Klee eindringen. Seine Tagebuchaufzeichnungen waren wohl ursprünglich nicht für die Öffentlichkeit, sondern nur für seine eigene Rechenschaft bestimmt. Mein Vater gewährte zu seinen Lebzeiten niemandem, also auch mir nicht, Einblick in sein persönlichstes Bekenntnis.

Paul Klee ist schon nach dem ersten Weltkrieg stark in den Blickpunkt des öffentlichen Interesses gerückt, und nach dem zweiten Weltkrieg galt ihm die Beachtung der ganzen westlichen Welt. Mit diesem großen Interesse teils kritischer Art, teils positivster Zustimmung wollte man naturgemäß immer mehr von seinem Leben wissen. Im zuletzt erschienenen Buche Dr. Will Grohmanns erfahren wir darüber Reichhaltiges und sehr viel Aufschlußreiches, doch noch zwingender dürfte dieses persönlichste Bekenntnis Paul Klees auf den Beschauer wirken.

Wie mir bekannt, hat Paul Klee, von jeher ein Ordnungsfanatiker, schon seit seinem 19. Lebensjahr, ab 1898, ein Tagebuch geführt. Jedes Kapitel wurde mit einer fortlaufenden Nummer und Datum versehen. Im Laufe der 1134 Nummern übersprang jedoch Klee einige Zahlen in der Reihenfolge. ungefähr im Jahre 1911 begann mein Vater die sehr vielgestalten Aufzeichnungen in zwei Heften ins reine zu schreiben, denen dann noch zwei weitere endgültige Exemplare folgen sollten.

Mit großer Freude und vollem Verantwortungsbewußtsein willigte ich im Sommer 1955 in den Plan ein, die Tagebücher meines Vaters Paul Klee zu veröffentlichen. Es bestand seit längerer Zeit ein starkes Interesse von vielen Kunstliebhabern, welche den Tagebuchtext bereits auszugsweise in verschiedenen Büchern über meinen Vater kennenlernten, diesen Wortlaut einmal ungekürzt in einer eigenen Ausgabe zu drucken. Nun galt es zunächst zu prüfen, ob all die vielen privaten und eigenen Aufzeichnungen Klees auch für den Außenstehenden von Wert sein könnten. Nach eingehendem Studium glaubte ich, es verantworten zu können und ging an die Kontrolle des gesamten Textes. Aus dieser Arbeit möchte ich nun dem Leser einige Notizen unterbreiten:

1. Verschiedene Textstellen sind von Klee in Schweizerdeutsch geschrieben, dem Dialekt, dessen sich mein Vater im Umgang mit der Familie stets bediente. Ich beließ sie im originalen Wortlaut.

2. Wie allgemein üblich, wurde der originale Text Klees an einigen Stellen der heute gültigen Schreibweise angepaßt; Irrtümer, Schreibfehler und Textunklarheiten wurden richtiggestellt.

3. An einigen Stellen findet man Eigennamen durch Buchstaben ersetzt. Diese Maßnahme war notwendig, um nicht heute noch lebende Freunde meines Vaters in den Brennpunkt der Öffentlichkeit zu stellen.

4. Einige erste Entwürfe des Kleeschen Tagebuchs fand ich zufällig bei mir, die ich zu dem redigierten Text ergänzend hinzufügte. (Mein Vater schnitt auch oft Teile der ersten Fassung aus und klebte sie zu den passenden Stellen in das endgültige Tagebuch ein.)

5. Im Archiv der Paul-Klee-Stiftung tauchte ein schwarzes Wachstuchheft meines Vaters auf. Es enthielt neben Notizen und einigen Gedichten einen Artikel über «Graphik» – eine erste Fassung seiner «Schöpferischen Konfession», und auszugsweise unter Angabe der betreffenden Nummern eine bemerkenswerte Variante der Tagebücher. Verlag und Herausgeber nahmen nun Abstand, beide Fassungen neben- oder hintereinander zu veröffentlichen; wir kamen vielmehr überein, jeweils von der einen oder anderen Ausgabe die wesentlichere Aussage zu belassen.

Sonst konnte man alles bedenkenlos publizieren, ohne der einstigen Absicht Klees, seine Tagebücher geheimzuhalten, zu sehr zuwiderzulaufen.

Die vier Tagebücher wurden nach dem Tode Paul Klees, am 29. Juni 1940, von meiner Mutter Lily in ihrer Berner Wohnung treu behütet. Nach dem Tode meiner Mutter, am 22. September 1946, kamen die Hefte in die Hände der neu gebildeten Klee-Gesellschaft. Nach meiner Rückkehr aus Deutschland nach Bern am 13. November 1948 beanspruchte ich meine Autorenrechte, auf die ich niemals verzichtete. Nach heftiger Auseinandersetzung kam es im Frühjahr 1953 durch unsere beiden Gegen-Rechtsanwälte zu einer für mich befriedigenden Vereinbarung: die Klee-Gesellschaft mußte sich auflösen, die von ihr beanspruchten Besitz- und Autorenrechte gingen wieder an mich zurück. Die im Jahre 1947 gegründete Paul-Klee-Stiftung wurde in einer weiteren Vereinbarung von mir anerkannt; ihr Besitz wurde neben dem reichhaltigen Bildmaterial mit den Tagebüchern, dem gesamten Oeuvrekatalog, dem pädagogischen Nachlaß, einer Klee-Bibliothek und einem Bildarchiv erweitert. Die Stiftung hat ihren Sitz im Berner Kunstmuseum und wird von ihm verwaltet. Die Reproduktionsrechte der in der Stiftung befindlichen Bilder Paul Klees werden mit ihr abgerechnet, während die Vervielfältigungsrechte der übrigen Bilder, wie die Autorenrechte, bei mir und meiner Familie liegen.

Die eingangs erwähnte «umfassende» Welt Paul Klees offenbart sich der jüngeren Generation dergestalt eindrücklich: durch das Lesen der Tagebücher wird man in das Leben und in das Reich aller Künste geführt, in die Musik, in die Malerei und in die Literatur. Wir erleben folgerichtig das Hineinwachsen und Ringen des jungen Paul Klee. Ein Ringen um menschliche und künstlerische Probleme, wie sie an jeden heranreifenden und ernsten Künstler immer wieder herantreten. Wir erkennen heute die Quelle Klees ausgeprägter, philosophisch humoristischer Bildtitel; sie entwickelten sich aus seiner hier vorbildlich dokumentierten, formvollendeten und stark bildhaften Kenntnis der deutschen Sprache, welche weit über das hinausgeht, was man sonst in einem Tagebuch anzutreffen gewöhnt ist. So bemerken wir auch neben seiner ernsthaft fundierten musikalischen Bildung geradezu geniale Züge der Sprachformung und -beherrschung, seien es aufgezeichnete Dialoge, Aphorismen, Briefe, Kritiken, Betrachtungen, Reiseeindrücke, sein oft bis ins Sarkastische gehender Humor oder seine erstaunliche Sicherheit in der Bewertung seines eigenen persönlichen Schicksals. Wir erkennen also mit diesem Dokument Paul Klees starke Bindung zu allen Vorgängen des täglichen Lebens, als Teil des Ganzen in und mit der Natur. Mit dem Lesen und Studium der nachfolgenden vier Tagebücher wird dem Freunde und Betrachter Kleescher Kunst sich eine weitere, unerwartete wundervolle Blüte öffnen. Von ihr sich geraume Zeit in fernere Welten, diesseits und jenseits, entführen zu lassen, sei der Sinn dieser erstmaligen Veröffentlichung.

Bern, im Sommer 1956 Felix Klee

# Tagebuch I

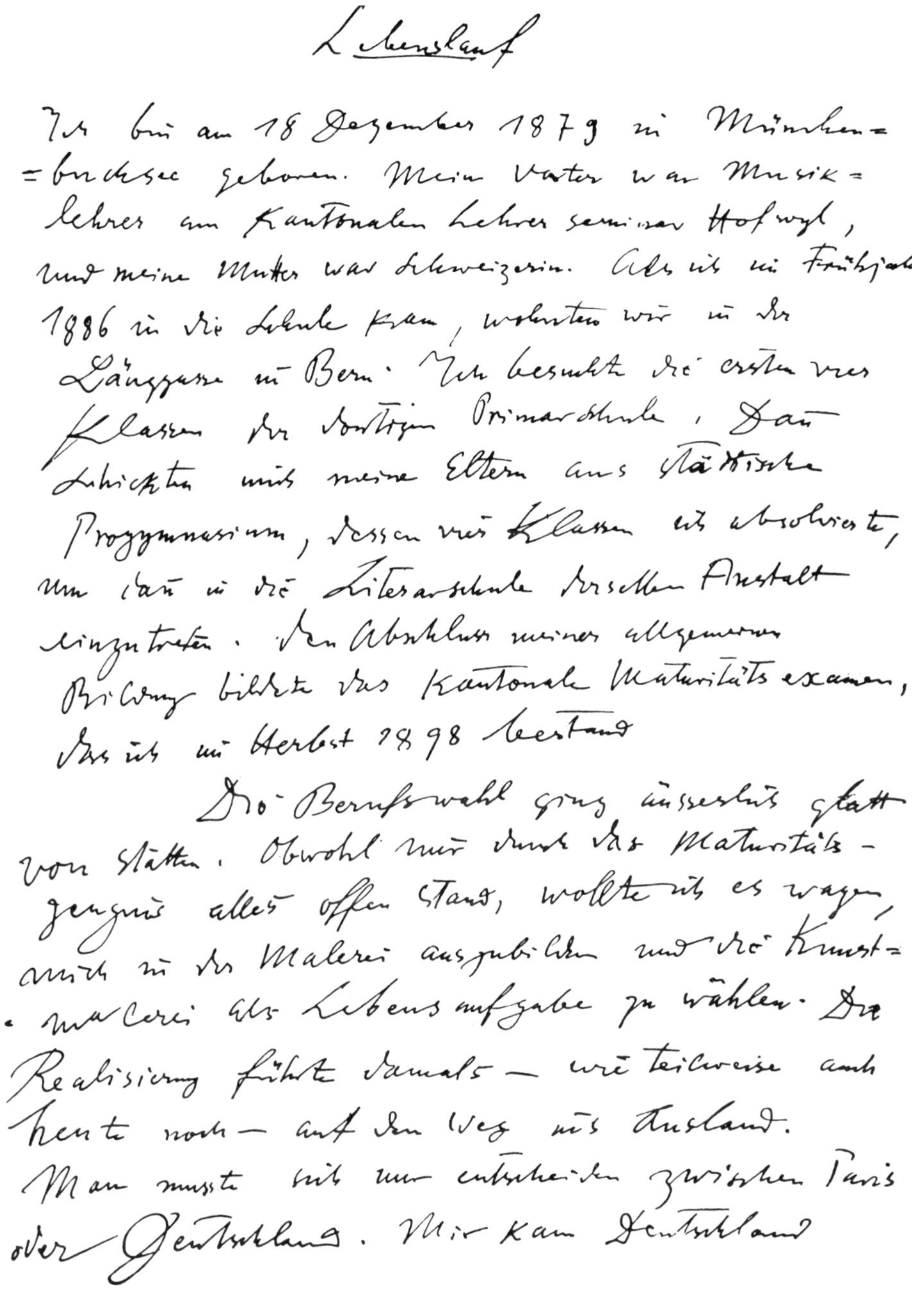

# Lebenslauf

Ich bin am 18 Dezember 1879 in Münchenbuchsee geboren. Mein Vater war Musiklehrer am Kantonalen Lehrerseminar Hofwyl, und meine Mutter war Schweizerin. Als ich im Frühjahr 1886 in die Schule kam, wohnten wir in der Länggasse in Bern. Ich besuchte die ersten vier Klassen der dortigen Primarschule. Dann schickten mich meine Eltern ans städtische Progymnasium, dessen vier Klassen ich absolvierte, um dann in die Literarschule derselben Anstalt einzutreten. Den Abschluss meiner allgemeinen Bildung bildete das Kantonale Maturitätsexamen, das ich im Herbst 1898 bestand.

Die Berufswahl ging äusserlich glatt von Statten. Obwohl mir durch das Maturitätszeugnis alles offen stand, wollte ich es wagen, mich in der Malerei auszubilden und die Kunstmalerei als Lebensaufgabe zu wählen. Die Realisierung führte damals — wie teilweise auch heute noch — auf den Weg ins Ausland. Man musste sich nur entscheiden zwischen Paris oder Deutschland. Mir kam Deutschland

1 Lebenslauf

gefühlsmässig mehr entgegen.

Und so begab ich mich denn auf den Weg nach der bayrischen Metropole, wo mich die Kunstakademie zunächst an die private Vorschule Knirr verwies. Hier übte ich Zeichnen und Malen, um dann in die Klasse Franz Stuck der Kunstakademie einzutreten.

Die drei Jahre meines Münchner Studiums erweiterte ich dann durch eine einjährige Studien-reise nach Italien (hauptsächlich Rom)

Und nun galt es, in stiller Arbeit das Gewonnene zu verwerten und zu fördern. Dazu eignete sich die Stadt meiner Jugend, Bern, auf das beste, und ich kann heute noch als Früchte dieses Aufenthaltes eine Reihe von Radierungen aus den Jahren 1903 bis 1906 nachweisen, die schon damals nicht unbeachtet blieben.

Mannigfache Beziehungen, die ich in München angeknüpft hatte, führten auch zur ehelichen Verbindung mit meiner jetzigen Frau. Dass sie in München beruflich tätig war, war für mich ein wichtiger Grund, ein zweites Mal dorthin zu übersiedeln (Herbst 1906) Nach aussen setzte ich mich als Künstler langsam durch und jeder Schritt vorwärts

war

war an diesem damals kunstzentralen Platze von Bedeutung.

Mit einer Unterbrechung von drei Jahren während des Weltkriegs durch Garnisonsdienst in Landshut, Schleissheim und Gersthofen, blieb ich in München niedergelassen bis zum Jahr 1920. Die Beziehungen zu Bern brachen schon äusserlich nicht ab, weil ich alljährlich die Ferienzeit von 2–3 Monaten daselbst im Elternhaus verbrachte.

Das Jahr 1920 brachte mir die Berufung als Lehrer an das staatliche Bauhaus zu Weimar. Hier wirkte ich bis zur Übersiedlung dieser Kunsthochschule nach Dessau im Jahre 1926. Endlich erreichte mich im Jahr 1930 ein Ruf zum Leiter einer Malklasse an der preussischen Kunstakademie zu Düsseldorf. Dieser kam meinem Wunsch entgegen, die Lehrtätigkeit ganz auf das mir eigentümliche Gebiet zu beschränken, und so lehrte ich denn an dieser Kunsthochschule während der Jahre 1931 bis 1933.

Die neuen politischen Verhältnisse Deutschlands erstreckten ihre Wirkung auch auf das Gebiet der bildenden Kunst und hemmten nicht nur die Lehrfreiheit, sondern auch die Auswirkung des privaten künstlerischen Schaffens. Mein Ruf als Maler hatte im Laufe der Zeit sich über die staatlichen, ja auch über die continentalen Grenzen hinaus ausgebreitet, sodass ich mich stark genug fühlte, ohne Amt im freien Beruf zu existieren.

Die Frage von welchem Orte aus das geschehen würde, beantwortete sich eigentlich ganz von selber. Dadurch, dass die guten Beziehungen zu Bern nie abgebrochen waren, spürte ich zu deutlich und zu stark die Anziehung dieses eigentlichen Heimatortes. Seitdem lebe ich wieder hier und es bleibt nur noch ein Wunsch offen, Bürger dieser Stadt zu sein

Bern den 7 Januar 1940

Paul Klee

1 Meinen Erinnerungen an die Kindheit schicke ich voraus, daß ich im Schulhaus zu Münchenbuchsee bei Bern am 18. Dezember 1879 geboren sein soll. Ich war einige Monate alt, als mein Vater als Musiklehrer am bernischen Lehrerseminar Hofwyl die Erlaubnis bekam, in Bern zu wohnen. Zuerst zogen wir nach der Sage in die etwas sehr volkstümliche Aarbergergasse, und bald drauf in die Länggasse Hallerstraße 32. Auch an diese Wohnung kann ich mich nicht erinnern, erst an die nächste, Hallerstraße 26. Von meinem dritten bis zu meinem zehnten Jahr. Dann zogen wir auf das Kirchenfeld, wo ich meine spätere, weniger reine Kindheit verbrachte (Marienstraße 8). Die letzten Jahre des Gymnasiums bewohnten wir dann den Familiensitz im Obstberg.

## ERINNERUNGEN AN DIE KINDHEIT

(Bern, achtziger Jahre)

2 Ein ästhetisches Gefühl war schon ganz früh entwickelt, man zog mir, als ich noch Röcke trug, zu lange Unterhosen an, so daß ich selber den grauen Flanell mit dem roten Wellenbesatz sehen konnte. Als jemand anklingelte, versteckte ich mich, um zu vermeiden, daß Besuch mich in diesem Zustand sehen konnte (zwei bis drei Jahre).

3 Wenn Erwachsene miteinander sprachen, zum Beispiel die Mutter mit einer Freundin, konnte ich bei den dahineilenden Sätzen die einzelnen Worte nicht erfassen. Endlose Sätze ohne Sinn wie eine fremde Sprache (sehr frühe Erinnerung, zwei bis drei Jahre).

4 Einmal kam die Mutter nach Haus und fand die schöne Lampe zerbrochen. Ihr hysterisches Weinen machte tiefe Effekte (drei Jahre).

5 Meine Großmutter, Frau Frick, lehrte mich sehr früh mit farbigen Stiften zeichnen. Als Klosettpapier wendete sie an mir besonders weiche Sorten an,

sogenanntes Seidenpapier. In die Äpfel biß sie nicht, sie schob auch keine geschnittenen Stücke hinein, sondern schabte dieselben mit einem Federmesser erst zu einer Art Brei. Aus ihrem Magen stieg periodisch saure Luft auf (drei bis vier Jahre).

6 Meine ersten sehr verfrühten Eindrücke der Schönheit kleiner Mädchen waren doch höchst intensiv. Ich trauerte, nicht selbst ein Mädchen zu sein und so entzückende weiße Hosen mit Spitzen zu tragen (drei bis vier Jahre).

7 Eine längere Zeit glaubte ich bedingungslos an den Papa und hielt sein Wort (Papa kann alles) für pure Wahrheit. Nur die spöttischen Momente des alten Herrn konnte ich nicht ausstehen. Einmal machte ich im Glauben, allein zu sein, phantastische, mimische Spiele. Ein plötzliches, belustigtes «pf!» störte mich und verletzte mich. Auch später machte sich dies «pf!» gelegentlich bemerkbar.

8 Ein Traum zeigte mir die Geschlechtsteile des Dienstmädchens, sie bestanden aus vier männlichen (kindlichen) und glichen etwas dem Euter einer Kuh (zwei bis drei Jahre).

9 Wenn meine Eltern abends ausgingen, führte die Magd das Regime. Meist wurde da ein Zimmer gemacht, und beim Blochen des Bodens durften wir auf der Bürste hocken und auf und ab fahren. Aber eines war fatal und sehr zu meinen Ungunsten: meine Schwester bekam da plötzlich Rechte. Unglückliche Momente, die den Wert der ganzen Abende in Frage stellten.

10 Böse Geister, die ich zeichnete (drei bis vier Jahre) bekommen plötzlich wirkliche Gestalt. Ich suchte Schutz bei der Mutter und klagte ihr, die Teufelchen guckten zum Fenster herein (vier Jahre).

11 An Gott glaubte ich nicht, andere Bübchen schwätzten nach, der liebe Gott sehe uns beständig zu. Ich war von der Minderwertigkeit solchen Glaubens überzeugt. Einmal starb eine uralte Großmutter in unserer Mietskaserne. Die Bübchen behaupteten, jetzt sei sie ein Engel, das wollte mir gar nicht einleuchten (fünf Jahre).

12 Die Leiche meiner Großmutter machte mir gewaltigen Eindruck. Eine Ähnlichkeit war nicht zu entdecken. Wir mußten weit entfernt bleiben. Dazu flossen die Tränen der Tante Mathilde wie ein stilles Bächlein. Noch lang gruselte mir, wenn ich an jener Tür vorbeiging, die in den Keller jenes Spitals hinabführt, wo man die Leiche vorläufig untergebracht hatte.

Daß man bei Toten entsetzt sein konnte, hatte ich also selber erfahren, Tränen vergießen aber hielt ich für eine Sitte der Erwachsenen (fünf Jahre).

13 Mein Vater bezeichnete einmal eine Jungfrau als trockenes Mädel. Ich dachte dabei an ihre eigenartig geschrumpfte Unterlippe (sechs Jahre).

14 Einem kleinen Mädchen, das nicht schön war und gegen verkrümmte Beine Maschinen trug, suchte ich dann und wann kleine Schäden zuzufügen. Die ganze Familie, insbesondere die Frau Mama für inferior haltend, trat ich mit Verstellung als guter Junge vor die höhere Instanz und bat, mir das herzige Junge zu einem kleinen Spaziergang anzuvertrauen. Eine kurze Strecke gingen wir friedlich Hand in Hand, dann, etwa auf dem nahen Feld, wo die Kartoffeln blühten und Marienkäferchen sich fanden, oder auch schon früher, gingen wir hintereinander. Im geeigneten Moment gab ich meinem Schützling einen gelinden Stoß. Das Ding fiel hin, und heulend führte ich es an der Hand zur Mutter, mit Unschuldsmiene zu berichten: «Es isch umgfalle.» Das Manöver wiederholte ich noch einige Male, ohne daß Frau Enger hinter die Wahrheit kam. Ich muß sie richtig beurteilt haben (fünf bis sechs Jahre).

15 Bei Erwachsenen, dachte ich mir, sei natürlich alles anders als bei uns. Wenn meine Mutter im Theater war und den nächsten Tag noch den Tenor rühmte, machte ich mir folgenden Begriff: natürlich kein Mime, kein Kostüm, das war für Kinder, sondern ein Mann im Frack, das Notenblatt in der Hand. Höchstens eine nebensächliche Theaterdekoration, etwa ein langweiliges Zimmer (sechs bis sieben Jahre).

16 Im Traum überfielen mich oft Vaganten. Ich wußte mir aber stets dadurch zu helfen, daß ich vorgab, selber ein Vagant zu sein. Das half bei den Kollegen stets (etwa sieben Jahre).

17 Ich zeichnete beim Frick, meinem Onkel, dem dicken Restaurateur, öfters und sah da die Fliegenden Blätter. Ein Gast sah zu, wie ich Pferd und Wagen zu Papier brachte. Zum Schluß sagte er: «Weißt du, was du vergessen hast?» Ich dachte, er könnte auf ein gewisses Organ bei Hengsten anspielen, und antwortete dem Mann, der mich in sittliche Verlegenheit bringen wollte, mit verstocktem Schweigen. Endlich nannte er's: «Die Deichsel» (sechs bis sieben Jahre).

18 Mein Onkel, der dicke Frick, imitierte gut Tierstimmen. Und einmal gelang es ihm, durch Miauen einen kleinen Jungen zu täuschen. Der suchte die ganze Restauration nach der Katze ab, bis mein Onkel durch ein posaunenartiges Geräusch der Sache ein Ende machte. Der Junge blieb aber bei seiner Auffassung und sagte dumm-pfiffig: «Ds Büssi het gschisse.» Ich hatte dabei Gefühle sozialer Ablehnung, ich hätte solche Worte in guter Gesellschaft nicht in den Mund genommen (sieben bis acht Jahre).

19 Man sagte mir, daß Schneider auf dem Tisch sitzen. In der Stille hielt ich das für ein Märchen. Als ich aber so einen Herrn dann wirklich auf dem Tisch traf, war ich betroffen wie bei einer Materialisation (sieben Jahre).

20 Zwei kleine Knaben von vier oder fünf Jahren (ich von sieben) mußten mir, dem Stärkeren, in jeder Beziehung gehorsam sein. Richard, der eine, war ein weiches Gemüt und leicht zu beeinflussen – das reizte mich, auch nach dieser Richtung Macht auszuüben. Ich warf ihm seinen sündhaften Lebenswandel vor, sagte ihm, daß Gott (an den ich nicht glaubte) ihn dafür strafen würde, und ging stets so weit, bis er in Tränen ausbrach. Damit gab ich mich zufrieden und tröstete ihn wieder, es sei nicht wahr. Mehrmals ließ ich mich zu diesem Experiment verführen.

Otto Eicher, der andere, sprach mit liebreizendem Tonfall, was zuerst meine besondere Sympathie hatte. Dann aber mißfiel mir diese Süßlichkeit immer mehr, bis zum Ekel. Ich begann den Kerl zu hassen und zu verfolgen. Nur deshalb. Und noch heute klingt mir seine Manier, das Fragewort zu wiederholen, im Ohr: «Was machisch du da, w-a-s??» (sieben Jahre).

21 In der zweiten Volksschulklasse fühlte ich schon ganz spezifisch für ein

Mädchen, das neben mir saß, Hermine. Ich erinnere mich noch eines Moments des Anschauungsunterrichts, wo wir, die Füße auf der Bank, auf den Tischen saßen, um die Bildertafeln an der Rückwand zu betrachten. Das Kind hatte ein permanentes, etwas dümmliches Nasenflügellächeln an sich: weltverloren faßte sie Glasperlen aus ihrem Schoß. Manchen Blick tat ich nach links – mich heimisch fühlend auf dieser Welt (sieben Jahre).

22 Dies hinderte mich nicht, mich zugleich mit einer kleinen Welschen abzugeben. Ich war ihr bevorzugter Gespiele, weil ich ihre Sprache verstand und etwas Französisch sogar sprechen konnte. Dem Tyrann genügt das aber mit der Zeit nicht mehr, und er frug mir Vokabeln ab. Kleines beweglich-kurzes Ding, rotbraune Sammetmütze mit kecker weißer Feder (sieben Jahre).

23 Als ich in der Schule die Austeilung der neuen Bücher leitete, zeigte ein Mädchen Gelüste nach einer bestimmten Farbe des Einbandes. Ich war in der Lage, den Wunsch zu erfüllen, und schob ihr das Buch zu. Hieraus bildete sich das Gerücht, sie sei mein Schatz, was mich verletzte. Denn sie war nicht schön und wohnte in der Felsenau (acht Jahre).

24 Lange blieb ich mit etlichen Unterbrechungen der kleinen Camille treu. Diese Dame war schön, dafür kann ich heute noch einstehen. Die Liebe war bestimmt, aber geheim. Bei unvermuteten Begegnungen zuckte mein Herz zusammen. Allein grüßten wir uns kurz und scheu, vor Zeugen taten wir, als ob wir uns fremd wären. Als wir uns einmal grüßten, trug sie ein blaß indischrotes Kleid und einen großen roten Hut (in der Hotelgasse). Ein anderes Mal ging sie auf der Kirchenfeldbrücke rückwärts, und ich konnte kaum einen Zusammenprall vermeiden, da trug sie ein kurzes dunkelblaues Sammetkleid und eine kleine Mütze. Ihr Zopf war üppig und locker geflochten. Ihr Vater war Deutschschweizer, die Mutter aus Genf. Die fünf Schwestern waren eine schöner als die andere (sieben bis zwölf Jahre).

25 Ich stahl durch die Lücke eines Gartenzaunes die Knolle einer Georgine, die ich dann in meinen eigenen Quadratmeter-Garten versetzte. Ich hoffte auf hübsche Blätter und vielleicht auch auf eine freundliche Blume. Nun aber wuchs ein ganzer Strauch empor mit unzähligen granatroten Blüten. Jetzt

erwachte in mir eine gewisse Angst, und ich erwog den Gedanken, auf den Besitz durch eine Schenkung wieder zu verzichten (acht Jahre).

26 Über Frau Scheurer trug ich einen Sieg davon, wenn auch keinen einwandfreien. Ich hatte beim Treppengeländerrutschen das eiserne Gestell der Petroleumlampe mit dem Fuß zerbrochen. Der Schreck war groß, doch Zeugen keine. Also war ich's nicht gewesen. Aber der Verdacht lenkte sich doch auf mich. Nun hieß es konsequent weiterleugnen. Ich ging sogar so weit, das Thema ohne Anlaß selbst aufzunehmen, unter erneuter Betonung meiner Unschuld. Schließlich wurde Frau Scheurer wenigstens unsicher (acht bis neun Jahre).

27 Im Restaurant meines Onkels, des dicksten Mannes der Schweiz, standen Tische mit geschliffenen Marmorplatten, auf deren Oberfläche ein Gewirr von Versteinerungsquerschnitten zu sehen war. Aus diesem Labyrinth von Linien konnte man menschliche Grotesken herausfinden und mit Bleistift festhalten. Darauf war ich versessen, mein ‚Hang zum Bizarren' dokumentierte sich (neun Jahre).

28 Meine Mutter kam von einer Reise nach etwa drei Wochen nachts zurück, als ich längst zu Bett lag und schlafen sollte. Ich stellte mich schlafend, und das Wiedersehen wurde erst am Morgen gefeiert (acht Jahre).

29 «Es tröstet ihn die Schwester», hieß die illustrierte Stelle eines Gedichtes. Auf den Trost der Schwester aber gab ich nichts, weil sie unästhetisch aussah (sechs bis acht Jahre).

30 An einen Séjour in Marly bei Fribourg erinnere ich mich deutlich. Wenigstens an den zweiten, der erste lebte für mich weiter nur im Ausdruck Marlyröcke, womit wir eine bestimmte Art Kleider bezeichneten, die wir damals trugen. Der zweite brachte mich zum erstenmal in eine fremde Stadt ohne Lauben, an einen schmalen Fluß, der grüner war als die Aare. Die fabelhaften Kettenbrücken. Die Kutsche, von der es hieß, es gebe Flöhe drin. Der Katholizismus dieser Gegend. Eine Prozession. Die Schwestern Küenlin, welche die Pension führten. Ihr französischer Dialekt. Die derbe Directrice.

2 *Das Karussell. 1889 (zehn Jahre)*

Die sanfte Eugenie in der Küche. Die Fliegen dort. Der Hühnerhof. Die Hinrichtung dieser Tiere. Das Eichhörnchen in der Trülle. Unten das Wasser mit der tickenden Maschinerie. Der Nachmittagskaffee im Freien. Die internationalen Kinder. Welche aus Alessandria, die schon auf dem Meer gefahren, auf Schiffen so groß wie ein Haus (was ich nicht vollständig glaubte). Ein dicker brutaler Russenknabe. Die Spaziergänge in der Umgebung. Die kleinen, schwankenden Passerellen. Die Angst der Erwachsenen auf diesen Brücken. Der Herr, der zum Schluß «Dieu soit béni» sagte. Das furchtbare Gewitter, wo wir Aufnahme auf einem aristokratischen Landsitz fanden. Die andern Kegelbahnen. Das Baden in einem Bach. Die Schilfkolben. Das Baden mit ein paar Herren bei einem schwellenartigen Wasserfall. Der Abschied voller Wehmut aus diesem Paradies.

Ein dritter Aufenthalt, welcher die beim zweiten gewonnenen Eindrücke bestätigte und befestigte. Der dicke, fröhliche junge Priester, der mit unseren Eltern und uns Baumwechseln spielte (etwa sechs und acht Jahre).

31 Die Töchter des Herrn Winter rochen nach Kolonialwaren. Die eine ging in meine Klasse. Am ersten Tag des vierten Schuljahres stellte sich heraus, daß dies Kind eigentlich in der dritten hätte sitzenbleiben müssen. Das Versehen wurde gutgemacht durch ein Schreiben, das ich in die Hand bekam, mit dem Auftrag, das Mädchen (als Polizist) an seinen richtigen Ort zu verbringen. Ich tat dies mit der nötigen Diskretion und habe, obwohl ich die Familie nicht mochte und obwohl die Mädchen alle schlechte Zähne hatten, in der Gasse nie etwas darüber gesagt (neun Jahre).

32 Mit zehn Jahren kam ich zum erstenmal in die Oper. Gespielt wurde Trovatore, und es fiel mir auf, wie viel diese Personen litten und daß sie nie gleichmütig und selten fröhlich waren. Doch fand ich mich rasch in den pathetischen Stil. Die tobende Leonore fing mir an zu gefallen, und als sie fuchtelnd mit den Händen um den Mund fuhr, glaubte ich darin einen verzweifelten Griff ins Gebiß zu erkennen, ja sogar ein paar herausgeschleuderte Zähne sah ich blinken. In der Bibel zerrissen ja die Menschen ihr Gewand, warum sollte das Zahnreißen in der Verzweiflung nicht schön und ausdrucksvoll sein? (Zehn Jahre.)

33 Als ich in der untersten Klasse des Progymnasiums war, sah ich eines Tags den überwundenen Volksschullehrer daherkommen. Ein unerklärlicher Trieb hieß mich, dem Manne aus dem Weg zu gehen, um alles zu vermeiden.

Während des Unterrichts sah ich vor mir einen Mitschüler im Schatten des Tisches Onanie treiben (elf Jahre).

34 Pornographische Zeichnungen kamen durch Zufall in die Hände meiner Mutter. Eine Frau mit einem Bauch voll Kinder, eine andere mit maßlosem Brustausschnitt. Meine Mutter beging das Unrecht, das moralisch zu nehmen und mir Vorwürfe zu machen. Das Dekolleté war die Folge einer Ballett-

aufführung am Theater. Eine etwas üppige Elfe bückte sich nach einer Erdbeere, und man sah ins tiefe Tal zwischen schwellenden Hügeln. Ich erschrak zu Tode (elf bis zwölf Jahre).

35 Gesicht und Genitalien dachte ich mir als korrespondierende Pole des weiblichen Geschlechts, meine Gedanken zeigten mir bei weinenden Mädchen eine mitweinende Scham.

36 Das erste Mädchen, dem ich mich auch körperlich leidenschaftlich näherte, war die kleine neunjährige Helene aus Neuchâtel, die von einer zarten Schönheit war. Ich traf sie zweimal einige Wochen im Hotel meines Onkels auf dem Beatenberg während der Sommerferien. Ein Moment war günstig, und ich zog sie heftig an mich und hätte sie mit Küssen bedeckt, wenn sie sich nicht wie wahnsinnig gesträubt hätte.

Da diese Dame sehr launisch war, hatte ich auch von ihr zu leiden. Alle Momente war sie fâchée: «Du bis bös».

Ein junger Russe kam mir ins Gehege. Er war aber sadistisch veranlagt und konnte sich nicht versagen, die nackten Beinchen der Dame mit einem Rütchen lang genug zu bearbeiten, bis ich auf ihn (im höchsten Zorn erst) losfuhr und der Sache ein Ende machte. Er hatte dafür nur einen kalten Blick.

Ein anderes Mal siegte ich nicht so leicht. Ein junger Bernerbub kam als dritter hinzu und während eines ‚Fâché' wurde er einziger. Die ersten Qualen dieser Art. Einmal traf ich das Mädchen mit seiner Tante unverhofft in Bern in der Nähe der Hauptwache. Ich selber war mit Thiessing in der Stadt herumgeschlendert. Kurz vorher hatte er Konfekt gekauft, und ich hatte gerade den ganzen Mund voll und konnte kaum sprechen. Er stand dabei als Zeuge. Nachher fühlte er sich als Entdecker. Seine Worte «das isch dy Schatz!» drangen tief und schmerzhaft ein. Wie grausam sind Knaben, auch wenn sie sich gern haben (elf bis zwölf Jahre).

Eine letzte Begegnung hatten wir auf einem Dampfer auf dem Thunersee. Ich hatte in München meine Neugier in sexuellen Dingen schon gründlich befriedigt und kam mir etwas beschmutzt vor. Sie war engelhaft, siebzehn Jahre. Der Eindruck aber war nur mehr relativ, auf Erinnerungen fußend.

37 Es kam mir ein Band Novellen von Wilbrandt in die Hände, und ich las

mit besonderem Interesse den Gast vom Abendstern. Mein Vater sah das ungern, problematische Charaktere seien nichts für mein Alter, meinte er. Damit konnte ich indes wenig anfangen. Was hieß das: ‚Probleme'? Was man jetzt nicht verstand, mußte doch später einmal gelingen. Wenigstens konnte man seine Neugier teilweise befriedigen (vierzehn bis fünfzehn Jahre).

Insgeheim hatte ich in dem Band der Hauff-Märchen längst den Mann im Mond gelesen, den ich positiv auffaßte, nicht als Satire. Also als Clauren. Es gefiel mir gewaltig (etwa zwölf Jahre).

3 *Dorndreher oder Neuntöter. 1894*

50 Aufenthalt in Basel Herbst 1897 und 1898 bei meinen Verwandten. Man sorgte sehr nett für meine Unterhaltung. Man hatte eine gewisse Bewunderung für meine Begabungen. Ich fühlte mich wohl. Meine Pubertät erzeugte auch gewisse schüchterne Beziehungen zu meiner Kusine D. Typische Dinge, ganz uneingestanden.

Einen herrlichen Spaziergang machte ich mit D. durch die Rebberge von Weil hinauf nach Tüllingen. Die weite obstreiche Ebene sehe ich noch zu unsern Füßen liegen.

Viel Theaterbesuch. Oper hauptsächlich. Eine Ballettaufführung. Manchen Vierzeiler dichtete ich zum Ausgleich mangelhafter Befriedigungen. Ebenso echte als schlechte Kunst. 24. 4. 1898.

51 Bern. Ich hörte ein Abonnements-Konzert, das D-Moll-Klavierkonzert von Brahms, von Frenné gespielt. Ich bin ganz zerschlagen davon. Auch bleibe ich zu lang auf, bis in die tiefe Nacht. Die Viertelstunde, die ich in der Schule zu spät antrete, nützt mich nicht viel.

Ein etwas melancholischer Brief aus Basel machte mich vollends trübsinnig. Dazu paßt ein trübes nebliges Wetter. Fast ist mir, das Beste wäre jetzt, sich hinzulegen zu langem Schlaf, um erst beim Frühlingseinzug zu erwachen. 1897.

52 Bern. 10. 11. 1897. Je länger je mehr beängstigt mich meine wachsende Liebe zur Musik. Ich begreife mich nicht. Ich spiele Bach-Solosonaten, was ist dagegen Böcklin? Ich muß lächeln.
Die Landi machte mir einen großen unauslöschlichen Eindruck mit altitalienischen Liedern. Ich seufze: Musik! Musik!

53 Bern. 12. 12. 1897. Ich nahm nach einiger Zeit wieder einmal einige

meiner Skizzenbücher zur Hand und blätterte drin. Dabei fühlte ich wieder etwas wie Hoffnung in mir erwachen. Zufällig erblickte ich in der Fensterscheibe mein Spiegelbild und stellte Betrachtungen an über den zu mir herausblickenden Menschen. Ein ganz sympathischer Bursche auf einem Stuhl; der Kopf an ein weißes Kissen gelehnt, die Beine auf einem andern Stuhl. Das graue Buch über dem Zeigefinger der einen Hand zugeklappt. Hielt sich unbeweglich still, von sanftem Lampenlicht umflossen. Oft schon hatte ich ihn erforscht. Nicht immer gelang es. Heut' aber verstand ich ihn.

54 Bern. 27. 4. 1898. «Setzen Sie sich und lernen Sie's besser!», hieß es in der Mathematik, aber das ist vorbei und vergessen. Gegenwärtig spielt sich draußen das erste Gewitter des Jahres ab. Ein frischer Wind von Westen streicht

4 *«Aus Rothenburg an der Tauber». Dezember 1896*

über mich, bringt Thymianduft und Eisenbahnpfiffe, spielt mit meinem feuchten Haar. Die Natur liebt mich doch! Sie tröstet mich und verspricht mir.

An solchen Tagen bin ich gefeit. Außen lächelnd, innen freier lachend, ein Liedchen in der Seele, ein zwitscherndes Pfeifen auf den Lippen, werf' ich mich auf das Bett, dehne mich, hüte die schlummernde Kraft.

Westwärts, nordwärts, gehe es, wohin es will: ich glaube!

55 Bern. 19. 1. 1898. Brahm's E-Moll-Sinfonie geht mir immer tiefer. Auch die Variationen des letzten Satzes beginnen mich zu packen.

Wir lasen in unserm Kränzchen, wo jeder freiwillig hin muß, Sophokles' Antigone. Auch Damen wohnten bei, eine Frau Bundesrat und eine Matrone in Violett! Ich machte ein langes Scherzgedicht auf sie, und Bloesch las in Waldmeisters Brautfahrt. Das sind die Früchte.

56 Bern. 31. 1. 1898. Es ist Westwind im Land. Kopfschmerz über dem rechten Auge. Neun Uhr abends noch fünf Grad Wärme; nicht imstande, die Geige zu stimmen. Krank.

Ebenso krank war die Landschaft, aber prachtvoll. Die Wälder tief violett. Im Dählhölzli lag ich auf der Erde. Sah lange in die schwankenden Kiefernwipfel. Ein Rauschen, ein Knacken und Reiben der Äste. Musik. In der Elfenau lag ich abermals, labte mich an den Birken. Ihre silbernen Stämme und dahinter der tiefe Wald des Gurten. Zu den Wäldern die erdkahlen Wiesen. Kein Schnee mehr.

Zu Haus pfuschte ich etwas in Farben. Das war ärgerlich. Dichten ging auch nicht. Wie ich an ‚jenem Sommerabend' in einen Schwarm von Mücken griff, ohne eine einzige zu haschen. Uns es summt doch von tausend Stimmen.

57 Bern. 3. 3. 1898. Weiblicher Eindruck verbunden mit Sehnsucht nach künstlerischer Form.

5. 3. 1898. Ich sang sogar und wünschte mir eine Stimme als Brücke zur Musik. Geiger hatte ich nie werden wollen, dazu fühlte ich mich zu wenig virtuos veranlagt.

58 Bern. 6. 3. 1898. Ergreifender Moment an einem föhnigen Wintertag.

In der Egelgasse erfuhr meine Ergriffenheit einen Höhepunkt. Im Teich

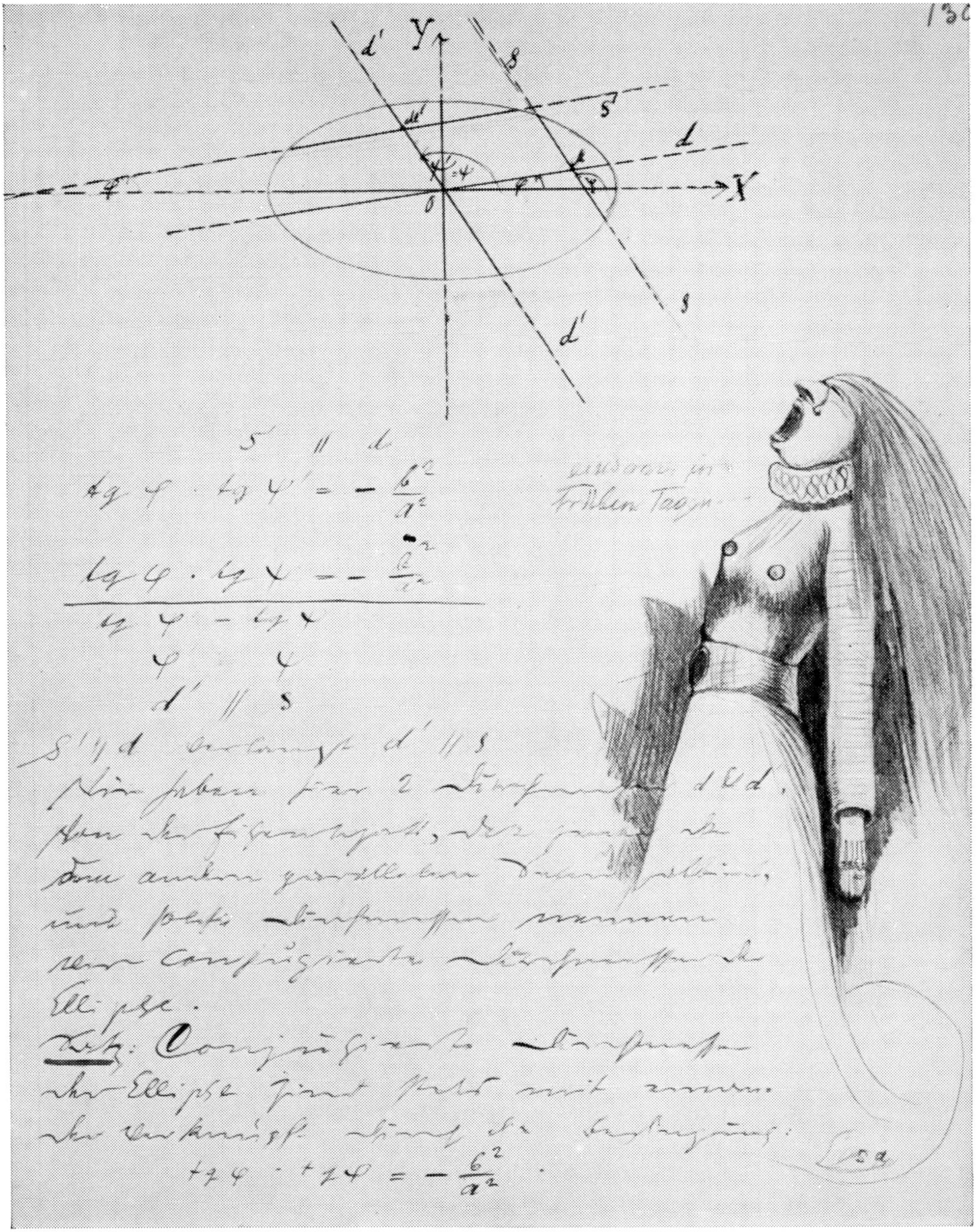


5 *Zeichnung aus dem Mathematikheft, etwa 1896*

spiegelte sich gegensätzliches Gewölk. Geheimes Regen des ruhenden Schnees, wie Atmen im Schlaf. Alte Bäume. Der Eindruck einer beherrschten Leidenschaft. Mein Ebenbild. Die Bewegung bringt Tatendrang in mich, Erlebensdrang zuerst. Meine Sehnsucht fortzuwandern, in einen Frühling. Weit hinaus ins Land. Fort! Immer fort.

Nun auf der Bude, gut gelaunt. Lampenlicht. Wärme. Zuversicht, Kraft, Humor, Glaube.

59 13. 3. 1898. Erotische Gedichtchen. Ein Anflug von Leichtsinn in diesen Dingen.

23. 3. 1898. Plan eines lyrischen Liederbuches, bevor ein einziges fertiges Lied vorlag.

17. 6. 1898. Gestern nacht war ich gut disponiert, bis zum Morgengrauen hätte ich gearbeitet, wenn die Augen gewollt hätten. Jetzt nachts tätig sein, tags schlafen. Für einen zukünftigen Maler nicht ganz das Wahre.

Die Muse als ein Stümperei mit Trost belohnendes Freudenmädchen, dem nur der Schulfleiß gar nicht paßt, besonders in Mathematik.

60 Ich schrieb einige Novellen, vernichtete sie aber insgesamt. Anno 1898. Doch nahm ich mich auch wieder in Schutz.

Daß die Produkte nichts Rechtes sind, ist noch kein Beweis ungöttlicher Abstammung. In einem solchen Latein-Milieu muß man ja jede Realität als Halt entbehren. Was gibt einem ursprünglichen Trieb der verblaßte Humanismus für Nahrung? Man ist ganz auf die Wolken angewiesen. Reiner Drang ohne Stoff. Überhohe Berge ohne Fuß.

61 Die erotische Energie in mir als polygam erkannt. Mit der Opernsoubrette wechselt der Schwarm.

Verachtung der Keuschheit:
Keusch sind diese vier Wände,
Daß ich's ja erwähne!
Rein sind diese zwei Hände,
Und wie ich ehrlich gähne! 13. 2. 1898.

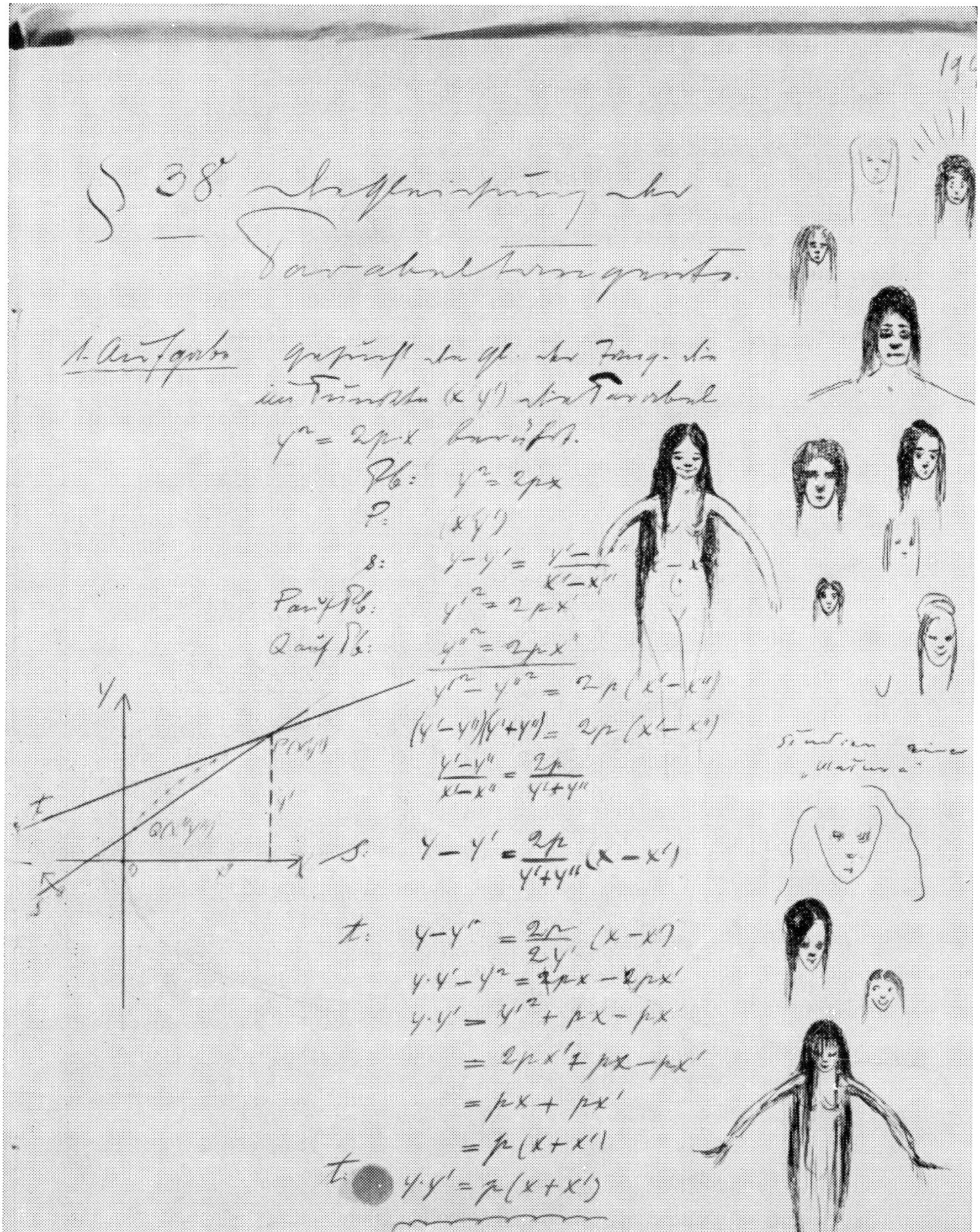

6 *Zeichnung aus dem Mathematikheft, etwa 1896*

62 Mit etwa vierzehn Jahren machte ich mit dem Vater und Herrn Pfyffer aus St. Imier eine schöne Reise nach Luzern, Flüelen, Altdorf. Zu Fuß nach Göschenen, hier übernachtet, dann zu Fuß nach Andermatt, Hospental, Gotthard, Airolo, Rodifiesso, Bahn nach Bellinzona.

Am dritten Tag nach Lugano. Hier bei einer Verwandten des Herrn Pfyffer gewohnt. Nach zwei bis drei Tagen nach San Mamette auf ihr Landgut verzogen, wo wir etwa zehn Tage verbrachten, viele Ausflüge machend.

Zuletzt wieder in Lugano und mit der Bahn nach Haus.

Mit etwa zwölf bis dreizehn Jahren machte ich mit den Tanten die Reise von Beatenberg früh mit dem Wagen nach Interlaken, dann über den Brienzersee mit dem Schiff, nach Meiringen, über den Brünig nach Alpnach, Luzern. Am andern Tag nach Vitznau und am dritten Tag zurück nach Luzern, über Langnau nach Bern.

Mit etwa fünfzehn Jahren Schülerreise mit Professor Tobler. I. Bern–Grimselhospiz, II. Grimselpaß Gletsch, mit Wagen nach Fiesch, zu Fuß zum Hotel Eggishorn. III. Gipfel des Eggishorns, Riederalp, Belalp, hinunter nach Brig. Bahn nach Leuk, zu Fuß ins Leukerbad. IV. Gemmipaß–Kandersteg. V. Öschinensee – und zurück nach Kandersteg. Zu Fuß nach Frutigen. Bahn nach Spiez – Bern.

Mit etwa siebzehn Jahren reiste ich mit Siegerist nach Spiez und von da zu Fuß nach Kandersteg. Untere Öschinenalp. Über Nacht in der Sennhütte. Obere Öschinenalp, Hohtürli (Blümlisalpklubhütte). Hier mußten wir wegen Nebels zwei Tage bleiben und leben, so gut es ging. Am ersten schönen Morgen stiegen wir ab nach Bundalp, Kienthal, Reichenbach, mit der Bahn nach Bern.

Kurz vor der Maturität, im Sommer 1898, hatten meine Schulleistungen einen tiefen Punkt erreicht. Man verweigerte mir die Teilnahme an der Schülerreise. Dafür machte ich allein einen kleinen Séjour auf der St.-Peters-Insel im Bielersee (meine erste Studienreise mit meinem Skizzenbuch und mit Bleistiften). Die Tage waren ideal schön, und ich war auch sehr fleißig. Mit einem Pfarrer machte ich Bekanntschaft und besuchte mit ihm die aussichtsreiche Kirche in Ligerz. Vorher hatten wir dem Seewein sehr ausgiebig zugesprochen, und der rechtgläubige Mann war der beste Kamerad geworden. Die schönen Glasbilder hatten unsere besondere Aufmerksamkeit. Auf der Insel zog mich besonders der tiefere Teil um die ehemals isolierte Kanincheninsel an, da standen einige Königsblumen, welche sich erst abends öffnen.

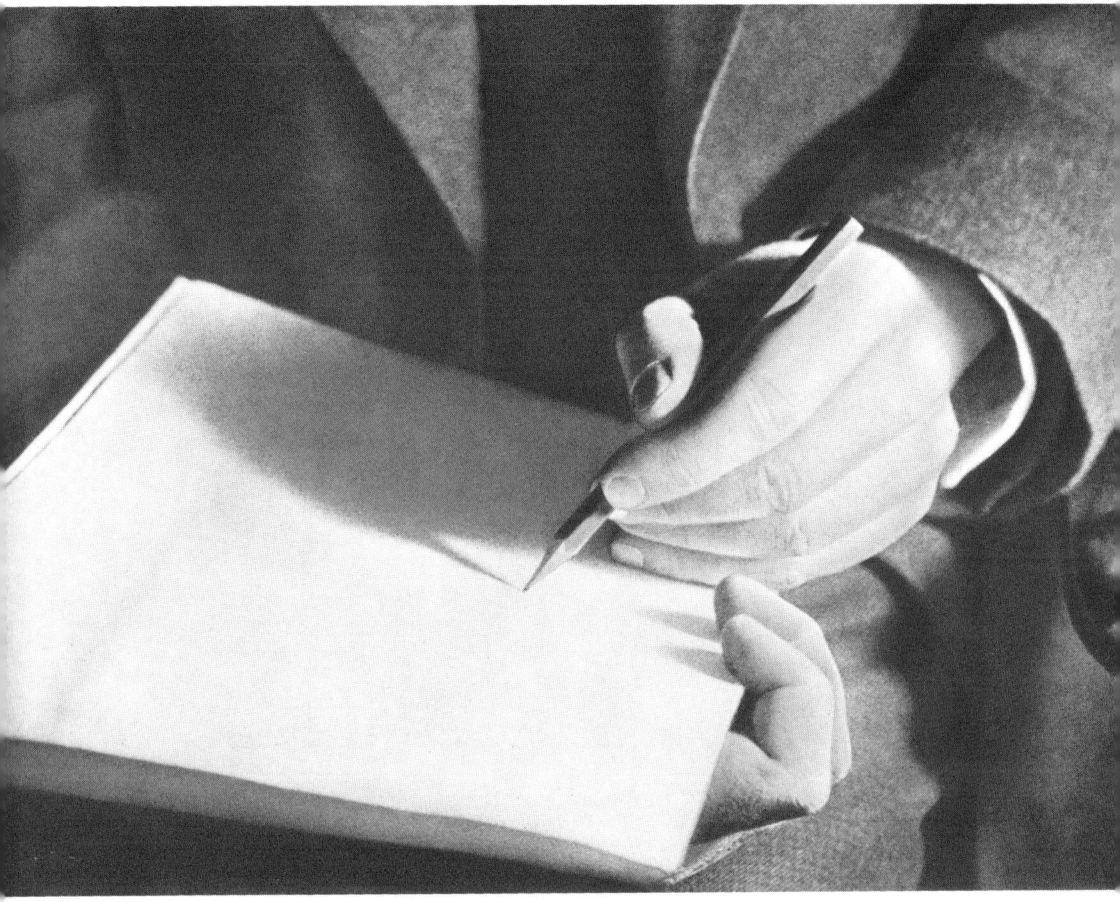

*Die Hände Paul Klees, Dessau, 1931*

*Mathilde Klee, Ernst Frick, Paul Klee, Bern, 1886*

Schulbücher hatte ich keine dabei, ich erholte mich gründlich von der Plackerei, das war viel gescheiter. Im übrigen vertraute ich wie immer meinem Stern und machte dann im Examen vier Punkte über das Minimum. Das reine Minimum ist ja ziemlich schwer und nicht ohne Risiko zu treffen.

63 Rückblick. Zuerst war ich ein Kind. Dann schrieb ich nette Aufsätze und konnte auch rechnen (bis zum elften bis zwölften Jahr). Dann bekam ich die Leidenschaft für Mädchen. Dann kam eine Zeit, wo ich die Schulmütze hinten am Kopf trug und den Rock nur mit dem untersten Knopf zuknöpfte (bis fünfzehn). Dann fing ich an, mich als Landschafter zu fühlen, und beschimpfte den Humanismus. Vor der Sekunda wäre ich gern durchgebrannt, was aber der Eltern Willen verhinderte. Ich fühlte nun ein Märtyrium. Nur das Verbotene freute mich. Zeichnungen und Schriftstellerei. Als ich ein schlechtes Examen bestanden hatte, fing ich in München das Malen an.

# MÜNCHEN, ERSTES STUDIENJAHR 1898/99

65 Nach bestandenem Maturitätsexamen reiste ich im Oktober 1898 nach München. Meine Mutter erinnerte sich in ihrer Angst einer Frickschen Beziehung namens Otto Gack. Es waren biedere Schwabenleute, aber dem Proletariat ziemlich nahe und daher schwer supportabel. Ich geriet dann bald in den Fall, gute Dienste mit schwerem Undank zu belohnen, der in einem allmählichen Fernbleiben bestand. Was mir noch lange leid tat. Aber ich war doch nicht schuld. Denn man hatte mich in diese Familie geschickt, ohne meine Meinung zu befragen.

Herr Gack hatte mich am Bahnhof abgeholt. Sein Sohn, ein damals stellenloser Landwirt, hatte mir eine Bude suchen helfen. Zwei Töchter, eine unzufriedene, heiratsüberreife und ein etwas dünnliches, kunstgewerbeschulebesuchendes Backfischchen, zeigten mir die Schönheiten der Stadt. Zwei oder drei Sonntage war ich zum Essen eingeladen, welches etwas ungewohnt schmeckte. Und dann ging's eben nicht mehr.

Zuerst wohnte ich in der Amalienstraße bei einer Arztwitwe. Mein erster geschäftlicher Gang war zum damaligen Akademiedirektor Löfftz mit meinen Landschaftsskizzen. Er war liebenswürdig, lobte und schickte mich als Vorbereitung für die Akademie zu Knirr in die Privatschule. Knirr nahm mich mit tausend Freuden. Ein Herr Löh aus Basel nahm sich meiner auf Knirrs Vermittlung ein wenig an und führte mich zu Dury, Papier und Blei kaufen. Der Aktsaal machte einen spezifischen Milieueindruck auf mich. Das häßliche Weib mit dem schwammigen Fleisch, aufgeblasenen Brüsten, ekelhaften Schamhaaren sollte ich nun mit einem spitzen Bleistift zeichnen!

Ich tat meine Pflicht und ging ans Werk. Knirr meinte: «Da sag i einstweilen gor nix», was mich als Korrektur nicht gerade erbaute. Dann kam ein Oberleutnant a. D. an meinen Platz und erklärte mir die Bewegung der Linie und die tastende Arbeit. Das gefiel mir, und bald machte ich Arbeiten, die mir Lob und Beifall eintrugen. Nun begann es mir in München zu gefallen.

Bald wurde ich eine Hoffnung Knirrs, und er stellte mich seinen besten Schülern Lichtenberger und Hondsik vor, mit denen ich von da an zum Mittagstisch in ein Restaurant in der Akademiestraße ging. Es schloß sich uns noch der neue Obmann Slataper aus Triest an, ein lieber, süßer Herr. Als Knirrschüler hatte ich also Karriere gemacht. An die Akademie dachte ich kaum mehr. Mit Recht.

66 Nachdem ich mich als Knirrschüler durchgesetzt hatte, begann die Aktzeichnerei etwas an Reiz einzubüßen, und andere Dinge, Lebensfragen wurden wichtiger als der Glanz in der Knirrschule. Es wurde mitunter auch geschwänzt. Ich sah auch (mit Recht) gar nicht ein, daß aus fleißigen Aktstunden jemals Kunst werden könnte. Dies Einsehen vollzog sich aber nur im Unterbewußtsein. Wenn mich das Leben, das ich so wenig kannte, mehr als alles anzog, so hielt ich das doch für eine Art Lumperei von mir. Ich schien mir charakterschwach, wenn ich der Stimme im Innern mehr Gehör schenkte als den äußeren Geboten.

Kurz, ich sollte ein Mensch werden vor allem, die Kunst würde dann draus folgern. Und dazu gehörten natürlich Beziehungen zu Frauen. Eine meiner ersten Bekanntschaften war Fräulein N. aus Halle an der Saale. Ich hielt sie allerdings aus einem Irrtum für frei und für geeignet, mich in jene Mysterien zu führen, um die sich diese Welt, das ‚Leben', einmal dreht. Viel später, als sie für mich gar nicht mehr in Betracht kam, erfuhr ich dann von ihrer unglücklichen Liebe zu einem Sänger. Vielleicht war es gut für mich, so hat sich diese Dame nicht allzufest an mich anklammern können.

Ich hatte sie in einem (gemischten) Abendakt kennengelernt, plötzlich wurde ich da von einer Tochter des Professors V. in Bern angesprochen, die mich von Bern her äußerlich kannte. So geriet ich ins Damenlager hinüber, wo man das Aktmodell, einen sexuell sehr erregbaren Mulatten, von hinten sah. Die Schweizerin stellte mich einer Ostpreußin vor. Ich überlegte, ob das wohl das richtige Studienobjekt für mich war. Aber der Anreiz war zu unentschieden. Die Richtige sollte mir am nächsten Abend vorgestellt werden, in der Person der erwähnten N. Ein blondes blauäugiges Ding, Sopranstimme, mehr zierlich. Ich blieb ohne weiteres in ihrer Nähe und ging auf dem Heimweg neben ihr. Man bewunderte die winterliche Schönheit der Leopoldstraße, auf deren Bäumen im Licht magischer Bogenlampen schwerer Schnee lag. Ich trug ihr ein Paket Äpfel, von denen sie mir beim Abschied in der Schellingstraße einen überließ. Auf der herannahenden ‚Bauernkirchweih' hoffte ich einen weiteren Schritt gegen das Allerheiligste zu tun. Hummel, ein Schweizer aus Gottlieben, ergötzte sich an meiner Verliebtheit. Vielleicht war ich's wirklich, aber sicher nur, weil ich verliebt sein wollte. Nach dem Fest suchte ich das wenige an Intimität Gewonnene zu erhalten und öfter mit ihr zusammenzukommen. Auf einem Spaziergang mit Kollegen ins Isartal gelobte ich mir, eine solche Landschaft nicht wieder an Idioten zu verschwenden. Als ich vón dort München in der Ferne liegen sah, dachte ich, wenn sie doch hier wäre und die Lackel dort! Fräulein N. war dort und lag sogar krank auf ihrem Zimmer.

Ich versäumte nicht, ihr ein Billett mit Genesungswunsch zu senden. Als sie wieder in den Akt kam, dankte sie mir gerührt und gab diesem Dank Ausdruck durch Schenkung ihres Fotos im niederländischen Kostüm des Bauernballs, welches ganz entzückend war, wenn auch die Hände etwas kleiner sein durften. Nachdem sie auch noch meinen Aktskizzen Lob zollte, war es Zeit, etwas zu wagen. Ich lenkte die Rede aufs Isartal, wie schön es dort sei. Gleich hüpfte sie ins Wort: ‚Gehn Sie mal dahin? Dann geh ich mit.' Ich war entzückt, und an einem der ersten Frühlingstage setzten wir die Idee in Tat um und fuhren nach Großhesselohe natürlich. Die nächste Verabredung war Starnberg. Fräulein N. war schon vierzehn Tage dort zu Besuch. Wir wollten uns am Bahnhof treffen, aber da war keine Spur von ihr. Nun sollte mir mein Instinkt helfen, ich lief auf die Suche. Nach einiger Zeit sah ich weit eine ihr ähnliche Dame promenieren. Wenn sie es war, welch ein Glücksfall in dem weitläufigen Ort. Die Ungeduld trieb mich zum Laufschritt an. Sie glaubte sich von einem Abenteurer verfolgt und lief auch. Ich lief aber schneller, und es gelang mir, das geängstigte Geschöpf zu überzeugen, daß ich es war und daß ich ein Recht auf diese Jagd hatte. Der Tag war also gerettet. Wir fuhren Dampfschiff auf dem See. Ich hatte die Genugtuung, da die Bemerkung eines Franzosen: ‚la jolie petite blondine' zu vernehmen, mit der er die andern Mitglieder seiner Gesellschaft auf meine Dame aufmerksam machte. Ich war durch Mitteilung in der Lage, ihr ein wertvolles objektives Kompliment zu machen. Ich weiß noch, daß wir ein Gewitter genossen, ganz wie im Werther, und daß die Zarte abends zum Frösteln neigte.

Als wir nun enger befreundet wurden, wurde mir klar, daß ich in meinen eigentlichen Absichten nicht erraten wurde. Wir wandelten auf tausend

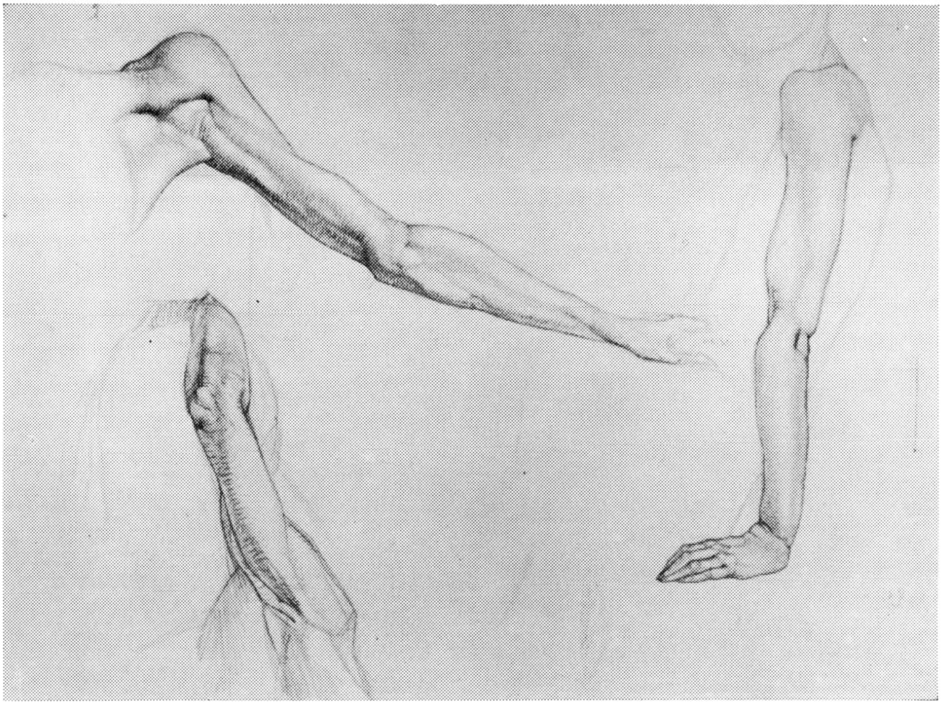

*7 Bleistiftstudie bei Knirr. 1899*

Nebenstraßen, nur nicht da, wo ich eigentlich wollte. Natürlich war ich machtlos, weil meine Dame sich nicht mehr frei fühlte, aber da ich diese Tatsache nicht wußte, hatte ich manchmal das Gefühl, irgendwelche Mängel an mir zu haben, die mich hinderten, bei Frauen Erfolg zu haben.

Der mütterliche Ton, den sie nun manchmal mir gegenüber anschlug, bestätigte mir zur Genüge die Schiefheit meiner Situation. Sogar meine etwas gebeugte Körperhaltung tadelte sie.

Trotzdem war mir die Unterbrechung durch einen mich ganz absorbierenden Besuch auf Wochen nicht angenehm. Als ich wieder frei war, machte mich die Aufforderung meiner Dame, sie nun wieder zu besuchen, voll von Erwartung. Ich machte eingehende Toilette – um bei ihr gut bürgerlich Tee zu trinken. Dann spazierten wir hochanständig im Englischen Garten und kehrten auf dem Heimweg noch in einer Gassenschenke zu einer Halben ein. Das Spießige dran genossen wir auf seine Ironie hin.

Noch einmal reisten wir im Mai an den Starnbergersee, wo wir auf dem rechten Ufer ein Stück zu Fuß gingen. An einer besonders schönen Stelle zog sie Schuhe und Strümpfe aus und wanderte ziemlich weit ins Wasser hinaus. Ich skizzierte sie dabei in mein Buch, mit humoristischer Betonung.

Zum Schluß reiste mein Fräulein nach Worpswede, in die Landschaftsschule. Nachdem wir in einem idyllischen Gartenhäuschen unter Anwesenheit einer Dritten, die mir Kirschen an die Ohren hing, noch einen letzten Tee getrunken hatten, schüttelten wir uns kameradschaftlich-kräftig die Hand. Als ich nun auf der Straße allein ging, sagte ich «pfui!» und spuckte aus. Wie unwahr war das alles gewesen, so gar nichts von dem Neuen, Unbekannten, das ich suchte.

Aber in der zunächst folgenden Zeit drückte es mich dann doch, keine Dame mehr zu haben. In Burghausen besonders, wohin ich am Schluß des Studienjahres mit der Knirrschule reiste, litt ich darunter. Einen mütterlichen Brief und eine Landschaft erhielt ich noch. Die Studie stiftete ich in einem geschnitzten Rahmen meinem Elternhause.

Später, nach zwei Jahren, sah ich mein Fräulein kurz wieder. Sie kam zum erstenmal auf mein Zimmer, im katholischen Kasino. Sie war von ihrem Sänger frei geworden, und ich hatte mich gerade gebunden. Schöner war sie nicht geworden durch das lange Sich-Grämen, eine Spur Verblühtheit war auf ihrem feinen Gesicht zu finden, eine kleine Andeutung, daß sie sich nicht verheiraten würde, daß sie an Buben und Backfische Aquarellstunden geben werde.

67 Die Musik ist für mich wie eine verhexte Geliebte.
Ruhm als Maler?
Schriftsteller, moderner Lyriker? Schlechter Witz.
So bin ich beruflos und bummle.

68 Viele Paradoxa, Nietzsche in der Luft. Verherrlichung des Selbst und der Triebe. Sexualtrieb ohne Schranken. Neu-Ethik.

69 Kraft verlangt Kraftausdruck. Zoten als Ausdruck der Fülle und Fruchtbarkeit.

## Burghausen 1899

70 In Burghausen wollte ich mit dem Malen beginnen. Also kaufte ich mit Hondsik Farben und einen Kasten. Schwer bepackt reiste ich hin. In Mühldorf am Inn brannte mir das Zügle durch. Es war mir ganz recht. Ob ich in Burghausen oder hier übernachtete, war gleich. Mühldorf überraschte mich durch eine südliche Architektur. Der Abend war entzückend. Der große Inn in der Nähe. Am anderen Morgen ging's weiter nach Burghausen. Sofort mietete ich ein famoses Zimmer für einen Monat. Das Malen war schwer, doch hatte ich bald eine gewisse Handfertigkeit darin und warf kecke Studien hin. Daneben faulenzte man, trank Bier und drüben im österreichischen Ach guten Rotwein. An Damen fehlte es halt sehr.

An Kollegen erwähne ich Blittersdorf, dessen Erzählungen von Sizilien mir Eindruck machten, der des öftern bedauerte, daß ich kein Mädel sei, der dann in dem Ekel Lorenzen einen Ersatz dafür fand. Trapp, ein guter Junge aus Darmstadt, der immer von Schmoll schwärmte, den ich dann in Rom zur Genüge kennenlernte. Karfunkle, der fleißig sein wollte und tatsächlich oft schon um fünf Uhr an die Arbeit ging. Amerikanischer Jude, mit einem gewissen Feuer des Strichs. Hielt Lenbach für seinen Todfeind, weil er ein Porträt bei der Künstlergenossenschaft refüsiert bekam.

Natürlich waren wir für die Stadt Burghausen eine Art Heuschreckenplage. Aber sie machte in Fremdenverkehr und drückte ein Auge zu. Keiner der angepöbelten Gymnasialprofessoren hat je eine Miene dabei verzogen.

Einmal besuchten wir gegen Morgen eine sehr unheimliche Animierkneipe. Blittersdorf führte uns dabei an, nachdem er sich beim Nachtwächter danach erkundigt hatte. Wir störten dort auffallend, und finstere Gesichter rieten uns, bald wieder aufzubrechen.

Ein Herr Granichstätten erschien und ließ sich als musikalisches Genie ausposaunen. Frau Knirr glaubte an ihn. Ein schöner üppiger Jude war er. Später versuchte er Operetten zu komponieren, nachdem ein Versuch, ernste Gesänge selbst zu singen, ihm in München Pfiffe einbrachte. (Frau Knirr floh aus dem Konzertsaal.) Als Früchte brachte ich außer den Blitzölskizzen ein humoristisches Skizzenbuch mit nach Bern. Um nicht nach München zurückfahren zu müssen, wählte ich den Weg über Salzburg–Innsbruck–Buchs–Sargans–Zürich–Bern.

## Burghausen–Salzburg 1899

71 Bevor ich abreiste, folgte ich einer Aufforderung des Radierers Ziegler, ihn auf seinem Schlößchen in der Nähe zu besuchen. Als ich läutete, wurde ich von einer Hundebestie bis zur Betäubung verbellt. Oben gefiel es mir besser. Ziegler zeigte mir das Material zu dem geplanten Buch über das Radieren. Sein Laboratorium hatte etwas Anziehendes. Weniger angenehm war sein Versuch, mich von Knirr wegzubringen, wenn auch vielleicht sachlich gemeint.

Die Abreise erfolgte mit der Post nach Großväter Sitte. Ich stieg auf den Bock, mit einem Riesenabschiedsbukett belastet. Durch eine reizende Gegend ging's bis Tittmoning, wenn ich nicht irre. Hier stand ein ganz komisches Zügle bereit. In Freilassing, bis wo mich ein Herr W., der nach Reichenhall wollte, durch angenehme Gesellschaft unterhalten hatte, stieg ich in den Schnellzug um und war gleich am ersten Ziel.

Zum ersten Mal stand ich nun ganz auf mich selber angewiesen in der Fremde, im Ausland. Der Empfang bestand in einem unerhörten Regenguß, auf den ich gar nicht eingerichtet war. Meine Ankunft im Hotel «Blaue Gans» war denn auch nicht sehr glänzend. Ich erhielt ein letztes Zimmer, das Fenster sah auf das Treppenhaus. Das Idyll behagte mir ganz gut, zumal da ich ja stets auf der Fahrt war, die herrliche Stadt in vollen Zügen genoß, auch die Umgebung und sämtliche Sehenswürdigkeiten nach einem kleinen Führer absolvierte. In der Erinnerung blieb mir hauptsächlich das Mozarteum, der Mönchsberg, der Dom, der große Brunnen, ein Restaurant oben auf der Höhe mit Musik und Fremden, der Friedhof, das verstimmte Glockenspiel.

Als nach ein paar Tagen das Geld dahinschmolz, löste ich zur Vorsicht zuerst das Billett bis Bern. Dann erst zahlte ich mein Hotel. Viel blieb nicht, aber für ein gutes Mittagessen irgendwo würde es reichen. Aber da wollte es das Verhängnis, daß auch in Österreich die guten Züge Zuschläge kosteten, und ich mußte noch froh sein, daß meine Reserven dafür gerade langten. Ein Schweizer Fünfzig-Centimes-Stück war das letzte, was ich besaß.

Aber an guter Laune fehlte es mir nicht, sie bestand sogar die Prüfung, daß neben mir ein Herr sich ein appetitliches Essen im Zug servieren ließ. Das Wetter war herrlich. Orte wie Zell am See, Kitzbühel, Innsbruck, Landeck, Vaduz sieht man gern an seinem Fenster vorbeiziehen. Im großen war ich aber doch von diesem Teil der Alpen als «Schweizer» etwas enttäuscht.

Buchs wurde dadurch zu einer Art Erlösung, daß ich meine fünfzig Centimes in ein Schinkenbrot und in ein wärmliches Schweizerbierli umsetzen konnte. Nach dem Wallensee wurde es dunkel, ich schlief allmählich ein, nur der eine kleine Wurm nagte noch an mir, ob ich in Zürich Anschluß nach Bern bekommen würde. So schön es war, mit fünfzig Centimes von Salzburg bis Bern sich zu verpflegen, es mußte dann auch wirklich gelingen.

Und es gelang: nachts zwei Uhr war ich in meiner Vaterstadt. Ich pfiff mit dem Mime-Motiv meine Mutter aus dem Schlaf und lag bald wieder einmal nach langer Zeit im eigenen Bett.

Bern, Sommerferien 1899

72 Mit einem Bergsteigerfreund Siegerist machte ich eine hübsche Reise ins Faulhorngebiet, die dann allerdings etwas unplanmäßig verlief. Wir fuhren nach Thun, Interlaken, Brienz, Meiringen, wanderten zu den Reichenbachfällen und auf die Paßhöhe der großen Scheidegg. Hier bogen wir nordwärts ab gegen das Schwarzhorn. In einer Alphütte verbrachten wir die Nacht über streitenden Schweinen auf Heu. II. Aufbruch zum Gipfel des Schwarzhorns. Hier hinten hinab, ohne Weg über bröckelndes Gestein, in einer Mulde schlugen wir dann die Richtung nach dem Faulhorn ein. Über den einzuschlagenden Weg waren wir verschiedener Meinung. Mein Kamerad war eigenwillig, außerdem fühlte er sich für mich verantwortlich und verlangte deshalb meine Unterordnung. Ich sah dies nicht ein und mein guter Blick für Terrain gab mir die Sicherheit, meinen Weg auch allein zu gehen. Er verfolgte seine Spur in der Meinung, daß ich bald nicht mehr weiterkommen werde. Er mußte sie aber aufgeben, während mich mein Weg so rasch vorwärts führte, daß ich ihm ganz außer Sicht kam. Ich fühlte mich im Recht, frei und allein auf göttlichen Höhen und erreichte mit Leichtigkeit den Faulhorngipfel. Da ließ ich mir einen Kaffee mit Weißbrot geben und legte mich nachher ins Gras, stundenlang die Wolken und die großen Gipfel betrachtend. Als die bekannte Ermüdung dann eintrat, sah ich die Pinte ganz belebt von Neuangekommenen, eine englische Gesellschaft mit einem hübschen Mädel, nichts Feines. Von meinem Freund nicht die Spur. Er mußte ja einen trefflichen Weg gefunden haben. Als die Engländer aufbrachen, schloß ich mich in einiger Entfernung an, immer das leichte Geschöpf im Auge, als ob ich ein Jäger wäre und sie das Wild. Als ich Grindelwald unten schon deutlich liegen sah, dachte ich an die dortigen

Hotelpreise und zog vor, auf einer Hütte etwa 1000 m ü. d. M. über Nacht zu bleiben. Ein halbwüchsiger Bursche nahm mich auf, und wir schliefen nah beieinander. Als es schon finster war, riefen ihn ein paar Mädchenstimmen und baten in singendem Tonfall um ein Geleit, sie hätten sich verspätet. Der Jüngling war ritterlich, stand ohne Widerrede auf, und mir war's recht, nahm er doch seine Füße mit, die mir den Schlaf nicht gerade versüßten. III. Als ich erwachte, war er nicht nur wieder zurückgekehrt, sondern auch schon aufgestanden. Ich zahlte und ging hinunter nach Grindelwald. Die erste Rast machte ich dann in Zweilütschinen, wo ich viele Gläser Milch hineinstürzte, sicher fünf Stück hintereinander. In Interlaken trank ich Bier und aß Schinken und Brote. Dann verbrachte ich die Zeit bis zum letzten Zug in diesem amüsanten Ort. In Scherzligen traf ich den Kameraden wieder. Er war noch ganz aufgeregt und erzählte seine Erlebnisse. Als er mich an der Trennungsstelle nicht mehr fand, bildete er sich die fixe Idee ein, daß ich irgendwo einen Sturz getan haben mußte. Als im ‚Hotel' Faulhorn niemand mich gesehen haben wollte, war für ihn, den vom Absuchen des Gebietes schon ganz Erschöpften, die Sache einwandfrei erwiesen. Er übernachtete oben, während von ihm angestellte Leute weiter nach mir forschten. Natürlich ergebnislos. Wir wollten uns aber weiter nicht böse sein, gaben uns die Hand und teilten die Extrakosten brüderlich.

73 Am 25. August 1899 erhielt ich einen Brief aus Worpswede. Sie schrieb in mütterlichem Tone, der mich bei bester Phantasie gründlich abkühlte. Mütter hat man genug.

Im Lauf eines Gesprächs meinte sie einmal zu mir: «Ich glaube, Sie haben niemand so recht von Herzen lieb?» Meine Antwort war ein keckes «Nein», was mir zu Unrecht etwas unreell vorkam, als ich's aussprach. Aber es war doch ganz richtig. Ich wollte nur das Mysterium kennenlernen. Die Persönlichkeit des Weibes war innerhalb gewisser Grenzen unwesentlich.

Ich verglich mich mit einem Felsen, der nachts und an trüben Tagen kalt war, in der Sonne aber brennend heiß werden konnte.

Bern 1899

74 Mit meinem Vater zechte ich oft gemütlich zu Haus. Einmal tat er den schönen Ausspruch: «Bier ist keins mehr, da bleibt uns nichts anderes übrig als die Rücksicht auf unsere Alte.» Und wir begaben uns schlafen.

75 Ein Gleichnis: Die Sonne brütet Dünste aus, die steigen auf und kämpfen gegen sie.

76 Am 25. September 1899 reiste ich nach Neuchâtel und von da mit dem Bähnchen nach Areuse prés Colombier, um einen jungen Bovet aufzusuchen, der da bei seinen Eltern wohnte. Ich hatte ihn bei Knirr kennengelernt und mich seines schrecklichen Deutschs angenommen. Das Haus seiner Eltern war sehr ansehnlich und aristokratisch-patriarchalisch angehaucht. Man aß nach einem Tischgebet an einem riesenrunden Tisch sehr viel und sehr gut. Dann ging's in die Trauben, bis man nicht mehr stehen konnte. Nachmittags fuhren wir zwei mit Vaters Wägelchen und Rößlein in die Stadt und besichtigten das Museum. Der gute Bovet neigte zum Kitsch. Wenn man so wohlhabende Eltern hat und nicht einmal malen darf, was man will! Er hatte auch schon ein Tierbild fertig malen müssen, um es in die Ausstellung neuchâteloise zu bringen.

In Bern diente er später als Dragoner, leider hat er mir den Besuch nicht erwidert.

77 Eine kleine Probe, wie ich damals im Volkston reimte.

I. Nun hat dich genommen der Tod,
der rosenrote Schein
ist falsch, nur hingeworfen.
Gardinen zauberfein
färbten mein Lieb, was tot,
gestorben nie zu erwachen.

II. Sagt an ihr Leut, was soll ich tun ihr Leut?
mein Herz, das brennt so sehr,
nun hab ich kein Liebchen mehr,
und zum küssen und wieder zum küssen.
O daß ich ein Vöglein wär,
als Vöglein wüßt ich Bescheid,
ans rauschende Meer flög ich weit,
mein Herz darin zu kühlen.

78 Ich gleiche dem Hang, wo das Harz in der Sonne kocht, wo die Blumen brennen. Mich kann nur kühlen die Walpurgisnacht, dahin flieg ich als Johanniskäfer und weiß dann gleich Bescheid, wo ein Laternchen angezündet ist.

München I, Nachtrag

79 Wie wir miteinander redeten. Zum Beispiel: einer imitiert mit Glück eine Ziege. Antwort: «Schau was du kannst.» Oder: «Was willst du anfangen, wenn dir nur das nackte Leben bleibt?» «Aktstehen.» «Übermorgen ist ja Feiertag, trinken wir noch eins!» – Wenn zwei auf den Hund kamen, so war das immer ganz nett, wenn aber nur der eine auf den Hund kam, so ging's durch fortgesetztes Anpumpen nur dem besonders schlecht, der noch Geld hatte. – Wenn einer nachts vom Wirtshaus weglaufen wollte: «Bleib noch eine halbe Stunde, ich zahl dir eine Halbe, für eine ganze Stunde aber kauf ich dir auch noch einen Kuchen.» – «Mensch sei doch zufrieden! Du lebst ja, und das ist doch schon an und für sich ganz großartig!» – «Man hat nur Zeit sich auszuruhen, solang man lebt.» – «So, jetzt wird dein Geburtstag gefeiert, wozu bist du sonst geboren?» – Als Karfunkle Strümpfe anzog: «Jetzt zieht er wieder ein Loch an.» (Presuhn).

80 Haller kam nun auch nach München, er setzte es durch, statt in Stuttgart Architekt zu werden. Er kam in die Knirrschule, wo er sich, als ich kam, schon sehr zu Haus fühlte. Allerdings hatte ihm die Freundschaft des ‚besten Schülers seit zehn Jahren' gute Dienste getan, die er bei seiner Einführung wohl auszunützen verstand. Dazu kam sein frisch zugreifendes Wesen, das schon damals etwas Mitreißendes an sich haben konnte. Ich fand also den Aktsaal durch sein Gelächter desto heimischer. Nun bildete sich um uns eine schweizerisch angehauchte Talentgruppe, die sich alles erlauben durfte, besonders Spott und Hohn den heterogenen Elementen.

81 Zum Beispiel dieser eine schlechte Witz ist bedeutend dadurch, daß er wirklich passieren konnte.

Herr Oberst I (85 Jahre): «Ich glaube, daß ich doch eher zum Landschafter bestimmt bin.»

Herr Oberst II (84 Jahre): «Ach, das können Sie doch einstweilen noch nicht sagen.»

82 Ich sank in die Arme dem schwersten Traum
und küßte Dich unten am Weidenbaum.
Heiß war der Kuß,
und wie's in den Schläfen mir schlug.
Darüber ging
ein jagender Wolkenzug.
O Macht der Nacht,
O heißen Glückes schwere Pracht!

83 Rückschau. Inspektion meiner selbst, ganz vor mir, der Literatur, der Musik Valet gesagt. Meine Bestrebungen, eine verfeinerte Sexualerfahrung zu

gewinnen, in jenem einen Fall aufgegeben. An die bildende Kunst denke ich kaum, ich will nur an meiner Persönlichkeit arbeiten. Dabei muß ich konsequent sein und jegliche Audienz vermeiden. Daß ich dann wohl Ausdruck in der bildenden Kunst finden werde, ist noch am wahrscheinlichsten.

Ein kleines Leporelloregister all der Geliebten, die ich nie besaß, mahnt ironisch an die große sexuelle Frage. Die Reihe des Registers beschließt der Anfangsbuchstabe des Wortes «Lily» mit der Bemerkung: abwarten.

Diese Dame, meine spätere Frau, lernte ich im Herbst 1899 musizierenderweise kennen.

84 Einen wilden Brand hast Du in meine Seele geworfen, daß tönende Flammen ihr entlodern (die Musik als ableitender Kanal).

85 Angst des Anfangsstadiums. Die Ihr mir nahe tretet und dereinst einmal verstehen werdet, Euch sage ich, daß Ihr, wenn ich zu früh vonhinnen müßte, viel an mir verlöret.

86 Du Feuerblume ersetzest mir nachts die Sonne und leuchtest tief ins verschwiegene Menschenherz. Februar 1900.

87 Dein Haupt will ich in Händen halten, in beiden Händen fest, und nimmer darf es sich abwenden von mir. Denn im Schmerz wüchse meine Kraft ins Verderben.

88 Im Sturm werd' ich klarer, und das Leben fesselt mich.

89 Im Gefühl, daß die Entwicklung der Beziehungen zu Lily gehemmt sei: Nun verzweifle ich an der Liebe, sie wird zum gewöhnlichen Mitleid. Statt anzubeten, analysiere ich durchschauend und aufdeckend. Synthetische Idealzüge werden analytisch zu Blamagen. Die Natur spielt mit uns. Die Liebe sieht trügerische Spiegelungen. Mißtrauen stellt sich ein und lähmt die Zirkulation. Ich sehne mich nichtsdestoweniger. Eveline würde ich sie nennen.

90 Unter Eveline verstand ich die Erfüllung, das Ideal. Die Wirklichkeit war ein aktueller oder latenter Kampf um die Durchsetzung dieses Ideals bei Lily

und außerdem die Befriedigung der Neugier nach dem sexuellen Mysterium. In dürren Worten, ich hatte mit einem unter mir stehenden Mädchen ein Verhältnis angefangen (nach Neujahr 1900).

Ich fühlte mich gut im ‚Sturm des Lebens'. Etwas Ruhe wäre gesünder, doch unmöglich. Die Sehnsucht ist aus, oder sie nimmt stillere Form an.

Zu der ganzen Bewegung waren alkoholische Exzesse organisch zugehörig. Im Rausch nach langen Abendgesellschaften gemachte Eintragungen müssen hier wegfallen, da sie hernach immer total unverständlich waren.

91 6. 3. 1900. Lily ist doch nicht ganz Heiterkeit, sie sagt, daß sie oft traurig ist. Warum das zu mir? Jedesmal fühl' ich mich tiefer in ihrer Schuld. Ich kann ihr nicht sagen: «Schon wieder hab ich mich gegen das vergangen, was das Schönste und Beste wäre, daß ich bei Dir meine ganze Lust suchen und finden dürfte!» Manchmal ekelt mich wirklich.

92 Skizze eines Gedichtes. Nach einem Maiweingelage. Alles liegt betäubt. Die Frühlingsnacht hat sich verdüstert, das erste Gewitter bricht los. Mit dem Donner klirren die Gläser. Dann rieselt milder Regen sühnend hernieder. Alles ist vergeben.

93 Die Ansicht, daß die Malerei der richtige Beruf ist, festigt sich mehr und mehr. Nur das Wort hat außerdem noch Reiz. Vielleicht bei voller Lebensreife werde ich mich seiner noch einmal bedienen.

94 Das Leporelloregister erscheint noch einmal. Der Name Lily ist ausgeschrieben. Dann folgt Eveline, das ist die Sehnsucht nach vollem Glück in der Liebe. Das Verhältnis ist nicht genannt.

95 Zu Fräulein Schiwago stand ich sehr merkwürdig. Ich verehrte sie sehr, aber ohne mich zu verlieren. Dazu war ich innerlich wohl schon zu sehr mit Lily verbunden, ohne Garantien, ohne Risiko, rein ich.

Schiwago schien mir zuerst außerdem dadurch unzugänglich, weil es schien, daß zwischen Haller und ihr etwas bestehe oder im Gange sei. (Daß ihr diese Zurückhaltung nicht einmal recht war, erfuhr ich erst 1909.) Nachdem wir uns im April 1900 für nächsten Herbst verabschiedet hatten, an einem durch seine Stimmung merkwürdigen Abend bei Schiwago – Haller, Fräulein Wassiliew, Schiwago und ich –, erhielt Haller von Schiwago noch ein paar Zeilen nachgesandt, unter anderem folgendes enthaltend:

«Ich habe die Ehre, mich von Herrn Klee, und das traurige Vergnügen, mich von Ihnen zu verabschieden.» Dem entnahm ich, daß Haller ihr näherstand. Am Schluß zitierte sie mich mit den Worten: «Der Humor muß über alles hinweghelfen.»

96 Die einzige erhaltene alkoholische Eintragung. Ich behaupte. Ich weiß. Ich glaube nicht. Ich will erst sehen. Ich zweifle sehr. Ich bitte! Ich beneide nicht. Ich kehre nicht um. Ich handle. Ich opponiere. Ich hasse. Ich schaffe im Haß. Ich muß. Zwar ich erkenne. Ich weine. Dennoch. Ich verharre. Ich führe zu Ende. Ich setze aufs Spiel. Nur Ruhe, nur Ruhe!

97 Eine Aufführung von Strauß' Zarathustra, vom Komponisten dirigiert (Hofkapelle), machte mir großen Eindruck. Las eine Broschüre von Merian.

98 26. 4. 1900. Noch so bewegte Tage freuten mich besonders. Ich komponierte in der Frühe *(Drei Knaben)*. Dann besuchte mich mein Verhältnis und erklärte sich schwanger. Nachmittags ging ich mit Studien und Kompositionen zu Stuck, der mich für Herbst in die Malschule aufnahm. Abends traf ich im Kaimkonzert Fräulein Schiwago. Wenn ich diese Nacht nicht fest und tief schlief!

Mai 1900, Oberhofen

99 An Eveline. Ich versprach Dir viel. Ein sittlicher Mensch zu sein. Ich möchte vor Dir bestehn. Knien muß ich zuerst vor Gott. Dann, Eveline, rette mich vollends! Sonst hab' ich keinen Menschen! – Ich spielte mit Gift, habe mich vergiftet, warum wollt' ich außerhalb stehen? Dazu hing ich im Grunde zu sehr am Guten. Weh der Schuld, vielleicht ist sie größer, als ich dachte. Bei Dir sie zu vergessen! Aber Du müßtest sie mir vergeben zuerst. Wenn Du das kannst. Sei mir gegrüßt in der Ferne.

Ausflug nach Beatenberg mit Haller und Schiwago

100 Daß doch ein gewisser Wurm an meiner Seele nagte, kam mir an jenen Plätzen erster erotischer Sensationen auf Beatenberg deutlich genug zum

*Hans Klee, der Vater des Künstlers, Hofnik, 1925*

*Ida Klee geb. Frick, Mutter von Paul Klee, 1876*

Bewußtsein. Für moralische Betrachtung disponierte mich noch besonders die lebendige Anwesenheit der ethischen Schiwago. Wir hatten zu vier, Haller, Fräulein K., Frl. Schiwago und ich, einen Ausflug nach Thun unternommen. In Scherzligen mieteten wir bei einem Fischer ein etwas ungelenkes Boot, mit dem wir nicht weit kamen. Wir gaben es sofort zurück und wendeten uns an die Konkurrenz dieses Fischers, die uns ein entzückendes Kielboot vermieten konnte. Die süße Aarestrecke die Bächimatt entlang machte uns einen berückenden Eindruck. Dann fuhren wir in der Mitte des spiegelglatten Sees bis nach Merligen unter idyllisch-friedlichen Gesprächen und kleinen Scherzen, wie Hallers Überbordwerfen der beiden aufgespannten Sonnenschirme unserer Damen. In Merligen fuhren wir in den ganz zugewachsenen kleinen Hafen eines braunschwarzen Bauernhauses. Hier ließen wir unser Schiff liegen und stiegen auf dem Weg nach St. Beatenberg bergan. Oben kehrten wir im Hotel Beau Séjour ein und aßen trefflich zu Mittag. Dann lagerten wir uns im Wäldchen und gingen unter meiner Führung den reizvollen Weg über die Leiter hinunter nach der Höhle des heiligen Beatus und durch das fabelhafte Balmholz zurück nach Merligen. Nun ruderten wir in des Abends Kühle zurück nach Oberhofen, wo uns meine geliebten Tanten auf der Schiffsländte ein Abendessen servierten. Die drei Kameraden reisten mit dem nächsten Dampfer bernwärts, ich aber blieb zum Aufenthalt in Oberhofen. Das Schiffchen brachte ich am andern Morgen nach Scherzligen zurück.

101 Tolstois Auferstehung kam durch Schiwago in unsern Kreis hinein. Mir war es zu ethisch, nicht nur im Verhältnis zum künstlerischen Gehalt, sondern an sich. Einer oft wiederholten Beobachtung zufolge erkannte ich, daß ich für ethische Dinge nur dann zugänglich war, wenn meine Lebenssituation klar und hoffnungsvoll war. Später absorbierte die Kunst in mir alle Sittlichkeit, und daß ich schließlich ganz aufgehen sollte in dieser Welt, war ich als sittlicher Mensch ganz gesichert. Hätte ich das Leben weltlicher gelebt, wäre ich wohl nicht ohne schwere Konflikte ausgekommen.

Einmal schimpfte ich Lotmar gegenüber auf das Buch, er verteidigte es so edel, daß er mir großen Eindruck machte und mich einigermaßen in seinen Bann zog. Er hatte damit auch gar keine Absicht verbunden, während Schiwago nichts unterließ, uns zu retten. Daß dem Buch der Humor fehle, daraus machte ich viel Wesens. Als ich mich dann verlobte, stieg mit meinen ethischen Bestrebungen wieder meine Einschätzung dieses Buches, und ich schenkte es meiner Braut.

102 Im Juni hatte ich auf dem Dampfer Bubenberg eine Begegnung mit Fräulein Helene M. aus Neuchâtel. Dies hübsche Dämchen von siebzehn Jahren war mir als Kind Gegenstand erster leidenschaftlicher Bewegungen gewesen. Es gab zu denken, was nun aus mir seither alles geworden war, während sie frisch und rein geblieben war und kühl wie ein Waldbach.

103 Oft bin ich vom Teufel besessen, mein Mißgeschick auf jenem so problemreichen Sexualgebiet machte mich nicht besser. In Burghausen hatte ich große Schnecken auf verschiedene Weisen geärgert. Jetzt unterliege ich in dieser, womöglich noch entzückenderen Thunerseegegend ähnlichen Versuchungen. Unschuld reizt mich. Der Gesang der Vögel geht mir auf die Nerven, jeden Wurm möchte ich zertreten.

104 Ausflug von Bern nachts zu Fuß nach Solothurn, und in der Frühe auf den Weißenstein; bis halb vier Uhr nachmittags wieder in Solothurn. Die bayrische Bierhalle als Schlafraum. Von dreizehn Stunden Wegs ermüdet mit der Bahn nach Haus. Bloesch und ein Dritter forcieren noch die Strecke Solothurn-Burgdorf.

105 Ich skizzierte ein Testament. Drin bat ich alles, was an Kunstbestrebungen vorhanden, zu vernichten. Ich wußte wohl, wie kümmerlich das alles war und wie nichtig im Vergleich zu den vorgefühlten Möglichkeiten.

Zeitweise sank ich ganz in Bescheidenheit zusammen, wollte Illustrationen für Witzblätter machen. Später würde ich dann immer noch die eigenen Gedanken illustrieren können. Was bei solcher Bescheidenheit herauskam, waren mehr oder weniger raffinierte technisch-graphische Experimente.

Es ist bequem, einen zuschanden gewordenen Willen als überspannte Verirrung zu bezeichnen.

Oberhofen, August 1900

106 Nirgends litt es mich, was nützte da ein entzückendes Gelände? Das Geschwätz der Dryaden langweilte mich. Die Glocken der Herden zu Berg

waren schon oft dagewesen. Auf dem Wasser lauerte rings die Verzweiflung der Einsamkeit. Betäubung tat mir mehr not als Erholung. Nach der Stadt zog es mich. Ich werde nie fähig sein, ein Bordell zu betreten, aber ich kenne den Weg auf dem man dahin gelangen könnte.

Ich führe zu Unrecht ein Pflanzendasein, wie die Blüten der Blumen hinter Gittern am Schloß Oberhofen. Ich bin ein gefangenes Tier. Denn innere und äußere Fesseln bleiben sich gleich. Wie lange werde ich diese Gemütsketten tragen? Kann man in der Liebe einmal Frieden finden? . . . Man kann in Nöten sein, ohne unglücklich zu lieben. Daselbst.

Während eines heftigen Sturms stehen Menschen gottlos am Ufer und heulen um ein paar Menschenleben, statt sie anbetend zu opfern.

107 In einem Gedicht besang ich die Wehmut so flehentlich innig, bis sie sich in dem ersehnten Weib personifiziert hatte, in deren Umarmung es sich sterben ließ.

108 Dieser Sommer gibt mir zuviel Zeit zum Nachdenken. Zum Arbeiten ohne Aktmodell und Schule bin ich nicht weit genug. Abend ist es schließlich geworden und Herbst. Wie betäubt vom Tag und seiner Plage bin ich erwacht und sehe, daß schon Blätter fallen. In diesen Boden soll ich nun säen? Im Winter soll ich hoffen? Das wird finstere Arbeit. Aber doch Arbeit.

Herbst 1900

109 Der Vergleich meiner Seele mit den verschiedenen Stimmungen der Landschaft kehrt häufig wieder als Motiv. Meine dichterisch-persönliche Auffassung der Landschaft liegt dem zugrunde. «Es ist Herbst. Dem Strom meiner Seele schleichen Nebel nach.»

110 Eveline wird schließlich zur Muse meiner ganzen Trostlosigkeit. Diese Zeit ist mein tiefster Stand. Ich blicke vergebens nach der Tür. Keine Rettung tritt ein. Auch draußen keine Spur. Kein Anzeichen. Manchmal ward alles leer. Nur mein Hirn als brauner Fleck in dieser Leere. So entstand das Gedicht. Sicher hat es mir große Linderung verschafft durch die Aussprache. Auch war dann der Sommer 1900 nicht ganz vergebens erlitten. Immerhin ein Stück von mir in andere Form gebracht. Ich dichtete Ende August. Von Evelinen ein müdes Lied. Daß ich mich durch das unbewußt Geglückte verleiten ließ,

bewußt von hinten nach vorn ähnliche Werke in die Welt zu setzen, war ein Fehler, der mir noch oft passierte, bis ich ihn begriff und vermeiden konnte.

111 I. Eveline nenne ich einen grünen Traum unter Blättern, den Traum des nackten Kindes auf der Flur.

Dann aber war mir versagt, so selig wieder zu werden, als ich unter Menschen kam und nicht mehr fort von ihnen.

Einmal entwand ich mich der Gewalt erfahrener Schmerzen und entfloh in die mittaglichen Felder und lag am glühenden Berghang. Da fand ich Evelinen wieder, gereift, aber nicht gealtert. Nur müde von einem Sommer.

Jetzt weiß ich's. Aber seht, mir ahnte nur, als ich dies sang. Seid milde zu meiner Gabe. Schrecket nicht die Nacktheit, die den Schlummer sucht.

II. Der März droht uns Sommer, heiße Liebe drohst du meiner Seele, Eveline! Noch grünt der Mai. Noch sind es Wiegenlieder.

Manches stählerne Wort hab' ich geschliffen. Ich wollte sein ein Fels in der Brandung.

Schartig ward die Schneide. Nun möcht ich knien, ganz Demut. Aber vor wem? Würmer wollten mich trösten. Bin ich so elend? Dann ekelt mich.

III. Ach zu viel Sonne ging mir auf! Endlose Tage ohne Nacht. Ewig singendes Licht. Aufsuchen wollte ich mein frühes Haus im grünen Schatten, meinen Traum unter Blättern. Wo ist er?

Kein Verkriechen lügt Abend dem geblendeten Flammen reibt er sich in die Augen.

Es schlief gar nicht der Erwachte. Er spricht ohne Ton: du müdes Lied.

Dies aber ist es, das müde Lied.

IV. Horch zirpen den Sommer im Feld
horch die heisere Lerche in den Lüften
Eveline. Königin in Tages Mitte.

Nur den Kleinsten ist Fleiß noch beschieden und Tat, Ameisen, Fliegen und Käfern.

Mich aber lähmt der Friede dieses Mittags. Ich brenne auf dürrem Lager, auf Thymians und Ericas rankem Teppich bin ich ganz Brand.

V. Von Mondesmilde weiß ich noch. Nun aber buhlen Fliegen auf mir, und ich muß es sehen. Es rinnt der Schnee ganz von den Bergen, ich werde auch dort nicht Kühle finden.

Und ich muß bleiben . . . Schweigen gebietet Dein Blick, Eveline. Wir sind Heilige, ich bin's geworden durch Dich.

VI. Fliehe nicht meine Nähe! Vertraue! Erkenne! Ausgetrocknet hast Du die Sümpfe meiner Seele, nun steckst Du im Gewölk. Dein Sieg wird ganz sein.

VII. Wo die Wirklichkeit nicht mehr zu tragen, scheint sie Traum mit wachen Augen. Daure, fürchterlicher Traum bei Eveline. O Gaukelbild, daß Du selber versengt bei mir Schutz suchest und Trost.

VIII. Das ist der große Tag, das glüht vor lauter Liebe. Wird auch hier ein Ende sein, eine Dämmerung? Wird fallen eine Göttin?

Noch ist es Tag, noch glüht es vor lauter Liebe.

112 Es beginnen religiöse Gedanken aufzutreten. Das Natürliche ist die erhaltende Kraft. Das Individuum, welches sich vernichtend über das Generelle erhebt, verfällt der Schuld. Es gibt aber noch etwas Höheres, das über Positiv und Negativ steht. Das ist die Allmacht, die diesen Kampf übersieht und leitet.

Vor dieser Allmacht konnt' ich bestehen und ethisch bestehen wollte ich.

113 Rückfall in den Volkston. Mein Hoffen, ach, das ist dahin. Geharret hab' ich lang, tage- und nächtelang, nichts kann mehr locken. Kein Flüstern süß, kein Himmel und kein Paradies, mein Herz ist am Verglimmen.

120 Das Poem III ist wirklich die einzige überlebensfähige Frucht bis dahin überhaupt gewesen. Daß weitere dichterische Versuche folgten, ist ja wohl verständlich. Es hat aber keinen Zweck gehabt, diese Ergebnisse, die zum Teil nur Studien, Stil-Versuche sind, zu erhalten. Sogar an dramatischen Sachen werkelte ich herum. Eine Folge von Szenen hieß:

1. Die tanzende Eva. 2. Der Schmerz der Männer.
3. Der Böse und die Männer. 4. Die Gewaltanwendung.
5. Der befreiende Held. 6. Der Dichter. 7. Hinrichtung und Auferstehung.

121 Einundzwanzig Jahre alt! An meiner Lebenskraft zweifelte ich nie. Aber wie soll's mit der erwählten Kunst gehen? Im Grunde Dichter zu sein, diese Erkenntnis sollte in der bildenden Kunst doch nicht hinderlich sein! Und wenn ich wirklich Dichter sein müßte, würde ich Gott weiß was anderes wollen. In mir wogt, gewiß, ein Meer, weil ich empfinde. Heillos ist es, so zu empfinden, daß an allen Enden zugleich derselbe Sturm ist und nirgends ein Herr, der dem Chaos gebietet.

122 Stuckschüler zu sein, hatte einen guten Klang. In Wirklichkeit war es aber nicht halb so glänzend. Ich kam anstatt mit ganzem Verstand mit tausend Schmerzen und vielen Vorurteilen dahin. In der Farbe kam ich schwer vom Fleck. Da in meiner Beherrschung der Form der Gefühlston stark vorherrschte, suchte ich wenigstens hier möglichst zu profitieren. Und bei Stuck war hierin wirklich manches zu holen. Natürlich fehlte es indessen auf dem Gebiet der Farbe nicht nur an mir. Ähnlich urteilt Kandinsky später in seiner Monographie über diese Schule.

Hätte mir dieser Lehrer das Wesen der Malerei so auseinandergesetzt, wie ich es später konnte, nachdem ich immer mehr eingedrungen war, dann hätte ich mich nicht in einer so verzweifelten Situation befunden. Dann überlegte ich, was außerdem von dem einflußreichen Mann noch zu erreichen wäre.

Ich brachte ihm Illustrationen zur Begutachtung, die er als originell bezeichnete. Er riet mir, es damit bei der «Jugend» zu versuchen. Die «Jugend» wollte dann aber nichts von mir wissen.

123 Der 24. Dezember 1900, ein ereignisreicher Tag. Mit etwas über zehn Mark Besitz begann ich ihn und war bei Lilys Eltern zum Christbaum geladen. Zuerst gab ich eine Gastrolle bei Knirr, wo ich öfters zeichnete, trotz meines Ranges als Stuckschüler, weil das Ansehn, das ich da genoß, mir als stimmungsfördernd bei der Arbeit zustatten kam. Da bot sich mir ein überraschendes Bild. Auf dem Podium stand an Stelle des Modells eine Batterie Weinflaschen. Das Modell wanderte angesäuselt von Hand zu Hand, von Knie zu Knie. Ich stieg auf eine Leiter und arbeitete an einem Wandgemälde unter dem Oberlicht. Als ich nachmittags wiederkam, hatten sich die Dinge noch weiter entwickelt. Die sechzehnjährige Cenzi lag süß schlummernd im gepolsterten Lehnstuhl und ward gezeichnet und gemalt. Die hinzugekommene rote Berta hatte sich in kurzer Zeit in dasselbe Fahrwasser gestürzt, bekam in kurzer Zeit das schönste Delirium, schwatzte aus, was sie wußte, stampfte mit dem Fuß, wenn man lachte, fiel um, wenn sie gehen wollte. Der Herr Kluge hielt den Moment für gegeben, zu verschwinden und mit einem Kübel mit ein paar Flaschen Sekt triumphierend zurückzukehren. Die Mädchen erfrischt das, uns berauscht es etwas. Als es dunkeln will, muß jeder allmählich zu seinem Weihnachtsbaum. Obwohl ich auch geladen bin, bleibe ich doch als letzter auf diesem Feld der Orgien. Viel mehr als Verlegenheiten hab' ich nicht davon, die beiden wollen immer noch nicht allein gehen. Cenzis Haare sind aufgelöst und sämtliche Haarnadeln verloren. Andere Kleinigkeiten werden vermißt und in der Dunkelheit vergeblich gesucht. Ich gehe neue Haarnadeln kaufen. Es vergeht noch eine Weile, bis die beiden sich an meinem Arm auf die Straße wagen können. Ich führe sie links und rechts. Hunger haben sie. Ich stelle sie in einem Hausgang an die Wand und kaufe inzwischen Essen ein. Dann auf meine Bude. Sie legen sich hin, und ich habe das stolze Gefühl, zwei Damen auf einmal in meiner Gewalt zu haben. Unter allerlei gewagten Scherzen vergeht die letzte Frist, es muß geschieden sein, und etwas umnebelt erscheine ich bei Lily.

124 Recht weit hatte ich's ja nun gebracht. Ich war Dichter, ich war Lebe-

mann, ich war Satiriker, Künstler, Geiger. Nur etwas war ich nicht mehr: Vater. Das Kind meines Verhältnisses hatte sich nicht als lebensfähig erwiesen.

Dafür drohten Schulden, drohte das Militär. Drohte das Fiasko in der angestrebten idealen Liebe.

Eine Kreuzung von Göttlichem und von Lumpereien war es.

125 Lily erzählte mir ihren Roman mit einem Musiker. Ein Schritt weiter, der mich eher verwirrte. Daß sie nach dieser Richtung kräftig empfand, hörte ich am Klang ihrer Stimme (26. 12. 1900).

126 Der Weihnachtsabend mit Cenzi und Berta hatte noch ein kleines Nachspiel. Am 28. Dezember besuchten wir zu vier (Jean de Castella als vierter) ein Varieté. Einiges Aufsehen erregten wir da, waren wir doch etwas auffallende Herren, und unsere Damen hatten noch keine ganz langen Kleider. Als wir hernach die Mädchen in einer fürchterlich kalten nordoststürmischen Nacht nach Haus brachten, stellte sich heraus, daß Cenzi ohne Hausschlüssel war. Sie versuchte, ihre Herrschaften herauszuläuten, aber niemand reagierte. Darauf brachten wir Berta heim. Was nun? Von Hotel wurde ein bißchen gemurmelt, während wir wieder stadteinwärts gingen. Meine Wohnung kam zuerst. Als ich die Haustür aufmachte, schlüpfte Cenzi unaufgefordert hinein. Jean sagte etwas wehmütig Adieu. Also hatte ich da ohne mein eigentliches Zutun eine Eroberung gemacht. Es kam noch hinzu, daß die Cenzi als Verhältnis des Herrn N. galt. Ich will nicht idealisieren, Cenzi war ein Münchner Aktmodell. Aber mit ihren Sechzehn gehörte sie noch nicht zum Abschaum.

127 Dies Verhältnis zu Cenzi dauerte nur bis zum 10. Januar 1901. Als ihr früherer Herr aus den Weihnachtsferien zurück war, kehrte sie treu in seine Arme. Mir war das zuerst recht schmerzlich, denn die Sache hatte ganz meinem Geschmack entsprochen. Cenzi verlangte gar keine Liebesschwüre, sie nannte mich sogar «Sie». Ich duzte und fand bei ihr ein stets gleichmäßiges, vernünftiges Wesen. Von Gemeinheit nicht eine Spur. Nach der ersten Nacht schrieb sie mir folgenden Brief: «München, den 29. Dezember 1900. Geehrter Herr Klee! Habe Ihnen versprochen, gleich zu schreiben, was auch jetzt geschieht. Bei mir zu Hause ging alles ganz glatt herunter, nur mein Vater machte mir eine lange Moralpredigt, was mir sehr unangenehm war.

Aber ich durfte froh sein, daß es weiter nichts gab. Nun muß ich Ihnen etwas mitteilen, was ich Ihnen mündlich nicht sagen konnte. Vor allem, Herr Klee, würde ich Sie bitten, sehr diskret zu sein, Herrn N. gegenüber besonders. Sie müssen selbst zugeben, daß ich nichts dafür kann; aber ich habe halt auch schwache Stunden, wie jedes Weib, was ich jetzt auch bitter bereue.

Und mögen Sie vergessen, was in jener Nacht geschah; ich schäme mich wohl, es Ihnen zu schreiben, aber ich muß Sie darauf aufmerksam machen.

Und denken Sie nicht schlecht von mir, denn wir beide müssen die Schuld gemeinsam tragen.

Aber alte Kameraden wollen wir bleiben und die Vergangenheit vergessen. Ihre ergebene Cenzi R. Wir werden uns nächste Woche wieder sehen. Ich werde Sie besuchen.»

128 Anfang Januar 1901. Das Abenteuer mit Cenzi hatte mich erstens etwas von Lily abgelenkt. Es war eine Art Erholung von jener Unklarheit. Zweitens sah ich mich plötzlich ganz außerstande, die Beziehungen zu meinem früheren Verhältnis noch aufrechtzuerhalten. Dieses Mädchen hatte mich auch in diesem Winter hie und da besucht, um teils etwas Geld, teils etwas Liebe von mir zu nehmen. Das Geld kam ihr für den durch die ungeschickte Konzeption erlittenen Schaden zu. Daß wir bald von diesem unbequemen Druck erlöst worden waren, erwähnte ich schon. Beide Quellen, Geld und Liebe, flossen nicht gerade reichlich. Die letztere versiegte zuerst. Die andere floß eben solange, als ich noch etwas schuldig war. Ich hatte vorgehabt, von jedem empfangenen Wechsel einen bestimmten Teil an sie abzugeben, um bis zu den Sommerferien davon befreit zu sein. Aber nun reiste sie plötzlich von München weg, um auswärts in Stellung zu gehen. Der Gedanke war mir so angenehm, daß ich durch einen erheblichen Pump ihre Ansprüche auf einmal befriedigen konnte. Die Luft war wieder klar, nach einjährigen Trübungen. Das letzte kurze Beisammensein ohne Liebe und ohne Haß hinterließ keinen Stachel. Hatten wir doch auch fröhliche Stunden verlebt.

129 Da mir nun auch Cenzi fernblieb und von diesem Abenteuer nur noch einige schwache Gedichte im Volkston übrigblieben, war ich wieder ganz für die edlere Liebe zu haben. Am Bauernball, 5. Februar 1901, näherte ich mich Lily aufs neue, oder sie sich mir, bis auf ganz kurze Distanz. Aber gleich darauf zog sie sich wieder zurück und nannte es Stimmungssache. Das war auf-

regend, Hiebe ohne Grazie, Püffe. Ich war traurig und wanderlustig. Aber wohin?

130 Vollständig bezecht phantasierte ich eine Nacht in meinem Tagebuch über das Thema Lily. Wie tief ging mir das alles, was von ihr kam. Sogar eine eifersüchtige Variation war dabei. Die Sinnlichkeit feierte Orgien. In der Schlußvariation figurierten zum Cantus firmus Worte, die wir gewechselt hatten.

131 Aschermittwoch. Der Rausch ist dahin, aber stärker als mein Elend ist die Gewalt Deines Bildes, unter Larven ein holdes Angesicht.

Der Englische Garten ist abermals Schauplatz der Gefühle und der Konfusionen. Ich schwöre, daß ich schon bald ermüde, bei meiner nicht ganz einwandfreien Ehre.

Lily und wieder Lily. Abermals fühle ich mich bestärkt in meinen Gefühlen zu ihr und kurz darauf wieder erschüttert. Weder Weg noch Steg. Von den Folgen im Studium schweig' ich.

Etwas formell teilt sie mir mit, daß wir das Duospiel fortsetzen wollen, das gnädige Fräulein. Ich denke doch nur an das Weib. Alles andere gewinnt mir keine Miene ab.

132 Meine Nächte waren nicht immer gut. Einmal aber fühlte ich mich in der Früh wirklich frisch und gestärkt. Der Frühling war da, und ich traute mir die Kraft zu, allein sein Reich zu betreten (Mein will ich vergessen und Dein gedenken über den Bergen). So tief saß es schon in mir, daß ich eher mich selber floh, als den Gedanken an sie ganz aufzugeben. So dachte ich am ehesten wieder zu Kräften zu kommen. Und in dieser wirren Sache durch Entsagung zu siegen.

133 Der Verkehr bei Saedt freute mich nur halb. Manchmal widerte es mich direkt an, in dieser gesellschaftlichen Sphäre zu verkehren. Der musikalische Betrieb war zwar stellenweise sehr anregend. Zum Beispiel der Abend mit Straube, der mir die Brahmssonate in A-Dur op. 100 einstudierte und nachher so begeistert war, weil ich in der einen Stunde so viel erfaßte. Lang hörte ich noch seine Worte: «Sie spielen ja bildschön» klingen, als wir uns nach einer

Nachsitzung im Café Stefanie bezecht und begeistert trennten. Er wurde dann bald sehr berühmt als Organist und Dirigent.

134 Jean de Castella rühmte die Tiefe eines englischen Spruches. Aufgefordert zu übersetzen, gab er folgendes von sich:

«Mit Recht und Können,
Mit Lust und Wille,
Laß Können dem Recht helfen,
Und Lust früher sein als Wille.»

Am 2. März 1901 in Starnberg frug er nach dem geschlechtlichen Akt der Pflanzen, wo der stattfinde: in Wurzeln?

135 Mein unruhiges Leben ließ eine vorübergehende Spur in meinem Körper zurück. Nervöse Herzaffektionen quälten mich, besonders im Schlaf. Dies Herz ward zum Thema in meinen Kompositionsübungen. Aber ich tat doch alles, um mich davon zu befreien, und mein zukünftiger Schwiegervater erlebte an mir einen ärztlichen Triumph.

136 Gedanken über Porträtkunst. Mancher wird nicht die Wahrheit meines Spiegels erkennen. Er sollte bedenken, daß ich nicht dazu da bin, die Oberfläche zu spiegeln (das kann die fotografische Platte), sondern ins Innere dringen muß. Ich spiegele bis ins Herz hinein. Ich schreibe Worte auf die Stirn und um die Mundwinkel. Meine Menschengesichter sind wahrer als die wirklichen.

137 Im Frühjahr 1901 stellte ich folgendes Programm auf:

Zuoberst die Kunst des Lebens, dann als idealer Beruf: Dichtkunst und Philosophie, als realer Beruf: die Plastik und zuletzt in Ermangelung einer Rente: die Zeichnungskunst (Illustration).

138 I. Was jagen die Menschen dahin, wie die Wellen vor dem Sturm? Wer bläst sie an, welcher Wind? Der Wind ihrer Wünsche bläst sie an. Aber ihre Wünsche sind eitel.

Ich bin ein Schiffer über ihnen. Mein Schiff ist stark und bringt mich ans Ziel. Es rudert die leuchtende Hoffnung der schönsten Insel zu.

Ach, wie gewaltig brandet es da, fast sinkt mein Mut. Sollte hier zerschellen mein Bestes, sag an Du leuchtende Hoffnung?

Nein, ich bin jung und mein Arm ist gut. Ich muß die Insel gewinnen, und wären dort die größten Berge, und hieße ihr höchster Einsamkeit.

Wohlan du freier Hauch dort oben. Wohlan du Gischt der Brandung.

II. Noch viel weiter weiß ich zu schauen. Ich habe erreicht die Insel, ich siegte über die Brandung, ohne sie zu löschen. Sie lebt und frißt. Mein höchster Berg wird wanken.

Der Schlachtgesang der Wogen ist verstummt. Die Welt ist ein nasses Grab, eine weite Öde.

Das Licht erlischt, dunkel muß sein das Ende. Im Tag erneut sich das Leben.

Nacht uns allen! Wir wollen nämlich kämpfen vor dieser Nacht. Das Leben voran!

139 Ich habe ein neues Leben begonnen. Und diesmal gelingt's! Tief lag ich zu Boden. Alles sei mir erlaubt, glaubte ich, auszukosten sei meine Stärke.

Zum Narrentanz ging ich, ein schmutziger Lump. Die Liebe der Jungfrau hat mich erlöst von solcher Gestalt.

Ich sah mein Elend, und da war es schon halb gebannt. Der Schrecken raffte mich auf.

Ich will ernst werden und besser. Durch den Kuß des liebsten Weibes ist alle Not von mir genommen. Ich werde arbeiten. Ein guter Künstler will ich werden. Die Bildhauerei erlernen. Meine Begabung ist in erster Linie formal. Diese Erkenntnis mit auf den Weg.

140 Stuck meinte, mir zur Bildhauerei zuraten zu dürfen, wenn ich dann wieder malen wollte, könnte ich das Erlernte gut brauchen. Ein Beweis dafür, daß er nichts von der Welt der Farbe versteht. Und er riet mir, zu Rümann zu gehen. Als Stuckschüler, hoffte ich, da ohne weiteres eintreten zu können.

Der Alte verlangte aber ein Eintrittsexamen von mir. Ich bat um Dispens, denn schon der Umstand, daß man es von mir verlangte, war für mich mit Recht soviel als ein Durchfall. Er aber wurde bei dem Ansinnen ganz aufgeregt: «Ich habe selber einmal ein Aufnahmeexamen machen müssen.» Das klang königlich. Dann unterzog er meine Zeichnungen einer scharfen Kritik, an einigen ließ er aber doch etwas dran. Schließlich ging ich, ohne ihm in der

Examensfrage entgegenzukommen. Ein wenig hatte ich vielleicht doch imponiert. Ob er wohl auf ein Wiedersehen rechnete?

Die sieben Worte des Propheten von Rümann: I. Vorschriften laß ich mir keine machen. II. Ein Zeichner allerersten Ranges sind Sie übrigens auch nicht, wie ich sehe. III. Dies ist ja ganz hübsch gezeichnet. IV. Aber dieser Kopf verdient das Prädikat schlecht. V. Von einer Probearbeit werden nur Leute dispensiert, die schon jahrelang modelliert haben. VI. Ich habe selber einmal eine Probearbeit machen müssen. (Hier ging ich.) VII. Guten Tag, Herr Klee.

141 Mir ist, Du wärst mein eigen Blut, so lieb' ich Dich. Diesmal fühle ich den starken Gott mit mir. Ein Opfer will ich, seinem Gesetz mich beugend, ihm bringen. Dich besitzen will ich, und wär's Dein und mein Verderben. Mein Gott tut Großes an mir. Er sieht mich auf der Bahn des Gesetzes.

Ich liebe Dich als das Weib, das zu mir kam, zu dem im Dunkeln Brütenden, mit der freundlichen Lampe.

142 Der Schönheit diene ich durch Zeichnung ihrer Feinde (Karikatur, Satire), sagte ich des öftern. Aber das ist noch nicht alles. Ich muß sie auch direkt gestalten, mit voller Überzeugungskraft. Ein weites, erhabenes Ziel. Halb im Schlummer wagte ich mich schon auf diese Bahn. Es wird wach geschehen müssen. Sie ist vielleicht länger als mein Leben.

143 Das Wort Selbstkritik taucht ein erstes Mal auf.

Dann philosophiere ich über den Tod, der gutmacht, was im Leben nicht zum Abschluß gelangt. Die Sehnsucht nach dem Tod, nicht als Vernichtung, sondern als Streben nach der Vollkommenheit.

Im ganzen doch ein Stadium zwischen Streben und Verzweiflung.

144 Der Strebende wird das Irdische nie ruhig genießen. Die ersten Umformungen (Nachformung der neu erlebten Welt) sind ein stetiger Kontrast zur Fülle und Frische der Eindrücke. Vorwärts, den reifen Werken entgegen.

Die Kindheit war ein Traum, dereinst alles vollbringen zu können. Die Lehrzeit ein Suchen in allem, im Kleinsten, im Verborgensten, in Gutem und Bösem. Dann geht irgendein Licht auf und eine einzige Richtung wird verfolgt (in dieses Stadium trete ich jetzt ein, nennen wir es die Wanderzeit).

145 Wüster Gedanke, mit Lily mich betrogen zu haben! Ich habe schon die Gewohnheit angenommen, dies Weib als mein eigen zu betrachten. Schade wär's um den auf meinen seelischen Zustand ausgeübten guten Einfluß. Denn ich lebte endlich eine Reihe ruhiger Tage, Tage idealen Sinnens, wenn mich auch neulich Berta und Kathi Bock besuchten, wobei es recht ausgelassen zuging. Es tropft an mir ab. Auch der Gedanke an Cenzi, die zu Bett liegt und irr redet, regt mich gar nicht auf. Mein Mißtrauen könnte zur Eifersucht werden, wenn ich bedenke, wie viele Männer es dort gibt, wo ich allein sein möchte.

Nun will sie zu mir zum Tee kommen.

Dann läßt sie mich nach der Matthäuspassion im Stich.

Heute bittet sie deswegen um Verzeihung. Donnerstag, den 4. April, kommt sie!

Soviel als Bild meiner kapriziösen Lage.

146 Nur aus Mitleid würde ich ein Weib belügen. Das Weib aber lügt aus dem Grunde des falschen Herzens.

147 Am Gründonnerstag brachte mir Schiwago meine Kompositionen zurück. Ihre satirische Klee-Monographie scheint aufgegeben. Vielleicht fühlt sie heraus, daß ich jetzt ohne ihr Zutun gebessert bin. Sie sprach ernst und sympathisch. Der Teufel gab mir ein, ich sei an einer reinen Quelle achtlos vorübergegangen. «Wollen Sie Abschied nehmen für immer, daß Sie so feierlich sprechen?» sagte ich tändelnd und abschweifend.

Drauf machte ich mit Lily einen Spaziergang nach Großhesselohe und der Isar nach auf der Höhe zurück nach München. Starker Sturmwind durchwehte uns. Sie sprach viel von Freundschaft.

Ich bin so elend, ich kann mich nicht aussprechen. Mein Elend ist nicht zum Sagen.

148 Karfreitag. Sehr schlecht hab' ich geschlafen und wie im Fieber hab' ich phantasiert. Früh war ich wieder mit Lily zusammen, im Englischen Garten. Wir sitzen oft nebeneinander und sagen nichts. Dann sind wir wie zwei Glückliche. Es ist gut so, wenigstens auf Momente. Wie man sich aneinander gewöhnt. Ich fühle mich so eins mit ihr, daß ich, wie allein, oft lang nicht mit ihr spreche. Soll man noch mehr wollen?

149 Ich will mich gern einschränken im Essen, in der Wohnung, noch leichter als guten Wein versag' ich mir eine kinderreiche Familie. Schwerer ist, seinem Wandertrieb zu entsagen. Am allerschwersten ein Leben ohne die Liebe und den Leib des Weibes. Diese Bedingung ist in ziemlicher Ferne. Das Dasein gegenwärtig sehr mangelhaft. Wenn es so bliebe, wäre das Leben verfehlt und meiner nicht würdig. Ein gewisses Verantwortungsgefühl würde mich von einem Verzicht vielleicht doch abhalten. Ostern 1901.

150 Die Ungewißheit mit Lily peinigte mich immer mehr. Ich philosophierte mich krampfhaft los vom Weib, kam aber nicht los vom tiefsinnigen Anblick junger Mädchen. Im Tristan waren während des II. Aktes meine Nerven wahrhaft aufgepeitscht. Ich guckte so ein Geschöpf, das sich in meiner Nähe befand, unverwandt an und beschrieb seine Erscheinung hernach im Tagebuch bis ins kleinste.

Nach ein paar Tagen traf ich dies zierliche Geschöpf bei den Propyläen und versenkte, ihr folgend, mich abermals mit ganzem Willen in ihr Wesen hinein.

Abends traf ich Lily im Fidelio. Sie war schwarz gekleidet, was ihr gut steht. Ich hatte ein paar Zeilen von ihr nicht beantwortet und deshalb acht Tage nichts von ihr gehört. Entschuldigte mich ruhig und bedankte mich für ein Billett zu den «Jahreszeiten». Fühlte mich fest und glaubte, interessant zu sprechen über Menschen und Dinge gemeinsamer Bekanntschaft. Einmal, draußen in der Natur, oder auf dem Wasser werde ich sie umarmen, ihr offen sagen, was ich einmal für sie empfand.

151 Die nackte Wahrheit ist wohl, daß ich aus Stolz und Furcht, mir durch unerwünschte letzte Annäherung etwas zu vergeben, lieber an Entsagung dachte.

Lily bezeichnete mehrmals ihr Verhältnis zu mir als reine Freundschaft. Einmal sogar, kurz nachdem wir uns leidenschaftlich geküßt hatten. Das war sehr stark.

152 (Fortsetzung von 63). Bald bildete ich mir ein, ich könne zeichnen, bald sah ich, daß ich nichts konnte. Im dritten Winter sah ich sogar ein, daß ich wohl nie würde malen lernen. Ich dachte an die Plastik und begann mit Radieren. Nur zur Musik habe ich stets gut gestanden.

153 Fräulein N. aus Halle schieb nach langer Pause, sie gedenke, sich kurz in München aufzuhalten, und wünsche mich wiederzusehen. Ich antwortete, daß ich in der langen Zeit ein anderer geworden. Wahrscheinlich würde sie jetzt mehr mütterliche Freuden an mir erleben. Ich nähme jetzt die Kunst sehr ernst und sei ihrer Freundschaft würdiger als damals.

154 (3. 5. 1901). Im Dämmer des Frührots bin ich Erwartung.
Werde ich sie ertragen, wenn sie heraufsteigt über den Kamm der Berge?
O Bangen des Morgens, wie damals in meinem Leben.
Wie damals? Steh' ich im leuchtenden Tag?
Vom Lager auf! Viel Arbeit ist da aufzunehmen!

155 Ich bin Gott. So viel des Göttlichen ist in mir gehäuft, daß ich nicht sterben kann. Mein Haupt glüht zum Springen. Eine der Welten, die es birgt, will geboren sein. Nun aber muß ich leiden vor dem Vollbringen.

156 Nach der Nacht vom 14. auf den 15. Mai war ich aufgeregter und zwiespältiger denn je. Wir hatten uns leidenschaftlich umarmt und geküßt, zu meiner taumelhaften Freude. Aber der Widerruf folgte auf dem Fuß. Gleich drauf erfolgte das Geständnis, daß sie einen andern liebe.

Nun galt es zu ergründen, wieviel Wahres daran war. Dies erregte einen Kampf der Gefühle in mir. Über dem ganzen Für und Wider fuhren diese Augen fort zu leuchten und zu verheißen.

Dann war ich überzeugt, in einer unentschiedenen Sache doch zu siegen. Es galt, um ein Weib werben wie noch nie. Es waren Anhaltspunkte vorhanden. Die Skepsis stand nur auf einem Bein.

In alles wollte ich Liebe legen. Ich konnte es, es war mir gegeben.

Die Krisis war da: der Anfang oder das Ende meiner Liebe.

Wenn es zum Abschied kam? Wieder hinausfahren allein und weit in den See hinaus. Schlimme Zeiten. Eine Lebensforderung ersticken zu müssen.

157 Noch ein letztes Mal kam ich zur Ruhe. Vor der letzten Entscheidung. Acht Tage nach jener Nacht (14./15. Mai) fühlte ich mich nochmals imstande, zu entsagen. Ich klammerte mich ganz an die künstlerische Aufgabe, diese Zukunft schien etwas greifbarer, nachdem ich mich auf ein etwas engeres Gebiet beschränkt hatte.

*Paul Klee, Bern, 1892*

*Lily Klee (Frau von Paul Klee), 1906, München (von Paul Klee fotografiert)*

158 In diese Zeit fallen einige der Plastik sich nähernde Motive – gefesselte weibliche Akte. – *Es naht der Morgen* (nach einer Liebesnacht schlummert der junge Mann, das Weib verbirgt sich). – *Abschied vom Weib. Jungfrau sich verteidigend* (die Darstellung war etwas im Rodinschen Geist).

159 Die Pfingsttage verbrachte ich bei meinem zukünftigen Schwiegerherrn auf dem Landhaus am Tegernsee. Hier siegte ich über Lily, nachdem sie mir schon einige Tage vorher versprochen hatte, ihren Doktor Soundso heimzuschicken.

160 1. 6. 1901. Schälkchen auf meinen Lippen. Deine Zeit ist um. Wir waren Gefährten, unsere Freundschaft ist jetzt Asche. Ich erwarb ein Stück Himmel, dort kann ich keinen brauchen von dieser Welt. Die Lacher (sie nennen mich verliebt) bleiben unten und altern. Wir ziehen oben die ersten Kreise der Unsterblichkeit.

161 Juni 1901. Bedenken stellten sich ein. Was hatte ich Lily zu bieten? Von Kunst ward nicht einmal einer satt. Also kamen wieder Abschiedsgedanken aufs neue an die Reihe.

Ideell kam ein großes Kraftgefühl über mich, durch den Sieg oder durch die Liebe. Doch was nützte das im Leben?

162 Brangäne spitzt die Ohren, sagten wir im Lärchenwald zu Tegernsee, als Puck uns auf einer Bank bewachte.

Warum sollen sich Freunde nicht küssen dürfen, frugen wir uns.

Wir denken gar nicht.

Zum Schluß meinte Lily, es ist gut, daß wir bald heimkommen.

163 Am 8. Juni besprachen wir, was zu tun sei, um unsere Liebe ernstlich durchzuführen. Man kann diesen Tag in unserer ganzen Verlobungsperiode als den wichtigsten bezeichnen. Lily wollte mir Zeit lassen, mich zu entwickeln, beruflich und allgemein. Von acht Jahren sprach sie. Auch sie wollte vorwärtskommen in dieser Zeit.

164 Was für eine Vollkommenheit erlangt man durch die Liebe! Welche Steigerung aller Dinge. Was für ein Maßstab ist sie! Was für ein Schlüssel.

Von diesen Tagen ist jeder ein Leben. Wenn ich jetzt abschließen sollte, ein schönerer Schluß wäre nicht zu erdenken.

165 Stütze Dich auf mich und folge mir, wenn unten die Gründe gähnen, schließ die Augen. Vertraue meinem Schritt und dem eisig hohen Geiste. Dann sind wir zu zwein wie Gott.

166 Jetzt klingt der Abschied ganz anders:
Ich bin allein gewachsen auf der Heide. Wer hat je mir geholfen? Stürme kamen und gingen, hatten fortgefegt, was schwach war. Ich bin geblieben auf der Heide.

Dann kamst Du und suchtest Schutz bei mir. Aber Halt gebot uns das Schicksal. Erstarken sollst Du in Einsamkeit, sprach das Schicksal. Mein Schutz sei vorerst der Gedanke allein.

167 Gehet dahin ihr großen Wünsche,
Fahr wohl Unsterblichkeit.
Zerfallet Berge des Geistes,
Wenn der Gipfel die Einsamkeit ist.

168 Schwerer Tag, der 13. Juni 1901. Trübe Vorahnung des Scheidens am Königplatz.

Abreise von München am 30. Juni.

Wenn diese Liebe nicht mein Leben wird und nur mein schönster Traum war, dann werde ich sehen beim Erwachen, daß die Kraft zur Säure ward. Und weh dem, was trügt, und wenn es noch so schön ist. Siegen wird die gewaltige, die schreckliche Wahrheit.

169 Was ich bin – fraget nicht. Nichts bin ich, zu nichts stehe ich. Nur von meinem Glück weiß ich. Ob ich es verdiene, fraget nicht. Laßt Euch sagen, daß es reich ist und tief.

Vor Sonnenuntergang wollt' ich am Ziel sein. Bei ihr. Ich war gut gegangen. Doch schlecht hatte ich gerechnet. Die unsagbare Sehnsucht nach dem Ziel beschwerte die vielen Stunden. Über einen wilden Paß will ich ins milde Tal.

Bern, 5. 8. 1901.

170 Rückblick über die künstlerischen Anfänge in diesen drei Jahren. Was in diesen Tagebüchern unklar ist, wirr und unentwickelt, wirkt kaum so abstoßend oder gar lächerlich wie die ersten Versuche, diese Zustände in Kunst umzusetzen. Ein Tagebuch ist eben keine Kunst-, sondern eine Zeitleistung.

Aber eines muß ich mir zugestehn, der Wille nach dem Echten war da. Sonst hätt' ich ja als leidlicher Aktzeichner einfach Kain und Abel komponieren brauchen. Dazu war ich aber zu skeptisch.

Ich wollte die kontrollierbaren Dinge geben und hielt mich einzig an mein Inneres. Je komplizierter es nun da mit der Zeit aussah, desto toller die Kompositionen. Die sexuelle Ratlosigkeit gebiert Monstren der Perversion. Amazonensymposien und anderes Schreckliche. Ein dreiteiliger Zyklus: *Carmen – Gretchen – Isolde*. Ein Zyklus *Nana, Théâtre des femmes. Der Ekel:* eine Dame, welche mit dem Oberkörper über einem Tisch liegt und ein Gefäß ekelhafter Dinge ausgießt.

Dadurch, daß der ganze Mensch im Verlauf dieser drei Jahre zeitweise sehr herunterkam, wurde er auch wieder läuterungsbedürftig und -fähig. Viele Projekte sprechen dafür. Schließlich bleibt auch das Bedürfnis nach absoluter Form nicht aus. Damit beginnt das Gleichgewicht sich herzustellen. Daß damit meine Verlobung zeitlich zusammenfällt, ist durchaus logisch.

171 Das Kraftbewußtsein hielt an. Die Trennung war zuerst nicht übermäßig schwer. Daß ich nun ein sittlicher Mensch war, auch nach der sexuellen Seite hin, gab mir darin eine gewisse Ruhe. Diese Frage als solche konnte mich nicht mehr beunruhigen. Daß sie praktisch nicht so bald gelöst würde, beschäftigte mich nicht direkt. Der Geist war frei von solcher Trübnis. Ich konnte nun mit voller Konzentration an ein Studium gehen. Die drei Jahre München hatten sein müssen, um mich so weit zu bringen. Ich setzte nun alles auf Italien. Eine Verwirklichung des Humanismus stellte ich nur außer dem Spezialstudium noch in Aussicht.

172 Viele Gedichte sollten der neugewonnenen Kraft Form verleihen. Natürlich kam es nicht zu einer Verwirklichung dieser Absicht. Denn Dichter sein und Dichten ist zweierlei. Jene Kraft und Ruhe aber ist mir auch für mein späteres Leben teuer geblieben, und ich möchte hierauf keine Travestien leben lassen.

173 Oberhofen. Juli 1901. Ich schenke Dir mein Ganzes und gab Dir doch nichts, bedenkend, daß ich das Leben erst aus Deiner Hand empfing. Daß Du mich neugeboren hast in Schönheit (Die Geliebte als Mutter des neuerstandenen, des sittlichen Mannes).

174 Der Sturm setzt gewaltige Schenkel ins Tal der Welle und in den Nacken der Eiche. Es sieht nach Kampf aus zwischen Ast und Gischt und ist doch Spiel. Es wohnt die Gottheit bei und wahrt die Grenzen.

Ähnlich betrachtete ich ein Gewitter mit Hagelschlag. 27. Juli 1901.

175 Philosophische Bestrebungen. Optimistischer Weg. Die einzigen Bedenken waren, sich neben der eigentlichen Aufgabe zu tief mit Philosophie und Dichtertum einzulassen.

Diesseitig bin ich gar nicht fassbar. Denn ich wohne grad so gut bei den Toten, wie bei den Ungeborenen. Etwas näher dem Herzen der Schöpfung als üblich. Und noch lange nicht nahe genug.

Geht Wärme von mir aus? Kühle?? Das ist jenseits aller Glut gar nicht zu erörtern. Am Fernsten bin ich am frömmsten. Diesseits manchmal etwas schadenfroh. Das sind Nuancen für die eine Sache. Die Pfaffen sind nur nicht fromm genug um es zu sehn. Und sie nehmen ein klein wenig Ärgernis, die Schriftgelehrten.

176 Über den Sternen will ich meinen Gott suchen. Als ich nach irdischer Liebe rang, suchte ich keinen Gott. Nun ich sie habe, muß ich ihn finden, der Gutes an mir tat, als ich von ihm abgewandt war. Wie kann ich ihn erkennen? Lächeln muß er wohl des Toren, daher die Kühlung linder Winde in der Sommernacht. Stumme Seligkeit ihr zum Dank und einen Blick nach jenen Bergeshöhen!

177 Schrei nach dem gerechten Gott. Durch irdische Wohltaten gelangt der Held auf den Weg zum gerechten Gott. I. Abschied von der Geliebten. 2. Auf dem Weg. 3. Begegnung mir Prometheus. 4. Traum eines Gesprächs mit Ganymed. 5. Fata Morgana.

178 Stehe früh auf, zu säen. Dein Weib schläft tief, laß es schlafen. Erst mit den Früchten Deines Feldes sollst Du Dich wenden an Dein Weib.

179 Es war ein verführendes Wasser, das meinen Sinn in seine krausen Strudel zog. Wie reißend ist nun aber die Gewalt des Stromes. Da riefen an mir vorbei die Orte alter dunkelsüßer Heime, wo ich des Nachts dem Lied der Zikade lauschte, einsam und heimlich unter dem duftatmenden Holunder. Manchen Traurigen seh' ich am Ufer stehn. Ich aber bin über den Wellen, stark und frisch an Leib und Seele. Ich will münden zusammen mit dem großen Strom. Münden will ich mit ihm.

180 Eine Art Prometheus. Ich trete vor Dich, Zeus, weil ich die Kraft habe dazu. Du hast mich bevorzugt, das zwingt mich zu Dir. Weise genug, Dich hinter allem zu vermuten, suche ich nicht den mächtigen, sondern den guten Gott. Nun hör' ich Deine Stimme aus der Wolke: Du quälst Dich, Prometheus. Qualen waren stets mein Los, da ich zur Liebe geboren bin. Oft hob ich fragend-bittend den Blick zu Dir: vergebens!

So poche denn an Deine Tür die Größe meines Hohnes. Wenn ich nicht genüge, laß ich Dir diesen Stolz. Groß bist Du, groß ist Dein Werk. Aber nur groß im Anfang, nicht vollendet. Ein Fragment.

Vollende! Dann rufe ich heil! Heil dem Raum, dem Gesetz, das ihn durchmißt. Aber ich rufe nicht heil. Nur der Mensch, welcher ringt, hat mein Ja. Und der Größte unter ihnen bin ich, der mit der Gottheit ringt.

Um meiner und vieler Schmerzen willen richt' ich Dich, daß Du nicht vollbrachtest. Dein bestes Kind richtet Dich, Dein kühnster Geist, verwandt zu Dir und abgewandt zugleich.

181 Ich muß blaß sein. Die Gedanken verwirren sich aufs neue. Ich schlafe die Nächte nicht durch. Die Seele sucht südwärts? Fehlt es am Norden, oder woran? Luft hab' ich und Nahrung. Und Liebe hab' ich die Fülle erlangt. Und kann doch nicht bleiben so.

Sonst wird's wie früher. Gewaltsam in der Brust verschlossener Kummer. Auf engem Ausweg heiseres Lachen. Zum Bersten. Und ich sage wieder, dies Lachen erhebe allein über das Tier.

182 Brack erzählt, daß am Stockhorn beobachtet wurde, wie ein gebärendes Schaf von Dohlen und ähnlichem Gesindel angefallen wurde, die ihm das Junge sozusagen aus dem Leib heraus zu rauben suchten.

183 Sprache ohne Vernunft (die Vernunft schwamm im Strom des Weines davon).

1. Ein guter Fischzug ist großer Trost. 2. Niedertracht sucht mich auch dieses Jahr zu beschleichen. 3. Ich muß gerettet werden. Durch Erfolg? 4. Hat die Inspiration Augen, oder schlafwandelt sie? 5. Meine Hände falten sich zuweilen. Doch gleich dicht darunter verdaut der Bauch, filtert die Niere hell den Urin. 6. Die Musik über alles lieben, heißt unglücklich sein. 7. Zwölf Fische, zwölf Morde.

184 Ein Gedicht mit den Reimen:
Augen / Brust / Lust / Nacht / gelacht / Schlaf / traf / Gesellen / bestellen / Bäumen / träumen / Herzensnacht.

185 Die Abreise war nicht so ganz einfach. Ich ließ mich noch gegen Pocken impfen und wurde sehr krank, vierzig Grad Fieber. Haller spürte nur einiges Jucken. In Oberhofen mußte ich um Geld bitten, ein wenig davon erreichte ich. Dadurch entstand eine kleine Verzögerung. Haller drängte, wollte aber doch warten. Muß schnell nach Rom, seinen Sonnenzyklus malen.

Ein fürchterlicher Sturm ist im Lande. Wie immer, wenn ich etwas erleben soll. Unser grauer Kater ist nach sechs Monaten Abwesenheit ganz verwildert zurückgekehrt. Hat sicher von der Jagd gelebt.

# Tagebuch II

# ITALIENISCHES TAGEBUCH (OKTOBER 1901 BIS MAI 1902)

277 Milano, 22. 10. 1901. Ankunft. Brera: Mantegna (Luini?); Raffael nicht besonders vertreten. Überraschung: Tintoretto.

Molto vino. Impfpusteln. Listiger italienischer Sprachgebrauch. Hotel Cervo. Gutes Essen: Risotto. Abfahrt 24., nachmittags 3.40 Uhr, nach Genua.

278/79 Genova, Ankunft bei Nacht. Das Meer im Mondschein. Wunderbare Luft von draußen. Ernste Stimmung.

Von tausend Eindrücken müde wie ein Lasttier. Das Meer bei Nacht zum ersten Mal von einer Anhöhe gesehen. Der gewaltige Hafen, die Riesenschiffe, die Auswanderer und die Hafenarbeiter. Die südliche Großstadt.

Vom Meer hatte ich mir einen ungefähren Begriff gemacht, nicht aber vom Hafenleben. Eisenbahnwagen, bedrohliche Dampfkräne, Warenladungen und Menschen, starkgemauerten Dämmen entlang, über Taue steigen. Vor Kahnvermietern fliehen: «Die Stadt, der Hafen», «Die amerikanischen Kriegsschiffe», «Die Leuchttürme!», «Das Meer!». Die eisernen Pflöcke als Stühle. Das ungewohnte Klima. Dampfer aus Liverpool, Marseille, Bremen, Spanien, Griechenland, Amerika. Respekt vor der großen Erde. Wohl mehrere hundert Dampfer neben zahllosen Seglern, Dampferchen, Schleppschiffen. Und erst die Menschen. Da die abenteuerlichsten Gestalten mit Fes. Hier auf dem Damm ein Haufen Auswanderer, Süditaliener, gelagert (schneckenartig) in der Sonne, affengeschmeidige Gebärden, säugende Mütter. Die größeren Kinder spielend und zankend. Ein Ernährer bahnt sich durch mit einem dampfenden Geschirr (frutti di mare), auf schwimmenden Küchen erworben. Woher der auffallende Öldampfgeruch kommt? Dann die Kohlenträger, schön gebaute Gestalten, leicht und flink, halbnackt vom Kohlenschiff mit der Ladung am Buckel (ein Tuch schützt Haupthaar), auf ein langes Brett, den Damm hinauf, hinüber ins Magazin zum Wiegen der Ladung. Dann frei hinunter über ein zweites Brett ins Schiff, wo ein frisch aufgeschaufelter Korb bereitsteht. Leute so in ununterbrochenem Kreislauf, braun von Sonne, schwarz von Kohle, wild, verächtlich. Dort steht ein Fischer. Das ekelhafte Wasser kann nichts Gutes beherbergen. Es wird nichts gefangen, wie überall. Angelzeug: dicke Schnur, dran ein Stein, eine Hühnerpfote, eine Mollusk.

Die Dämme tragen Häuser und Magazine. Eine Welt für sich. Wir diesmal die Müßiggänger drin. Und doch arbeiten wir, zum mindesten mit den Beinen.

280 Hohe Häuser (bis dreizehn Stockwerke), engste Gassen in der alten Stadt. Kühl und übelriechend. Abends dicht mit Menschen besetzt. Tags mehr mit Jugend. Deren Windeln flattern wie Flaggen in einer Feststadt in der Luft. Quergespannte Schnüre von Fenster zu vis-à-vis Fenster. Tags stechende Sonne in diesen Gäßchen, metallen blinkende Reflexe des Meeres da unten, eine Flut von Licht von überall: Blendungen. Dazu die Töne eines Drehklaviers, ein malerisches Gewerbe. Drumherum tanzende Kinder. Das Theater in Wirklichkeit. Ziemlich viel Schwermut habe ich über den Gotthard mitgenommen. Auf mich wirkt Dionysos nicht einfach.

281 Beinahe entschlossen wir uns, nach Neapel zu fahren (auf einem der vielen anderen Wege, die auch nach Rom führen). Doch sind wir zu unerfahren. Haller hat psychopathische Anwandlungen, stottert, fürchtet, bestohlen zu werden. Und Neapel ist eine berüchtigte Gegend.

Also fahren wir nach Livorno mit dem Schiff und von Pisa mit dem direkten Zug nach Rom. Mir hätte Rom nicht geeilt, aber Haller drängt hin, weil er sachlich vorgeht. Acht Tage in Genua hätten mich fürs erste gelockt. Also am Montag beginnt das Studium der Renaissance, denn Ordnung muß sein.

282 Die Fahrt auf dem Meer war ein Erlebnis. Wie das nächtliche große Genua mit seiner Lichtersternensaat allmählich versank, vom Licht des vollen Mondes aufgesogen, so wie ein Traum in einen andern überfließt. Um zehn Uhr fuhren wir ab mit dem Gottardo, bis Mitternacht blieben wir auf Deck. Dann in die Kabine II. Klasse.

1 Klee    2 ein Herr nach Alessandria
3 leer    4 Haller (mit einem Bracelet)

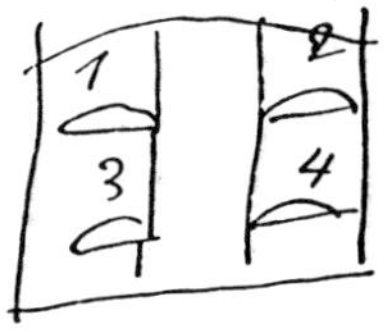

Um sechs Uhr stand ich auf nach sehr ruhiger Nacht, fand aber das Meer total anders vor, die Insel Gorgona, schiefstehende Segler, frische Farben. Um sieben landeten wir in Livorno.

283 Wie ein Traum sinkt Genua ins Meer; gestorben von dieser Welt, zerging ich wie das letzte Licht? Ach wäre es so! Könnt' ich?

284 Livorno langweilig. Wir flohen mit einem Wägelchen eiligst. Das Pferdchen verstand's. Lustig war die Ausladung gewesen. Die Bootsleute, die sich mit den Rudern bekämpften: Una Lira natürlich. Die Freitreppe aus dem Wasser, das Zollamt.

Am Bahnhof viel Gedränge. Haller hatte nicht den Mut, Billett zu verlangen. Er nahm mich unter seinen Mund und dozierte stotternd: «1. P-P-Pisa; 2. q-quando p-parte il t-treno?»

Die Worte lagen in der Tat recht dumm. Ich frisch voran. Ad 1 fragte man mich «andate o ritorno?», was ich nicht kapierte; ad 2 hieß es barsch «alle mezz.», was auch nicht so einfach war. Ich lernte dabei mein erstes praktisches Italienisch. Und der Zug, der alle halbe Stunde fährt, stand bereit und brachte uns durch wenig reizvolle Gegend nach Pisa.

Pisa

In Pisa blieben wir von neun Uhr früh bis fünf Uhr abends. Außer dem Dom ist wenig zu sehen, ehestens noch die Piazza dei cavalieri. Der Dom ein Wunder. Wie kommt der Riese in dies Nest. Ganz abseits liegt diese Schaustellung, eine Menagerie auf dem Dorf.

Auf den schiefen Turm mußten wir steigen, das Echo im Baptisterium hören, etc. Damit war unsere Unternehmungskraft erschöpft. Statt ein Restaurant ausfindig zu machen, kauften wir uns Kastanien und setzten uns auf irgendeine Bank. Haller sah trist aus, stützte den Kopf in die Hände, und vor dem Einschlafen sagte er noch: «Lue, daß si mi nid bestäle.»

Der sausende Zug romwärts, das war ein Gefühl.

Rom

285 Ankunft 27. Oktober 1901, gegen Mitternacht. Wir feierten in einem Hotel am Bahnhof das Ereignis mit drei Liter Barbera und einem schweren

Rausch. Am zweiten Tag war ich schon eingemietet, mitten in der Stadt, Via de l'archetto 20, IV, für 30 Lire monatlich.

Rom nimmt mehr den Geist gefangen als die Sinne. Genua ist moderne Stadt, Rom historische; Rom ist episch. Genua dramatisch. Daher läßt es sich nicht im Sturm nehmen.

Die Ungeduld drängte mich gleich zu den Sehenswürdigkeiten, zuerst zu Michelangelos *Sistina* und zu den *Stanzen* Raffaels. Michelangelo wirkte wie Prügel auf den Knirr- und Stuckschüler. Er nahm sie an und fand, daß es Perugino und Botticelli auch nicht besser ging. Die Raffaelschen Fresken bestanden, aber nicht ohne die Absicht zu bestehen.

Ruhiger war der Eindruck der *Marc-Aurel-Reiterstatue* und der *Hl.-Petrus-Statue* in der Peterskirche. Seine abgeküßten Zehen kommen noch hinzu. Marc Aurel ist konzentrierte Kunst, beim Petrus spielt der Glaube noch eine Rolle. Nicht, daß ich die Gläubigen, die sich um seinen Fuß zu schaffen machen, verstünde. Aber sie sind doch da. Um Marc Aurel, wer kümmert sich? Die primitive Steifheit des Petrusgusses, wie ein Stück Ewigkeit im Getümmel des Zufälligen (31. Oktober).

286 Epigramme mit den Reimen:
Dahin / fürs Malen kein Sinn
verscherzt die geliebte Musik mein Sohn / Hohn.

«Die Liebe als Sonne, ich als Sumpf»:
Sonnenverpestung als Dank
weil es bei mir von Sümpfen stank.

Bewahren! / an Jahren / verstanden / vorhanden.

Welt / dann kosteten andere mich mein Geld
das selber ich meinen Vater gekostet.

Gehoben / geschoben / Herde / Erde.

Angst des Weibes / Wunden und Schwären / am Berge gebären /
der Schande Befreier / Dohlen und Geier
würde ich los das Gewächs meines Leibes.

Freier / Leiber / Geleier / Weiber.

290 2. 11. 1901. Nach der Via Appia gezogen, um die ‚Umgebung Roms' zu kennen. An der Stadtgrenze lenkte uns der lateranische Palast davon ab. Und die Mutter aller Kirchen daneben. Die byzantinischen Mosaiken im Chor, zwei köstliche Hirsche. Nach dieser Vorspeise hinüber zum christlichen Museum des Laterans. Skulpturen in naivem Stil von hoher Schönheit, die in der starken Kraft des Ausdrucks besteht. Die Wirkung dieser eigentlichen Unvollkommenheiten läßt sich intellektuell nicht gut begründen, und doch bin ich dafür empfänglicher als für die am meisten gepriesenen Wunderwerke. In der Musik erlebte ich auch schon einzelne Parallelen hierzu. Natürlich gehe ich nicht als Snob vor. Aber die *Pietà* in der Peterskirche ging spurlos an mir vorüber, und vor irgendeinem alten ausdrucksvollen Heiland kann ich wie festgebannt stehen.

Auch bei den Fresken Michelangelos steht irgendein Geistiges über der Kunst. Die Bewegung und hügelige Muskulatur sind nicht reine Kunst, aber auch mehr als reine Kunst. Dieses Formbetrachtungsvermögen verdanke ich den Eindrücken der Architektur, Genova: *San Lorenzo*. Pisa: *Dom*. Rom: *St. Peter*. Mein Gefühl opponiert oft stark dem Burckhardtschen Cicerone.

Daß ich den Barock nach Michelangelo hasse, ist eventuell damit zu erklären, daß ich gemerkt habe, wie sehr ich selber bis dahin im Barock steckte. Trotz der Erkenntnis, daß der edle Stil durch die Vollkommenheit der Mittel verlorengeht (ein einziger Deckpunkt: Leonardo), zwingt es mich zum edlen Stil zurück, ohne die Überzeugung, daß ich mich je damit vertragen werde. Kühnheit und Phantasie sind jetzt nicht am Platz, wo ich Lehrling sein soll und will.

Nachher gerieten wir nicht in die Via Appia, sondern in die Via Latina, wo unser in einer Schenke ein gutes Mittagessen (75 cts. mit einem Viertel Wein) harrte. Davon wurden bei mir noch zwei Katzen satt, bei Haller ein Hund, ein Stück Opposition gegen mich war dabei mit seinen Motiven vermischt. Die landschaftlichen Idylle hier in den Schenken sind reizvoll. Wenn ich so produzieren soll, wie ich's schon kann, muß ich mal mit einer Radierplatte herauskommen.

Das Eselstreiben auf diesen klassischen Straßen. Der Vorstadtcharakter. Die Weinhäuser und Küchen. Mein Abscheu vor der Tierquälerei.

Auf dem Rückweg nach der Stadt benutzten wir dann die erst verfehlte Via Appia. Auf der Suche nach ihr stießen wir auf eine halbverfallene Villa, in der sich ein Hirt eingenistet hatte. An den Wänden muhte es, und ausgefellte agnelli hingen herum.

Im Gemäuer pfiff der beste Wind. Ich bezeichnete das Gebäude, Haller aquarellierte in der Nähe in Ermangelung von Wasser mit seinem Urin.

Wie das Volk sich anzupassen weiß, wie es sich in den Ruinen einnistet! Die Kreuze auf den alten Tempeln.

Noch einmal kehrten wir ein, nahmen einen ‚gütsch' Wein, ein halber Liter 30 cts., und Schafkäse zu uns, um restauriert, aber sehr müde nach Haus zu wandern.

Man läßt sich nichts abgehen, aber das Klima ist nicht immer leicht zu ertragen. Die Sonne kann stechen, der Wind ist von einer Wucht. Regentage drücken schwer. Bei schönem Wetter (tramontana) wird es recht kalt, besonders nachts. Auf Januar wird es mir bang, wenn ich in meinem großen Zimmer nach dem Ofen suche.

291 Haller horstet in einem düsteren Atelier. Ein Staub ist dort und Flöhe! Einmal kam ich hin, als er Fotografien von seiner russischen Freundin Sch. im Nachttopf tönte. Seinen Zyklus an die Sonne will er durchzwingen. Seine Energie steht außer Frage.

Mit einem reizenden kleinen Modell fiel er herein. Es sei kein Berufsmodell, hieß es, nur um seine Mutter und vier Geschwister vom Hungertod zu retten, habe es sich überwunden (ein Schreiben an den Papst blieb ohne Erfolg). Abends schreien die Kleinen: Mamma, fame! Die Mutter hat den halben Verstand darüber verloren. Zum Betteln zu stolz.

Einmal wollte Haller sie bezahlen und schickte sie mit 50 Lire zum Wechseln, sie brachte ihm nur 45 zurück, die er nobel erst später nachzählte. Nun sahen wir den ganzen Schwindel ein. Und war ein so famoses Modellchen. Stand schwindelfrei hoch auf einem Gebäude von Tisch und Stuhl, und breitete verzückt die Arme aus, sonnenwärts.

292 Eine Satire auf die Kraftmeierei:
Das war so einer von den Riesen / dem alle Berge zu niedrig waren / Gefahren / bliesen / Kraft / Leidenschaft / Gedanken / entrannen / von irgendwannen / Schranken / klein / mein.

*Paul Klee, Bern, 1906*

*Paul Klee, Landshut, 1916*

293 Diese Woche wieder ein Stück Rom erobert. Die Pinakothek des Vatikans und die Galleria Borghese. Im Vatikan größte Gediegenheit, nur wenig Bilder. Ein unvollendeter Leonardo *(Hieronymus)*, ein paar Peruginos, von Tizian ein Pfaff im Ornat.

Raffael ist schwerer zu würdigen. Mitten aus einem ungeheuerlichen Streben hinweggerafft. Die Möglichkeiten undiskutierbar, das Positive zu jüngerhaft.

Weniger gerecht wird Burckhardt dem Botticelli (im Cicerone eine Seite).

294 So weit bin ich jetzt, daß ich die große Kultur der Antike und ihre Renaissance überblicke. Nur zu unserer Zeit kann ich mir kein künstlerisches Verhältnis denken. Und unzeitgemäß etwas leisten zu wollen, kommt mir suspekt vor.

Große Ratlosigkeit.

Deshalb bin ich wieder ganz Satire. Sollte ich mich noch einmal ganz drin auflösen? Vorläufig ist sie mein einziger Glaube. Vielleicht werde ich nie positiv? Jedenfalls werde ich mich wehren wie eine Bestie.

295

In solchem Zustand gibt
es schöne Mittel.
Gebete um Glauben
und Kraft.

Auch Goethes Italienische
Reise gehört hierher.

Aber vor allem ein glücklicher
Stern. Ich sah ihn oft.
Ich werd ihn wieder entdecken.

An der pantheistischen Ehrfurcht Goethes kann man sich wohl stärken. Zur Genußfähigkeit stärken einmal ganz sicher.

296 Gefastet / Magen lastet / vertragen / gerastet / Wagen / verbieten / kaufen / mieten.

299 Immer mehr Renaissance, immer mehr Burckhardt. Ich spreche schon seine Sprache, eine Stelle zum Beispiel.

Sehr ungern denkt man in diesem Zusammenhang an die gotischen Gewänder der Deutschen.

Der Italiener Dürer ist damit nicht gemeint, die *Münchener Apostel* seien musterhaft gekleidet.

Ähnliche Ungerechtigkeit gegen den Barock. Man glaube nicht mehr, daß es Griechen gegeben habe. Bernini ein Unglücksrabe.

15. November. Bedeutendes Konzert im Teatro Costanzi. Dirigent Gulli, Brahms: Serenade op. 11, Wagner: Siegfried-Idyll, Mendelssohn: Italienische Sinfonie.

300 Antikensammlung des Konservatorenpalastes. *Die Lupa. Der Dornauszieher.* Für den Kenner des Aktes insbesondere die *Musenstatuen.* Eine drehbare weibliche Figur vollkommen wie die Natur. Der Deutsche dreht. Seine kurz Angetraute sitzt auf einer Bank und bewundert ihn. Der Italiener macht dumme Späße. Der Engländer liest in seinem Führer, edle Töne von sich gebend. Man ist nie allein in den Museen.

301 Galerie Barberini. Guido Reni hab' ich nie geliebt, aber seine empfundene *Cenci* ist doch rührend. Man spielt als Mann mit vor diesem Porträt, es wird zur kleinen Szene. Man liebt unglücklich, weil es eben ein Bild ist. In der Führung der Augenlieder kann man sich in weicher Klage ergehen. Der kleine Mund ist Pol des Schmerzes und Pol der Seligkeit zugleich.

302 Ich arbeite an einer Komposition. Einst waren es viele Figuren. Ich nannte sie *Moralisierend auf Irrwegen.* (Stuck nennt ein Bild: *Die Sünde.*) Jetzt ist die Beleuchtung satirisch. Die Figuren sind auf drei konzentriert. Die Liebesfährte. Jetzt habe ich das Weib weggelassen. Die Aufgabe ist einfacher und doch nicht bescheidener. Das Weib soll in der Gebärde der Drei dreimal ausgedrückt werden. Ich muß mich auf das Intimere konzentrieren, große Munition ist nicht da. Wozu dann die Kanone?

werde ich nie positiv? Jedenfalls werde ich mich wehren wie eine Bestie.

*

295 In solchem Zustand gibt es schöne Mittel gebete um glauben andkraft auch göthes italienische Reise gehört hierher.

Aber vor allem ein glücklicher stern. Ich sah ihn oft. ich werd ihn wieder entdecken.

An der pantheistischen Ehrfurcht göthes kan man sich wohl stärken. Zur genussfähigkeit stärken einmal ganz sicher

*

296 gefastet / magen / fastet // vertragen / gerüstet / wagen / verbieten / kaufen / mieten.

Das gefährliche Rom.

297 Immer mehr Renaissance, immer mehr Burckhardt. ich spreche schon seine Sprache. eine stelle z.B.

Sehr ungern denkt man in diesem Zusamenhang an die gothischen gewänder der Deutschen

Den Italiener Dürer ist damit nicht gemeint, die münchner Apostel seien musterhaft gekleidet.

Ähnliche Ungerechtigkeit gegen den Barock. Man

306 Epigramme:
An Gottes Stell / grell / eigene Schöne / Töne.
Palette / errette / behagte mir nie / Greisenpoesie / scheidet / verleidet / blühn / grün.
Genommen / gekommen / bezahlt / zu dünn gemalt.
Schafft / Kraft / wählen / Seelen / bescheiden sein / klein / Spur / Natur / 25./26. 11.

Die Verse zu diesen Reimen waren zu sehr erdacht, zu sehr gereimt und zuwenig geträumt und entstanden doch in einer hellen Stunde der Nacht. Es regnet, wenn es nicht gerade gießt.

307 Das letzte Konzert war weniger gut, es lag am Dirigenten Vesella. Im letzten Satz der Siebten von Beethoven ergriffen, aber die Musiker haben selber die Initiative. Manche Hauptstimme wurde überwuchert, aber im Ganzen war Energie und Taumel zugleich. Es wurden Orgien an symphonischem Klang gefeiert. Kurze Schläge saßen überzeugender, als ich gewohnt bin. Orgelartige Schwellungen der Bläser. (Die Fagotti klingen rauh und fremd.) Außerdem bin ich für dieses Werk erst letztens herangereift. Sehnsucht nach Mozart.

308 Gestern nach dem Theater sah ich in einer sehr frostigen Nacht eine Greisin und ein noch nicht erwachsenes Mädchen weinend vor einem Haustor auf der Straße liegen. Professionsbettler? Jedenfalls macht es Eindruck.

Neulich folgten hinter einer Leiche zwei Männer, Arm in Arm sich schleppend und sich stützend. Welch natürliche Pose in diesem Volk!

Einem Kind gab ich Brot vom Mittagstisch, der Hunger war aber echt; blasses Gesicht, magere, leidenschaftliche Hände.

Gräßliche Unsitte, die Straße als Abort zu benutzen. Die Spuren sind das Ekelhafte; wenn man einen dabei ertappen muß, und das kommt nicht selten vor, so konstatiert man gern, daß es mit einem natürlichen Anstand geschieht.

Was ist dies Straßenleben gegen Genova. Oft sehne ich mich dahin. Kunst ist hier genug. Dort mehr Leben. Wäre es schon Frühling, ich führe ans nahe Meer!

309 Heut war ein sonniger Tag (22. 11. 1901). Wir wanderten weit hinaus über den Aventinus (*Basilika S. Sabina,* herrlich primitiv mit offenem Dach-

stuhl, Bodenbelegung) und hinunter zur *Porta San Paolo*. Ziemlich weit von diesem steht noch eine mächtige Basilika draußen, nach verschiedenen Bränden leider ganz neu errichtet, kalt.

1 Campanile
2 Mittelschiff
3 Seitenschiffe
4 Vorhof
5–5 Fassade.

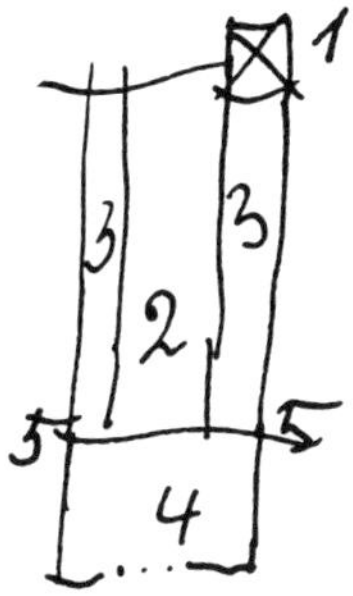


Zurück gingen wir mit dem Laufe des Tiber, oder eigentlich gegen denselben. Unterhalb der letzten Brücke lagen Dampfer und heraufgeschleppte Segler. Die Nähe des Meeres.

Bei dem anmutigen *Tempel der Vesta* fiel ein Alter mit einem großen Korb Orangen hin und lag nun, seinen rollenden Äpfeln nachzusehen. Aber schon waren viele Kinder beigesprungen und füllten mit großer Geschwindigkeit den Korb wieder auf. Erst hatte ich mich durch Hallers unbändiges Lachen anstecken lassen, dann aber dachten wir über die netten Züge dieses Volkes nach.

Mein Opus ist so einfach geworden, daß es nicht mehr weitergeht.

310 30. 11. 1901. In Ermangelung eines Ofens kaufte ich drei Liter Vermouth di Torino. Tags viel blaues Wetter und angenehme Oktoberwärme, aber die Nächte recht kalt. Und nach Sonnenuntergang schlich ich zum Schrank zu der dicken Flasche. Haller preist immerfort ihre Eigenschaften gegen das Fieber. Auch für mein Herz ist Vermouth besser als Wein. Letzten Sommer hatte ich mit drei Ausnahmen jeden Abend Milch getrunken. Hier aber bin ich zu einsam, um ohne Spiritus auszukommen. Milder Schein legt sich dann oft über mein Gemüt, ich hoffe und bin guter Dinge.

Lieber Musen, als der sie führende weibliche Apoll. Beobachtung des griechischen Fußes. Das Kunstwerk als Akt. Eine Teilung der Zehen in drei Teile 1+3+1.

311 Triglie sind ganz vortreffliche Fischlein (  rötlich). Man ißt und trinkt. Man denkt möglichst wenig dabei, als ob man irgendwo in Corsica wäre oder in Sardinien. Und wenn gar noch ein Kopfsalat von ungeahnter Zartheit dazukommt! O dieser Süden!

2. Dezember. Heut haben sie mir meine Katze weggenommen, und ich mußte zusehen, wie sie in einem Sack verschwand. Ich begriff endlich, was mir Worte nicht klarzumachen vermocht hatten. Es war eine Leihkatze zu längerem Mäusefang. Und ich hatte schon mein Herz vergeben.

Nun schaffe ich eine Civetta an, ich sah solche in einem Geschäft auf Bastone sitzen. Sind Jagdgehilfen per la caccia.

Von Meerschweinchen rät die Padrona ab, sporchi, sempre urinare. Etwas Lebendiges muß sein, und die Schildkröte zählt nicht: dorme sei mesi. Einmal hatte die Katze ein mezzo pollo rubato. Die Aufregung. «Ah, e un gran signore! Niente patate, ma un mezzo pollo, ah!!»

Haller spielte oft mit ihr, bis sie ihm ins Gesicht sprang, dann brannte er ihr ein paar auf den Pelz, und seine Hand war nicht schwach.

Das Wetter ist verschleiert, die nächtlichen Temperaturen nahmen zu. Ich fühle mich besonders gut dadurch. Das Teatro Costanzi verspricht eine Stagione lirica. Maestri cantori. Iris. Tosca. Bohème. Favorita und andere mehr. Den Bajazzo hätte ich gern einmal italienisch gehört. Auch die Duse wird zu sehen sein. Ich bin unternehmungslustig. Ein Wechsel aus Mentone tat das seinige.

312 3. 12. 1901. Der erste Kauz hat mich gehöhnt und starb in der zweiten Stunde meines Besitzes. Hinterlistig wählte er meine Abwesenheit dazu. Vorher hatte er noch Hunger vorgetäuscht und einen Distelfinken verzehrt. Morgen gehe ich mit der Padrona comprar una altra.

Nicht immer ungetrübte Freundschaft zu Haller. Ansporn zur Rivalität in der Kunst. Erkenntnis, daß er in der Farbe weiter ist. Einsicht, daß mich auf diesem Gebiet ein langes Ringen erwarten wird. ‚In der Zeichnung aber korrigiere ich ihn.‘

313 Kleiner Racheakt in Form eines geziert-satirischen Briefes an Schiwago, nachdem die Freundschaft nicht befriedigend geschlossen hatte.

314 7. 12. 1901. Es reisen zwei Briefe und zwei Karten nach Norden, die

eine Antwort nicht voraussetzen. Ich will die meisten Fäden, die mich mit früher verbinden, durchschnitten wissen. Vielleicht sind es Anzeichen einer beginnenden Meisterschaft. Ich trenne mich, von denen ich lernte. Undank der Schule!

Was bleibt mir dann? Nur Zukunft. Ich stelle mich gewaltsam drauf ein. Viele Freunde hatte ich nicht, wenn ich geistige Freundschaft fordere, bin ich fast verlassen. Zu Bloesch hab' ich noch Vertrauen. Lotmar hat große Chancen, mit Haller stehe ich eigen. Wir passen nicht zusammen. Eine gewisse ehrenhafte Feinheit des Handelns werden wir uns wohl stets gegenseitig zutrauen. Enger sind wir nicht verbunden, waren wir vielleicht nicht. Ein ziemlich primitiver Mensch ist er, kann sich leicht sammeln und ganz sein. Läßt sich überblicken. Ich nicht. Bei so großer Verschiedenheit wären wir ohne das gemeinsame Studium nie zusammengekommen. Ich kenne ihn seit seinem sechsten Jahr, und doch machten wir erst Gebrauch voneinander, als er ein oder zwei Jahre vor der Matura Maler werden wollte. Er näherte sich mir damals und schloß sich bei Landschaftsjagden an.

Brack ist wertvoll, aber zwischen uns stehen jetzt noch Schranken. Leider muß man mit den Launen und Marotten dieses Originals stets rechnen.

Manchen ganz guten Freund will ich gern entbehren.

Mein Lehrer Jahn ist mehr väterlichen Charakters.

Mit weiblicher Freundschaft will ich nichts mehr zu tun haben.

315 Haller erhält unverhofft einen Brief von Schiwago aus Rußland, wohin sie wegen Erkrankung der Mutter plötzlich reisen mußte. Sein zukünftiges Verhältnis zu ihr dürfte etwas in Frage gestellt sein.

Wohin nun mein Briefchen an sie gelangt? Vielleicht spediert ihn die Ateliergenossin K. weiter.

Wie liegt das alles mir fern. Ich erinnere mich eines Abenteuers im Luitpold, an einem letzten Redoutenabend, oder besser gegen Morgen. Ob es mein letztes Abenteuer war? Die Wassiliew hatte sich noch angeschlossen, und Castella zur Verstärkung mit ‚monsieur le bois' (das war seine falsche Hand). Die Damen waren auffallend und nicht vollständig angezogen. Das ergab Mißverständnisse, und man kam ins Bocksgedränge. Wassiliew war dem Weinen nah. Schiwago, tapfer wie immer, schlug mit ihrem offenen Haar um sich, wenn das Drohen ihrer grauen Augen nicht genügte, und traf manchen Bock ins Gesicht. Es wird zu ertragen gewesen sein. Moralische Effekte unter solchen Umständen?

Wieder im Konservatoren-Palast und Kapitolinischen Museum. Im ersten traf ich die Blume aller Musen (folgt die Beschreibung zum Schloß). So einen Hals habe ich in der Natur noch nicht gesehen. (Liebe zu einer Muse als Kunststandpunkt!)

316 Epigramme mit den Reimen:
Fluchen / suchen / holen / gestohlen / errungen / gesprungen / einen / erscheinen / bißchen Freude / brennende Augen zumeist / vom Neide / mein Sohn, du bist dreist.

Bis dahin wurde der neue wilde Kauz von der Padrona gewaltsam ernährt, so wie man eine Gans stopft. Nun frißt er allein seit drei Tagen. Auf dem Bastone gefällt es ihm nicht. Der Boden sieht aus wie im Stall. Zum Glück ist's kein Parkett, sondern Stein.

Satirisches Opus:

*Der Glückliche*, das ist ein halber Idiot, dem alles gedeiht und Früchte trägt. Steht auf seinem kleinen Besitz, die eine Hand hält die Gießkanne, die andere zeigt auf sich selber, als den Nabel der Welt. Es grünt und blüht. Von Früchten schwere Zweige neigen sich auf ihn. Das Material ist Pappe mit grauem Kreidegrund, Tempera und Aquarell.

An Lotmar, Bloesch, Brack schrieb ich, um auch einmal etwas zu erhalten.

319 Solche Phrasen und Melismen (später erinnerte mich die orientalische Musik wieder an diese eigenen Dinge) hört man stündlich; was weiblich ist, führt sie im Mund. Mit ähnlichem Melos hörte ich von zwei Knaben eine lange düstere Ballade im Gehen singen. Dem Tiber entlang:

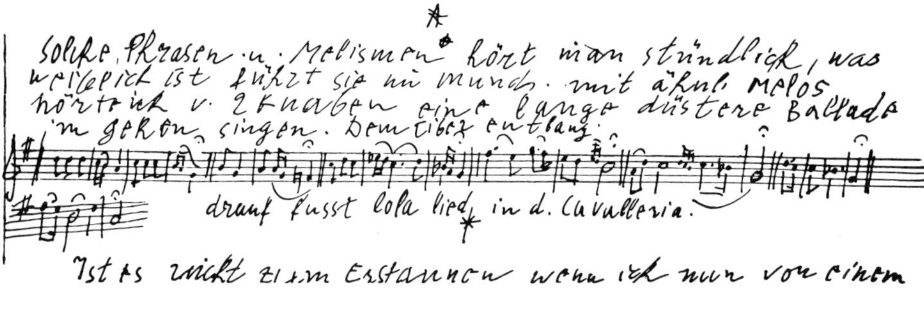


Darauf fußt Lolas Lied in der Cavalleria

323 Ist es nicht zum Erstaunen, wenn ich nun von einem etwa elf Jahre alten Mädchen zu erzählen beginne? Wir saßen in unserem reizenden kleinen Freßlokal bei Sorgin, als wie gewohnt Musici eintraten und Mandoline und Gitarre stimmten. Das erste Stück klang normal ein wenig verstimmt, aber sehr gefühlvoll. Gegen Ende machte sich das unauffallend mit eingetretene Mädchen durch gewisse Gesten bemerkbar und beim Schlußakkord trat es unbefangen hervor. Man wußte, wovor man stand, vor einer Szene (und vor was für einer!). Manche Kunstleistung sah ich schon, aber nichts so Ursprüngliches. Das Ding hat eine gewisse Rasse des Wuchses, sonst ist sie nicht gerade schön, und auch die Stimme ist nicht gut. Man konnte lernen, die Schönheit nur in der Wahrheit des Ausdrucks zu sehen. Man konnte ersehen, daß ein Talent Dinge vorausfühlt, die es später erst etwa erleben kann, wobei zustatten kommt, daß die stärksten Gefühle die primitiven sind. Die Zukunft schlummert im Menschen und muß nur erwachen. Werden kann sie nicht. Deshalb kennt auch ein Kind den Eros. Wir hörten sogar seine ganze Skala vom kleinen Couplet bis zur leidenschaftlichen und zur tragischen Szene. Der Südländer spielt leichter Komödie, weil sein alltäglicher Gestus schon so entwickelt ist, daß er einer geringeren Steigerung bedarf als bei uns. So konnte sich hier das Kind mehr geben, wie es war. Und es war zum Schluß eine Art Naturgenuß.

325 Gedichte epigrammatischer Natur mit den Reimen:
Gereimt / geleimt / große Pein / überflüssig zu sein.
Ich glaubte, es müßte mir wenigstens gelingen, mich selber lächerlich zu machen.
Weiter:
So ein leidend Haupt / gelber / glaubt / sich selber / tatbereit / Lächerlichkeit / erkoren / geboren / behaart / gepaart / betrogen / verlogen.

327 15. 12. 1901. Das jüngste Museum Roms, das Museo Nazionale in den Thermen Diocletians. Ein Teil davon ist im großen Kreuzgang Michelangelos aufgestellt. Das Spazieren hier ist schon schön genug. Ein Orangenhain mit Hunderten von Früchten. Die Aufstellung der Kunstwerke ist nirgend so gesucht gut wie hier; man genießt andante. Die Statuen sind nicht gedacht wie die aufgestellten Kegel. Jedes Stück hat sein Postament. Mein Sinn für die Bronze wächst.

Das Wetter ist seit einigen Tagen regnerisch und warm. Gestern Gewitterregen mit Donnerschlag. Heute leider etwas kälter und doch nicht schön. Arbeit täglich bei offenem Fenster. Abends ist zuwenig los bei den kurzen Tagen. Die Karnevalszeit würde schon Leben in die Bude bringen, heißt es.

Die Duse spielt die Titelrolle in D'Annunzios Francesca da Rimini und wird nicht müde dabei. Nur der Ingresso ist etwas schwächer geworden.

Die Nacht zu meinem Geburtstag war stürmisch, blitzig und gewitterströmig. Und außerordentlich warm. Stürme begleiteten oft wichtige Vorgänge meines bisherigen Lebens. Das letzte Jahr nicht ohne seine tollen Verwicklungen. Es kommt so nicht wieder. Denn alle Errungenschaften zerbrechen nicht. Ich glaube an die Durchführbarkeit. Wer mich liebt, freue sich.

Francesca da Rimini von D'Annunzio. Mit zwei guten Akten (III und IV). Ausgezeichnet war der lahme Gemahl (Rosaspina). Paolo war wirklich schön. Die Duse hat Geist, aber sie ist durch und durch hysterisch, morphinistisch. Bei ihrem Tonfall, chromatisch von hoch oben nach unten, stellen sich mit der Zeit stechende Kopfschmerzen ein. Die Höhe des Organs ist dünn, nasal. Mitteltöne lebendiger, die Tiefe durchaus seelisch. Kann gut heiser sprechen, treibt aber dies Mittel bis zur Aufdringlichkeit. Die Erscheinung ist sehr schön. Der Dichter wurde gerufen, erschien aber nicht. Das Publikum rief aus Ärger allerlei Belästigendes hinauf. «Ist dir der kleine Gabriel schon wieder fortgelaufen?» war das kühnste dabei.

330 Kurzes Leben / saures Streben / viel Verdruß / malen muß / verschämt / vergrämt / Riesennatur / Überpartitur / Klavierstuhl hocken / schütteln die Locken.

Nachtregen. Etwas lügt, ich habe dich verloren. Fast kann ich es glauben. Es ist trüb und voll Demut. Das Herz bäumt sich, das Auge brennt. Tränenlos. Nur die Nacht draußen weint. Einsamkeit. Schuld dran war der Scirocco. Altherr korrigierte: «Sage mer, dr Wy!»

335 Antiken des Vatikans. Ich fand mich reifer in meiner wachsenden Bewunderung für den *Apoll von Belvedere*. Die *Musen* liebte ich schon zärtlich. Für den *Laokoon* unempfindlich (ein Knabenthorax sei einzig schön). Neues Verständnis für die *Knidische Venus*. Hier mit Burckhardt einig. Morgen geh ich zu Spitthöfer und durchkreuze seinen Laden. Man spricht dort Deutsch.

338 Von Samstag auf Sonntag hatte ich meinen zweiten römischen Rausch. Mit dem ersten hatten wir den ersten Tag auf gymnasial-heiligem Boden begossen. Der gestrige gab einen schweren Jammer. Impfpusteln zum Ablösen hatte ich diesmal nicht.

339 Der Tag in der Buchhandlung wird als einer der besten gerühmt. Kleine Besitzesanlage. Zu Hause angelangt, finde ich einen gelben Zettel, es liege etwas für mich ferma in posta. Die Hoffnung auf einen Brief meiner Braut machte mich kühn, und ich probierte, allein ans Ziel zu gelangen. Ohne Erfolg, weil ich vom Begriff Zollamt ausging. Zum zweitenmal mit Haller ging's. Eine Stotterkur macht ihm jetzt Mut, sein gutes Italienisch auf die Zunge zu nehmen. Zwei schwere Pakete ruhten sogleich in meinen Armen. Drauf stand: Beethoven quatuors.

340 Mein Besitz einer Reihe der schönsten Antikenphotos ... Ich kann nicht müde werden, sie vor mir auszubreiten. Das reinigt mich von gewissen Gelüsten. Ich habe Damenverkehr (mit Musen) und bin ein besserer Mensch. Ich glaube nicht mehr an die Vertreibung aus dem Paradies.

341 Im Januar werde ich dem deutschen Künstlerverein beitreten, um wieder zum Zeichnen nach der Natur zu gelangen. Wenn ich nächsten Winter in Bern bin, habe ich dann Zeit und Gelegenheit, ganz gründlich Anatomie zu lernen, wie ein Mediziner. Wenn ich die weiß, kann ich alles. Von den ekelhaften Modellen unabhängig zu sein! Denn auch ein Satiriker ist gern frei und unabhängig. Jetzt donnert es wieder, ganz unheimlich, wie unterirdisch, leise und intensiv, daß alles zittert. Das um Weihnachten! Erdbebenstimmung.

342 Schrei nach Paris. Im Schauspielhaus (Dramatico Nazionale) sah ich die Réjane in einem Pariser Schwank. Das war schon besser als Duse, stilvoller als D'Annunzio. Für mich war es ein Gang in eine fast vergessene Welt, in ein Stück lebendiger Gegenwart. Das gab zu denken. Die Welt des Stücks ist Unmoral. Die Künstlerin ist aber sittlich, und für sie ist das Stück da. Drauf folgte ein kleiner Dialog, worin Réjane eine Soubrette spielte (Lolotte), drollig, kühn und immer schön. Das Hauptstück heißt La Parisienne (von Henri Becque).

Als nicht einseitiger, aber auf ein Ziel gerichteter Mensch, habe ich mich durch mancherlei hindurchgerungen. Als heranreifender Knabe hatte ich meine heißesten Träume. Die ersten Realisierversuche brachten sehr halbe Erfolge, mitunter Blamagen. Lächerlichkeit aber mied ich, es ist besonders schwer, dabei persönlich anwesend zu sein. Also hoben mich Blamagen höher und höher, bis zum Asketentum dieser römischen Zeit.

Beim Eintritt in das Theater umgaben mich in den Logen ähnlich märchenhaft schöne Frauenbilder wie in meinen frühen Träumereien. Eine Wehmut kam über mich, wie bei Schubert.

Auf dem Beatenberg ist ein Wäldchen. Da spielte ich als Knabe mit einem entzückenden Mädchen aus Neuchâtel ebenso erschütternde als beglückende Spiele. Als ich nach Jahren wieder an den alten Plätzen stand, beschlichen mich ähnliche Gefühle wie heute. Die berückende Sprache der Réjane tat das ihrige dazu. Man vergißt sich, sein Tagwerk, die ganze Schönheit des nichtweltlichen Ernstes ist weggeblasen. Auch jenes Mädchen sprach französisch.

343 ... ruhn / tun / seufzen nein / ... heimlich, geschwinde / von Stein müßt einer sein / es zu verargen dem Kinde.

Frühe Komiker, wie Aristophan und Plautus, gelesen. «Die Vögel» ganz kostbar!

In einem fort Regenschauer mit Donner und Blitz. Es zittern die Fenster. Die Gelassenheit in Pellicos Francesca da Rimini ist erstaunlich. Ist das noch lebendig? Es lebe der alte Aristophan!

Loblied des vino Vermouth, das Getränk, drei Liter, das große Fiasco, ist nur so gefährlich, daß ich manchmal mit granatina di spagna abwechseln muß, ein mehr geistreichelndes Weinlein, aber unglaublich süß.

Ich zerreiße die Briefe meiner Braut aus der Zeit vor unserer Verlobung. Gewisse Wendungen ärgerten mich. Es wäre mir recht, wenn es meinen entsprechenden Briefen an sie ebenso ginge.

347 Schiwago ist ein ernster Mensch, ich weiß nicht, warum zwischen uns eine gewisse Unruhe war. Wassiliew war talentvoller. Auch gute Zeichnungen und ausdrucksvolle Karikaturen machte sie. Außerordentlich sympathisch als Persönlichkeit. Leider arm wie ein Kirchenmäuschen. Ein gewisser Druck liegt dadurch auf ihr.

Vorigen Winter soll sie außerdem unter dem Bruch mit Haller gelitten haben. Sie konnte ihm nicht das sein, was er als nicht komplizierte Persönlichkeit von der Geliebten verlangt. Dazu fehlte ihr noch der Mut, den erst eine gewisse Reife verleiht. Sie hatten versucht, Freunde zu sein. Aber das geht ja nie, wenn der Eros mal da war, wenn auch unvollzogen. Er will wachsen bis an den Punkt, wo er sich ein für allemal durchsetzt. Also trennten sie sich (Darstellung von Haller).

Sieht man es dem *Demosthenes* nicht an, daß ihm das Reden immer noch schwer wird? Die Stirn spricht von höchster Anstrengung. Das Foto ist gut. Die Wirklichkeit macht kaum einen größeren Eindruck.

Sapellnikoff (später musizierte ich einmal mit ihm und Barjansky: Trio in B von Schubert. 1914) hörte ich als Junge, als ich noch besonders mit Chopin schwang. Hierin war Sapellnikoff groß. Ich habe ihn von Gestalt zwar breit, aber nicht groß in Erinnerung, ich saß als Orchestermusiker ganz in seiner Nähe.

29. 12. 1901. Heute machte ich Haller die Mitteilung, daß ich von Fräulein Wassiliew geträumt hatte, worauf er behauptete, er hätte von ‚Dir' geträumt. Ein drolliger Moment, wenn er nicht nur pariert hat. Er wurde drauf längere Zeit schweigsam, nicht dieser Anlaß, aber jene Sache ging ihm offenbar noch nach. Im Konservatorenpalast konstatierte er, es fehle ihm die Aufnahmefähigkeit. Bei Tisch sprach er wieder von Wassiliew und machte Konfidenzen wie nie zuvor. Auch er kennt sie schon von Bern her (ich schon von Kindheit an), sie malten zusammen Landschaften in der Umgebung. In München führte er sie zu Knirr und folgte ihr überallhin. Eine Zeitlang wohnten sie beide in einer Pension, bis sie verkrachte, da sahen sie sich wohl am meisten. Hier und da kamen sie auch auf mein Atelier in der Amalienstraße; ich eignete mich als Nummer drei, weil ich doch ein Verhältnis hatte, und es war auch immer gemütlich und herzlich. Später trat noch Schiwago hinzu, und wir waren oft zu viert, und es herrschte schöne Klarheit und Offenheit. Doch nur vorübergehend. Haller wurde geheimnisvoll und verschlossen. Als Grund vermute ich den Inhalt seines heutigen Bekenntnisses. Er schrieb im Sommer 1900 leidenschaftliche Dinge an Wassiliew nach Basel. Eine Stelle hieß «wenn Du Jungfrau bleiben willst, darfst Du mich nicht mehr sehen». Der Vater Wassiliew wurde

zu Rate gezogen, so gut war die Tochter! Natürlich wollte er sie nicht mehr nach München schicken. Dann versprach sie aber, nicht mehr mit Haller zu verkehren und durfte wieder nach München. Ein Versuch, in München ‚Freund' zu sein, scheiterte natürlich, und Wassiliew verlangte nun selber Trennung, weil sie's versprochen hatte. Nun schloß sich Haller mehr an Schiwago an. Wahrscheinlich war sie durch Wassiliew in die Not der beiden eingeweiht und fühlte sich als mütterliche Ratgeberin; so etwas gefiel ihr in ihrer großen Güte ganz sicher. Dadurch wurde sie ganz intim mit Haller. Er hoffte vielleicht Ersatz zu finden bei ihr. Jedenfalls zog er sich dabei von uns zurück und zog auch Schiwago von mir ab. Ohne mich zu schädigen, denn ich ging ebenso eigene Wege. Nur Brack ärgerte sich furchtbar über die Schleichpfade seines Freundes Mändu.

Heute behauptet Haller, kein Liebesverhältnis zu Schiwago gehabt zu haben, sondern nur Freundschaft, oder höchstens ein Liebesverhältnis ohne Sinnlichkeit. Weil Schiwago ganz unsinnlich veranlagt sei. Gibt es das?

Nun hofft er wieder mehr auf Wassiliew, weil Schiwago doch nach Rußland zurückgekehrt ist. Ich glaube, er wäre fähig, Wassiliew zu heiraten, wenn die Mittel es erlaubten. Es steht also gar nicht so glänzend mit ihm.

Haller näherte sich mir im letzten Gymnasialjahr und ich kam ihm entgegen. Ich war damals reicher und entwickelter. Auch noch die erste Zeit in München. Das hielt ihn in Schach und einigem Respekt. Plötzlich aber entwickelte er sich zum Mann, ruckweise erledigte er das, weil der Stoff zu überwinden war. Ein scharfer Intellekt unterstützte ihn dabei. Ich blieb reich und wirr, das ergab eine Disharmonie. Er wurde unerträglich in dieser und jener Kleinigkeit und störte in der Freundschaft manchen guten Ansatz. Ich will immer noch sein Gutes, doch nur innerhalb meiner Interessen. Das scharfe Auge, das die Grenze dieser Interessen bewacht, versalzt aber die Freundschaft in sehr störender Weise.

350 Dieser Aristophan! Ich möchte auch eine gute Komödie schreiben können (es folgten Versuche in diesem Stil).

1902

355 Am 1. Januar zeichnete ich, zum ersten Mal wieder nach Natur, einen Fuß. Das Lokal des deutschen Künstlervereins ist ganz gemütlich, nur etwas eng. Es stand ein schön und klar gebautes männliches Modell. Ich habe fern von

der Natur doch meine Fortschritte gemacht. Nach Natur zeichnen ist beinah ein Spaß. Es ist mein bester Fuß geworden, nicht lebensgroß, lang nicht. Haller arbeitete groß, man machte ihn drauf aufmerksam, daß seine Formgebung barock sei, und ermunterte ihn, sich das in Rom vor guten und schlechten Beispielen abzugewöhnen.

357 Sonntag, 5. Januar, waren wir zum ersten Mal auf dem Palatin, der Krone der sieben Hügel. An einem strahlenden Tag. Als ob dieser Hoger klimatisch begünstigt wäre, blüht und grünt es das ganze Jahr. Dicht belaubte Kronen gibt es da, und märchenhafte Palmen und groteske Kakteen machen sich fremd und eingewandert. Ich verstehe die Kaiser, sich da oben breitzumachen. Der Blick auf das Forum mußte zum Herrlichsten der Welt gehören. Jetzt könnte diese ruinöse Masse erschüttern, wenn nicht, wie gestern, ein fabelhaftes Licht versöhnte. *Domus Livia* mit schönen Wandmalereien, ein Vorgeschmack von Pompeji. In der Küche noch die Gefäße für Öl und Wein. Die Weinkrüge spitz unten, zum Eingraben in die Erde. Die Ausdehnungen des Palastes Augustus! Allein schon die Rennbahn!

Um diesen gigantischen Verfall liegt wie ein Riesenkranz die lachende Pracht des modernen Rom. Der ferne *St. Peter*, dessen Kuppel ein Triumph über den Verfall wäre, wenn nicht über ihn sich der ewige Himmel wölbte. Alles hat seine Zeit, dies Wunder wird seine Katastrophe haben. Und es nützt nichts, daß der Ruhm das Individuum überdauert.

Unter dem Zirkel solcher Betrachtungen wird es einem schwer zumute. Täte man nicht besser, das bißchen Leben naiv zu genießen, etwa in der Art des scheinbar fühllosen, modernen Römers, der trällernd auf diesem Boden herumsteigt. Ich hasse ihn nicht aus Neid, aber Neid ist heute auch dabei. (Besser schlafen, am besten nicht geboren sein.)

Das sind nicht meine besten, aber von meinen klarsten Momenten. Und nun sollte ich ‚Dich' haben, um zu vergessen.

358 Etwas vom Schönsten der Antike ist das «Gastmahl» des Xenophon. Die Darstellung fesselnd durch Grazie, durch die Anmut der Scherze. Der Inhalt ernst genug, Sokrates ist Hauptsache. Von der Liebe ist die Rede, von jener fehlerhaften Erscheinung des Zeitalters. Sokrates kennt sie wohl, billigt aber den körperlichen Umgang nicht. Dein Gesicht möchte ich sehen, wenn du an

der Hand des Schriftstellers in das Haus des Kallias wandertest, wo in eindeutiger Rede über ein Phänomen verhandelt wird, das ‚Du' mir bis dahin nur halb glauben wolltest. So gerate ich immer tiefer in die antike Welt.

359 8. 1. 1902. Im Costanzi: Favorita von Donizetti. Diese Oper als erste dieses Meisters zu hören, war vielleicht nicht gut. Sie mahnt schon mehr an Halévy und Meyerbeer als an den beglückenden Rossini. Die Kadenzen der Sänger wollen einen umbringen. Einer sang wie aus einer andern Welt, herrlich wie ein Erzengel oder wie Gott selber. Der Tenor Bonci. Seine spatzenhafte Figur stört etwas. Die andern sangen gar nicht außerordentlich. Die Ensembles waren gut geleitet (Dirigent Vitale), guter, sehr großer Chor, glänzendes Orchester. Schlimm ist die Darstellung, alle rasen jeden Funken dramatischen Lebens zu Tode.

360 Tolstois und Murgers sind angekommen. Bohéme. Eine Sonne, die nur oberflächlich wärmt. In die Gründe des Menschentums, wo ich mich gern aufhalte, fällt kein Strahl. Eine Lektüre, die man nebenbei betreibt, als Zigarette, als Träumerei zur Dämmerungszeit. Die Zeit zum Lesebummeln habe ich ja.

Aristophans Acharner, ein ganz köstliches Stück. Plautus' Bramarbas hält nicht stand, viel niedrigerer Art. Gern läse ich hier noch Zolas Rom.

Es hat sich uns ein Dritter angeschlossen: Schmoll von Eisenwert. Haller kennt ihn schon, ich hatte nur durch Trappt von ihm gehört. Es freut mich, daß er auch Graphiker ist. Ich hoffe, von seiner technischen Erfahrung zu profitieren. Er zeichnet auf Aluminiumplatten mit der Feder oder mit lithographischem Stift.

362 14. 1. 1902. Gestern sah ich die Otéro im Varieté Salone Marguerita. Zuerst ein halbes Dutzend Chansonetten, von denen fünf gar nicht unangenehm. Dann Otéro, sang zuerst mit ziemlich schlechter Stimme, in köstlichen Stellungen verharrend. Als sie gar die Kastagnetten ansetzte, schien sie unübertrefflich. Eine kurze atemlose Pause, und es begann ein spanischer Tanz. Erst die echte Otéro! Musternd und herausfordernd steht sie da, jeder Zoll ein Weib, ähnlich beängstigend wie der Genuß einer Tragödie. Nach dem ersten Teil des Tanzes ruht sie. Dazu kommt, daß unheimlich, wie von selber, um-

*Atelier von Paul Klee in München, Werneckstraße, Schlößchen „Suresnes", 1919 (von Paul Klee fotografiert)*

*Paul Klee, Weimar, 1922*

geben von einer neuen Farbenwelt, ein Bein erschien. Ein unübertrefflich vollkommenes Bein. Noch hat es den Ruhezustand nicht aufgegeben, weh, wenn der Tanz gesteigert wieder beginnt. Der Genuß wird so unheimlich, daß er als solcher nicht mehr bewußt ist.

Abgesehen von dem schließlich Orgastischen, kann ein Künstler hier viellernen. Freilich müßte er eine Tänzerin mehr um sich haben, um das Gesetz der Bewegung nicht allein zu fühlen, sondern zu erkennen. Es handelt sich viel leicht nur um Komplikationen der Linienverhältnisse am ruhenden Körper, die zur Zeit mein eigentliches Studium bedeuten.

363 Aus einem Dialog herausgegriffene Sätze:

Paßt auf, nun mach ich euch was vor, auf dem besten Weg nämlich, mich zu erhängen. Ich habe nachgedacht, so oder so wäre ein Leben noch möglich. Doch weder so noch so paßt es mir. Also: ich will, daß mir geholfen ist, schnell geholfen. / Was schaffst du da? / Geh, du störst mich. / Und wenn ich dein Freund wäre? / Freunde hatte ich. / Und wenn ich Rettung brächte? / Rettung als Überseil, als Übergiftflasche? Eine andre nicht! / Sieh ins Auge dem alten Freund der Menschen, mir ins altersgraue Auge. / Unheimlich! Was hast du vor? / Wollen sehen, Rom wollen wir sehen. / Rom als Rettung?

364 Den 16. Januar 1902. Durch Lismann muß ich zu Nöther. Nöther sprach mich im Abendakt daraufhin an. Endlich ging ich hin, er war aber nicht da, und seine Frau lag krank, was die Sache verschiebt. Gefangen bin ich doch! Ist Lismann nicht etwas zudringlich? Jedenfalls ist er so unbedeutend, daß man ihn besser von sich fernhält.

Auf den Bauernball sollst ‚Du' mit gutem Gewissen gehen. Lustig sein, aber keinen Schwips trinken, sonst wirst ‚Du' zärtlich.

Sinnlichkeit ist die Biegsamkeit des Fleisches unter einem höheren Zwang. Augen von Farben geblendet. Ohren im Klang badend. Nasen in Düften. Ebenso die Liebesorgane.

365 Puccinis Bohème. Vorzügliche Vorstellung. Ein Werk, an dem alles gleichwertig ineinandergreift. Wie alles Detail, das bei Murger so amüsant wirkt, den großen Tatsachen der Handlung geopfert ist. Die Personalgruppe ist ein Faktum für sich, unzertrennlich im tollen Wechsel von Elend und Lebens-

lust. Als Drama würde diese primitive, voraussetzungslose Sache nur dürftige Wirkung tun. Durch die Musik tritt aber eine Vermenschlichung der Dinge mit so tiefgreifender Betonung hinzu, daß höchstes Mitleid diese Figuren und Schicksale für geadelt hinnimmt. Die Schicksalssprache der Musik macht's.

In der Sterbeszene besonders erreicht sie eine Schönheit, die nicht häufig vorkommt.

Das Hauptinstrument scheint die Geige, die sich in Pathos und Dithyrambe nicht genug tun kann, während gewaltige Baßakzente zugleich schicksalsdüster eingreifen.

Der kleine, siegreiche Bonci sang den Poeta, Pasini-Vitale vorzüglich die Mimi. Auch die Darstellung war diesmal gut (Realismo!), die Sterbeszene war sogar meisterhaft gespielt.

366 Ausflug in die Campagna ... Im Abendakt steht ein kleines, entzückendes Persönchen, die rundliche Maria. Ich habe die Ruhe nicht mehr – vielleicht, weil ich die Übung nicht mehr habe (?). Die Leidenschaft springt auch auf andere Gebiete über. Kleine Aufregungen in der Freundschaft. Haller beginnt Schmoll zu hassen. Schmoll reizt ihn. Hallers elektrisches Rückgrat. Er nimmt bei einem geistlichen Herrn Stotterstunden. Der Haupteffekt ist seine Vervollkommnung in der italienischen Sprache. Ein anderer Zug der Aufgeregtheit ist Hallers Drang, mit verbrecherischen Dingen zu jonglieren. Wir setzen Zweifel in seine Leistungen, was ihn bis zu Katastrophen anspornt. Wir meinen es nicht bös im Grund, und sein Schaden befriedigt uns doch!

Schmoll ist ein recht guter Kamerad. Seine Landschaftszeichnungen sind mit größter Liebe studiert und auf das feinste ausgeführt. Er ist ganz Landschafter, auch als Charakter. Ein Poet, der intim zur Natur steht. Haller mag ihn nicht verstehen. Ich suche mich in seine Weichheit einzufühlen, weil doch da und dort ein Vorzug besteht und man etwas lernen kann, zum Beispiel, was die Ausdrucksfähigkeit des Materials betrifft ...

Zu Nöther gehe ich nur aus Höflichkeit, zuerst ohne Violine. Sein Haus erst in aller Ruhe beriechen.

Warum hat Gott uns nur die süß-dumme Maria vorgesetzt? Es geht die Rede, daß man die Mädchen hier schwer bekommt. Und wären doch appetitlicher als die Münchnerinnen. Schon die blanke Wäsche!

Donnerstag, 23. Januar. Ich zeichnete einige auffallend geformte Baumstämme des Parkes der Villa Borghese. Die Liniengesetze sind hier ähnlich wie beim menschlichen Körper, nur gebundener. Die Errungenschaften verwerte ich sofort in meinen Kompositionen.

Am 24. Januar sprach ich ein ernstes Wort mit Haller.

367 Vier Epigramme nach bekanntem Reimschema.

368 27. 1. 1902. Aufführung der Meistersinger (maestricantori). Alles ging recht flott vonstatten, beinahe militärisch. Tadellose Stimmen, rein; prachtvoller Orchesterklang. Und doch war alles entstellt und abgeschwächt. Schon die Beckmesser-Stelle des Vorspiels war total mißverstanden, aus dem spitzen Fugenton wurden milde, klangschöne Figuren, also etwas Nichtssagendes; auch Tempofehler gab es genug. Beckmesser hatte dann später auch eine klangschöne, rein gestimmte Laute und eine wunderschöne Stimme. Sachs war schon deutsch, aber auch roh. David mit großen Tönen. Die Frauen besser, Pasini-Vitale als Eva ganz vorzüglich, gar nicht wiederzuerkennen nach ihrer Mimi, wie es sein soll. Das Publikum verlangte sowohl die Prügelszene als das Quintett ‚bis'. Es wurde also zweimal geprügelt. Das Quintett klang auch hier nicht ganz rein. Die Festwiese mißlang ganz. Das Werk war merklich gekürzt. Und doch stand alles bei der Kranzverleihung auf, um sich nach und nach zu entfernen.

369 Dienstag, 28. Januar. Heute ist in München der Bauernball, an dem ‚Du' teilnimmst. Ich gönne Dir Dein glückliches Naturell, das den Augenblick genießt. Ich bin anders geartet.

Auf dem Markt Campo dei fiori machte ich einige bescheidene Einkäufe, ein paar alte Rahmen und eine *Tanagra-Nachbildung*. Im Rahmen sehen meine Kompositionen gut aus.

Ich lege mich schlafen in Gedanken an ‚Dich' und in tiefer Sehnsucht.

Oft lege ich mich nachmittags aufs Bett, weil ich friere. Meist schlafe ich auf diese Weise ein bis zwei Stunden. Zur Dämmerungszeit mache ich mich nach dem Abendakt auf den Weg, der den Corso überkreuzt. Dies salonhafte Treiben hier kommt mir dann vor wie ein Stück Traum. Auch die Schönheit der Frauen ist teilweise ganz unwahrscheinlich. Diese märchenhaften Augen.

Und ich seufze leis, wie ich im Traum noch eben seufzte. Wie ein junger Mönch bin ich.

Wir essen jetzt al vero frascati, Piazza Colonna, nachdem Sorgin uns den Wein mit Wasser verdünnt hat.

Von Schmoll erhielt ich Niels Lyhne, einen Roman des stimmungsreichen Jacobsen. Anregen laß ich mich von Schmoll, anvertrauen kann ich mich ihm nicht. Er ist zu einseitig Deutscher.

Äußerlich geht's mir freilich gut, trotz einiger unvermeidlicher Flöhe. Mit der Civetta steh' ich gut. Ich darf sie streicheln. Mein Herz ist ruhiger als in München. Einmal die Woche pumpt es. Der warme Winter hat seine guten Seiten auch.

Seit meiner Trennung von ‚Dir' hab' ich mit keinem Weib mehr gesprochen und finde es auch recht so. Ich will nichts davon wissen.

371 Gegenwärtig male ich mit giftiger Lust an einem deutsch-sentimentalen Poeten. Aus Gegensätzen zu Schmoll heraus, oder aus dem Gegensatz Antike (Attika) . . . Niels Lyhne.

Am 4. Februar war ein Gewitter, wie sie nördlich der Alpen nur im Hochsommer vorkommen, dann kam ein goldener Tag, dann ein aprilhaftes Durcheinander.

Abends von sechs bis acht regelmäßiger Abendakt im Künstlerverein. Meine früheren Akte sind wirkungsvoller, die jetzigen sind unmalerische Formstudien.

Das antike Italien ist auch jetzt noch die Hauptsache, die Hauptbasis für mich. Eine gewisse Wehmut liegt darin, daß eine Gegenwart hier nicht daneben existiert. Daß man die Trümmer mehr bewundert als das Wohlerhaltene, ist voll Ironie.

372 Gestern gingen wir einmal hinaus zum Ponte molle, eine halbe Stunde vor Porta del popolo. Der Tiber ist stark angeschwollen, noch viel schmutziger als sonst und hat die Straße nach *St. Peter* stellenweise vollständig überschwemmt. Er führt viel Holz mit, nach dem am Ponte molle regelrecht geangelt wird. Ein schönes Schauspiel, das Volk, welches den Holzanker einer Astverzweigung am Seil hinaus nach der Beute schwingt, um meistens einen guten Fang zu tun. Sicher noch aus der Zeit Romulus'.

Den gewählten Rückweg konnten wir wegen Hochwassers nicht ungestört passieren und gerieten auf Seitenwege. Ein Reiterpaar, Herr und Dame, galloppierte unbesorgt durch die überschwemmte Stelle, und es kam uns zum Bewußtsein, wie unfeudal zwei Menschenfüße sind. Dafür bot sich uns im Dickicht der Anblick zweier Kröten in Umarmung. Das Männchen klein und behend, das Weibchen unmenschlich geschwollen, grad zum Platzen. Den Akt anfangs unrichtig taxierend, versuchten wir (Schmoll und ich), sie zu trennen. Schmoll war ganz wild. «Pfui, ist das ekelhaft!» sagte er ein über das andere Mal und nahm den Spazierstock zu Hilfe. Als die Trennung gelungen war, schlich das Männchen beleidigt davon, seine Dicke aber blieb hilflos auf dem Rücken liegen, ihr schweres Elend mit Strampelbewegungen gen Himmel ausdrückend. Prachtvolle Orange-Bauchflecken verliehen der Sache einen widersprechenden Glanz. Ein grausamer Gedanke, sie meinem Vogel mitzubringen, kam mir glücklicherweise zu spät –. An ihm kann man sehen, wie Bosheit gedeiht; an den beiden Kröten sieht man, daß Liebende trotzdem schwer zu trennen sind. Merken wir uns das, obwohl wir Menschen sind.

Mein Plan, nach Neapel zu fahren. Es gibt dort eine deutsche Pension, wo man für zwei Lire den Tag verbringen kann. Ein Wink von oben.

373 6. 2. 1902. Wir trinken nun regelmäßig einen starken Rotwein von Frascati. Gestern war er so süß, daß ich mich zu Hause gleich niederlegte und um elf Uhr vom Erdboden verschwand. Nun bin ich schon vor dem Morgengrauen wach. Mag sein, daß mein Zustand objektiv nicht schön ist, der Riesenwasserflaschendurst schon gar nicht. Für mich allein haben diese Momente etwas seltsam Stimmungsvolles. Der Geist ist klar, ist Selbstzweck, ein erweitertes Denken ist gegeben. Frühe Zeiten, Eingeschlummertes, Verborgenheiten, Möglichkeiten, Melodien von ehemals und der Zukunft, Pläne ohne Zeit, eins ums andere zieht vorüber, und ich fühle mich reich unter Geschenken und muß hoffen. Dann erwacht der Tag, die Nähe, die Schärfe und stört. Ich schließe die Augen, ihn nicht zu sehen, ich schlafe wieder ein, schwer, von Träumen bedrängt, und erwache ohne Stärkung oft erst im Laufe des Vormittags.

374 Ich arbeite in Tempera, mit bloßem Wasser, um jeder schwierigen

Technik auszuweichen. Das geht alles hübsch bedächtig vor sich, eins nach dem andern. Ein Kopf zwei bis drei Tage, jeder Arm, jedes Bein einen Tag, Füße einen Tag, Lendengegend ebenso, und jedes Drum und Dran je einen Tag.

Haller geht ganz anders vor, weil er etwas Farbenorganisches anstrebt. Bei mir dekoriert die Farbe nur den plastischen Eindruck. Ich mache nächstens die Probe, die Natur direkt in mein derzeitiges bildnerisches Vermögen umzusetzen. Aus dem hohlen Ranzen arbeitet es sich freier, aber eine strengere Moral wird leicht dabei verlassen. Dürr gesagt, es leidet die Richtigkeit darunter. Ich will mir insbesondere nie vorwerfen, daß ich aus Unkenntnis verzeichne.

‚Dein' liebes Briefchen erfreute mich und beruhigt mich durch die Aussicht auf ausführliche Nachrichten. Von Bern habe ich nicht die besten Nachrichten. Meine Mutter muß von Zeit zu Zeit liegen, was ich dann durch die gedrückte Stimmung ihrer Briefe zu spüren bekomme. Was ich mich schon gegen dieses Schwarzsehen gewehrt habe! Und es besteht die Aussicht, dort einige Zeit leben zu müssen, um (ohne Sorgen) weiterzustreben.

Oft bin ich sehr reizbar; ‚Deine' Briefe wirken dann wie eine kühlende Arznei. Ich las Die Macht der Finsternis von Tolstoi; der Eindruck ist groß, aber nicht ohne Brutalität. Er könnte ein Künstler sein, so ist er ein Fanatiker in erster Linie. Die Beichte gehört dahin. Der Mann müßte sich erhängen, um das ethische Gleichgewicht einzuhalten.

375 12. 2. 1902. ‚Deine' Ballabenteuer mit Existenz Karpeles sind ja ganz entzückend; auch für ihn, und er wird sich einen Moment eingeredet haben, Revanche an mir zu nehmen dafür, daß ich ihm früher einmal ein Weib wegschnappte. Wahrscheinlich nicht zu meinen Gunsten.

Über Schmoll – ist er schwindsüchtig oder nur ein verkleidetes Weib? – kann ich nun erweitern, daß er eigentlich nur ein Malweib ist. Seine Geistes- und Gefühlswelt ist durchaus weiblich (Haller zweifelt ohne Hehl an seiner männlichen Potenz). Bei seinen Schwärmereien im Park Borghese kann er sich schwer ärgern, wenn Haller von Zeit zu Zeit gemütlich vor sich hin rülpst. Ein Pietist ist er, ein Schönheitsfrömmler, verkennt das Salz der Wahrheit, kann keine Grenze mit Humor überschreiten. Er glaubt, deutsch zu sein.

Fragezeichen, ob im guten Sinn. Und wenn, dann soll man nicht deutsch sein, denn es gab Griechen, Römer und Päpste. Selbst in der Gegenwart gibt es höhere Werte. Es ist der wache menschliche Geist, nicht der träumerische. Überhaupt ist Goethe der einzige erträgliche Deutsche (so deutsch möchte ich vielleicht selber ganz gern sein).

Niels Lyhne ist in erster Linie sehr schön geschrieben, aber auch von Grund aus bis in die Spitzen empfunden. Und doch sehe ich zuviel Blüten und zuwenig Ganzorganismus der Pflanze, molluske Poesie ohne Rückgrat. Aber ich bin noch nicht weit genug, um abzuurteilen.

Mein Kauz fliegt nun selber auf seinen Bastone hinauf. Traf ihn diese Nacht unverhofft oben.

Ich will nun Beethoven-Quartette spielen, die ‚Du' mir geschenkt hast. Heute kam die Drucksache mit den Novellen von Jacobsen. Solche kleinen Dinge werde ich nie erwidern können, aus Talentlosigkeit.

Die Affen im Park der Villa Borghese! Zum Anbeten. Nur den einen Pavian nehme ich aus, der zu tief unter der moralischen Null steht. Die düsterste Existenz, die ich je sah. Dabei schreckhaft menschlich. Häßlicher nur als der Teufel, sonst nah verwandt mit ihm, von ihm mit einer verhutzelten Hexe erzeugt. O Nord-Urwald! O Blocksberg! Er paßt nicht nach Rom.

376 25./26. 2. (Montag und Dienstag). Ausflug nach Porto d'Anzio am Meer (Altherr, Haller, Schmoll und ich). Morgens sechs Uhr schritten wir an die Ausführung des Abends zuvor beim vierten Liter ausgeheckten Planes. Bei strahlendem Wetter und guter Brise beschlossen wir eine Segelfahrt. Altherr fand als einziger keinen Mut dazu und sagte: «Chaibe Schiff.» Einesteils mußte ich ihm recht geben. Zwei Stunden ging's wunderschön, die dritte nahte und die Seekrankheit brach aus, als wir wenig Fahrt hatten und ekelhafte kurze Wellen; die letzten zwei Stunden war ich wieder munter, zuletzt sogar vollständig gesund. Sehr weit draußen waren wir (bei Schifferbooten trat meine Katastrophe vor lachenden Zeugen ein). Das kleine Hafenleben von Porto d'Anzio ist reizend. Draußen die vielen Schifferboote, Delphine und

zuletzt noch Meerleuchten; etwas ganz Wundervolles. Die Tafel nachher war üppig, leider schwankte mein Stuhl noch stundenlang. Man schlief trotz einer großen Wanze herrlich. Altherr ist etwas spinnig. Wie er sich wusch! Er bespritzte sich aus der Waschschüssel, sprang aber zugleich immer einen Satz zurück. In der Früh schnarchte er mich wach. Als er beinahe am Ersticken war vor Schnarchen, machte er einen Ruck und sprach im Traum: «Dumms Züg, Mugge frässe.»

Das Wetter schlug in dieser Nacht total um, und ein gewaltiger Sturm peitschte das Meer auf und bürstete das Land ab. Manches Schauspiel gab's. Ein Boot nach dem andern flüchtete mit zerfetzten Segeln in den kleinen Hafen; wir beobachteten auf der Mole, fast weggeweht und von der Brandung bespritzt. Altherr im Gehrock. Besonders eindrucksvoll war die Brandung in der Grotte des Nero (ehemals ein Luxusbad), in deren Nähe sich die Szenerie zu Feuerbachs *Medea* befindet. Ich verstand jetzt sofort die eigentümlichen Wellen dieses Bildes. Haller nahm ein Bad; es war schön, wie er sich durch die Brandung stürzte. Wir andern begnügten uns mit Fußbädern. Bis Mittag brachte der Sturm uns Regen und durchnäßte uns trotz Regenmantel. Altherrs Gehrock! Er sah die Komik wohl ein und paßte sich an; plötzlich mimte er, einen Schmetterling zu fangen, und führte eine tolle Szene auf, nach der er mehr Sand als Rock an sich trug. Die Rückreise in nassen Kleidern, ein Blick auf den Albaner See. Zu Hause von Kopf bis Fuß frisch angezogen.

Die Ufer bei Porto d'Anzio sind herrlich. Man glaubt, nicht mehr auf dieser Welt zu sein. Alles ist ungewohnt, von der kleinsten Anemone bis zu Aloe und Kaktus. Die Bäume vielfach zwerghaft. Die Küste wechselt öfters die Form, das ergibt Linien! Anzio selbst steht hinter dem benachbarten Nettuno etwas zurück, das einer Festung gleicht. Im Westen sieht man kleine Inseln (Verbrecherinseln), im Süden Berge bis in die Neapelgegend. Ziemlich nah das sehr charakteristische Kap der Circe.

Mein Verhältnis zu Haller hat sich geklärt, weder Groll, weder Haß, noch Liebe, noch Freundschaft, sondern Gewohnheit und nur Gewohnheit.

378 1. 3. Ausflug in die Campagna in größerer Sozietät, von Sant' Agnese aus in die wunderschöne Campagna. Neue Elemente erweiterten die Gesellschaft allmählich. Die Gefahr ist nur eine allzu große Kreuzfidelität. Herr Sohn-Rethel vom Rhein hüpft jedem Schmetterling nach (Haller stottert und

hat ein Rückgrat), Altherr aus Basel spinnt völlig. Caspar tut deutsch und ist Jude, Schmoll ist impotent und schwärmt. Im Wein allein kann man sich ganz einigen. Oft gehen diese Wellen fast so hoch wie neulich auf dem Meer.

Bei Landleuten versuchten wir einen Risotto zu bekommen, er war aber kaum genießbar. Der erste schlechte Tisch in Italien.

In derselben Zusammensetzung waren wir einmal in einer Weinkellerei. Riesenkatzen mit ausgekratzten Augen. Schwere Syrakuser, schaden nicht, heizen nur fürchterlich ein.

Einmal ließ Sohn einen 1000-Lire-Schein die Runde machen. Ich zerriß ihn halb bewußt, halb entgleisend. Sohn wurde blaß, doch man beruhigte ihn. Am anderen Tag war er durch die Bank ersetzt. Gerechte Strafe, der Schreck.

379 Neue Komposition. Die Satire ist gelöst in leichter Trauer. Ein aristokratischer Junge schreitet schwach-sensibel über die Trümmer eines goldenen Zeitalters, ein *Epigon*.

Dann das *Dreiknabenmotiv* neu und verfeinert behandelt. Ich hoffe außerdem vag, neu und doch intensiv, nicht nur Geist, sondern auch Schönheit zu schaffen. Der Weg wird lang sein, die Arbeit feingliedrig kompliziert.

Ich sende ‚Dir' ein kleines Foto, ich und Haller auf einer Tiberbrücke. Hier war der Geschmack des knipsenden Schmoll am Platz. Das Licht war köstlich.

Noch diesen Monat möchte ich nach Neapel, weiß aber noch nichts Gewisses, weil das Geld dazu noch nicht bei mir ist. Im Teatro Adriano (Volksoper) hörte ich einen Schund, eine Oper: Francesca da Rimini. Es war billiger Eintritt und viel Erheiterung. Das Publikum in seiner Begeisterung. Eine gute Primadonna hatte sich hierher verirrt. Waden eines Pagen blieben mir im Sinn haften, dann lang nichts mehr, die Musik schon gar nicht. (Aufglimmende Zündhölzer im Zuschauerraum.)

Im selben Theater hatte ich seinerzeit Mascagnis: Rantzau unter seiner Direktion gehört. Ziemlich übel.

380 Den 6. März verbrachten wir bei Cléo de Mérode, wohl das schönste Weib, das man sehen kann. Den Kopf kennt ja jeder. Den Hals schon muß man im Leben gesehen haben. Dünn, ziemlich hoch, wie aus Bronze so glatt, nicht allzu beweglich, doch feinsehnig, die beiden Sehnen beim Brustbein. Dieses Brustbein und die Schlüsselbeine (Rückschlüsse auf den nackten Thorax). Den Leib trägt sie meist eng verhüllt, so daß er mit den entblößten Teilen wohl harmoniert. Schlimmer ist, daß die Hüften vorenthalten werden, bei ihrer virtuosen Bewegungskunst müssen da Wirkungen einer eigenartigen Logik bemerkbar werden, zum Beispiel bei der Verlegung der Last von der einen Stütze zur anderen. Das Bein hat man dafür so gut wie nackt, beinah auch den Fuß, dessen Bekleidung raffiniert gut ist. Der Arm ist klassisch, nur feiner, durch das Leben mannigfaltiger, das Spiel der Gelenke kommt hinzu. In Proportionen und Mechanismus der Hand liegt noch einmal im Kleinen Schönheit und Weisheit des großen Organismus.

Man muß das genau sehen, es genügt hier nicht die große Linie, und ein Ersatz pathetischer Art ist nicht da (sie wirkt unsexual). Der Inhalt des Tanzes ist die sanftlinige Entwicklung des Körpers. Keine Seele, kein Temperament, nur absolute Schönheit. Im spanischen Tanz ist sie dieselbe wie in der Gavotte Louis' XVI. Nächst der Gavotte lag ihr das Griechische (Tanagra) am besten. Ein asiatischer Tanz wirkte nicht überzeugend. Nach jedem Tanz vollständiger Kostümwechsel. Aus allem geht hervor, daß sie schwerer zu würdigen ist als Otéro; sie setzt etwas voraus, ein Verständnis, das die Pariser zu haben scheinen. Hier fehlt es sicher daran. Die Aufnahme war freundlich, aber ein kleines Schweinchen hatte nach ihr einen viel stürmischeren Erfolg.

381 10. 3. Tosca von Puccini. So gräßlich geht es selbst auf dem Theater selten zu. Gegenüber der Bohème gibt es hier nur gedrängte Handlung, was natürlich rohere musikalische Impulse zur Folge hat. Die Aufführung war sehr gut, die Emma Carelli wundervoll, das Orchester unerhört rhythmisch und pathologisch sinnlich. Die Ausstattung prunkvoll.

382 Lektüre: Erster Band Zola' Rom, Tacitus' Kaisergeschichte, Tiberius und Nero, das furchtbar großartige Bild der letzten Antike. An die Ablösung durch die Germanen glaube ich heute mehr als je. Besonders, da Deutschland

lateinisch nicht durchkultiviert werden konnte. Und wenn wir Rußland nicht germanisieren werden können, gehört ihm die letzte Zukunft.

384 *Drei Knaben.*

I. Die Vögel treffe ich im Flug. Den Bogen schnitt ich selber. Stolz macht mich diese Kunst.

II. Letzten Frühling schoß es mir in die Arme, ich glaubte umarmen zu sollen. Ein leises Sehnen ließ mich mit den Wolken ziehen. Warum mir dabei Tränen entrollten?

III. Das war keines von den lieblichen Mädchen, das war ein Weib, fast so stark wie ich. Als ich sie ergriff, fühlte ich den Strom ihres heißen Blutes, sengte ihr Atem mein Antlitz. Und mit ihm glühte mein ganzes Wesen um Erlösung, die vom Weibe kommt.

385 *Der Epigon.* In mir kreist das Blut einer bessern Zeit. Durch die Gegenwart schlafwandelnd, hänge ich an der alten Heimat, am Grab meiner Heimat. Denn alles verschlang der Boden. Die südliche Sonne hilft nicht meinen Leiden.

Die spanische Tänzerin Guerrero ist schön gewachsen und von einer entzückenden Heiterkeit. Das Ganze ist zu leicht, um mehr als unterhaltend zu sein. Technisch fehlt's an der Beweglichkeit des Oberkörpers, er bleibt in dem sonst freien Fluß der Linien zu aufrecht, was dem Tanz manchmal den Eindruck des Hüpfens gibt. Der Rhythmus der Füße ist besonders gut.

Mogens, von Jacobsen, ist eine wundervolle Novelle. Auch Niels Lyhne ist dem Inhalt nach eine Novelle, aber leider zu episch behandelt. Nachdem mir dieses Buch von Schmoll überreicht worden war, konnte ich mich eine Zeitlang schwer über das Anstreichen verschiedener Stellen ärgern. Man ist parteiisch, denn als ich entdeckte, daß die Anmerkungen von ‚Dir' herrührten, verwandelten sich meine Gefühle ins Gegenteil, und ich küßte eine dieser Stellen.

387 Nun schreib' ich an die Pension in Neapel. Im Abendakt steht wieder

ein gutes Modell, so daß ich diese Woche gern noch zu Ende zeichne. Nächsten Samstag dann! Herr Caspar wollte mitreisen, nun kommt er ein paar Tage später nach. Haller und Schmoll bleiben noch länger in Rom, brauchen also mit Neapel nicht zu eilen. Bevor ich nach Florenz fahre, wiederhole ich Rom, wie wenn ich es in acht bis vierzehn Tagen machen müßte. Wann werde ich es wiedersehen? Zu ‚Studienzwecken' jedenfalls nicht mehr. Denn jetzt werde ich erst die verdammte Pflicht haben, das Gewonnene zu verwerten. Vielleicht kann ich noch das Recht auf eine kurze Zeit Paris durchsetzen. Dann bin ich mit meinen Studien ‚zu Ende'. Einesteils freut mich das Kritische der Situation. Wer muß, der wird. Und eine Pariser Reise von Bern aus nach einer Schonzeit des elterlichen Beutels ist dann vielleicht nichts gar so Großes mehr. (Frühling 1903 etwa?)

388 Iris von Mascagni. Starker Eindruck durch teilweise hinreißende Musik und eine ideale Aufführung. Zwei bedeutende Künstler, die Emma Carelli und der dämonische Tenor Borgatti. Eine Phrase verschlingt mich ganz:

Neapel (Ostern 1902)

389 Ankunft Sonntag, 23. März, früh. Abends San Carlo: Mefistofele.

Montag Hafen, nachmittags Posilip.

Dienstag San Martino-Corso Vittorio Emmanuele. Deutsches Konsulat, Aquarium.

In diesen drei Tagen sah ich so viel, daß ich mit der Berichterstattung nicht entfernt folgen kann. Gegen Genua ist Neapel träg, schmutzig und krank. Gegen Neapel ist Genua einseitig. Neapel hat größten Glanz neben größtem Elend, Hafenleben, Corsofahrten, hochentwickelte Oper, ja sogar ein Stück Rom: das Museo Nazionale. Dazu die paradiesische Natur ohne Konkurrenz. Das Meer bei Genova gewaltiger, aber auch monotoner. Hier ein richtiger Busen, von eigenartigen Küstengebirgen eingefaßt und von charaktervollen

Inseln verriegelt. Und das alles kann ich vom Zimmerbalkon aus sehen. Mir zu Füßen liegt es, eine Riesenhalbkugel, die herrliche Stadt mit ihrer brausenden Stimme. Links die alte Stadt mit den Häfen und dem alten Vesuv, rechts die moderne Villa Nazionale und der Posilipo. Um das Haus und hinter demselben Gärten mit jungem Grün, phantastischen Formen und tausend Blüten. Salita del Petrajo, Villa de Rosa 48, Pensione Haase, Napoli, heißt dieser fabelhafte Aussichtspunkt. Das Meer ist herrlich blau und ruhig. Die Stadt ein bewegtes Gemenge von Flecken, Häuserblockflächen im Licht und im Dunkel, weiße Straßen, ernstgrüne Parkstellen. Man denkt an die Versuchung Christi bei einem solchen Anblick. Man überhebt sich vor Glück, man schwebt an der Mitte von sphärischem Prunk, als Nabel einer Welt.

Aber man arbeitet auch, es ist nicht alles wie diese Feierstunde. Unten am Hafen sucht man durch eine unheimliche Welt zu dringen, die ganz anders klingt als im Santa-Lucia-Lied. Sind das Menschen, da unten? Häßlich elend, krank liegt's in der Sonne herum, lausig, zerlumpt, halbnackt. Neutral treibt's mich zu ihnen ohne Barmherzigkeit, mit wissensdurstigem Abscheu. Eine Wollust des Künstlermenschen, sich so voll infizieren zu lassen. Ich lächle in der Empörung, ich weiß, meine Kunst braucht das als Grundlage. Ihre Blüten werden leicht welken bis zur großen Erstarkung. Möge der Tag des Beweises kommen. Die Gegensätze versöhnen zu können! Die Vielseitigkeit auszusprechen mit einem Wort!!

Teatro San Carlo: Mefistofele von Boito, eine Art Faust. Die Aufführung war etwas ungleich. Der Titel-Baß prachtvoll. Gretchen sang merkwürdig kultiviert, ganz einfach und innerlich, sah aber gar so schlicht aus, fast sächsich.

Der Tenor nicht unedel, aber ohne besondere Auffassung. Das Orchester reicht nicht an das römische. Dirigent Mascheroni farblos.

Das Haus prachtvoll, schwer und dunkel, alt-vergoldet von oben bis unten, finster, riesenhaft.

Ich saß für zwei Lire im Parkett, in einer wahnsinnig parfümierten Luft, mehr unter dem Volk. Ich unterhielt mich sogar etwas mit den Leuten und schmeichelte ihrem Napolitanertum. Ein Stück davon glaubte ich selber.

Drauf folgte noch ein ‚ballo', fast zuviel des Guten, mit einem Aufwand, der mir neu war. Die Prima, ein wirklich sehr junges, eher kleines schwarzes Mädel, wirkte bei aller Virtuosität volkstümlich.

390 Das Aquarium ist sehr anregend. Besonders ausdrucksvoll ansässige Biester wie Polypen, Seesterne, Muscheln. Dann schlangenartige Ungeheuer mit giftigen Augen, Riesenmaul und taschenartigem Kropf. Andere saßen bis über die Ohren im Sand, wie die Menschheit im Vorurteil. Die gemeinen Polypen sehen aus wie Kunsthändler; besonders einer äugte kompromittierend vertraulich nach mir, als ob ich ein neuer Böcklin wäre und er ein zweiter Gurlitt. Niente affari! Ein gallertartiges engelhaftes Tierchen (durchsichtig-seelisch) schwamm in fortwährender Bewegung auf dem Rücken, unausgesetzt ein feines Fähnchen drehend. Der Geist eines versunkenen Dampfers.

Oben in der Bibliothek die Fresken Marées. Der Stoff wäre mir vor einem halben Jahr noch ganz fremd gewesen, jetzt kann ich mich hineinfinden. Die Darstellung aber kommt mir aus dem Herzen. Durch gewisse Schleißheimer Arbeiten war ich an Marées irre geworden (ein später ins Gegenteil gekehrtes Urteil).

391 Im Museo Nazionale fesselte mich die Pompeji-Gemäldesammlung vor allem. Als ich eintrat, war ich aufs höchste ergriffen. Malende Antike, zum Teil wunderschön erhalten. Zudem liegt mir gegenwärtig diese Kunst so nah! Die Silhouetten-Behandlung hatte ich geahnt. Die dekorative Farbe. Ich nehme das persönlich. Für mich ward es gemalt, für mich ausgegraben. Ich fühle mich gestärkt.

392 Am Gründonnerstag (27. 3.) vormittags nochmals bei den pompejanischen Wandgemälden. Nachmittags zuerst mit Tagebuchaufzeichnungen beschäftigt, um vier Uhr auf das deutsche Konsulat, um zu fragen, ob ich mich auf einem Kriegsschiff stellen könne. Es ist aber keines im Hafen.

Nachher spazierte ich den Corso Vittorio Emmanuele entlang zum Posilip ohne bestimmten Plan. Beim Tunnel angelangt, bekam ich Unternehmungslust und ging hindurch nach der anderen Seite, beguckte das Nest Fuorigrotta, dessen ganze Bevölkerung auf der Straße war und mich wieder beguckte. Dann ging ich die schnurgerade Straße dreiviertel Stunden nach Bagnoli. Von hier (durch einen Kutscher nachfahrenderweise belästigt) dem herrlich brandenden Meer entlang zurück gegen den Posilipo (zwanzig Minuten) und auf dessen langem Rücken in zweieinhalb Stunden nach Hause, während eine wunderklare Nacht niedersank. Die Ausblicke auf das abendliche Meer eine

Labung für Sinn und Seele. Keine Küste ist so interessant. Kecke Inseln (Nisida) und das große hohe Ischia, das steil-gefährliche Vorgebirge Capo Miseno, Capo Coroglio und Capo di Posilipo, in der Ferne das pittoreske Nest Pozzuoli, die phlegräischen Felder. Zum Schluß wieder Neapel als eine jetzt stille Saat von Lichtern zu Füßen. Oh, das überquellende Durcheinander, die Verschiebungen, die blutige Sonne, das tiefe Meer voll schiefer Segelschiffchen. Stoff über Stoff, daß man sich drin lösen könnte. Mensch sein, antik sein, naiv und nichts, doch glücklich. Einmal ist's gut so, als Ausnahme, als Feiertag.

393 Ostern, 30. 3. Seit Karfreitag ließ das Wetter an Beständigkeit nach, heute ist es ein Wechsel von Sonnenblicken und Regenschauern, manchmal bis zur Gleichzeitigkeit, dadurch bin ich etwas häuslicher und skizziere einige Eindrücke, Absonderlichkeiten. Wie schnell wird man hier heimisch. Ich könnte hier besser gedeihen als in Rom, meine ich. Das Leben ist anregender, unheimlicher. Später einmal wiederkommen, eine Zeitlang Napolitaner sein. Verlockend!

394 Gestern mit «Burckhardt» zum drittenmal im Museum. Der Gang dahin im weiten Bogen des Corso allmählich hinab, ist schon reizend. Die Antiken, besonders Bronzen. Die Aufschlüsse von Statuetten mit Farbenresten. Die bemalt zu denkenden Augen.

Am 1. April kam Caspar an und fühlte sich sofort glücklich und mitteilsam. Erzählte von einer unglücklichen Jugendliebe, von sich in der dritten Person sprechend. Ein kokettes Reisekostüm mit Kniehosen und Schleifchen (viel Grün dabei) trug er nur beim ersten Ausgang. Es erregte Aufsehen und bei der grünen Jugend sogar Widerspruch. Über Schmoll Kritik. Wir einigten uns darin leicht.

395 Am 2. April unternahmen wir zwei einen größeren Ausflug: Pompeji, Sorrento, Amalfi, Gragnano.

2. April: Pompeji, Castellamare, Sorrento.

3. April: Sorrento, Positano, Amalfi.

4. April: Amalfi, über den Paß nach Gragnano, Napoli.

Das Unternehmen gelang in vollendeter Weise. Es lag Entwicklung, Abwechslung und Steigerung darin. Das Wetter strahlend. Den ersten Tag schonten wir unsere Füße wie die vornehmen Herren.

Vormittags, acht Uhr, verreisten wir per Zug nach Pompeji, besuchten das Museum und Ruinen. Gipsabgüsse von Menschen- und Hundeleichen wirken stark. Liebenswürdige Architekturen, ein paar Tempel und ein wunderbares Haus. Nachdem man in Neapel die besten beweglichen Funde gesehen hat, gewinnt die Sache Leben. Nach so verbrachtem Vormittag aßen wir in einem Gartenrestaurant des neuen Pompeji spät zu Mittag. An dem Halteplatz der Fuhrwerke reger Betrieb, eine Retourkutsche nach Sorrent für drei Lire wurde uns angeboten, das war ein Fund! Wir ließen uns nicht zweimal auffordern, nahmen in dem schmucken Wägelchen Platz, fühlten uns wie zwei junge Grafen, und lustig ging's dahin, über Castellamare nach Sorrent. Der spitzbübische Kutscher war amüsant. Ihn ärgerte nachträglich der billige Preis, unterwegs traf er sein Freunderl, das durfte aufsitzen (Fratello natürlich). Wir erlaubten es gütig. Dann kam noch ein ‚Neffe' von zehn Jahren, der sollte in der Chaise einen Rückplatz bekommen, er sei ein armer Junge und todmüde. Aber wir sahen in ihm mehr den Strolch. Caspar meinte, er würde uns besonders durch Stinken belästigen, und wir lehnten ab. Mit einem Seufzer und Fluch vom Bock her rösselten wir weiter, von einem paradiesischen Ausblick zum anderen. Vor dem Orte versuchte unser Führer den Preis etwas zu erhöhen. Als er uns abgeneigt sah, hielt er kurz vor den ersten Häusern von Sorrent, behauptete, er wohne da, und wir stiegen aus, ganz froh, noch ein paar Schritte zu machen. Er lud uns jetzt, nachdem er kein Trinkgeld erhalten hatte, ein, für eine Portion Maccheroni, bis zum Hotel zu fahren. Doch lehnten wir definitiv ab, und er folgte uns eine Zeitlang mit dem Wagen, allen Leuten verkündigend, wir wären für drei Lire von Pompeji hierher gefahren, ohne ihm eine Portion Maccheroni zu bezahlen. Wir genossen das als ein nicht alltägliches Abenteuer. Im Ort drin nahm sich ein junger Agent unser an und führte uns in einen unansehnlichen, aber guten Albergo e Ristorante della Scala, Ferdinando d'Esporito, Piazza Tasso, am Hauptplatz, das Bett einen Franken, das Essen gut und billig. Idyllisch war, daß man zuerst ein anderes besetztes Schlafzimmer passieren mußte. Abends besuchten wir notgedrungen die Tarantella in einem Lokal, wo es Bier gab und wo man Deutsch hörte. Die Luft roch sehr nach dem Kitschpatschouli einer ganz berühmten Gegend.

*Kasperletheater Felix Klee, Figurine und Dekoration gebaut von Paul Klee (Kasperle und der Teufel in der Zauberkiste), Weimar, 1922*

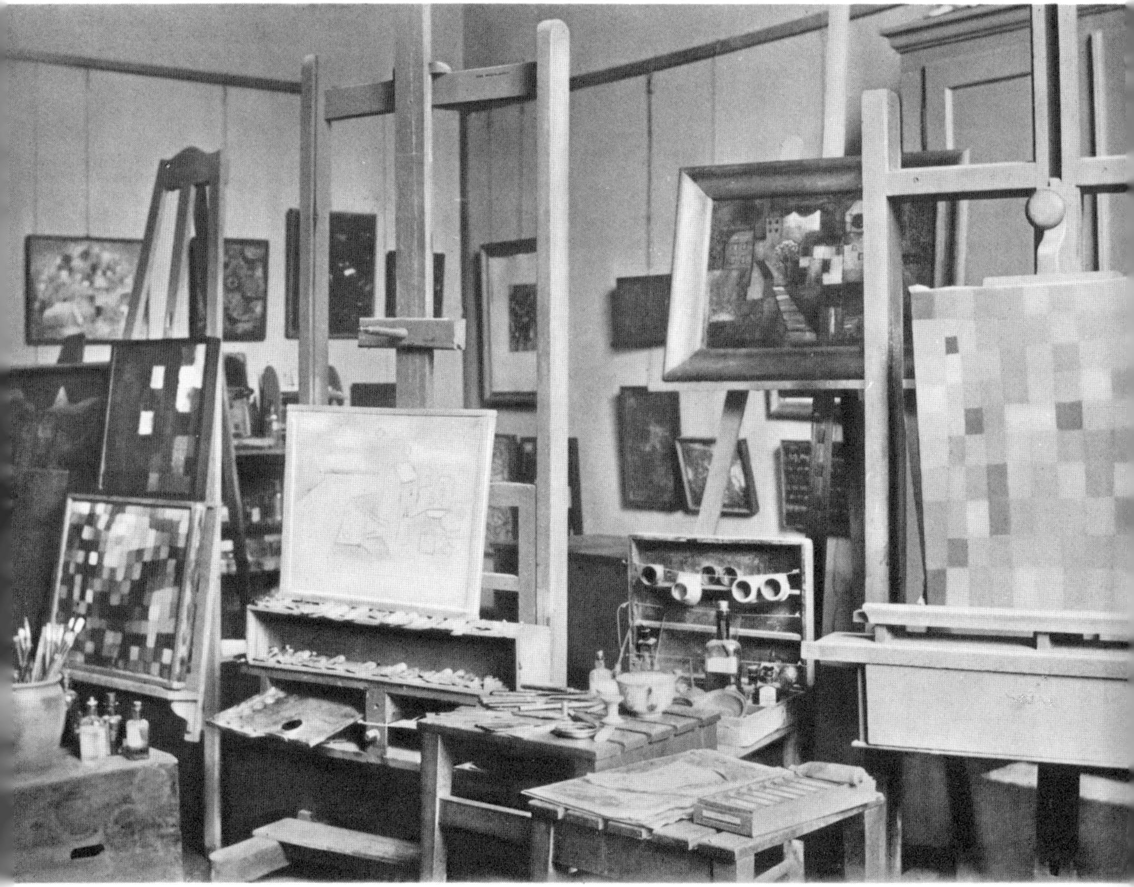

*Paul Klees Atelier im Bauhaus, Weimar, 1924 (von Paul Klee fotografiert)*

Chillon-Stimmung. Unsere finanzielle Würdigung des Tanzes stieß abermals auf erfolglosen Widerspruch.

Positano-Amalfi

Den 3. April brachen wir früh von Sorrento auf und gingen zu Fuß auf der Landstraße sieben Stunden nach Amalfi. Die Gegend will ich nicht beschreiben wollen. In Positano machten wir halt, der Wirt des Hotel de Roma ließ uns nicht weiter und offerierte uns eine Colazione à zwei Lire mit Wein. Sie war wirklich preiswert. Das Speisezimmer war lichtumflutet. Durch einen von sanftem Zug bewegten Gazevorhang sah man auf das mittägliche Meer. Königlich. Später gesellten sich Deutsche an den Tisch, aber vornehme Leute, die sich nicht mit Gesprächen aufdrängten. Nachdem wir uns ausgiebig ausgeruht hatten, traten wir aus diesem strahlend-kühlen Frieden hinaus, wieder auf die Landstraße. Vor Amalfi tranken wir auf einer malerischen Terrasse den Nachmittagskaffee. Amalfi war zwar schon näher, als wir meinten. Wir merkten es bald am Gesindel, das die Straße allmählich zum Fremdenrupf belebte. Mit Eskorte von einer Schar Gassenjungen zogen wir durch den Tunnel in die alte Seestadt ein, in die gefallene Rivalin Genovas, deren Verkommenheit (unter anderem flog uns aus irgendeinem Winkel ein mächtiger Knochen nach) sich auf Schritt und Tritt dokumentierte. Die Hotels schienen alle voll, der Mann vom Hotel d'Italie zeigte uns Zimmer, das Bett à drei Lire. Sein Gesicht war etwas verschmitzt dabei, als er behauptete, in ganz Amalfi sei sonst kein Platz. Wir versprachen wiederzukommen, wenn das wahr sei. Und wir kamen wirklich wieder nach einer halben Stunde. Der Triumph auf den verschmitzten Wirtszügen! Dann aber wurde der Herr sehr freundlich. Wir nahmen Platz auf der Aussichtsterrasse, vis-à-vis dem Dom. Der Blick auf das Treiben da unten gab mir zum erstenmal die Gewißheit, daß ich jetzt im vollen Süden war. Eine unerhörte Naturtheatervorstellung von der Hotelloge aus. Das Essen war sehr üppig, nur die deutsche Tischnachbarschaft nicht eben die beste. Ekelhafte Anbiederung deutscher Maler aus Capri, die doch so verachtet sind. Sie regten sich darüber auf, daß wir noch nicht drüben waren und auch keine Lust dazu zeigten. Als wir zahlten, lobten wir den Wirt, in seinem Gesicht war doch viel Bonhomie. Wir mieteten einen kleinen Wegführer, weil wir für den 4. April etwas ganz Besonderes vorhatten.

Caspar hat etwas mehr Sprachtalent, er bringt es sogar fertig, in der hiesigen

Diebsgegend sich verständlich zu machen. Wir mieteten also einen kleinen Führer nach Gragnano, das heißt wenigstens bis auf die Paßhöhe; so einen Rotzjungen mit Sarazenenaugen. Der Aufstieg durch das Mühlental ging glatt vonstatten. Als die Wegverhältnisse nachgerade etwas problematisch wurden, bekam der Kleine Angst und ging nur ungern weiter mit uns. Etwa hundert Meter höher protestierte er ganz energisch, sein Amt weiter auszuüben, und ein Versuch, ihn zu weiteren Diensten zu überreden, reizte ihn zu einem kleinen Wutanfall mit Tränenbegleitung. Wir bezahlten ihn, Soldi tropften andante in seine Hand, als ein ritenuto eintrat, heulte er von neuem auf, und es tröpfelte adagio weiter bis zur vollständigen Beruhigung. Übervorteilt hatte er uns nicht, doch wären seine Dienste erst von jetzt an eigentlich notwendig geworden.

Es wurde hoch und einsam. Eine Berghöhe mit Meeresunendlichkeit wirkt viel einsamer. Bald war kein Weg mehr zu sehen, aber das Rauschen eines Wasserfalles lud uns zu einer bestimmten Richtung ein. Recht erhitzt lagerten wir uns dann zu seinen Füßen. Wie ich Caspar so jugendfrisch wie ein Mädchen ruhen sah, kam eine Art Verantwortungsgefühl über mich. «Bleiben Sie an diesem Ort, ich werde den Weg suchen und Ihnen ein Zeichen geben, wenn Sie folgen sollen.» Ich kletterte über seinem Haupt an den Felsen hinauf, bis zur Höhe des Falles. Da schien mir das andere Ufer geeigneter, und ich ging von Stein zu Stein über das Wasser. Als ich inne wurde, wie glatt und schlammig diese Steine waren, wurde ich unsicher und rutschte auch schon zu gleicher Zeit mit meiner ganzen Wucht dahin, wo es natürlich war, mit dem Fall nach unten. Im Schreck hatte ich die Augen geschlossen, doch verlief alles günstig und schmerzlos. Ich landete nach zwei oder drei Stationen genau auf der Etage unseres Lagers. «Woher kommen denn Sie?» fragte der erstaunte Caspar. «Aus dem Wasserfall, wie Sie sehen» war die einzig richtige Antwort. Nun hieß es aber weiter, um mich trocken zu steigen. Das Abenteuer machte uns großzügig, und wir stiegen nach Gefühl in der herrlichsten Sonne, uns ganz den Formationen anpassend. Bald stellte sich auch ein Weg ein, auf dem uns prachtvolle Typen und Gruppen begegneten, einmal kam uns eine Gruppe Weiber mit schönen Krügen auf dem Kopf entgegen. Wir hatten sie schon ganz in der Höhe erblickt und genossen das Schauspiel ihres Abstiegs rastend. Caspar machte Kodakaufnahmen. Bald stellte sich die erhabenste Höheneinsamkeit ein, und es öffnete sich auch der Blick nordwärts, so daß man den

Golf von Salerno und den Golf von Napoli zugleich übersah, ein ewig unvergeßlicher Eindruck. Nun folgten wir einer Mulde, die sich nordwärts senkte, und gelangten aus der nackten Einsamkeit der Paßhöhe in ein leicht bewaldetes Gebiet mit den schönsten Anemonen. Hieran schloß sich der sorglose Abstieg in ein sonniges, blütenreiches Frühlingstal. Wir vermieden die Straße nach Pimonte und stiegen, ohne groß auf Wege zu achten, direkt hinunter nach der Eisenbahnstation Gragnano, von wo uns die Bahn nach Neapel zurückbrachte.

396 5. 4. Das Wetter ist trüber. Caspar beschwert sich darüber in der Santa Lucia. Das sei in Hamburg gerade so. Ich fühle den Moment, wo die Begeisterung nachläßt, den Moment einer gewissen Ermüdung. In diesem Fall muß man entweder an die Abreise denken oder sich still halten zu einem Aufenthalt anderen, längeren Charakters. Die Anwesenheit Caspars war durchaus ersprießlich, ein intelligenter, aristokratisch-jüdischer Geist, zuverlässiges Urteil, Menschenkenntnis (Schmoll). Keiner einzigen Schwierigkeit kann ich mich erinnern. Abschiedsvisite im Museum. Abreise den 6. 4., nachts elf Uhr, Ankunft in Rom früh sieben Uhr. 1914 machte ich diese Strecke in vier Stunden ohne meinen schweren Filzhut (Gott sei Dank).

397 Rom (7. 4.) fand ich zuerst öde und trostlos. Die Luft war staubig und der Himmel schwer bedeckt. Ich fuhr nach Hause, wusch mich und zog mich um, nach der Nachtreise. Dann ging ich zu Haller, ich glaube, die Trennung hat uns von manchem Detail entstaubt, und wir freuten uns der alten Kameradschaft; man kennt sich so gut und spricht berndeutsch.

Tags drauf war ein herrliches Wetter, und Rom gefiel mir wieder gut. Ein Brief meiner Braut tat ein übriges.

Der italienische Frühling ist üppiger, der deutsche wirkt dadurch mächtiger, daß er auf einen wirklichen Winter folgt. Mehr Gegensatz.

Man wird oft nach den schönen Römerinnen gefragt, und keine Frage ist müßiger. Man will doch keine solche heiraten. Und es ist hier wohl schwerer als irgendwo, mit einem Weibe etwas Leichtsinniges anzufangen. Ich habe in fünf Monaten im vollen Sinne kein Weib berührt. Es war nicht mein Wille allein, und es wäre auch nicht leicht gewesen. Von der Prostitution spreche ich nicht, sie kam und kommt nicht in Frage für mich. Gegen ein kleines Verhältnis ohne Aufregung und Gefahr hätte ich mich vielleicht nicht mit vollem Erfolg gesträubt, man ist Mensch, man ißt ja auch und trinkt.

Ich war noch einmal in der Iris, der zweite Akt und das Vorspiel bleiben ausgezeichnet. Borgatti sang diesmal nicht. Die Carelli wirkte desto größer. Eine italienische Ternina.

Konzert des Kaimorchesters im Costanzi. Dirigent Weingartner. Mozart Jupiter, Schubert Intermezzo Rosamunde, Liszt Tasso lamento e trionfo, Beethoven VII. Sinfonie in A.

10. 4. Ausflug zu dritt (Haller und Schmoll) nach Tivoli. Die Wasserfälle sind oft genug dargestellt und beschrieben worden. Nachmittags waren wir in der Villa d'Este und gegen Abend in der Villa Hadriana, ein ganz paradiesisches Stück Erde. Abends gab es koloristische Stimmungen von einer Zurückhaltung und einem Ernst, die man Italien, das man sich zu Unrecht schreiend vorstellt, gar nicht zutraut. Eine sittliche Kraft ist in solcher Farbe. Ich sehe es genau so wie andere, ich werde es auch einmal schaffen können. Wann?

Solch ein Abschied von Rom ist nicht ohne Rührung.

Auf dem Weg nach der Villa Hadriana gab's ein lustiges Abenteuer. Eine Droschke holt uns drei zu Fuß fahrende Gesellen ein. Der Insasse drin, ein hagerer, professoraler Deutscher im grauen Ziegenbart, war so verliebt in seine hochzeitsreisende Insassin, daß er sich mit ihr, mit Pferd und mit Kutscherrücken auf der weiten Welt allein wähnte. Und gerade hinter uns machte er eine faunische Kußattacke auf die schmale, nicht mehr sehr junge Dame. Wir blieben stehen, brüllten huronisch los, bildeten Spalier und ließen die Erschrockenen Spießruten fahren. Noch lange amüsierte uns der Vorfall, als der Wagen schon beinah außer Sicht war. Wir rekapitulierten, analysierten, mimten. «Winer sich über sys Fleischli gfreut het», davon konnte Haller nicht satt werden ... Ich möchte nicht zwischen fünfzig und sechzig mich so einmal erwischen lassen.

13. 4. Rom ist ebenso wehmütig wie ich, es hüllt sich in trübe Schleier und weint mit mir. Ich habe wenigstens viel zu tun und zu denken, vor allem, wie ich mein ganzes Zeug unterbringen soll. Reisen kann ich aber erst mit Geld.

Und wenn das Geld da ist, muß alles reisefertig sein. Das alte Rom mit seinen regnerischen Augen.

In Florenz hab ich schon ein Zimmer bestellt und weiß, wo essen. Ich habe Aussicht, Jean de Castella da zu treffen, der seit einigen Wochen florentinische Versatzhäuser frequentiert. Der große Lump und das große Kind. Wie er den furchtbaren Affen mimte und seine niedliche Schwester vergewaltigte!

Wie bin ich überfressen, ich Nimmersatt, und wie hungrig auf die neuen florentinischen Dinge. Der Verdauungsschlaf nachher in Bern. Dann das Erwachen – fürchterlich vielleicht, die Umkehrung des Weges, statt hinein in mich: heraus von mir! Davon träumte ich schon und deutlich.

Gestern (12. 4.) sah ich den römischen Salon, die Jahresausstellung in der Galleria d'arte moderna. Das einzige Gute sind die Zeichnungen, Radierungen und Lithos der Franzosen. Vor allem Rodin mit Aktkarikaturen! – Karikaturen! – einer bis dahin an ihm unbekannten Spezies. Darin der größte, den ich sah, verblüffend genial. Mit ein paar Bleizügen sind Umrisse gezogen, mit einem vollen Pinsel ist in Aquarell ein Fleischton hingesetzt, und mit einer anderen, etwa grünlichen Farbe sind etwa noch Gewänder angedeutet. Das ist alles und wirkt einfach monumental. Von einem andern sind Karikaturen vom Theater und vom Varieté zu sehen, darunter Sarah Bernhardt als Hamlet und eine steife, tatenlose Chanteuse. Außerdem Forain, der mit ein paar harten Linien bis ins Detail charakterisiert. Gegenüber dieser kleinen Schar weichen die anderen darin ab, daß sie über sich hinausgehen wollen. Die Leute ringen, besonders die Deutschen, und niemand wird klug aus ihnen. Wie ehrlich dagegen die lieben Pariser lateinisch anempfunden, bleiben bei sich und bei ihren Huren, bei ihrem Witz. Wer wird sich abstoßen lassen, verführerisch ist das! Noch ein letztes Ende antiker Kultur. Paris, das gleichfalls sinkende Nachbild des kaiserlichen Rom. Was will Zola, der Republikaner! Frankreich ist geistreich, doch es steigt nicht mehr.

400 15. 4. Alles ist gepackt. Nachdem ich immer mehr das Antike gesehen, widmete ich mich in letzter Stunde noch den Appartements Borgia im Vatikan. Da ich Michelangelo mehr zu den Modernen zähle, kann ich wohl behaupten, daß diese Appartementi das Schönste sind, was die Renaissance in Rom hervorgebracht hat. Die früher gesehene Villa Farnesina steht weit

zurück, eine gewisse Festesleere ist dort. Hier aber eine lebensvolle Ausgestaltung bis ins kleinste, alles von derselben männlichen Energie beseelt. Ein Ort, um ein Leben zu verbringen, nichts Gelegentliches. Pinturicchio, ein großer Künstler.

Daß ich hierauf, nachdem ich so ganz in diese Welt eingefügt war, das ägyptische Museum (der Vollständigkeit halber) aufsuchte, war unklug. Die Sachen blieben groteske Dekoration.

Dann nahm ich noch Abschied von meinen Freunden bei der antiken Plastik und glaube nun, Rom mit gutem Gewissen verlassen zu können. Mein Zug nach Florenz fährt abends elf Uhr zehn.

Kurze Zusammenkunft mit den Freunden. Beim Abschiednehmen sind die Menschen doch immer besonders nett. Schmoll kann so herzlich Glück wünschen. Caspar hatte seit unserer Fußreise im Napolitanischen meine ganze Sympathie. Haller begleitete mich zur Bahn, war zu Hause Zeuge beim Abschied von der Padrona, die sehr gerührt war und schöne volle Worte sprach. Dann fuhren wir im Wagen zur Bahn.

Als es tagte, war ich schon im Toskanischen. Wasser flossen und sprangen. Es prangte von Blüten, es lachte ein Garten der Fruchtbarkeit . . .

Eine elegante Droschke mit großen rundlichem Pferd zog mich durch das fabelhafte Theater der reizvollen neuen Stadt. In der Via dei Benci 14/2 läutete mir der Vetturino dienstfertig Frau Haag aus dem Morgenschlummer, eine aargauische überlebensgroße Florentinerin, ein rechtes Gegenstück zu der winzigen Berlinerin in Neapel. In dem schönen Zimmer dampfte bald eine Schüssel mit Kaffee, und ich kam mir vor wie zu Hause.

Florenz (April 1902)

401 Adresse: Via dei Benci 14/2, bei Frau Haag. Nachdem ich die Nachtreise leicht überstanden hatte, kam ich in einem sauberen Wagen morgens sechseinviertel Uhr vor meinem neuen Quartier an. Ich benutzte den Tag zur Orientierung und bin erstaunt über die Aufstellung so vieler Architekturschönheit. Mittags trieb mich der Hunger auf die Suche nach einem Restaurant, und ich erbeutete in der Nähe des Doms ein nettes Lokal, sehr rein und

gar nicht teuer. Der Massenbetrieb des Napoleone hatte mich etwas zurückgeschreckt, man geht erst durch die Küche, wo ein graugelockter Koch mit abenteuerlichen Pantoffeln schaltet. Dann ist der Chianti in dem kleinen Lokal gerade so, wie ich ihn vorziehe: säuerlich-prickelnd. So trank ich ihn erst nach Jahren wieder in Tunis. Nach Tisch holte ich die mangelhafte Nachtruhe auf dem Bett nach und schlief ohnegleichen schön und tief. Neugeboren machte ich dann einen zweiten Rundgang, den Arno entlang. Nach dem Abendessen lockten mich die billigen Eintrittspreise ins Teatro Verdi (früher Pagliano), wo die Traviata aufgeführt wurde, leider etwas mäßig. Das Theater hat die Form einer länglichen Kiste, ebenso groß als unreinlich (mehr Volksoper). Das Werk hat meine Bewunderung, eine Fülle entzückender Erfindung, hinreißender Melos. Der Stimmungsgehalt des letzten Aktes. Die Violetta, eine Milanesi, war nicht übel. Der gute Bariton mußte Zuflucht sein vor einem Lümmel und Gecken von Tenor. Ensembles und Inszenierung lächerlich schlecht. Das Orchester volkreich, aber schlecht. Die Musiker waren nicht einmal angezogen. Das entsprach auch dem proletarischen Können.

Wenn man vom Süden kommt, hat man nicht den Eindruck einer rassigen italienischen Stadt. Es ist mehr ein internationaler Platz, klein, aber kostbar. Das internationale Publikum fällt mehr auf als anderswo, und auch die Prostitution. Auf zum Genuß der letzten italienischen Mahlzeiten!

402 Donnerstag, den 17. 4., löste ich meinen Permeß und besuchte meist die Uffizien, eine Galerie zum Verirren. Aber auch die Qualität ist einzig. Die Tribuna mit den Meisterwerken ist der denkbar höchste geistige Prunk. Ich ging nach zweieinhalb Stunden sehr ergriffen, sehr klein und etwas kopfschüttelnd von dannen.

Aber ich sollte diese letzten geteilten Empfindungen nicht zu Ende kosten, denn wen traf ich am Ausgang der Galerie? Unseren entzückenden Bohémien Jean de Castella. Wie ein Keil meiner Münchner Zeit in die italienischen Resultate wirkte er. Er war sich treu, mir war ein Bart und anderes gewachsen. Nur noch etwas ungepflegter sah er aus, derselbe einzigartige Spitzhut, derselbe Mantel und Rock. Neue englische Beinkleider (Kniehose natürlich) neue gelbe Schuhe, auffallend durch Solidität und Plumpheit. Der große schwergoldene Ring noch in München im Leihhaus. «Aber die Kette ist!»

Noch eine Neuerung stellte sich später heraus: ein Ausschlag, der ihn infam von Zeit zu Zeit quälte.

«Wohin gehst du essen?» «Oh, in ain Loch, ist gemain, aber interessant! Sind nur Sozialisten am Tisch, aber die lieben mich.» Ich konnte mir das Milieu vorstellen mitsamt dem Jean, doch hatte ich für mich nicht gerade viel Verlangen nach dort. Er baute auch etwas vor: «Wenn du kommst mit dain Bart, so sagen sie, Du bist ein Herr, und wollen Dich nicht. Aber für mich ist gut. Waißt Du, die singen Lieder, schön, aber stark, jeder so stark, das er kann.» Zufällig kamen wir an einer solchen Spelunke vorbei. «Ist es so wie hier?» «O nain! Was denkst Du? Dieses ist nur halb so gemain. In main geht es viel tiefer hinab.»

Nach einigem Sträuben ließ er sich überreden, in meinem Lokal mit mir zu speisen, und er fühlte sich dann doch recht wohl und genoß sichtlich den Duft reiner Tischwäsche. Von ,Wain' aber sagte er: «Dort er sei grad so gut.»

Also hatte ich jetzt schon einen Kameraden. Nachmittags besichtigten wir einige Kirchen, leider bei schlechtem Licht. Nach dem Abendessen schlenderten wir in den Straßen an den Cafés vorbei, umgeben von einem reizenden Leben. Entzückendes Florenz!

403 18. 4. In der Galleria antica e moderna, um die *Primavera* des Botticelli zu sehen. Natürlich überraschte sie zuerst, weil ich sie mir falsch vorgestellt hatte, dann auch nach der qualitativen Seite. Zum Teil durch Zerstörung erfolgte Farblosigkeit. Das macht dann das Historische eines Bildes und gehört mit dazu. Eine andere Sache wäre es, wenn man wie Lenbach neue Bilder in zerstörter Farbe geben wollte. Wer weiß, ob man, nachdem man die Patina der Jahrhunderte einmal liebt, die Bilder im ursprünglichen Zustand nicht ablehnen würde. Die *Geburt der Venus* sah ich einmal wie eine Fata Morgana aus der Ferne auftauchen. Ich suchte dann nach der Wirklichkeit, aber ganz ohne Erfolg. Sie ist selten geistig in der Farbe.

Dann wanderte ich nach dem Pitti, einer sehr großen Galerie. Aus der Fülle notiere ich fürs erste das berühmte tizianische *Porträt der Schönen*, und ein kleines weibliches Bildnis des Botticelli (das einfachste und vollendetste Stück Malerei). Tizians Farbe sagte mir meist nicht soviel, sie ist mehr sinnlich als geistig. Botticelli ist mehr Kolorist, auch mehr als Mantegna. Paolo Veronese ist darin Tizian auch sehr überlegen, wenn er auch sonst nicht ein angenehmer

Herr ist. Zur Darstellung einer schönen Venezianerin gehört aber weniger koloristische Geistigkeit als wollüstige Tonalitätsdämmerung. Und die hat Tizian wie kaum einer, er ist die goldene Dämmerung eines südlichen Abends. Doch dieser Mann weiß zu vergehen und sich zugleich zu beherrschen. Manche Linien um Brust und Schultern haben das Feuer einer solchen Kraft.

In seinem kleinen Werk weiß Botticelli seine Koloristik auf so geringe Kontraste zu reduzieren, daß eine Art Farblosigkeit eintritt, die in keiner sinnlichen Tonalität Ersatz findet, sondern für sich wirkt, als Ausdruck für keusche Liebe. Der Typ dieser Schönen ist auch wirklich nicht aggressiv. Die Profilstellung harmoniert merkwürdig gut dazu.

Nachdem ich einmal durch war, benutzte ich den Verbindungsgang nach den Uffizien. Er führt in etwa zehn Minuten über Häuser, Dächer, über den Arno (Ponte Vecchio), zum Teil mit Aussicht. Am Ziel angelangt, setzte ich mich in der Tribuna fest, dachte vor einem überraschenden Frauenporträt Raffaels intensiv über das Wesen dieses Proteus der Malerei nach. Dann verbesserte ich noch erheblich meine Meinung über Lucas Cranach vor seiner *Eva*, besonders bei der schöpferischen Behandlung der Beine.

Jean begleitet mich ohne jede Störung, nur harmonisch. Er denkt wenig und ist doch stets am Platz. Er war ein guter Fund.

Abends besuchten wir das kleine, edle «Teatro Pergola», wo die japanische Schauspielerin Sada Yaco mit ihrer Truppe gastierte, zugleich mit der Loie Fuller.

Sada Yaco tritt gar nicht etwa als Diva aus ihrem Ensemble heraus, sondern es wirkt der ganze Stil der Truppe phänomenal. Eine Art primitiver Bewußtheit geht durch das Ganze, durch Stücke und Schauspielkunst. Stoßweise entwickeln sich die Posen und bleiben stets auf Augenblicke dauerhaft. Tanz und Kampf sind wesentlich. Zum Tanz eine barbarische Musik. Beim Kampf werden aus keuchender Brust «kh! kh!» und «th! th!» ausgestoßen, die dem Vorgang Rhythmus und Plastik verleihen. Der groteske Humor! Und dazu das akrobatische Können! Sada Yaco selber hat die Dimensionen einer Tanagra. Lieblich wie ihr Plaudern ist alles an ihr. Nichts Zufälliges! Nicht das letzte Fältchen ihres Gewandes. Wie sie weint, das bezeichnet den Grad ihres Geschmackes (was für unappetitliche Tränen sah ich schon auf unseren Bühnen!).

Wie sie zu Bett geht, zum Entzücken gar. Eine Elfe oder ein Weib? Jedenfalls eine wirkliche Elfe. Denn aller Stil basiert hier direkt auf der Realität. Zum Beispiel der Tod des einen durch den Dolch und wie er zuletzt im Krampf noch die Beine schüttelt!

Die Fuller rein technisch, rein dekorativ.

404 21. 4. Inzwischen traf ich beim Ponte Vecchio zwei junge Berner Damen Brüstlein, meine Nachbarinnen vom Obstbergweg, Gilonne und Eliane. Gescheite und im Verkehr offene Mädchen. Sie luden mich zum Tee.

Ich ging hin, aß viele Kuchen und trank Tee literweise. Gegen Abend besuchten wir die städtischen Anlagen (Cascinen), wo ein lebhafter Corso stattfindet.

Die erste Damengesellschaft nach langer Zeit gesellschaftlicher Eingeschlechtigkeit wirkte natürlich angenehm belebend auf mich, und ich ward meinem Jean etwas untreu. Um mein Verhältnis zu den beiden richtig zu würdigen, muß man wissen, daß ich beide gleich sympathisch finde.

Dienstag, 22. 4. Mit den Damen in Fiesole. Oben nahmen wir ein kleines Essen zu uns, sahen den eindrucksvollen Leichenzug eines Priesters oder Mönches. Auf dem Heimweg schien der Mond. Heftiger Duft von Glyzinen und Flieder, die hier in schwerster Menge hängen. Dazu der Gesang meiner ersten Nachtigallen. Nur ein neidisches Hundsvieh war noch von dieser Welt.

23. 4. In der archäologischen Sammlung. Prachtvolle ägyptische, etruskische und Gobelin-Abteilungen. Jean malt täglich ein Bildnis des Ponte Vecchio. Er läßt sich von einem Schiffsmann auf eine kleine Grasinsel im Arno fahren und sitzt nun gefangen da mit seinem spitzen Hut, bis der Fährmann ihn nach ein paar Stunden wieder abholt. Wie er das mit seinem Italienisch zusammenbrachte? Die Gassenbuben haben ihn entdeckt und bewerfen den hilflosen Pittore mit «merde». Jean tröstet sich mit dem Honorar, das er zu lösen gedenkt.

405 23. 4. Trotz der schlechten Aufführungen waren wir nochmals im Teatro Verdi, um Lucia von Donizetti kennenzulernen. Wo die Musik sich auf volkstümlicher Bahn bewegt, vermag sie zu erwärmen. Manchmal aber gerät sie

in ein Zwischenstadium von Opern- und Instrumentalstil, wo sie herausfordernd und unbefriedigend wirkt. Wo aber in einem so alten Werk noch etwas als problematisch wirkt, muß es mit Willkür unternommen worden sein, ohne Berechtigung.

Ein junger Aarauer mit dem schönen Namen Hühnerwadel bildhauert und amüsiert sich hier herum. Er ist gar nicht dumm, hat ein Auge auf meine kleinen Scherze von Zeichnungen, in denen ich mich ganz gehenlasse, geworfen. Er betonte, daß sie alle dreidimensional seien. Er kennt Paris und führt hier ein Leben im Montmartrestil. Ein wenig zieht er mich mit hinein, den guten Jean ganz und gar. Einmal überraschte uns nach dem Verlassen des Freßlokals ein Frühlingsplatzregen, und wir flohen über einen großen Platz. Hühnerwadel rannte mit besonderem Ausdruck. Etwas Bockig-Unternehmendes lag besonders in einer letzten Kurve, die er beschrieb und die ihn und uns, die Nachrennenden, unerwartet in ein merkwürdiges Lokal zwang, in ein Café chantant, wo gerade Klavierprobe war. Diese Probe, durch Konsum eines schlechten Kaffees gratis, war eigen durch eine hypnotisierende Monotonie. Nur eine Chanteuse tat ein übriges und tanzte uns einen Cancan, obwohl sie gar nicht entsprechend kostümiert war.

406 24. 4. Der Verkehr mit meinen Damen gab mir ein gewisses Abgerundetsein, nachdem ich den ganzen Winter nur mit jungen Männern mich unterhalten hatte. Mein äußeres Leben bekam dadurch eine Rundung, die mit Vollkommenheit des Inhalts nicht verwechselt werden soll. Erst das Gefühl für meine Braut (den Titel legte ich meiner Braut selbst nicht zu, weil alles noch Geheimnis war), brachte mich auf eine gewisse Höhe des Lebensgefühls. Ein Milieu wie Florenz konnte angenehmen Täuschungen leicht Nahrung geben.

An diesem 24. widmete ich mich vormittags der Kirche Sta. Croce. Von nachmittags vier bis abends elf Uhr war ich bei den Damen.

Den 25. vormittags Museo Nazionale (Bargello), nachdem ich mit Jean schon einen flüchtigen Gang durch seine Säle getan hatte, diesmal allein und ernster. Donatello war der Hauptanziehungspunkt. Die stilistische Vollkommenheit der *Täuferstatue*. Daß es die Gotik war, die mich in soviel intensivere Schwingungen versetzte als Antike und Barock, kam mir noch nicht so klar zum Bewußtsein. Eine Persönlichkeit wie Michelangelo hätte die Gotik barockisieren müssen, das war unbewußt der Grundton meines Ja und Nein bei Michelangelo. Dessen Bedeutung als Umformer an sich war mir vollständig klar (Tatsächlich fehlt ein solcher Umformer der Gotik. Rodin müßte dann nicht dahin forciert werden. Klee 1915).

Die entzückende Sammlung Carrand, wo mich der Schrank mit den Elfenbeinschnitzereien besonders fesselte. Der unglaubliche Kunstaufwand bei einem Kamm! Die Räumlichkeiten dieses Baues! Der Hof! Die herumhockenden malenden Weiber. Nachmittags mit den Damen ein Ausflug von der Porta Romana aus nach der Certosa. Ein Ausschnitt aus dem Paradies ist diese Gegend. Warum ballte der Pater mit dem weißen Edelbart die Faust nach jenem Hügel? «Aquei socialisti!» Sozialisten hier, in diesem Frühling? Abendessen in dem anliegenden Dorf. Wanderten bei Nacht vergnügt nach Hause.

26. 4. Vormittags in der Cappella Medici, kam aber auch hier dem Michelangelo nicht in Wärme-Nähe. Achtung, höchste Achtung! Aber etwas Kälteres als diese Fürstengruft gibt es nicht. Absicht? Kaum.

Nachmittags im mittelalterlichen Museo S. Marco.

407 Das Fresco von Perugino, via Colonna, schöner harmonischer Eindruck. Natürliche Monumentalität ohne Absicht.

Dann das Kloster dello Scaleo. Die *Taufe* des Andrea del Sarto ist altmeisterlicher als seine Tafelbilder. Ausführung in Gelb ziemlich lehrreich.

Sonntag, 27. 4., regnete es stark. Vormittags im wunderschönen Dom-Museum S. Maria del Fiore. Orgelbrüstungen, Donatello nach einem Della Robbia. Eine *Maddalena* des Giovanni della Robbia ist noch großartiger (auch gotischer). Ich mag nur die Technik dieser Herren nicht. Die Fotos veredeln ihre Werke. Wie Figur und Felslandschaft ineinander arbeiten, ein Meisterstück.

Am 28. beim Damentee, trank ihn literweise. Hernach der übliche Ausgang, wieder in die Cascinen bis zum Ende, wo zwei Flüsse sich sinnreich vereinigen. Landschaft sehr eigenartig (düstere Stimmung). Bei der nächtlichen Heimkehr flogen Johanniswürmchen; am 29. wieder zu dritt, am Ufer gegenüber.

Wir gingen vor Abend nach Haus, weil ich mich mit Jean und Wadel verabredet hatte.

Wir flanierten in der Stadt herum, ich schloß mich ganz der Führung der beiden Bohémiens an und kam so zum erstenmal in ein richtiges Bordell. Eine verwegene Neugier trieb uns die Treppe hinauf, an ein paar mehrsprachigen Gangvetteln vorbei, bis vor die offene Türe des Salons. Hier herrschte eine Feierlichkeit, die verwirren konnte. Die Unterhaltung kärglich. Die Padrona strickt. Die Dämchen in höchster Dezenz an der Wand. Nur das Kostüm bewies, daß man sich nicht in der Hausnummer getäuscht hatte. Nachdem wir mit raschen Augen diese Eindrücke gesammelt hatten, machten wir kehrt. Nun aber kam Leben in die Gangvetteln, die deutschsprachige redete uns zu: «Was haben Sie, Schande? Warum gehen Sie fort?» Solche Worte schlugen mich vollends in die Flucht, und die anderen folgten. Unten lachten wir aus dem vollen. Es war wirklich komisch gewesen. Wir hatten alle drei mit Mädeln schon einiges erlebt, und man hielt uns nun da oben für keusche Jünglinge. Es schien uns einen Moment, als ob auch oben leis gelacht werde (das Trinkgeld für den uns führenden Droschkenkutscher war zwecklos, verloren).

Dann ging's zum Tröster Wein, zu viel Wein, und schließlich in das demimondäne Café an der Piazza Signoria. Bald hatten wir die gewünschte Gesellschaft an unserm Tischchen. Ein sympathisches schwarzes Ding und eine richtige Hure, gefärbt und gefälscht und doch reizlos. Als wir aufbrachen, waren wir zwei Paare plus eins, und der Einser war ich. Den Wadel verstand ich, ich wäre nicht so ganz unfähig gewesen zu seiner Tat. Aber der gute Jean, wie konnte er! Sein Gesicht beim Abmarsch drückte deutlich aus, daß er sich der Fragwürdigkeit seines Unternehmens trotz des Weines wohl bewußt war. Doch man war einmal in der Viecherei drin, und der Spaß war so schön, daß er zu Ende gespielt werden mußte. Und schließlich, wer weiß, welche mehr Vergnügen bereitete, die junge Verirrte oder die alte Sau? Sinnend ging ich nach Haus, langsamen Schrittes. Der andere Tag gab mir recht. Ich fühlte mich ganz. Der Himmel leuchtete, wie er in Florenz leuchten muß.

30. 4. Vormittags nochmals in den Uffizien. Diesmal bei den Deutschen. Dürer gut vertreten, Holbein weniger. Lucas Cranach dafür wieder desto besser: außer *Adam und Eva* besonders ein Doppelminiatur-Porträt *Luther-Melanchthon*, besonders Melanchthon.

409 Seit ich Jean vor Augen habe, denke ich wieder viel an München zurück.

Er schwärmt von Toni Reitmayer. «O ich werde nie mer bekommen wie Toni.» Und doch hat sie das Geld unterschlagen, was er ihr zur Einlösung des schweren Goldringes übersandte.

Ich denke an den gockelartigen Moreau aus Lausanne, der immer lustig bei dem ewigen Nebel, plötzlich den Humor verlor. «Ich will jez bleiben su Haus. Ich habe geschlossen die Fenster und die Vorhangen, ich habe angezündet die Lampe, und ich habe gesagt: das ist der Sonne.»

Ich denke an den kleinen dreckigen Karfunkle aus New York: «Weißt du, ich mechte eine Villa haben, und da mißte alles schön eingerichtet sein, weißt du, und viel Essen und viel Wein auf den Tisch. Und nach dem Essen, weißt du, mißte ich in die Küche gehn und dann möchte ich die Magd ........ weißt du!»

Im Zusammenhang mit diesen Erinnerungen treffe ich heute Max Schmidt von Lörrach bei Basel. Sein Kragen konnte nicht mehr höher werden. Das Affengesicht ist noch etwas schwermütiger. Der heitere Süden opponiert mehr als die Münchner Hasengegend. Er sprach mit müdem Tonfall: «Kennen Sie das ägyptische Museum?» Ich finde es sehr schön. Darauf bin ich zum Fresco des Perugino gegangen. Das fällt doch sehr ab dagegen. Es fehlten nur noch die üblichen zwei Tränen. Was der Milchmagen in dieser Weingegend anfangen wird. Ekelhaft saurer Odem dieses weinerlichen Übersäuglings! Noch dazu in der Via dei Servi. Und das viele Geld!

Am 1. Mai kam das Reisegeld an. Ich besuchte noch den Boboli-Garten und die graphische Sammlung der Uffizien Mantegna – Dürer – Rembrandt und andere, herrlich! Die Glasfenster in Sta. Maria Novella waren das letzte, was mich an Florenz entzückte.

Am 2. Mai, abends 9.10 Uhr verreiste ich nach Milano–Luzern–Bern. Jean de Castella und Hühnerwadel aus Lenzburg brachten mich auf den Zug. Ich schlief recht gut bis Milano. Hier traf ich mit dem Kellner Lips zusammen, der vom Grand Hotel in Rom mit einigen Poulets abgereist war. So lernte ich die Küche dieses Etablissements auch ein wenig kosten. Auch der Marsala ist dort durchaus genießbar. Von Flüelen nach Luzern mit dem Dampfer. Das junge Grün der Buchen wirkt wie eine neue Welt. Du keuscher, deutscher Frühling, so ganz ohne Parfüm, nur reiner, kräftiger Lebensgeruch! Einzig wahrer, echter Frühling!

Zu Hause fand ich alles in Ordnung, ein gutes Bett, Mahlzeiten ohne Trinkgeld, zwei reizende Katzen, Miezchen und Nuggi, grau in grau.

# Tagebuch III

*Wassily Kandinsky, Paul Klee und Nina Kandinsky, Dessau-Wörlitz, 1932*

*Von links nach rechts: Felix, Paul und Efrossina Klee im Bundesbahnhof Basel, 1932*

411/412 3. 6. 1902. Die italienische Reise liegt einen Monat hinter mir. Eine strenge Revision meiner Angelegenheiten als bildender Künstler verlief eigentlich nicht aufmunternd; ich weiß nicht, warum ich trotzdem noch immer hoffe.

Vielleicht in der Erkenntnis, daß meiner vernichtenden Selbstkritik doch ein Stück geistiges Wachstum zugrunde liegt.

Die Hauptsache ist jetzt auch nicht, frühreife Dinge zu malen, sondern selbst Mensch zu sein oder doch zu werden. Die Kunst, das Leben zu meistern, ist die Grundbedingung zu allen weiteren Äußerungen, seien es jetzt Malereien, Plastiken, Tragödien oder Musiken. Nicht nur das Leben in Praxis zu meistern, sondern greifbar innerlich zu gestalten und einen möglichst entwickelten Punkt dabei einzunehmen. Daß dies nicht durch ein paar Leitsätze geschieht, sondern wie Natur wächst, ist klar. Ich wüßte auch keine solchen Leitsätze zu finden. Es wird sich eine Weltanschauung von selber ausbauen; welche Richtung die deutlichste Spur abgibt, hängt nicht allein vom Willen ab, sondern wird, teilweise vom Mutterleib an schon vorhanden, schicksalsmäßig bestimmt werden.

Ein angefangener Beruf kann nicht erfreuen, man wird Dinge verlangen von mir, die ein geschickter, zum Virtuosen neigender Anfänger wohl vortäuschen könnte. Ich hoffe immer, daß Echtheit des Wollens mehr Hemmung für mich sei als mangelndes Können. Von der Ahnung des Gesetzmäßigen ausgehend, erweitern, bis der Denkhorizont sich einmal gliedert und die Komplikation sich dadurch automatisch ordnend, wieder vereinfachen wird.

An Lily zwei Briefe, einen zum Teil noch in Florenz entstandenen und einen aus dem Stegreif der ersten Berner Tage (hauptsächlich Beantwortung).

Ein Porträtversuch Bloesch: Um Gottes willen! Heine: Florentinische Nächte, Elementargeister, Rabbi von Bacharach. Maupassant: Fille de ferme, Le vieux, la dott. Platon: Apologie des Sokrates.

Mutterliebe, etwas zu nahe an der Brunst. Nur Trieb. An der andern Liebe muß man arbeiten, mehr Ethos, sozialer.

Das *Bloeschporträt!!* Tempera (al fresco) mit blauer Halsbinde, weg damit, bevor ganz geboren!

Geistig eine Spur wachsend: schrittweise einsamer. Divergenz zum Vater. Dieser jünger als ich. Talentiert phantastisch, aber reizbar. Maßlos trotz Intellekts.

Schrecklich nüchterne Dinge das: Die Leinwand, der Malgrund, die Untermalung. Nicht viel reizvoller: Linienführung, Formbehandlung. Über dem Ganzen das Licht, die Raumwirkung durch das Licht. Das vorläufige Verbot des Inhaltes. Der rein bildnerische Stil. Wie weit noch bis zum Erlebnis dieser Dinge!

Fesselnder vorläufig der Begriff Lebenskunst. Keine Konvention wie ‚Beruf'. Gedanken an geweiteten Horizont, ja das!

413 Hilterfingen am Thunersee. 4. 6. 1902. Ich sitze an derselben Stelle wie vor zwei Jahren und vor einem Jahr. Einige zwanzig Meter über dem See, zwischen der Kirche und einem frischen Laubholz. Ein Idyll! Alles traulich nah beisammen, was mir ehedem weit vorkam. «Ulysse a vu la mer» stand in unserem Lesebuch. Jenes große Wasser ... doch dieses Wasser ist klein, man hört die Kander jenseits hineinrauschen. Nun, das Stockhorn drüben ist ja zwar keine Kleinigkeit, aber es gibt größere Herren, die sich verhüllten, um nicht zu stören. Das ist doch das Wesentliche an diesen Bergen.

In meinem Inneren, welche Veränderung. Ich habe ein Stück Geschichte lebendig gesehen. Das Forum und der Vatikan haben zu mir gesprochen. Der Humanismus will mir an die Gurgel, er ist mehr als eine folternde Erfindung der Gymnasialprofessoren. Ich muß mit ihm gehen, wenn auch nur ein Stück. Lebt wohl, Elfen, Mondfee und Sternschnuppen.

Der Glücksstern geht nicht auf, noch lange nicht. Sei froh, Barbar! Wenn Du klar denken darfst. Ulysse a vu la mer und ich Rom. Ausgezaubert! Hier ist das neuklassische Europa!

414 Haller spricht mit Bezug auf seine Mama: 1. I ha ja Zyankali ... 2. En Energie het si, wen i die hätt! 3. Sie chunt mer z'nach! 4. Tuet wüescht im Hus ume.

Mit Bezug auf seinen Papa: 1. Aer wär ja scho rächt, aber er isch halt so worde. 2. Wen i dänke, was früjer für en Energie in im mues gsi sy! 3. Weisch: är meint, si syg chrank. 4. Und är wett ja nume rächne, weisch, är sucht da so G'setz.

Mit Bezug auf Mädchen: 1. I wott se nid gseh! 2. Cha niemer bruche am Rügge! (zu mir:) Du tuesch mer nütt! 3. I han e Pilz uf der Bruscht.

Mit Bezug auf seine Malerei: 1. Weisch, so uf eme chlyne Platz: das glingt mer nid. 2. I ha gmeint, was de da uf dere Linwand für Sache würden erstah! Aber 's'het nid sölle sy! 3. Der Mimu macht das nümm. Aer schwygt jez, är b'haltets für sich.

Mit Bezug auf den Staub auf seinem Hut: Dae isch dert guet!

Mit Bezug auf Gott: Är meints guet mit mir, är tuet mer nütt! S' isch nid alles guet a mir.

In Rom zu den Bettlern: Sälber Bättler.

415 Mein künftiger Schwiegervater will die Wahrheit wissen. Ich kann damit dienen, wenn Lily einverstanden. Kein schwacher Tag, der siebente Juni. Brack würde einen solchen Brief ignorieren, Haller keine gescheite Antwort zustande bringen (Schrybe, das glingt mer nid).

Gorki: Literatur. Kunst. Ich brauchte ein anderes Futter. Vielleicht in der Art der Nietzsche-Zitate im Feuilleton des Berner Bund.

416 8. 6. 1902. Zur Schulung des Denkens einiges Kunstdidaktisches niedergeschrieben. Trocken-theoretischer Ausgleich zwischen strenger und impressionistischer Malerei. Die Gegend gibt maßvolle Voraussetzung dazu.

Antwort Lilys steht noch aus. Was wird die durchmachen? Weniger Maßvolles dort in München. Eingreifender Vater gehört wohl nicht zu den Annehmlichkeiten.

417 «Sehr geehrter Herr Medizinalrat, Ihr Brief kam mir fürs erste überraschend, im Grunde aber nicht unerwartet. Ihre einfache und aufrichtige Art

soll in diesem Sinne auch erwidert werden. Ich hätte Ihnen auch die Wahrheit gesagt, wenn Sie sie minder laut herausgefordert hätten.

Aus meinen Beziehungen zu Ihrer Tochter Fräulein Lily, die von vornherein innig waren, ist jetzt das geworden, was sich voraussagen ließ, und ich bin weit entfernt, es bei dieser gegebenen Gelegenheit vor Ihnen verbergen zu wollen, weil diese Beziehungen in meinen Augen dadurch nur gewinnen müssen.

Daß es (bei mangelnder Gelegenheit) nicht eher geschah, schien mir nichts Unrechtes bei unserer Jugend, die die gewonnene Zeit auch im Sinne einer Bewährung nutzen sollte; wissen doch auch meine Eltern noch nichts davon. Also haben sie Ihre Tochter auch nicht als Braut des Sohnes zu sich gebeten.

Aber bei der Art meiner Eltern bin ich überzeugt, daß Ihre Tochter auch als Braut willkommen ist.

Vor allem bin ich von der Unmöglichkeit überzeugt, daß von Menschenhand etwas gegen uns mit Erfolg unternommen werden kann.

Mit nochmaliger Betonung meiner Dankbarkeit dafür, daß Sie sich offen an mich wandten, verbleibe ich Ihr ergebener Paul Klee.»

418 Lily stimmt obigem Brief, den ich ihr im Entwurf zuvor vorlegte, zu, so daß der Fall innerlich für mich schon erledigt ist. Ich bin glücklich über ihre Festigkeit sowie über unsere Einigkeit, ohne den Ernst der Situation nach außen zu übersehen. Ich tat recht und war vorsichtig. (10. 6. 1902).

419 Tante Luise: «Si händ vil so Ghuple in däm Italie. Si händ vil uff däm. Si maches au afange in de Schwyz (sonst ist die Tante gesund).» (Ghuple bedeutet Kuppeln.)

Einmal muß die historische Bank ja wohl hinabrutschen. Dann kann ich vielleicht ein nächstes Mal die Szenerie betreten mit den Worten: Jetzt steh ich hier auf meinen zwei Beinen.

420 Satire darf kein überflüssiger Unmut sein, sondern Unmut im Hinblick auf das Höhere. Lächerlicher Mensch, göttlicher Gott. Oder Haß dem Durchschnitt sumpfiger Menschenniederung im Hinblick auf mögliche Höhen des Menschentums.

421 Früher (schon als Kind) war mir die landschaftliche Schönheit ganz ein-

deutig. Eine Szenerie für Stimmungen der Seele. Jetzt beginnen gefährliche Momente, wo mich die Natur verschlucken will, ich bin dann gar nichts mehr, aber ich habe den Frieden. Das wäre schön für alte Leute, aber ich ..., ich bin meinem Leben Schuldner, denn ich gab Versprechen. Wem? Mir, ihr (laut und fest), den Freunden (stillschweigend, aber nicht weniger fest). Erschreckt springe ich auf vom Ufer, der Kampf wird wieder aufgenommen. Die Bitterkeit ist wieder da. Ich bin nicht Pan im Schilf, bin nur Mensch und will einige Stufen steigen, wirklich steigen.

Wirken, aber nicht als Vielheit wie Bakterien, sondern als Einheit hier unten mit Verbindung nach dort oben. Im Weltganzen verankert sein, hier fremd, aber stark, das wird wohl das Ziel sein. Aber wie ausführen?? Wachsen, zunächst einfach wachsen.

Als Übung: Zwecke schaffen, die für die vielen keine sind – eine Art Etüdenspiel. Das Höhere folgt dann glatter, leichter.

Friede gibt's nicht, der Friedliche hat sich selber verzehrt (an einem Abend in der Bächimatt bei Thun).

422 Du Individuum, das niemandem dient, Du zweckloses! Schaffe dir Zwecke: Spiele, täusche dich und andere, sei Künstler.

Nun liegen ringsherum so viel Ersatzzwecke, daß die Wahl schmerzt. Die Wanderer auf den Wegen zur Kunst ähneln verdammt den Strolchen der Landstraße. Schiller Fiesco, guter Stoff, und Gedichte. Gorki, Der Vagabund.

423 18. 6. 1902. Wieder in Bern. Ich sprach über Lily und über die Einladung mit meiner Mutter. Man ist bei mir zu Hause gegen nichts, was man nicht kennt. Und gerade deshalb wird Lily noch einmal eingeladen. Mit dem Vater sprach ich nicht direkt, er wird schon unterrichtet sein.

424 Feen sind immer ältlich und etwas streng. Denn sonst müßte in irgendeinem Märchen es doch vorkommen, daß bei den üblichen drei Wünschen der Knabe sich einmal die Fee gewünscht hätte.

Hanslick, Vom musikalisch Schönen, sehr gescheit und nur Theorie. Feuerbach, Ein Vermächtnis.

425 22. 6. 1902. Was mir ehemals fremd, alles verstandesmäßige Behandeln

in meinem Berufe, beginne ich in der Not nun doch selber, wenigstens versuchsweise. Ich werde scheinbar ganz klein und nüchtern, ganz undichterisch und ganz schwunglos. Denke mir ein ganz kleines Formmotiv aus und versuche die knappe Darstellung; natürlich nicht in Stationen, sondern in praxi, das heißt, mit einem Bleistift bewaffnet. Es ist wenigstens eine veritable Handlung, und aus wiederholten kleinen Taten wird einmal mehr als aus dichterischem Schwung ohne Form, ohne Gestaltung. Ich bin immerzu mit dem nackten Körper beschäftigt, der sich hierzu eben eignet. Ich projiziere auf die Fläche, das heißt, das Wesentliche muß immer sichtbar werden, auch wenn es in der Natur, die auf diesen Reliefstil nicht eingestellt ist, unmöglich wäre. Dabei spielt auch die Verkürzungslosigkeit eine wesentliche Rolle. Es ist klein und eng beieinander, aber es ist nun wenigstens eine reelle Tätigkeit. Ich lerne ganz von vorn, ich beginne zu formen, als ob ich nichts wüßte von aller Malerei. Denn ich habe ein ganz kleines unbestrittenes Eigentum entdeckt: eine besondere Art der dreidimensionalen Darstellung auf der Fläche

Und abends kann ich mich hinlegen mit dem Bewußtsein einer getanen Arbeit. Das ist auch etwas.

Ein fliegender Mensch! Hereinrenke die dritte Dimension in die Fläche. Armstellungen, Beindoubletten. Verkürzungslosigkeit.

Ich träume sogar davon. Träume mich. Träume mich selber zu meinem Modell. Projiziertes Ich. Erwachend erkenne ich die Wahrheit. Ich liege kompliziert, aber flach, am Leintuch haftend. Ich bin mein Stil.

426 30. 6. 1902. Annäherung an den Plan Lilys, uns heimlich in Pöcking, nicht zu verwechseln mit Peking, am Starnbergersee wiederzusehen. Ich fühle mich gerade nach der ablehnenden Stellungnahme des künftigen Schwiegervaters frei, alles zu unternehmen, was ich selber verantworten kann. Für Lily wird es notwendiger sein als für mich, sich vor Entdeckung zu sichern.

427 Haller aus Italien zurück. Er sieht, daß an mir gebaut worden ist; aber nur das nächste sieht er oder will er sehen. Ich würde sicher zu einer hervorragenden Beherrschung des Aktes gelangen, versichert er nachdrücklich.

Gewiß, ich will noch Anatomie lernen. Aber das ist mehr Mittel als Zweck. Sein Erkennen ist nur partiell, so wie auch seine Anerkennung nie vollständig sein wird. Daß nur er nicht beim Akt steckenbleibt.

428 Juli 1902. Ich und mein Papa.
Ich: «Du hesch doch dä Brief vom Medizinalrat Stumpf g'läse?»
Er: «Jawohl, ich hab'n g'lesn.»
Ich: «Me sött bald antworte, Du oder d'Mama.»
Er: «Jawohl, ich hab's vor.»
Ich: «Aber i möcht de gärn wüsse, was de seisch, wenn's der rächt isch?»
Er: «Kannst's ja lesen.» (aus).

Rückblick

429 Meine ersten Versuche auf die produktiven akademischen Studienjahre waren nicht bildnerisch, vielleicht wohl dichterisch. Bildnerische Themata kannte ich nicht. Warum ist man dann eigentlich Akademiker? Damit man dem Onkel und der Tante auf Fragen antworten kann: ja, ich war dort.

Als ich mein malerisch-akademisches Fiasko verspürte, liebäugelte ich mit der Bildhauerei. Ein kurzes Gespräch mit Rümann überzeugte mich von der Unmöglichkeit, bei diesem Mann mehr zu lernen als in irgendeiner Malschule. Die Beschäftigung mit der Form an sich (ohne Technik), wie sie das Tonmodellieren mit sich bringt, tat nicht schlecht. Und diente als gute Vorbereitung für die italienische Reise.

In Italien begriff ich das Architektonische – hart bei der abstrakten Kunst stand ich da – der bildenden Kunst (heute würde ich sagen, das Konstruktive).

Nächstes und zugleich fernstes Ziel wird nun sein, architektonische und dichterische Malerei in Einklang oder doch wenigstens in Zusammenklang zu bringen.

Leider hat das Dichterische in mir eine große Veränderung erfahren. Aus zarter Lyrik ward bittere Satire. Ich protestiere.

Wenn nur ich bleibe, ruft es jetzt keck in mir. Denn je mehr ich gebaut werde, das ist wahr, desto bröckliger sieht es in der großen weiten Bourgeoisie um mich herum aus.

Oder irre ich in mir? Dann hätte ich nie geboren werden dürfen. Und sterben kann ich jetzt auch nicht mehr!

Die Musik hat oft getröstet und wird oft trösten, wenn es sein muß.

430 Fast unerträglich ist der Gedanke, in einer epigonischen Zeit leben zu

müssen. In Italien war ich fast wehrlos diesem Gedanken ergeben. Jetzt versuche ich in praxis von allem dem abzusehen und als Selbstlehrling bescheiden aufzubauen, ohne nach links oder rechts umzublicken.

Es gibt zur Zeit drei Dinge: eine griechisch-römische Antike (Physis) mit objektiver Anschauung diesseitiger Orientierung und architektonischem Schwergewicht und ein Christentum (Psyche) mit subjektiver Anschauung und jenseitiger Orientierung und musikalischem Schwergewicht. Das dritte ist, bescheidener und unwissender Selbstlehrling zu sein, ein winziges Ich.

431 Mit Blumen, ich kindischer Mann, will ich dich kränzen, du blasses Angesicht. An den weißen Wänden kann man lesen, daß wo Chrysanthemen nahe sind.

Deine kühlen Lippen brauchen ein leichtes Fieber, vielleicht schützt ein Kuß sie vor Trockenheit.

Wie schön du nun bist in Farben, die nur ein Schein sind von Farben. Schemen ganz neu beisammen wollten meine übersatthungrigen Augen.

Und sollte ich sterben, dann leuchten sanft zwei Abendblumen in der Dämmerung. Zu deinen Augen mit den zarten tiefen Rändern werde ich credo sagen und glauben, was da ist beim Abschied.

433 Der Plan Oberpöcking wurde Wirklichkeit. Dann zwei Tage in München. Hotel Central, Besitzer Georg Stecher, 27. Juli, ein Logement 5 M, 28. Juli, zwei Frühstück aufs Zimmer 2,40 M / 7,40 M (statt Worten).

Die Reise dauerte vom 19. bis 28. Juli 1902. In München besuchten wir die Sezessionsausstellung, aßen im Luitpold große Menüs. Abends sahen wir uns die Geisha-Operette im Gärtnertheater an.

Am andern Morgen schwere Trennung. Ich mittags 12 Uhr 40 nach Lindau, Lily 12 Uhr 55 chiemseewärts (statt Worten).

Denn Worte gibt es nicht.

435 Meine Stimmung brachte den Schweizern viel Regen für ihre Nationalfeier. In mir war aber beides, auch viel, viel Sonne. Um mich nur Finsternis. Unter anderem Fränkel, zu dem mich Bloesch mitnahm. In der Nacht nach der Doktorpromotion Blut gehustet. Schöne Augen. Gehörleiden.

Später Yvette Guilbert im Berner Apollotheater. Da war wieder alles gut, am 29. Juli.

436 Faule Redensarten:
Bei wollen und nicht können sagen,
daß die Götter es einem nicht gönnen.
Frau Venus leugnen brav und verständig.
Von Christus glauben, er sei noch lebendig.
Faule Redensarten.

Zola, Abbé Mouret. Gorki, Jugendfreunde.

439 Naturstudien mit der Kodak, das ist jetzt das Neueste. Manchmal male ich jetzt versuchsweise in Öl. Über technische Experimente hinaus gelange ich aber nicht. Sicher sehr am Anfang oder vor dem Anfang! Keine faule Redensart. Eine dieser maltechnischen Erfahrungen heißt: Lege keinen neuen Kreidegrund über Ölfarbe.

441 Haller mit Bezug auf den Wein: Jetz wei mer ne ga näh! Eh wi tüecht mi dä guet! Chum my Fründ, chum zu mir! Eh wen i Di nid hätt!

Mit Bezug auf Schwören: I schwöre jetz bi däm da unde. Dä ghört eim ehnder weder der ander. Der ander isch z'höch obe. Aber är gseht eim. All's gseht er, der Hund!

Haller war z'Bärg (am Stockhorn).

442 La Bourgeoise: «Ich muß gefallen. Kleine Füße hab' ich schon, doch könnten sie noch kleiner sein, wie bei der W. Allzu eng darf der Schuh nicht sein Meine Zehen greifen längst übereinander, aber im Schuh sieht das niemand.

Männer verlieben sich manchmal. Das ist auszunützen. Ich zum Beispiel hab' nicht aufgepaßt. Und man heiratet doch nur einmal. Am besten ist einer mit Geld und mit Zukunft, mit beidem.

Mit der Zeit wird man leider älter. Vielleicht gibt es doch Mittel gegen die Runzeln? Aber ein jugendlicher Hut macht manches wieder gut. Es kommt jetzt noch vor, daß mir einer nachläuft.

Das schlimmste ist der Hals, hier fängt's an. Am besten steht's noch mit dem Arm. Ich trage Halbärmel, und wenn Besuch da ist, bewege ich die Arme. Mein schöner jugendlicher Ellbogen wird dann sichtbar.

Ich lasse mich oft fotografieren. Was kümmert mich die Ähnlichkeit, wenn ein Bild jung ausfällt? Jung scheinen ist jung sein. Ich bin eigentlich nicht mehr jung.

Von meinem Manne hab' ich ein Kind, das heißt, es kam von selber, wie eben Kinder kommen. Dieses schlägt mir nach und ist ganz begabt. Es ist gut in der Geographie und hat noch viele andere Talente. Es wird sicher ein großer Künstler. Ich hasse alle Leute, die etwas über mein Kind sagen, was nach Kritik klingt. Ich nehme das persönlich. Nur schmeichelhafte Dinge will ich hören. Mein Kind ist ein Glückskind. Was in meinem Leben verfehlt war, wird hier alles gutgemacht. Alles, was es tut, steht ihm gut. Ich finde es schön. Das ist Mutterliebe, und Mutterliebe steht am höchsten.»

443 Gertrud ist nicht schön, eckig sieht sie aus und braun, und eine breite Nase hat sie. Ihr Bauch ist so groß, ich glaube, es kommt von zu vielen Kartoffeln. Betty aber ist reizend von Gestalt, schneeweiß ist ihre Haut, und ihr Gesichtchen ist schon gar nicht zu beschreiben. Die beiden tanzen jetzt schon eine Weile fröhlich miteinander, und ich schaue ihnen vom Fenster zu, das heißt, ich schaue Betty zu. Später muß ich ausgehen und gebe Betty im Vorbeigehen die Hand. Gertrud steht abseits.

Gott ist gerecht. Er gewöhnt Gertrud beizeiten an das Abseitsstehn, dann macht es ihr später auch weniger, wenn sie keinen Mann bekommt. Und wenn man es recht bedenkt, bekommt Betty vielleicht einmal ihrer zu viele und läuft Gefahr, an den Unrechten zu geraten. Gertrud aber bleibt eine reine Jungfrau, und der Heiland gewinnt sie lieb.

Im Himmel aber kann es dann leicht sein, daß die beiden ihre Rollen vertauschen. Man hat dort den rechten Sinn für breite Nasen und dicke Bäuche.

Merkt es euch, liebe Kinder.

444 a) Kennt Ihr über Euch mein Lachen?
Freuet Euch, es nicht zu kennen;
denn es würd' Euch schrecklich brennen.
Und so brennt es mich allein.
b) Und mir sei es eben recht,
wenn Ihr zeugt ein flach Geschlecht.
Meine Art muß sterben.

445 1. 9. 1902. Heute machte ich einen hübschen Versuch. Ich überzog eine Glasscheibe mit einer Asphaltschicht, zeichnete mit der Nadel ein paar Linien hinein, die ich dann fotografisch kopieren konnte. Das Produkt gleicht einer Radierung.

447 Die zehn Tage vom 20. zum 30. September verbrachte ich in München. Am 20. reiste ich (mit Bloesch), sah Lily wieder, aß mit ihr zu Abend. Am 21. waren wir im Isartal: Baierbrunn und Konradshöhe; dann im Rosengarten und zuletzt in Figaros Hochzeit. Vis-à-vis saß Menzel, nahm sich gut aus im Residenztheater. Am 22. besuchten wir den Glaspalast. Nachmittags ein Gang auf die Polizei. Abends allein. Am 23. Pinakothek, dann bei mir im katholischen Kasino, dann fiel das Inkognito und ich machte Besuche in der Arcostraße. Am 24. wieder Polizei und Pinakothek. Abends allein. Am 25., an einem Donnerstag, stellte ich mich beim 1. Regiment (Infanterie) auf dem Marsfeld. Eine sehr schöne Gegend, schade, daß ich nicht gleich dableiben durfte. Abends bei Medizinalrats. Am 26. Musik bei Lily. Sezession. Schauspielhaus (Rosenmontag). Nachher mit Bloesch. Am 27. im Nymphenburger Park, wo ich ein Foto von Lily machte. Dann ein Gang ins städtische Wehramt und ein Ausflug ins Isartal (Pullach). Am 28. reiste Bloesch ab. Wieder ein Gang auf's Wehramt in Begleitung von Lily. Teestunde und Spaziergang im Hofgarten. Abends Arcostraße. Am 29. Besorgung von Malgerät, Mittagessen im Luitpold. Dann Abreise.

448 Im Oktober verbrachte ich einige Zeit in Oberhofen am Thunersee, ich wußte selbst nicht wozu. Dann gab ich mich endlich ans Werk, das machte mir ernste Vorwürfe. Im Orchester soll ich jetzt erste Geige spielen. Herr Intzi brachte mir die Stimme zu Liszts Faustsymphonie und zu einer Ouvertüre von Grieg. Der Mephistosatz ist voller Tücken. Ihn wird weder Orchester noch Dirigent meistern. Durch Weingartner weiß ich, wie er gehen muß.

Sonst gesund. Die Pflicht ruft zur Arbeit. Die Gedanken sind vielfach noch in München.

449 Am 16. Oktober 1902 hörte ich von Eduard Risler die Chromatische Fantasie und Fuge des Johann Sebastian, kleine Stücke von Couperin, die a-Moll-Sonate von Mozart, die Sonaten E op. 109 und c-Moll op. 111 von

Beethoven und zum Schluß: Abends, In der Nacht, Fabel und Traumeswirren von Schumann.

451 Im ersten Abonnementskonzert spielten wir die Italienische Symphonie von Mendelssohn, etwas aus dem Prometheus-Ballett von Beethoven und die Ouvertüre Im Herbst von Grieg. Der Geiger Geloso aus Spanien spielte das St.-Saens-Konzert Nr. III und Soli.

453 Ich will alles tun, was ich noch nicht tat. Ich will die Anatomie studieren mit den Medizinstudenten zusammen. Ich will mit den Provinzmalern zusammen Akte nach einem scheußlichen Modell aus der Matte zeichnen. Ich weiß, sie sind keine Vorbilder und sie werden es nie sein. Aber ich will so tun, als ob ich noch viel weniger wäre. Weniger hat ja auch in diesem Fall mehr Möglichkeiten. Ich will kein ‚Stuckschüler' gewesen sein, denn damit könnte man doch den meisten imponieren, ich will die Korrektur des einen Herrn mit martialischem Bart ja durch meine Ohren hindurchlassen, jenes wildgewordenen Dekorationsmalers.

Am 2. November 1902 ein einheimischer Klavierabend, allerhand Achtung, aber so kurz nach Risler.

Am 1. November den anatomischen Kurs begonnen. Ein merkwürdiges Totenfest. Am 6. November ein schweizerischer Trioabend mit abwechselnden Gesangsvorträgen der Altistin Philippi. Innerlich, aber auch etwas monoton singt diese Baselbürgerin. Vom 7. bis 9. November nahm ich an einer Orchesterfahrt nach Neuchâtel teil und verdiente dabei ein Taschengeld. Ein Ausflug nach Valangin brachte Erholung, üppiges Essen im Hotel du Soleil gab Kraft, guter Wein verlieh Trost. Das Gebirgspanorama steht im Baedeker. L'œuvre von Zola.

455 Zweites Abonnementskonzert. Wir spielten die Dritte Symphonie von Brahms und eine Ouvertüre von Rheinberger. Auf einem siamesischen Zwillingsflügel wurde ein Doppelkonzert von Mozart vorgetragen, u. a. m.

456 Jeden Morgen arbeite ich von halb neun bis halb elf Uhr im Anatomiesaal. Am Samstag um elf Uhr liest der Professor Strasser für Künstler (was für Künstler!). Und am Mittwoch, Donnerstag und Freitag ist Abendakt im

Kornhaus. Da exzellieren die Herren Born, Boss, Colombi, Link und a. m. Sie hodlern alle mehr oder weniger. Die Modelle sind ganz à la Matte.

Bloesch will nach Paris, der Hund.

457 Camilla Landi, eine große Künstlerin, sang am 24. September. Pedro Sechi: Lungi dal corro ben; Scarlatti: Se florindo è fedele; Benedetto Marcello: Il mio bel fuoco; Brahms: Lerchengesang, In Waldes Einsamkeit, Auf dem Kirchhof; Schubert: Totengräbers Heimweh. Dann noch Sträuße und Franzosen für die Kolonie.

Boccaccio: Decamerone (deutsch). Schnitzler: Der Schleier der Beatrice.

«Mir ist, als hätt' ich in der Eltern Hause nur ausgeruht, wie man's auf Reisen tut, und käme von woanders her und müßte woanders hin; und wacht' ich morgens auf und schaute so um mich, da war mir's oft ... als wär' ich nicht zu Haus», sagt sie, die Kleine.

459 Nun bin ich mit dem Orchester gar nach Burgdorf gereist, zur Pastoralsymphonie und zu diversen Kleinigkeiten. Zwanzig Franken hab' ich verdient. Dann und wann begebe ich mich wieder ans kleine Tafelbild, technische Reize locken mich und täuschen mich. Mit Wasserfarben solang es geht, dann fixieren und darüber mit Ölfarben. Dies nimmt dann immer ein rasches und trübes Ende. *Resignierter Mann im Frühling*, das bin ich wohl bald selber. Jetzt ist es noch Dezember und noch 1902.

460 Ach, was macht doch das Gemüt, und das deutsche macht am meisten.

461 Maltechnische Versuche. Motive nicht als Hauptsache, immerhin:

| | |
|---|---|
| *Ein Vater mit seinem Sohn*<br>*Madonna*<br>*Lyriker mit Blütenzweig* | Ironische Anschauung. |

462

Auf dürre Finger wird ein Tuch gespannt.
Dann wird eine krachende Salve abgebrannt.
Dann wird das krepierte Geschoß
kurz gebreitet dem Auge bloß.

Dann wird es, wobei die Finger knacken,
rasch eingewickelt in das Laken.
Nun noch titulieret den Zeitvertreib,
legendum: sich schneuzend ein altes Weib.

463 Es gibt immer noch Steigerungen. In Olten waren wir, mitzugeigen beim Konzert des Gesangvereins. Der Dirigent heißt dort auch Munzinger, das ist ominös. Herbstschwermut heißt sein opus ganz richtig.

464 Jean de Castella schreibt plötzlich aus Paris: «Lieber Klee, jeden Tag hab' ich Dir schreiben wollen, aber wie es hier gehen kann: von Morgen bis Abend muß man laufen und hat man noch nichts von was man will. Es ist zu groß. Sonst nette Weiberle etc. Mein Adresse ist 9 rue Campagne première Atelier 31 bis.» Und dann noch einmal: «Dieser Karte ist Zeit vierzehn Tage geschrieben. Ich möchte das wir anders correspondieren können, als durch Schrift. Hier man hat den Tag so viel erlebt, das man nie die Helfte machen kann von was man will. Jetzt muß man bis nexten Sommer warten. Tust du componieren, sonst die Anatomie? Ich gehe nur Nachmittag in der Julian Schule. Ich finde sie ernster fileicht als München, denn sie mehr auf die Natur studiert, das heißt kein Stil und ganz wie auf Photographie. Aber die Kerls sind Scheisskerlen, es gibt kein einziger Künstler auf die ganze Schule. Paris ist großartig nur man hat keine Zeit. Dein J. de C.»

465 Zwei kalte Tage in Oberhofen. F. Th. Vischer, Auch Einer. Messias-Aufführung. Die Altistin Frl. Sommerhalder aus Basel schilderte mit frommer Anteilnahme die Leiden Christi, so in sich selbst hinein, daß der Faden riß und sie plötzlich gar nicht mehr dabei war. Sistermanns virtuos, aber versoffen! Der Rest ist Schweigen.

466 Beim Anblick eines Baumes:
Die Vöglein sind zu beneiden,
sie meiden,
an Stamm und Wurzeln zu denken,
und selbstzufrieden schaukeln den ganzen Tag die behenden
und singen auf letztverzweigten Enden (24. 12. 1902).

A un homme triste ins Stammbuch: Das fleischliche Fleisch hat dieser Mann sich je gehütet zu fressen. Er hat nur gerochen dran, unterdessen bleibt rein er und viel zu feig zur Tat (28. 12. 1902).

Vignette: *der Block des Sisyphos der Zahl 1903 entgegenrollend.*

1903

469 Aus Verantwortung der Braut und Eltern gegenüber und mißlingenden Bildversuchen braut sich oft eine Art Selbstmordstimmung.

470 Ich habe nur Dich! Vater findet sich in meiner ‚Phantasie' nicht zurecht. Mutter glaubt ja wohl auf ihre Art. Freunde sind teils objektiv verzweifelt, teils keine richtigen Freunde. Und ich gäbe als Freund wohl viel zu tun. Die Liebe darf nicht aufhören.

471 Chrütli ist der Name eines alten, schweizerischen Teufels, des Schutzteufels der Abtreibung. Er redet sich bei der Ausübung seines Gewerbes drauf hinaus, daß Gott seinen natürlichen Sohn auch schlachten ließ, und dieser war sogar schon ein erwachsener Mann.

474 Viele Varianten des Themas Vater und Sohn. *Ein Vater mit seinem Sohn. Ein Vater durch seinen Sohn. Ein Vater angesichts seines Sohnes. Ein Vater stolz auf seinen Sohn. Ein Vater segnet seinen Sohn.* Alles dies hab' ich deutlich dargestellt, aber leider wieder vernichtet. Es blieben nur die Titel erhalten.

475 Am 14. und 15. Januar war ich in Basel, um ein Konzert der Meiningischen Hofkapelle unter Steinbach zu hören. Man spielte ganz herrlich schön folgende Werke:

1. Varianten über ein Thema von Haydn, von Brahms. 2. Brahms: Vierte Symphonie. 3. Drittes Brandenburgisches Konzert von Bach. 4. Mozart: Variationen und Rondo aus der 10. Bläserserenade. 5. Mozart: Gavotte aus Idomeneo, Schubert: Ballettmusik aus Rosamunde, Mendelssohn: Scherzo aus dem Sommernachtstraum. 6. Richard Wagner: Meistersingervorspiel.

Dann wurde ich tags drauf in die Oper geschleppt, wo man sehr mäßig eine wenig erfreuliche Oper von Goldmark gab, Die Königin von Saba.

476 Am 16. Januar spielten wir als Extrakonzert eine Symphonie von Philipp Emanuel Bach, von Dvořák: Die Waldtaube, eine symphonische Dichtung, den Trauermarsch aus der Götterdämmerung und von Berlioz: Le Corsaire, Ouverture. Gandolfi, ein Bassist mit herrlicher Stimme, virtuosem Können sang dazwischen von Mozart eine Konzertarie: Ach wie bald muß ich verlassen, von Spohr eine Arie aus Faust, zwei altitalienische Lieder: begl. occhi und vittoria mio cuore, und von Boito eine Szene aus Mefistofele.

477 Vom 23. bis 26. Januar Konzertreise mit dem Berner Orchester nach Neuchâtel zur Aufführung des Requiem von Verdi. Solisten waren Frau Dalcroze-Faliero, Camilla Landi, ein Tenor aus Paris und ein Baß, der aus Harlem kam.

478 Ich habe ein Opus vom Dichter unserer Stadt gelesen, das Drama: Die Muse des Aretin. Der Italienfreund und Italienwanderer spricht auch hier, nur daß es im Drama ein wenig peinlich ist. Als Feuilleton im Berner Bund ist solche Reisefrucht eher angebracht. Manchmal ist der alte Herr Redakteur ein wenig lüstern, das soll dann das üppige Tizianische Venedig vorstellen. Aber auch hier ist nicht aus dem vollen geschöpft. Es findet nur eine Annäherung statt, der Stoff schien ihm wohl auf den Leib geschnitten, dem Journalisten. Er mochte mögen oder möchten. Das ist an sich aber noch nicht aretinisch. Übrigens klar, daß so ein Nachschößling einer Nachrenaissance schwächlichen Blutes sein muß.

479 Das dritte Abonnementskonzert stand etwas im Zeichen d' Alberts. Zuerst verschleppten wir eine große Symphonie in c-Moll von Glasunoff, dann kam das Klavierkonzert in G von Beethoven, dann griff der Pianist zum Taktstock und leitete ein Menuett und eine Gavotte aus der Oper: Der Improvisator, dann spielte er Chopin und dirigierte zum Schluß die Ouvertüre zu selbiger Oper. Nun, diese Musik ist sicher nicht ohne Witz und recht unterhaltsam zu hören und, wenn man sie einmal kann, auch zu spielen. In der Probe war noch nicht einmal die Harfe gestellt. Unser Vereinsdirigent leistete sich die Worte: «Ihr Komponisten glaubt immer, die Harfe sei die Hauptsache.» Aber Eugen regte sich über diese Unverschämtheit nicht einmal auf. Er blitzte nur leicht mit den kleinen Äugelein.

*Paul Klee, Dessau, 1933*

*Paul Klee im Atelier Bern, 1940*

Über ein Konzert der hochbourgeoisen Liedertäfler mit sehr gemischtem Programm lohnt sich nicht, viele Worte zu verlieren.

480 Als ich noch ein loser Schelm war, wußte ich freche Lieder. Einen Vers weiß ich noch: «Er kam herunter und sie kam nieder.» Die übrigen hat der Wind verweht. Jetzt geb' ich mir Mühen und bin bieder.

Dunkel kann ich mich auch an manchen Bildentwurf erinnern. Einer hieß *Der Ekel*, darauf war ein Weib dargestellt, das eine Flüssigkeit aus einer Kanne ausgoß. Ein anderes Bild hieß *Die Schande*. Im Morgengrauen sah man da ein Liebespaar, er schlief ruhig weiter, sie machte eine angstvolle Gebärde gegen das Fenster, wo der neue Tag wurde. Dann gab es eine Zeichnung, wo um ein Weib gewürfelt wurde. Solche Banalitäten könnte man dann wagen, wenn man dazu die einzig richtige Form fände.

484 Im vierten Abonnementskonzert spielte mein guter alter Lehrer mit sehr achtbarem Gelingen das Violinkonzert von Brahms. Außerdem sang eine Solistin Garnier von der Opéra comique zwei Arien von Mozart (eine aus der Zauberflöte). Wir alle spielten die Zauberflötenouvertüre und die herrliche Es-Dur-Symphonie von Mozart. Das Programm war mustergültig. Unser Dirigent kopiert Arthur Nikisch und legt dann und wann den Taktstock hin. Natürlich läuft die Maschine auch von selber, und es erfüllt sich dann positiv das böse Wort der Musiker: «Nur nicht auf ihn sehen!» Nachdem mein Lehrer von den Bernern sehr applaudiert worden war, wollte nachher ein Herr Cousin, der auch in der ersten Violine mitspielt (fast unhörbar) und der sich den Professorentitel selbst beilegt, nicht zurückstehen, und gab ihm gönnerhaft die Hand mit den Worten: «Ich begreife nicht, wie Sie bei Ihren vielen Stunden noch die Zeit finden, so viel zu üben!»

485 Ernsthafte Farbstudien nach Akten und Köpfen. Nur zur Übung und ersten Schulung. Ganz strenge Bestimmung der Farbwerte mit Aquarellfarben. Darüber etwas Ölfarbe, um zu verbinden. Resultate recht reizlos, hier kaum Wesentliches zu erhoffen. Dieser Monat Februar ist der Farbe geweiht. Viele Akte hab' ich nach der Natur gemalt und gar einen Porträt-Kopf nach meiner Schwester! Lotmar kam und sprach würzig: «Der Bien der muß!», als er mich malen sah. Als er dann nach der Tafel griff, um sie genauer zu

besehen, ereilte ihn die Strafe mit großer Promptheit und unter Autsch-Rufen. Ein Reißnagel war ihm in den Finger gedrungen! Aus Stuttgart brachte er Grüße von Haller. Dieser ist dort in aller Heimlichkeit Komponierschüler vom Grafen Kalkreuth geworden. Ich muß nun allein schaffen, meine Studien sind in wirtschaftlicher Beziehung abgeschlossen.

486 Das Sujet meiner Bilder scheint einfacher zu werden. Ich skizzierte eine *Begegnung*. Zwei Männer sind eben aneinander vorbeigegangen. Der eine wendet, die Hände in der Tasche, im Weiterschreiten den Oberkörper nach dem andern um. Das ist alles.

487 Adele (eigentlich heißt sie anders) lachte laut auf, als sie eine Henne besonders komisch gackern hörte. Sie versuchte sie dann mit ihrer schönen Stimme nachzumachen. Aber in dieser absichtlichen Kunst blieb sie weit hinter der unfreiwilligen Tierstimmenimitation ihres Lachens zurück.

Adele ist überhaupt ein sehr merkwürdiges Frauenzimmer. Sie hat sonst, wenn sie nicht gerade temperamentvolle Tiere nachmacht, ein Phlegma, das man für die Erschöpfung nach Ausbrüchen der Leidenschaft halten könnte. Aber Ausbrüche der Leidenschaft kennt Adele nicht.

O Adele, dein Name sagt alles, wenn du auch anders heißest. Wenn Adele einmal heiratet – und warum soll sich keiner finden, dem sie schmeckt? – dann sanktioniert, möchte man sagen, das Gesetz ihre Nachkommen. Es ist dann gar nichts dagegen zu sagen.

Was ist besser, Adele als Jungfrau oder Adele als Mutter? Doch gemach, bis jetzt blieb sie dem Fortpflanzungsgeschäft fern. Heimlichkeiten gibt es hier keine.

Jedem Pfuschwerk ist Adele abhold.

488 Hebbel, Maria Magdalena. Ich erinnerte mich dabei lebhaft an jene eindrucksvolle Aufführung in München mit der Triesch als Klara, mit Possart als Leonhard, mit Lützenkirchen als Wolfram, Schneider als Meister Anton und Conrad-Ramlo als Mutter.

Ferner: Der Ring des Gyges und Kleist, Der Prinz von Homburg (!), außerdem Riehl, Novellen: Komödiantenkind, Quartett usw.

Im fünften Abonnementskonzert spielten wir die Faustsymphonie von

Liszt, von Beethoven ein Intermezzo aus der Ballettmusik zu Prometheus und von dem Schweizer Komponisten Huber eine Ouvertüre Simplicius. Busoni spielte das Konzertstück von C. M. v. Weber und außerdem Harmonies d'un soir von Liszt, zwei Choralvorspiele von Bach, die große Polonaise von Chopin und als Zugabe einen Paganini-Liszt. Ein subjektiver, aber sehr großer Spieler! Vor kurzem hatten wir dieselbe Polonaise von d' Albert gehört, dessen Wiedergabe nachträglich ganz verblassen mußte. Die Stimmführung des Busoni ist ein Kapitel für sich. Wir sind ein ganzes Orchester von über sechzig Leuten und können das nicht, was hier mit zehn Fingern geschieht.

489 Der Bloesch, was dem einfällt, schleppt der mich in den Palmensaal zu einem Vortrag über Physiognomik. Ich hatte ja noch nie einen Vortrag gehört, aber Bloesch mußte doch wissen, daß das nichts sein würde. Der Vortragende, ein ganz ungebildeter Mensch, den die Frommen irgendwie protegieren, war beim Tagblatt gut empfohlen worden, und dieses beauftragte nun Bloesch, dies gelahrte Haus, mit der Berichterstattung. Auf dem zweiten Presseplatz mußte ausgerechnet ich Platz nehmen, weil der Bloesch nicht gern allein ist. Zuerst bemerkte der Vortragende, daß auf diesem Gebiet viel Schwindel sich breit mache, daß er aber durch Studium und Tugend (!) sich davon wohl unterscheide. Später verstieg er sich zur Behauptung, daß schwarzes Haar ein Zeichen von Melancholie sei. Einen Knaben wollte er mit seiner wunderbaren Methode vor dreimaligem Schritt auf die Eisenbahnschienen bewahrt haben. Hier bewahrte uns nur die gute Erziehung und die Kirchenstimmung um uns herum vor einem plötzlichen Aufbruch. Die Kritik fiel dann im Tagblatt nicht so aus, wie die Herren dort es sich wohl gewünscht hätten. Und war doch sehr mild gehalten.

491 Wieder ein großer Reinfall, aber wenigstens ein honorierter. Konzert des Männerchors Bern! Der Dirigent ein Schafskopf mit Löwenmähne.

Ein paar Tage darauf schleppte mich Prof. Thürlings in die Museumsgesellschaft, einem Männerzirkel der höchsten Bourgeoisie. Ich mußte mit ihm und dem Romanisten Gauchat etliche Trios spielen. Essen und Wein waren prachtvoll (zu Pfistern).

493 Der Berner Sonntagnachmittag ist immer so bedrückend. Man möchte

sich freuen, wie im Faust, wenn alles nach einer Woche der Arbeit sich im Freien ergeht. Aber diese armen Menschen sind meistens so häßlich, daß man sie mehr haßt als bedauert. Und es ist keine einfache gesunde Häßlichkeit.

Schon in zarten Kinderzügen kann man von der Erbsünde lesen. Und dieser halb bäurische, halb kleinstädtische Ungeschmack. Wo noch irgend ein Rest körperlicher Anmut bleibt, wird er durch die Kleidung unbarmherzig ausgetilgt.

Die Schuhe, mein Gott ja, Kinderfüße wachsen rasch, und die neuen Schuhe, gerade die Sonntagsschuhe sind auf Zuwachs eingerichtet. Die Strümpfe zeugen gegen jeden Farbensinn. Der Schnitt der Knabenhosen übers Knie gebogen. Alles das spricht so häßlichen engen Jargon. Nur die Farben sprechen nicht, schreien gen Himmel.

Und der vollbeladene Kinderwagen, welch ein Elend! Die schwangere Mutter, blaß, bös und zäh!

Gegen Abend beginnt der Alkohol zu wirken. Der Kretinismus gewinnt an Bedeutung, vielsagend wirken beide zusammen.

Alles ohne Schwung, jede Bewegung gehemmt. Die Leute schämen sich, weil sie im Grund gar nicht so schlecht sind, als sie aussehen. Irgendwie lächelt der ganze Sonntag verlegen.

Wie schwer wird einem doch soziales Empfinden gemacht!

494 Den 19. und den 20. März reiste ich wieder mit dem Orchester nach Neuchâtel. Wir spielten die Faustsymphonie unter einem etwas besseren Dirigenten und die Faustouvertüre von Richard Wagner. Ein Tenorist Pinks sang etwas aus den Meistersingern und Gesänge von Löwe und Strauß.

Nachher schloß ich mich mit einigen andern dem italienischen Oboisten Palmia an, der uns in den Circolo italiano führte, ein Lokal mit ausgeprägter Komödienstimmung, mit Chianti, Asti und Stracchino (was die Tulpe unter den Blumen). Reizende Stimmung.

495 Tags darauf fuhr ich nach Zürich, um ein von Richard Strauß geleitetes Symphoniekonzert eines Berliner Orchesters zu hören. Man spielte von Bruckner die Symphonie in d-Moll, von Beethoven die Egmont-Ouvertüre und von Strauß Don Juan und Tod und Verklärung.

Nachmittags war ich im Landesmuseum gewesen, hauptsächlich, um das

Wandbild *Die Schlacht bei Marignano* von Hodler einmal im Original zu sehen.

Der Tonhallesaal ist sehr prunkvoll. Das Konzert schloß um zehneinviertel, um zehndreiviertel Uhr war ich am Bahnhof und um zwei Uhr in Bern. Tags darauf mußte mir Bloesch Kopf sitzen zur Strafe für verschiedene Untaten. Er fügte aber gleich wieder Böses mehr hinzu und hielt nicht still.

496 Aus den Heften für schweizerische Volkskunde. Gaunerzeichen (echte):

Teufelsnamen: Chrütli, Federwisch, Schuw, Tüntzhart.

Gaunersprache von 1735. Butter = Muni oder Bock. Angeben = pfeifen. Bauer = Ruch. Bauernhaus = Kitt. Bett = metti. Bettler = schnury. Betteln = jalchen, schnuren, halunken. Beichten = brillen. Brot = Rippel, Lehm. Doktor (Gelehrter) = Grillenhaus. Essen = achlen, buttlen. Examinieren = verlinsen. Fisch = flößling, flossen. Fleisch = carne, busem. Galgen = dolmer. Geistlicher = galach. Gott = Doff – caffer (der gute Mann). Gold = Fuchs, blatis. Hemd = gembsli. Huhn = steutzel. Hund = kohluff. Katze = ginggis. Kind = gampis. Maria, Mutter Gottes = mämmi. Paternoster = stiger. Schneider = Stupfer. Seil = längling. Stier = böhm. Tabak = Nebel. Weib = Eschi. Wirt = Spitzi.

497 Im sechsten Abonnementskonzert spielten wir Beethoven: Pastoralsymphonie, Beethoven: Orchesterstück aus Prometheus und Coriolanouvertüre. Dazwischen gab's zu hören: ein Cellokonzert von Händel (transkribiert nach der Oboe) und viele Lieder und Duette, vorgetragen von dem Ehepaar von Dulong, er leicht, sie kalte Natur, die Stimmen aber klingen sehr gut zusammen.

499 Ich wirkte beim Chorkonzert des Caecilienvereins mit (5. 4. 1903) und lernte auf diese Weise Brahms' Requiem recht gut kennen. Ich kann indessen die Vorliebe so vieler Musikfreunde für dieses Werk nicht teilen. Eine besonders gute und durchgeistigte Wiedergabe könnte es noch etwas genießbarer machen. Hier war es ab und zu, wenn nicht noch öfter, geradezu langweilig. Unserem Vereinsdirigenten genügte dies eine Werk nicht. Wir mußten zuerst ein sehr muffiges Werk von Carl Reinecke (Einleitung, Fuge und Choral): Pro memoriam spielen. Und dann schob er quasi sich selber, halb inkognito, dazwischen mit der Aufführung eines ernsten Gesanges, den er orchestriert hat und den er von einer verblühten Genferin (Sopran!) singen ließ. Damit schließt die gegenwärtige Musiksaison für Bern.

502 Ich war vier Tage zur Erholung in Oberhofen am Thunersee (bis zum Karfreitag). Zweimal war es schön, aber zweimal schneite es. Ich ergab mich dann der Lektüre. Gorki, Mein Reisegefährte, Der Vagabund, Die Steppe. Das letzte war besonders gut.

503 Nun rief mich auch noch die Société chorale de Neuchâtel zu ihrem zweiundfünfzigsten Konzert, aber das lohnte sich wirklich, denn man führte als Haupwerk: Rédemption von César Franck auf, und zwar recht schön. Die Solisten, Pariser und Genfer, vereinigten sich zu einem guten Quartett. Einzeln waren sie etwas ungleich. Voran ging La lyre et la harpe, ein viel schwächeres Werk von St. Saëns. Die ganze Aufführung entbehrte nicht eines gewissen Schwunges. Sehr nachteilig stach von diesen Konzerten eine Choraufführung in Thun ab (am 2. Mai). Der Vereinsdirigent ist dort schon fast nicht mehr komisch. Den ersten Taktteil schlägt er bald nach rechts, bald nach links, manchmal nach oben, aber selten nach unten. Beim Beginn eines Stückes benimmt er sich, als ob er einen Lastwagen in Bewegung setzen wollte, und gibt dabei einen merkwürdig unartikulierten Ton von sich.

Von Thun begab ich mich wieder auf einige Tage nach Oberhofen, fing sechs Fische und machte Spaziergänge durch blühende Obstgärten.

505 Der Kunstidiot ist in der Regel ein sehr respektabler, arbeitsamer Mensch. Eine ganze Woche lang hat er am Nabel und unter den Armhöhlen geschwitzt. Kann man es ihm verargen, wenn er am Sonntag die Kunst

haben will, die er meint? Soll er sein erholungssüchtiges Hirn auch am siebenten Tage anstrengen? Und nun gibt es gar noch Werke, die geradezu unheimlich sind, oder sie stiften gar Zwietracht. Zum Beispiel die Russen, die man jetzt soviel liest. Auch Ibsen war ganz sicher ein schlechter Mensch. Böcklin geht an, wenn seine Phantasie auch viel zu weit schweift. Aber früher war doch alles viel besser! Da war die Kunst viel entgegenkommender. Jeder will jetzt Individualität sein.

Und wir Kunstidioten? Sind wir denn gar niemand? Und dabei leben doch die Künstler von uns, die wir ihre Bücher und ihre Bilder kaufen. Und vollends in unserer Demokratie? Also, Schweizerbürger vor!

Zola, L'œuvre, was für ein unheimliches Buch! Das geht ja uns an! Wie schrecklich, das Buch zu erleben und selbst so sehr am Anfang grausiger Möglichkeiten zu stehen. Es wird mir auch so klar, daß mir Paris noch fehlt. Ich sehe es ein. Muß hin.

Als ob ich schwanger wäre von zu Gestaltendem und einer Fehlgeburt so todsicher!

506 21. 5. 1903. Mit Bloesch machte ich einen reizvollen Frühjahrsmarsch nach Schwarzenburg (fünfeinhalb Stunden bis neun Uhr) und Guggisberg (elfeinhalb Uhr), Guggershörnli (zwölf Uhr). Mittagessen und Rast in Guggisberg. Um drei Uhr weiter über Rechthalten nach Fribourg, der unheimlichen Stadt mit den hängenden Hochbrücken (sechseinhalb Uhr). Nachts mit der Bahn zurück nach Bern.

In Fribourg war ich als kleines Kind mehrmals. Wir wohnten damals dann und wann in Marly le grand. Es waren meine ersten Reiseeindrücke. Die märchenhaft gelegene Stadt, der Katholizismus, Breckfahrten. Ungeziefer. Fremde Kinder aus fremden Ländern. Ein katholischer Priester in langem Rock und immer lustig. Table d'hôtes im Freien. Forellen. Baden in Bächen. Schilfrohr mit braunen Kolben.

507 Allmählich tauchten wieder Kompositionen auf, Dichtung (Satire) in einer oder wenigen Figuren zum Ausdruck gebracht. Am ehesten noch zeichnerisch glücklich. Wenn farbig, dann schon bedenklicher, wenn schon die mühsam gemachten Erfahrungen weniger fruchten.

*Das tote Genie, Mama und Papa wehklagen über dem leichengrünen Kind* usw.

508 Ende Mai und Anfang Juni war ich zweieinhalb Wochen in München, davon acht Tage offiziell. Der äußere Anlaß zu dieser Reise war die militärische Musterung. Im März hatte ich in dieser Sache an den Zivilvorsitzenden der Ersatz-Kommission München A geschrieben, und jetzt sollte es sich entscheiden.

28. 5.: Ankunft fünf Uhr achtzehn. Lily holte mich ab, und wir machten eine Wagenfahrt in den Englischen Garten. Ich wohnte wieder im katholischen Kasino.

29. 5.: Zum Wehramt auf der Kohleninsel, Musterungsbefehl. Dann Pinakothek.

30. 5.: Ein Samstag. Hochnotpeinliche Musterung mit dem glimpflichen Resultat: Ersatzreserve. Abends die Meistersinger von Nürnberg, mit Knote, Bender, Feinhals, Fräulein Tordeck. Leitung Zumpe.

31. 5.: Vormittags in der Sezessionsausstellung. Dann fuhr ich mit Lily nach Possenhofen, und wir wanderten nach Feldafing und wieder zurück über Oberpöcking nach Starnberg, wo wir bei Pellet-Meyer übernachteten.

1. 6. (Pfingsten) zurück nach München. Abends Tannhäuser mit Morena, Senger-Bettaque, unter Zumpe.

Am 2. 6. ein Ruhetag.

3. 6.: Nochmals in der Sezession und in der Glyptothek. Abends Fidelio (Morena), am Schluß die große Ouvertüre von Zumpe meisterhaft dirigiert.

4. 6. abends Lobetanz (Kitschoper), mit R. Walter, Fräulein Tordeck und Bender.

5. 6.: Vormittags im Englischen Garten. Abends italienische Aufführung von La Traviata im Gärtnertheater.

6. 6.: Hier beginnt der offizielle Teil mit einem Antrittsbesuch bei Medizinalrats. Nachmittags Schackgalerie, abends Manfred mit Possart.

7. 6.: Vormittags im Biedersteiner Park. Nachmittags im Nymphenburger Park, durch Regen vertrieben. Abends Duo-Spiel bei Medizinalrats.

8. 6.: Abends in Pullach beim Rabenwirt.

9. 6.: Abends Faust und Margarete von Gounod.

10. 6.: Vormittags Alte Pinakothek. Nachmittags Höllriegelskreuth–Konradshöhe–Großhesselohe mit Frau Stumpf und Lily. Abends Duo-Spiel bei Medizinalrats.

11. 6.: Vormittags Frühschoppen im Domhof. Mit Pfingstrosen für Frau

Medizinalrat dorthin zum Mittagessen. Nachmittags Besuch bei meinem früheren Lehrer Knirr. Abends Katharina Cornaro, Oper von Lachner, mit Morena, Raoul Walter, Feinhals. Schöne Renaissance-Inszenierung.

12. 6.: Stiller Tag, an stillen Tagen mehr innere Handlung.

13. und 14. 6.: Ausklang, am vierzehnten Abfahrt mittags zwölf Uhr fünfunddreißig.

Aus der Sezessionsausstellung haften einige Bilder als festere Eindrücke: Zuloago, *Die Familie des Stierkämpfers.* Hodler: *Tell, Empfindung vierer Damen.* Der Glaspalast bot gar nichts.

512 Juni 1903. Nach Bern zurückgekehrt, finde ich als einzigen Trost ein Wiener Operettenensemble vor. Wiener Blut, Die Jungfrau von Belville, Der Obersteiger und Das süße Mädel schützen mich vor völliger Vereinsamung. Gegen Ende des Monats bereite ich Radierungen vor; zuerst einmal durch Erfinden geeigneter Zeichnungen. Nicht daß ich nun ein Spezialist werden möchte. Aber das Bild mit seinen Mißerfolgen schreit nach einer Erholung von kleineren Erfolgen. Gegenwärtig bin ich ein sehr müder Maler, aber im übrigen ein dauernd potenter Graphiker.

513 Juli 1903. Naturstudien, zusammen mit Louis Moilliet, nach einem Knabenakt sollen mich bewahren vor graphischer Abwegigkeit. Dagegen muß ich die Gefahr vermeiden, graphische Möglichkeiten aus Angst vor der natürlichen Perspektive nicht zu wagen.

Der erste Wurf ist wenigstens technisch gelungen. *Weib und Tier.* Eine erste Fassung dieses Vorwurfs, deren Abzüge nicht mehr existieren, höchstens noch irgendwo in einer provinzialen Schublade. Die zweite Fassung existiert noch.

Das Tier im Manne verfolgt die Dame, die dafür nicht ganz unempfindlich ist. Beziehungen der Dame zum Tierischen. Eine kleine Entkleidung der Damenpsyche. Feststellung einer nach außen gern verschleierten Wahrheit.

Hebbel, Epigramme, Genoveva. Die Epigramme sind gut.

514 *Jungfrau im Baum.* Technisch entwickelter, durch Anwendung verschiedener Strichstärken. Zuerst radierte und ätzte ich die Konturen des Baumes. Dann die Modellierung des Baumes und die Konturen des Körpers, dann die Modellierung des Körpers und des Vogelpaares.

Der dichterische Gehalt kommt *Weib und Tier* im Grunde gleich. Die Tiere (das Vogelpärchen) sind natürlich und zu zwei. Die Dame will durch die Jungfrauschaft etwas Besonderes sein, ohne dadurch eine sehr glückliche Figur zu machen. Kritik der bourgeoisen Gesellschaft.

515 Hebbel, Judith ist mir lieber als Genoveva, die Unwahrheiten sind stark und schöpferisch, wie bei den Räubern.

Dostojewskij, Helle Nächte. Mehr Novelle. Sehr rein. Reizvoll kleine Existenzen. Gewisse Beziehungen zu Werthers Leiden.

Louis Moilliet fängt an, mich zu verstehen. Wir haben ja auch zusammen gearbeitet. Er sah, wie ich den Akt stellte und was ich davon in meiner Zeichnung brauchte. Er kennt die paar Radierungen und weiß, in welcher nicht gebräuchlichen Weise sie mit den Naturstudien zusammenhängen. Er ist kein Frühreifer, war zu einer Zeit, da wir dem Leichtsinn schon huldigten, noch kindlich.

517 Neue Radierung: *Der Komiker*, erste Fassung. Groteske Maske vor einem sittlich ernsten Kopfe. Begleitend die Lektüre der Komödien des Aristophan. Leider konnte ich der Versuchung, die Szenerie dieses grandiosen Theaters in einer Radierung zu übernehmen, nicht widerstehen. Der Umzug des Inhaltes einer Kirche in ein benachbartes Museum, ein Festzug auf Grund der Art des Mantegna, mißlang vollständig schon als Zeichnung, trotz geglückter Einzelheiten. Die Maske als Kunstwerk, dahinter der Mensch.

Am 14. August wird Lily erwartet zu längerem Besuch.

519 September 1903. Am vierzehnten September ist es leer um mich, kalt und öde, bös und verflucht. Dann arbeitete ich mit Verbissenheit, viel mehr als das einzige Resultat die Radierung *Zwei Männer, einander in höherer Stellung vermutend* beweisen könnte. Darin suchte ich Trost für meine soziale Stellung. Das erste Mal radierte ich den Entwurf aus Ungeduld zu früh, dann ging ich noch einmal hinter diese Komposition und verbesserte sie ganz erheblich. Mit der Ätzung hatte ich auch mehr Glück als zuerst.

Es entstanden hierauf einige Zeichnungen, die fast mehr auf den alten Holzschnitt weisen, zum Beispiel eine weibliche Figur, von vorn gesehn, der Ober-

*8 Zwei Männer, einander in höherer Stellung vermutend, begegnen sich*

körper über dem Standbein nach links abgedreht, beide Arme auf der linken Seite. Fast wie eine Architekturplastik sieht sie aus. Was soll nun mit so was geschehn?

520 Das neue Stadttheater wird mit Tannhäuser und Troubadour eröffnet. Sehr gut ist nur eine Sängerin, Frau Guscalewicz, aber dafür wirklich sehr gut. Auch ihre Darstellung ist von einer gewissen Größe.

Hebbel, Mein Wort über das Drama und andere theoretische Schriften.

Da mir die Musikgesellschaft die geforderten Freiplätze verweigert, muß sie für diese Saison auf meine Mitwirkung im Orchester verzichten. Ich übernehme dafür ein Referat an der Bloeschschen Zeitung. Dadurch komme ich ins Theater und ins Konzert mehr, als ich will.

Im ersten Symphoniekonzert spielte der Geiger Capet aus Paris ganz wundervoll.

521 Oktober 1903. Multatuli: Max Havelaar. Anginaanfall, heftig, vier Tage hohes Fieber. Lotmar arztete.

Sobald es wieder ging, veranstalteten wir schwere Streichquartett-Orgien. Ich erster, Moilliet zweiter, Lotmar Viola, Lewandowsky, ein Dermatologe, Violincello. Tolstoj, Anna Karenina.

Zweites Symphoniekonzert, ein Schumann-Abend.

522 Den 9. mit 11. November verbrachte ich in den Bergen, den 9. war ich sogar auf dem Beatenberg.

Die nächste Quartett-Orgie gewann durch die Mitwirkung unseres Violinlehrers am Bratschenpult besondere Bedeutung. Mit Lotmar wechselte ich ab, zu erster und zweiter Stimme. Ich führte ein op. 18 und das f-Moll op. 95. Er ein op. 18, das op. 59 F-Dur und noch einmal ein op. 18. Das reine Beethovenfest. Die größte Arbeit aber leistete der alte Professor Lotmar, der das alles zusammen hören mußte.

Dann hatten auch wieder die Professoren Reichel und Gauchat ihre Schmerzen (Triohunger). Wir veranstalteten denn ein Hummel-Mozart-Beethoven-Fest. Reichel ist Jurist, ein Sohn des früheren städtischen Musikdirektors in Bern. Urmusiker (Zentralsitz in den Gedärmen).

Die Otéro in Bern!

523 November 1903. *Weib und Tier* neu bearbeitet, diesmal zu einiger Zufriedenheit.

527 Der Sammler Reinhart in Winterthur läßt sich Radierungen schicken; seine Frau schickt sie zurück mit der Andeutung, daß sie nicht gefielen. Der erste Erfolg vor mir selber gibt mir die Kraft zu einem ethischen Manifest: «Ehrenhaft sterben»

536 Dezember 1903. Als ich in Italien die Kunstwerke der Architektur erfassen lernte, hatte ich sofort einen erkenntnisreichen Gewinn zu verzeichnen. Trotzdem es doch Zweckbauten sind, ist doch diese Kunst von gleichmäßigerer Reinheit geblieben, als die Werke anderer Zweige. Ihr räumlicher Organismus ist mir heilsamste Schule gewesen, rein formal spreche ich, wie jeder Fachsimpel, und das Fachsimpeln ist einmal notwendiger Anfang zur Vorbereitung

höherer Ordnungen. Durch die augenscheinliche Berechenbarkeit der Verhältnisse einzelner Teile zueinander, ist das architektonische Werk für den dummen Anfänger eine raschere Schule als Bilder oder als die ‚Natur'. Hat man aber einmal das Zahlenmäßige am Begriff Organismus verstanden, so geht das Naturstudium auch leichter und richtiger vonstatten. Ihr Reichtum ist natürlich durch die unendliche Komplikation viel größer und ergiebiger.

Die anfängliche Ratlosigkeit ihr gegenüber ist erklärlich durch den Umstand, daß man zunächst die letzten Verzweigungen sieht und nicht zu dem Geäst oder zum Stamm hinunter gelangt. Weiß man das aber einmal, so kann man auch im äußersten Blättchen eine Wiederholung des ganzen Gesetzes erkennen und sich zunutze machen.

Die erste Fruchtbarkeit erfährt eine Unterbrechung. Die in 513 erwähnte Gefahr machte sich bemerkbar. Die Natur verführte auf Wege, die mit der einfachen Abstraktion der erstmalig gelungenen Arbeiten sich nicht vertragen. Es lag hier der Keim für weitere, die vorläufig noch nicht im Bereich der freien Gestaltungsmöglichkeit lagen. Die Natur war schon eine bequeme Krücke geworden, die ich dann nur allzulang gebrauchen mußte, ich kann wohl sagen bis ins Jahr 1911 hinein. Die nächsten Radierungen werden schon aus einem Fonds des Könnens bestritten, der nicht mehr den neuesten Forschungen entsprach, also auch schon den Todeskeim in sich trug. Nach ihnen erfolgte dann die Auflockerung und die Berührung mit der impressionistischen Welt (1908 bis 1910).

538 Streben nach Reinigung und Isolierung des männlichen Typs in mir. Trotz Ehereife ganz auf sich selber abstellen, sich auf größte Einsamkeit vorbereiten. Abneigung gegen die Fortpflanzung (ethische Überempfindlichkeit).

539 Zwei Berge gibt es, auf denen es hell ist und klar, den Berg der Tiere und den Berg der Götter. Dazwischen aber liegt das dämmerige Tal der Menschen. Wenn einer einmal nach oben sieht, erfaßt ihn ahnend eine unstillbare Sehnsucht, ihn, der weiß, daß er nicht weiß, nach ihnen, die nicht wissen, daß sie nicht wissen, und nach ihnen, die wissen, daß sie wissen.

540 Im dritten Symphoniekonzert spielte Schnabel sehr schön das c-Moll

Klavierkonzert von Beethoven und den entzückend tiefen Karneval von Schumann. Das Orchester spielte Haydn, Mozart und Méhul.

Im Weihnachtskonzert des Chores hörte man von Bach die Kantate Nr. 61, Nun komm, der Heiden Heiland, erste Komposition, auf einen merkwürdigen Text: Komm Jesu, komm zu Deiner Kirche und gib ein selig neues Jahr ... gesunde Lehre ... Kanzel und Altar. Das zu komponieren erfordert schon eine große musikalische Souveränität. Desto herrlicher ist als Gedicht das Weihnachtslied aus dem 12. Jahrhundert von Spervogel, dem Älteren. Robert Volkmann machte daraus einen ganz prachtvollen A-capella-Chor. Zum Schluß hörte man das Te Deum von Anton Bruckner.

1904

546 Lenau, Don Juan, anläßlich der Aufführung der Richard Straußschen Symphonie. Am Theater: Der Strom von Max Halbe, Hand und Herz, ein Schweizerstück von Anzengruber. Humperdinck: Hänsel und Gretel. Diese Oper hörten wir als Jungen im alten Stadttheater, als Georg Rich. Kruse die Direktion hatte. Die entzückende Gretl machte uns damals viel zu schaffen. Der ganze Bärengraben liebte sie. Ein Spieß brach in den Ruf aus: «Dasch es Chrötli!» Diesmal war Grete keine entzückende polnische Sängerin, sondern eine realistische Figur mit ärmlichen Kleidern und einem herunterhängenden Strumpf, kein Theaterliebling, sondern ein echtes Bettlerkind.

Im vierten Symphoniekonzert war zu hören: Romeo und Julia – Fantasie von Tschaikowskij, Prélude III. Acte de Gwendoline von Chabrier und Don Juan von Richard Strauß. Dazwischen spielte der Cellist Gérardy mit süßestem Ton ein Konzert von St. Saëns und verschiedene Solostücke.

548 Vom *Komiker* habe ich nun schon drei Fassungen, die letzte ist in Kupfer geätzt. Zink fände ich aber immer schöner im Strich. Ist dies Problem nun erledigt? Vorläufig vielleicht.

Bei Professor Reichel Quintett-Orgie. Der Herr Professor hat selbst eins komponiert. Für einen Juristen gar nicht so übel. Ich war erster, hatte ernsthaft geübt, um ihm eine Freude zu machen.

Zur Abwechslung durfte ich wieder einmal eine Angina ausbrüten, ganze acht Tage lang. Michaud amtierte diesmal als Arzt, verordnete Wickel, aber ich ließ sie nicht machen.

550 Am Theater hörte ich dann Die weiße Dame, Hoffmanns Erzählungen und von Ibsen Hedda Gabler.

Gelesen: Goethe, Gespräche mit Eckermann, der nun auch tot ist, trotz Heine. Von Beaumarchais Barbier und Hochzeit des Figaro. Von Byron Harolds Pilgerfahrt. Diese Dichtung liegt mir so gar nicht! Man sagt, daß manchmal seine Träne taute, Stolz aber ließ den Tau zu Eis gerinnen, so was ist zwar schön. «Die vielbesung'ne Glut, die nie ein Weib erzürnt, auch wenn sie zornig tut.» Auch nicht übel.

Der Alte vom Berner Bund stieg auf die Berner Bretter,
(der Schwiegervater des Herrn Vetter).
Zwei Backfische hat der Faun gestaltet;
im übrigen ist es ziemlich veraltet.

551 In der Oper: Die lustigen Weiber von Windsor mit Frau Herzog. Don Juan mit Frau Herzog. Rose Bernd von Gerhart Hauptmann. Gelesen: Michael Kohlhaas und die andern Erzählungen. Ferner eine Kleist-Biographie und Der zerbrochene Krug.

Symphoniekonzert: Brahms: Vierte. Mendelssohn: Hebriden-Ouvertüre. Ein Operntenor namens Giessen sang eine Arie aus Cosi fan tutte und Kleinigkeiten. Das böhmische Streichquartett spielte einen Haydn, von Beethoven das cis-Moll op. 131 und von Smetana das Quartett: Aus meinem Leben. Letzteres ganz fabelhaft interpretierend.

Zwei neue Radierungen gefallen mir nicht. Die eine heißt: *Das Weib, welches die Wahrheit über sich selber erfuhr*. Der Titel wäre recht.

553 Ende März kam Lotmar auf kurze Zeit nach Bern. Da wurde denn gleich ein Streichquartett zusammengetrommelt. Ich erster, Fräulein V., die Enkelin vom Berner Bund Feuilleton zweite, Lotmar Viola und Professor Gauchat Violoncello. Wir spielten ganz flott drei Mozarte.

Am folgenden Tag war ich wieder am Feldeggweg, und weil gerade noch die schöne Bratsche im Hause war, machten wir für uns zwei als ausgezeichnete Hörer die allerintimste Musik: Duos für Violine und Viola von Mozart, zwei ganz außerordentliche kleine Werke.

Grillparzer, Tagebuch. An solcher Selbstanalyse kann man sich als Selbstbiograph nur ein Beispiel nehmen.

555 Fortschritte? Wohl schon. Aber zur Zeit ist der Ausblick nach vorwärts gehemmt. Vielleicht ist daher einmal ein Rückblick gelegen und macht vielleicht auch Mut.

Im dritten Studienjahr München setzte das ernsthafte Wollen ein. Dann kommt die große Demütigung der Lehrzeit in Rom. Gegen Ende dieser Lehrzeit begann ich mit ‚Karikaturen' dagegen zu reagieren. Hühnerwadel sagte in Florenz: Projektion der dritten Dimension. In Bern suchte ich mich dem Angeborenen mehr und mehr zu nähern. Italien steckte dabei noch in den Verdauungswegen und hinderte lang ein freieres Schalten. Druck im Kopfe eines Verstopften. Im Gegensatz zur Emanzipation standen besonders noch die Naturstudien, manchmal bewußt, manchmal unfreiwillig. Als ich diese Zweiheit sah, konnte ich wenigstens ohne direktes Naturstudium einige gültige Arbeiten hervorbringen. Jeder Versuch einer Verbindung beider zeitigte sofort stilistisch schwächere Sachen. Ich wollte den Stier bei den Hörnern packen und studierte nun erst recht die Natur, Anatomie sogar. Wann werde ich die Brücke schlagen können?

557 Im April brachte der Gesangverein eine sehr achtbare Aufführung der Szenen aus Faust von Schumann. In der Oper konnte man das ‚Hojotoho' hören. Bei Lotmar spielten wir ein zweites Mal Streichquartett: zwei Mozarte und zwei op. 18 von Beethoven, c-Moll und B-Dur.

Gelesen: Elf Einakter von Strindberg und Schwedische Schicksale und Abenteuer. In den Dramen sind die Figuren weniger Charaktere als Symbole für das Ich oder die verschiedenen Ichs des Autors. Ein für mich ganz neuer Stil. Danach wendete ich mich wieder zu bekannteren Dingen, die mir, wie zum Beispiel Die versunkene Glocke, allerdings stellenweise etwas billig vorkamen. Etwas vom Besten scheint mir die Carmen-Erzählung von Mérimée zu sein.

Schillers Gedichte las ich sogar, weil mir gerade der erste Band der Jubiläumsausgabe geliefert wurde.

558 Gegen Ende des April war ich drei Tage in Oberhofen am Thunersee und erholte mich recht gut, fern von meinem Zeichenpult!

Ein Ausflug, den ich Mitte des Monats mit Bloesch und Lotmar machte, war etwas zu strapaziös gewesen. Wir gingen durch den Forst nach Laupen und von da nach dem trefflichen Murten (mit seiner Ringmauer).

Lily überraschte durch Geschenke, darunter ein sehr interessantes Rodin-Album. *Die Bürger von Calais* besonders! Aber alles ist nicht gut.

Die Arbeit ruhte einige Zeit. Was ich da machte (das bißchen Malen) war mehr als Erholung in der Arbeit zu bewerten. Außerdem begann ich das Material meiner Tagebücher etwas zu sichten. Es darf manches darin ruhig weggelassen werden, es genüge der Vermerk, daß ich dann und wann mit schwerem Kopf vom Weine kam und mich dann jedesmal als Dichter fühlte. Und daß meine Räusche hierzu doch zu leicht waren. Und daß die Neuenburger Weine, die man im Bahnhofsrestaurant bekommt, wirklich wunderbar schmecken. (Auch die Schnecken, doch das gehört nicht hierher.)

559 Gelesen im Mai 1904: Gogol, Der Revisor. Schiller, Menschenfeind und Don Carlos. Hebbel, Die Nibelungentragödie.

Monotone, strahlend schöne Tage schaden mir beim Arbeiten sehr. Manchmal haue ich ein paar nervöse Striche hin, die voller Ausdruck sind. Aber es faßt mich dabei eine gelinde Angst. Eine Erweiterung des Gebietes auch noch?

560 Mit Bloesch machte ich mich wieder einmal auf den Weg in unser schönes Land. Wir fuhren mit der Gürbetalbahn bis Thurnen und stiegen hinauf nach Riggisberg. Da trafen wir verabredeterweise mit Brack zusammen, der hier seine Landschafterstation hat. Nachmittags gingen wir den prachtvollen Weg nach der Bütschelegg und verbrachten hier den schönsten Abend. Unterhalb trennten sich dann die Wege, Brack ging zu seinen angefangenen Landschaften, und wir marschierten in vier Stunden nach Bern. Bloesch wird ganz Freigeist und redet oft ganz religionsfeindlich. Gut, daß sein Vater, der kleine Theologe, es nicht mehr erleben muß. Aber ein wachsamer Hund hörte eine besonders schlimme Äußerung und biß ihn dafür ins Bein. Als er dann einen Stock gegen weitere Attacken schneiden wollte, fuhr ihm das Messer in den Finger. Ich deutete es als Strafe des Himmels.

561 Gelesen: Calderon, Der wundertätige Magus und Der Richter von Zalamea. Lotmar animierte mich zu den Malerbriefen von Wilhelm Ostwald, die mir indessen wenig sagten.

Die Arbeit geht nicht besonders gut vonstatten, als ob das Naturstudium sie irgendwie vergiftet hätte. Die Arbeit *Die Dame* hatte als Silhouette etwas Reizvolles, die Modellierung aber hat den ganzen Reiz zerstört, weil dadurch der Kompromiß mit der Naturwahrheit auftrat ... Ich müßte überhaupt auf eine Gattung sinnen, in der mancher lineare Einfall in seiner Ursprünglichkeit gewahrt zur Darstellung käme. Kalte Nadel, wenn mich die mechanischen Widerstände des Metalls nicht lähmten. Die Rodinschen Aktskizzen sind ein gutes Beispiel dafür. Ich sehe das klar, kann aber die Formanschauung der ersten Radierungen nicht so schnell verlassen, solange sie mir noch etwas sagt und verspricht.

562 *Prophet*, eine auf Hochdruck bearbeitete (geätzte) Zinkplatte. Das ist ein Beispiel im Stil des älteren Holzschnittes. Ich konnte davon einige Handdrucke machen. Für die Presse ist er nicht tief genug geätzt. Durch Kolorierung konnte ich die Drucke noch schmackhafter machen. Im ganzen ein etwas ausgefallenes Blatt, mehr für Seltenheitsjäger.

563 Juni 1904. Wir proben öfter für das Ende des Monats hier stattfindende Schweizerische Tonkünstlerfest. Man hat mich nun doch wieder gerufen. Vorläufig beschäftigten wir uns mit einer Symphonie des Herrn Huber aus Basel. Sie ist recht schwer. Zu gleicher Zeit probt vorläufig für sich das Symphonie-Orchester von Lausanne, das sich dann mit uns vereinigen wird.

564 Ich hätte den kühlsten Kopf sosehr brauchen können, und nun kam vom Himmel her ein wahrhaft tropisches Intermezzo. Ruhelos zog ich herum. Einmal stand ich plötzlich an der Aare; wie mit gebranntem Gehirn, ganz nach innen war ich dahin gewandert. Welch ein Anblick plötzlich, dieses smaragdgrüne dahinschießende Wasser und das sonnengoldene Ufer! Ich kam mir vor, wie aus einem heftigen Traume erwacht. Ich hatte lange kein Auge mehr für die Landschaft gehabt. Nun lag sie da in ihrer ganzen Pracht, erschütternd! Wie hatt' ich doch entbehrt, entbehren müssen, weil entbehren wollen! Ein Leben der Gedanken, streng und bar des heißen Blutes führte ich bis heute und werde es weiter führen müssen, weil führen wollen. O Sonne, Du mein Herr!

Noch ist's nicht an der Zeit, noch ist nicht entworren der Knäuel aus Kampf und Niederlage. Noch sind Sümpfe, schwüle Düfte steigen empor und ballen sich zwischen mich und das Gestirn, ein Heer von Pfeilen gegen mich.

565 Die Ernte dieser ‚Schweizerischen' Musikproduktion ist sehr, sehr mager. Man mag meinetwegen die Symphonie (Nr. 31, heroische in C von Hans Huber) unter die ernsthafteren neuen Kompositionen zählen. Außerdem behauptet sich noch eine Bizarrie für Klavier und Orchester von einem Herrn von Glenk als wirklich humorvolle Schöpfung; ein Pianist Richard stellte sie in das rechte Licht, vordem man ohne diese treffliche Interpretation etwas ratlos war. Herr von Glenk dirigierte seine Musik auch nicht eben geschickt. Im Gegensatz dazu stand die schon etwas konventionelle Moderne der symphonischen Phantasie von Volkmar Andreae. Der zweite Abend (Kammermusik) brachte überhaupt nichts, einfach nichts. Der dritte, ein Chorkonzert brachte das einzige Werk von Bedeutung, die d-Moll-Messe von Friedrich Klose. Aus! Ganz umsonst haben sich abgemüht die Schweizerbürger Lauber, Courvoisier, Reymond, Meyer, Isler, Pahnke, Charey, Fassbänder, Gustav Weber, Niggli, Haeser, Staub, Joss, Ehrhard, Karmin, Gebrüder Munzinger, Kradolfer, Meister, Hess und auch Hegar (trotz dem Effekt, den dessen Ahasver macht, besonders wenn man ihn so glänzend dirigiert, wie er selber). Ein Quartett von Henri Marteau gehört ebenfalls unter die Nieten.

Und wir Proletarier durften das alles spielen in einem der heißesten Sommer, die es je gab.

566/67 Juni/Juli. Um die Monatswende verbrachte ich einige Tage dicht unterhalb dem Gipfel des Stockhorns. Ich fuhr mit Brack nach Thun, von da mit der Post nach Amsoldingen-Stocken. Hier begann der Anstieg von der Nordseite, im Zickzack durch Tannenwälder. Bei einer ersten Rast nahe bei der Waldgrenze flog ein Riesenvogel neben uns auf. Es war ein Steinadler. Dann weiter über Alpigtal nach der Bachmatt, wo wir ausgiebig rasteten. Von da beginnt eine steile Partie bis zu dem Ort, wo man nach der Südseite des Berges umbiegt. Brack war mit Malgerät ziemlich beladen und ging merkwürdig vorsichtig. Von der Wendung ist's dann nicht mehr weit zur Stockhornpinte. Wir bekamen ‚das Zimmer mit zwei Betten', wer später kam, mußte auf den Boden. Zum Gipfel gelangt man in zehn Minuten, quasi auf allen vieren.

Oben ist es märchenhaft. Die Glocken und Glöckchen der hohen Bachalp klingen aus der Tiefe herauf. Einmal gewitterte es über Thun, und ich sah Blitze zu meinen Füßen. Auf Momente, auf halbe Stunden höchstens, träumte man sich los von den Mühen der letzten Jahre. Dann aber schien es zu rufen: Zurück, du hast kein Recht noch zur Flucht.

Ihr lieben fernen Städte, gönnt mir kurze Rast, dann ja! Dann komme ich wieder. Ich will's vollbringen, ich will nicht fliehen. Durch die Kultur will ich hindurch, ich will aushalten an der Bohrmaschine.

Ich wählte dann den Abstieg nach Süden, an den beiden Seen vorbei, um die Mieschfluh herum, die wenig anmutige Chrinde hinab in das tiefe Simmental. In Erlenbach ließ ich mir guten Schinken geben und guten Waadtländer Wein; wie hatte ich doch etwas gedarbt bei Milch, Brot und Käse.

In Oberhofen machte ich wieder für ein paar Tage Sommerfrische. Der Ort war noch voll glücklicher Erinnerungen an Lily. Aber ich schloß die Augen im Vorbeigehen, aus Takt für die empfindsame Seele.

568 Haller besuchte mich. Er lobte die Radierungen, dagegen hat man nichts, wenn man so ganz allein in hartem Gestein gebohrt hat.

Als ob das Öl seines Lobes bald wirken wollte, radierte ich *Weibliche Anmut* und die *Allegorie des Gebirges*.

*Weibliche Anmut*, verfeinerte Darstellung der Entschleierung der Dame, spielt sich in den Gesichtszügen ab.

Der vierte Gesang von Byrons Harold gefiel mir besser als die vorangehenden (zwanzig bis vierundzwanzig!). Aber Heine ist schmackhafter. Zeitgedichte, Wintermärchen, zum andern Mal. Xenophon. Gastmahl des Plato sehr schön.

570/72 Durch Indiskretion des Fräulein Pacewitsch gelange ich in den Besitz von Gedichten und Briefen eines Japaners.

I. 18. 4. 1904. «Mein liebes Fräulein! / Maienglöckchen, Maienglöckchen! / Mein liebes Maienglöckchen! / Du bist so hübsch, so rein wie unschuldiges Mädchen / Der Regen, der Wind, die Hände der Menschen / dich drohen aus den sanften Busen ihrer Mutter wegnehmen. / Trotzdem Du siehst so glücklich aus / Dein ganzes Schicksal in der Hande der Natur unterworfen. /

Maienglöckchen, Maienglöckchen! / Dich hat mir meine liebste Freundin / in Knopfloch meines Rock gesteckt. / Dein Duft mich aus die Ermüdung erfrischt. / Dein Geist als kleiner Engel in meinem Traum kommt. /

O liebes Maienglöckchen, seist Du auf ewig blühend! / Achtungsvoll Dr. Sch.»

II. den 25. Juni. «Mein teures Fräulein! Hiermit erlaube ich mir, Ihnen großen Dank zu sagen für Ihre sehr freundliche Einladung. Ich habe bisher in Bern nie so gemütlich und einheimisch gelebt, wie heute bei Ihnen war. Ich habe mit Ihnen Brüderschaft getrunken und wird es hoffentlich ein neues Leben für uns anfangen. Ich liebe Dich, wenn ich wagen dürfte so zu nennen, doch zu sehr, und die Flut der fieberhaften Liebe verschluckt mich immer und immer tiefer mit der schauderhaften Schnelligkeit.

Doch ich habe stets den Angst, ob Du wirklich mich lieben kannst und mit Recht. Ich bin ein Herr aus Fernen Osten, nämlich aus ganz andere Rasse wie in Europa. Ich kenne nicht genau die hiesige Sitte; ich bin nicht der Sprache mächtig. Außerdem habe ich ein schwere Last auf der Schalter, das heißt, eine glänzende Arbeit hier zu machen, daß ich womöglich die Fähigkeit des Volkes der aufgehenden Sonne zu zeigen und zugleich einen guten Stuhl in der Universität Tokio zu bekommen.

Aber mein liebes Fräulein! Dein Blick mein Blut in Kopfen setzt! O liebe meine Helene! In meiner Seele lebt Dein Bild, und beseligt mich Dein Kuß (obschon ich keinen Kuß von Dir genossen habe). Ich habe kein Zweifel, daß Du heute abend bei mir in Traum kommst.

Endlich wage ich Dir meinen heißen Wunsch auszusprechen, nämlich, wenn morgen Sonntag ein schönes Wetter wäre, nach dem Abendessen auf den Gurten mitzukommen und dort oben in den herrlichen grünen Wald herum zu wandern.

Deinen liebenden Freund Dr. Sch.»

III. den 27. Juni. «Sehr geehrtes Fräulein P.: Ich habe am Samstag Ihnen versprochen, daß heute abend Sie zu besuchen. Doch ganz unerwartet sind Sie in polnisches Studentenverein gegangen, wider unsere Versprechung. Es ist klar zu erklären, welcher hat Unrecht.

Ich glaube, Sie sind bisher so weit gegangen mir entgegen, daß man davon kaum von der einfachen Freundlichkeit denken kann.

Ich liebe die Wahrheit, mein Herz ist zu edel; zu fromm, als umsonst von Ihnen gespielt zu werden.

Sie sind ein edles Fräulein, ich bin auch Gentleman; ich glaube, es bringt uns nicht gutes Gerücht, beide ledig wohnende Personen, in den innigen Verkehr zu stehen, und daher möchte ich gern hiermit von Ihnen Abschied zu nehmen. Leben Sie wohl, mein verehrtes Fräulein Dr. Sch.»

573 Die Herrschaft des Sonnenherrn ist schwer, weil man nicht darauf eingestellt ist. Man ist eben doch nordischer Mensch anpassenderweise geworden. Die Lebensführung, die Begriffe von Arbeit, ja die ganze Ethik verträgt kein Übermaß an Sonne. Ich rettete mich durch eine Art Ergebenheit und abwartender Tatenlosigkeit. Ich intermittierte.

Meine Lebensfunktionen waren irgendwo in einer Schatulle, wohl verwahrt. Wenn man das Ohr dranhielt, hörte man den Puls leicht ticken.

574 In Bern gab es einige Typhusfälle. Die kamen dem dereinstigen Schwiegerpapa sehr gelegen, und er konnte Lilys geplanten Besuch mit einem brusttönigen Veto belegen. Es entstand dadurch ein kleines Intrigenspiel zwischen Bern, München und Braunschweig, wo Lily bei ihrer Großmutter weilte. Es gab zwei für uns wünschenswerte Auswege, entweder fuhr ich nach Braunschweig, oder Lily und ich trafen uns in Oberhofen am Thunersee. So überlisteten wir den alten Herrn, und er mußte sich mit dieser letzten Lösung abfinden.

575 Lotmar tauchte auf. Er verläßt Straßburg. Nach den Ferien tritt er bei Sahli hier als Assistent ein. Natürlich wurde sofort etwas Musikalisches organisiert, trotz des brennenden Hochsommers. Das Divertimento von Mozart, eines der schönsten Werke, und die Serenade von Beethoven, beide für Streichtrio, wurden in Angriff genommen. Als Zuhörer gab's Leute vom Fach, Frau Hermann-Rabausch aus München mit zwei wundernetten Affenpinschern. Diese preisgekrönten Zwerghunde weilen tags auf der Hundeausstellung. Nachts nimmt sie die Hundemama zu sich. Aber auch tagsüber läßt sie sie keinen Augenblick allein, sie sitzt vor dem Käfig abwechselnd mit einem Bajuwaren von Neffen.

Das Nachtasyl von Gorki, mäßig aufgeführt am Sommertheater. Das «Warum? Keine Ahnung» gefiel mir besonders.

576 Mitte August war Lilys Besuch entschieden, und sie bestellte mich an einem Mittwoch nach Basel, wo wir uns glücklich trafen. Von Bern, ‚beziehungsweise' Oberhofen aus unternahmen wir schöne Touren, unter anderen eine schöne Fahrt nach Interlaken, Lauterbrunnen, Wengen, Wengernalp.

Hier aßen wir angesichts des mächtigen Berges zu Mittag, sahen uns satt und gingen dann zu Fuß nach der Kleinen Scheidegg und nach Grindelwald hinab, wo uns ein letzter Zug noch mitnahm.

Ein anderes Mal fuhren wir auf den Beatenberg, besuchten da – o Liebe – meine Helene, die sich die Bekannschaft meiner ‚Braut' gewünscht hatte. Dann stiegen wir zu zwei den direkten Weg zur Beatushöhle hinab, ‚die Leiter'. Hier besahen wir uns das Innere mit seiner neuen Einrichtung und gingen dann ohne Halt, das Dampfschiff versäumend, zu Fuß nach Oberhofen. Damals gab es bei den Höhlen noch keine Ländte. Man mußte nach der Bucht gehen.

Ein drittes Mal gingen wir auf Reisen nach Genf, und zwar von Bern aus, und waren entzückt von dieser schönen Stadt mit dem glänzenden Fremdenbetrieb und der lustigen Straßenmusik. Da sah ich Kaffeehausgeiger, die ihr Instrument in der Art der Violoncellisten strichen und den Daumen der rechten Hand zwischen Stange und Haare zwängten. Ihr Ton war dabei ausnehmend kräftig. Dann hörte ich von einem süßen italienischen Straßensänger mein liebes «vieni o notte dolce» nach langer Zeit wieder.

Nach diesem zauberhaften Ort, diesem berückenden Stück Frankreich, kam uns Lausanne wenig anmutig vor, wie ein Bastard mit Bern, so recht patois. In Montreux ist wenigstens die Landschaft bezaubernd schön.

Auch an Kunst gab es mancherlei zu sehen. In Genf das Musée Rath mit einer Gruppe der besten Corots. Darunter etwas Figürlich-Nacktes, das Schönste an neuerer Malerei. In Lausanne besuchten wir den Schweizer Salon. Da hing eine Frau von Amiet mit schweren pastosen Sonnenflecken. Sie sieht wie vollgekleckst aus. Und war immer noch ein relativ hervorragendes Bild! (In Basel hatten wir die beste Schweizergalerie gesehn.)

In Bern hatten wir allerhand Besuch, dem ich mit guter Musik aufwarten konnte. Einen sehr schönen Nachmittag muß ich vermerken, Haller brachte mir Karl Hofer, Brühlmann, Cardinaux und Brack ins Haus und den Sohn seines und Hofers Mäzens, den etwas komischen Hans Reinhart. Da hatten wir Zuhörer, wie sie nur unter den Malern von gleicher Inbrunst zu finden sind. Im Gegensatz zu verschiedenartigen Ölgötzen im Hause Lotmar.

Zwar kam diesmal dort auch ein schöner Schwung in die Sache, weil der Professor einen schönen Bechstein erstanden hatte. Klaviersonaten, -trios, -quartette (Mozart) und -quintette (Schubert Forellenquintett) wurden mit Begeisterung aufgeführt.

577 Gelesen: Ibsen, John Gabriel Borkmann, Klein Eyolf. Wenn wir Toten erwachen hatte mir Lily vorgelesen.

Die Oper wurde mit Aida wieder eröffnet, aber diese Oper ist zu schwer für hiesige Verhältnisse. Dafür ging der Postillon von Lonjumeau sehr hübsch.

Max Brack hat uns schon in München viel Spaß gemacht. Er hat doch ein gewisses Glück bei Frauen. In der Barerstraße schien uns ein bestimmtes Spiel mit einer Filia hospitalis im Gange, und wir fragten ihn, wie weit er mit ihr stehe? «Guet!» erwiderte er trocken, «mir tüe afa zäme hueschte!» Damit meinte er sehr initiale Beziehungen durch die Wand von Nebenzimmer zu Nebenzimmer. Nach einem Kaimkonzert kam er von dem dort üblichen Sturm auf die Garderobe ganz aufgeregt mit seinem Mantel daher: «U! die hei hüt g'käset! (Mit dem Ton der Entrüstung:) namentlich es alt's Wyb!»

Zu Haller stand er sehr zwanglos, wie Schulbub zu Schulbub. Manchmal rauften sie halb ernst, einmal aber war ich Zeuge, wie es ganz ernst wurde. Brack war stärker und legte ihn schließlich auf den Rücken. Nun begann er allerlei nicht wiederzugebende Späße mit dem Besiegten anzustellen. Der Auftritt dauerte ausgiebig lang und endete mit einer derben Ohrfeige für Mimu (Haller).

Mimu ist ein Mensch mit verschwiegenen Taten, Brack ist ein Mensch mit angesammeltem geheimem Groll. Dies die Grundlage zu solchen Szenen.

Auf dem Gipfel des Stockhorns sollen sie auch einmal aneinandergeraten sein.

578 Im September hatte ich Lily auf ihrer Heimreise bis Zürich begleitet. In der Aussicht, uns bald in München zu sehen, trennten wir uns diesmal nicht so ganz schwer. In Zürich sahen wir das Künstlergüetli mit einigen schönen Bildern.

Gelesen habe ich in der Zwischenzeit Shakespeare, Romeo und Julia, Moliere, Tartuffe und Gottfried Keller, Die Leute von Seldwyla.

In München verbrachte ich dann die Zeit vom 15. bis 25. Oktober. Ich besuchte mehrmals das Kupferstichkabinett. Wassiliew hatte mich diesen Sommer als sie kurz in Bern war, auf Beardsley gehetzt. Ich ließ mir sein früheres und späteres Werk geben. Der Stil japanisiert und gibt zu denken. Irgendein Verführerisches ist dabei, man folgt mit einigem Zögern. Dann gab man mir ein englisches Buch über Blake in die Hand. Von dem hatte Karl Hofer Wesens gemacht. Der lag meinem gegenwärtigen Standpunkt näher. Ganz hinreißend fand ich Goya: «Proverbios», «Caprichios» und besonders die «Desastros de la guerra». Lily schenkte mir viele Fotos nach Gemälden des Goya. So beschaffen waren diesmal die Errungenschaften für mein Fach. Mehr Zwang war es als Drang, mehr guter Wille, sich diesen neuzeitlichen Dingen zu öffnen. Denn ich war doch vielleicht zu sehr ohne allen Kontakt!

In der Hofoper bekam ich wundervolle Aufführungen zu hören. Hans Heiling unter Felix Mottl, mit Feinhals. Tristan und Isolde (Mottl) mit Knote und der Senger-Bettaque. Des Teufels Anteil (Mottl) mit Raoul Walter und der Bosetti. Dann noch eine schwächere Neuheit: Die neugierigen Frauen von Wolff-Ferrari, vorzüglich gespielt unter Reichenberger mit Charlotte Huhn, Breuer, Tordek und Bosetti.

Am Schauspielhaus: Der Kammersänger und Salome (Wilde). (Salome hatte ich mit Fumagalli und Swoboda in Bern eindringlicher gesehn.)

Am Gärtnertheater: Die Großherzogin von Gerolstein (Offenbach).

Besonders großartig waren im Deutschen Theater chinesische Akrobaten. Die echten Asiaten sind denn doch noch besser als die europamüden englischen Ästheten. Saharet kam und ging wie ein leichter Wind, als letzten und fast einzigen Eindruck ihr Bein zwischen geschlossenem Vorhang zurücklassend.

Vollbeladen zurück in meine Junggesellenklause.

579 In Bern tat eine Vorstellung des Fliegenden Holländers, die ich als Berichterstatter für die Bloeschschen Zeitung wenigstens teilweise mit anhören mußte, besonders weh. Dieses kleine Orchester war von einer unerträglichen Schärfe, als gälte es, blecherne Ohren auszufransen.

Außerdem plagte mich ein kleiner Violinschüler, Roby geheißen. Eine Malschülerin arbeitete geräuschloser und sehr fleißig. Und ich verdiente ein Taschengeld und brauchte von Vatern nur noch Logis und Naturalia. An Samstagnachmittagen ward die Gepflogenheit fortgesetzt, mit Jahn im Kaffeehaus in der Amthausgasse zusammenzukommen. Dienstag und Mittwochabend war Orchesterprobe; ich war nun gegen bestimmtes Honorar für die Symphoniekonzerte verpflichtet. Ganz gehörten mir nur noch die Sonntage, Montage, Donnerstage und Freitage.

580 Die längere Pause war meiner Arbeit nicht zum Schaden. Manchmal dachte ich noch etwas an Blake. Dann aber ganz zurück zu mir, in Gottes Namen! Ich radierte die endgültige Fassung von *Weib und Tier*, den *Monarchisten* und den *neuen Perseus*.

Mit dem Drucken mußte ich mich schwer gedulden, weil Max Girardet abwesend war, aber das Gefühl, daß es relativ entscheidende Arbeiten waren, täuschte hoffentlich dann nicht! Wenn ich an die kleine Radierung *Weibliche Anmut* trat, mußte ich an die Polin denken. «Ein Blick, der nicht verfing», könnte man druntersetzen. Jetzt wohnt und studiert sie in Toulouse, sie soll lungenkrank sein. Maienglöckchen, Maienglöckchen!

Im Geiste stelle ich die Radierungen aus und überlege schon die Reihenfolge beim Hängen.

581 Ich lerne Bratschenschlüssel lesen, um im Streichquartett mehr Abwechslung zu haben.

Im zweiten Symphoniekonzert spielten wir Händel, Concerto grosso in F-Dur, Rameau, Suite aus Castor und Pollux und Brandenburgisches Konzert G-Dur Nr. 3 von Johann Sebastian. Das Quatuor vocal Bruxellois sang wunderbare alte Musik. Chanson de table von D. Friederici (1624– !), Madrigal von Waelrant (gest. 1595), Les Tribulations Conjugales von Orl. de Lassus (gest. 1594), Madrigal von Mathieu le Maistre (gest. 1577), Madrigal von Ph. di Monte (gest. 1594), Le Moys de May von Jannequin (geb. 1528 – ?), Chanson de may (XVI siècle), Gagliarda von Hasler (gest. 1612), Deux chansons soldatesques du temps de Charles VIII (anonym), Chanson von J. Mareduit (gest. 1627), Chanson Napolitaine (1520–1580) par A. Scandello.

Im dritten Symphoniekonzert gab es nur Beethoven zu hören. 1. Zweite 2. Egmont-Ouvertüre, 3. König-Stefan-Ouvertüre. Der Pianist de Gréf spielte auf einem famosen Pleyel das Es-Dur-Konzert.

Drauf ging's wieder nach Neuchâtel. Beethovens Zweite, eine symphonische Dichtung von Liszt, Mozarts Violinkonzert in Es, von Thibeaud wunderbar gespielt. Gelesen: Ibsen, Gespenster, Stützen der Gesellschaft, Wildente, Volksfeind, Molière, Don Juan, mit Vorrede von Voltaire. Raimund, Verschwender.

582 Dezember 1904. Endlich wurde gedruckt, und ich bin zufrieden. Dieser *neue Perseus* hat dem traurig-stumpfen Ungeheuer Leid durch Kopfabhauen

den Garaus gemacht. Dieser Vorgang spielt sich physiognomisch in den Zügen des Mannes ab, dessen Antlitz ein Spiegel der Handlung sein soll. Zu den Grundspuren von Schmerz mischt sich als zweites ein Lachen, so daß es die Oberhand behält. Von hier aus gesehen, wird ungemischter Schmerz in dem seitwärts beigefügten Gorgonenhaupt ad absurdum geführt. Der Ausdruck ist mehr blöd, das Haupt seines Adels und seines Schlangenschmuckes bis auf lächerliche Reste beraubt. Der Witz hat über das Leid gesiegt (ein verfeinertes Nachspiel zum *Komiker*.

583 Bei jedem Kunstwerk von Bedeutung bedenke, daß wahrscheinlich ein Bedeutenderes hat aufgegeben werden müssen.

583a Ende Dezember erschien wieder einmal Jean de Castella. Jedesmal steht er um eine Stufe der völligen Verwahrlosung näher. Am Bahnhof bezahlte er Kaviar, Pommard und Asti. Ziemlich bezecht bestieg er seinen Zug, wie immer. Seine neue Religion sagt er mir nicht mehr, «sonst nimmst du mir wieder!» Seine Münchner-Toni hat er immer noch nicht vergessen. «O ich gäbe zehn Jahre von main Leben, um wieder da anfangen, weil was man hat so schön gelebt, es kommt nicht wieder zurück.»

Oscar Wilde, Der Sozialismus und Die Seele des Menschen las ich auf Anregung von Professor Lotmar.

1905 Bern

584 Bei Lotmar spielten wir mit Jahn als Bratscher von Beethoven das Harfenquartett und das D-Dur op. 18, dann noch das Quintenquartett von Haydn. Am 7. Januar war eine Streicherprobe für Tod und Verklärung angesetzt. Am 8. machte ich mit Lotmar einen schönen Spaziergang über Köniz durch das Gurtental. Wir besprachen das ungeheure Ansinnen meines künftigen Schwiegerpapas, daß seine Tochter Pension zahlen solle. Das heißt, wer findet hierüber Worte? In Kehrsatz kehrten wir ein und stießen auf Brack.

Im vierten Symphoniekonzert am 24. 1. spielten wir die Zweite von Brahms und dessen Akademische Ouvertüre. Halir spielte das Beethovenkonzert. Wenn das Orchester zurückblieb, machte er kleine schlaue Luftpausen. Besser als lang probieren, dachte er sich dabei. Außerdem trug er das Adagio aus dem neunten Konzert von Spohr und zwei Ungarische Tänze von Brahms/Joachim vor. Letztere hinreißend. Mit hoher Sprechstimme frug dieser Riese nach einer Wirtschaft mit Pilsner Bier.

585 Januar 1905. *Der Held mit dem Flügel*, ein tragikomischer Held, vielleicht ein antiker Don Quijote. Diese im November 1904 sumpfig aufgetauchte Formel und dichterische Idee ist nun endgültig trockengelegt und ausgebaut. Dieser Mensch im Gegensatz zu göttlichen Wesen mit nur einem Engelsflügel geboren, macht unentwegte Flugversuche. Dabei bricht er Arm und Bein, hält aber trotzdem unter dem Banner seiner Idee aus. Der Kontrast seiner monumental-feierlichen Haltung zu seinem bereits ruinösen Zustand war besonders festzuhalten, als Sinnbild der Tragikomik.

Gelesen Heinse, Ardinghello, Hebbel, Tagebücher, Oscar Wilde, Aus dem Zuchthaus zu Reading, Ästhetisches Manifest.

586 Szene. Ort: der Bahnhofsplatz Bern, im Hintergrund das Bahnhofsgebäude mit dem dreiteiligen Portal, links das bewußte durchbrochene Eck.

Personen: Brack (betrunken) mit zwei Freunden.

Dellacasa mit einem Betrunkenen.

Brack (mit seinen Freunden durch das mittlere Tor heraustretend, nach vorn):
zum Freund A: «Du bisch e wüeschte!
zum Freund B: Du o
Dir syt Beid wüeschti!» (Pause)
«Schlächti!»

Dellacasa (kommt mit seinem Betrunkenen von rechts im Hintergrund).

Brack (ohne ihn zu erkennen):
«Wär sy die? ... g'falle mr die?
Nei? si g'falle mr nid!»
(nähert sich, etwas sanfter): «Aber i tue 'ne nüt!
Wäm tue 'n i öppis?
Niemerem!
(ganz nah): Wär syt Ihr?»
Dellacasa: – «Mir? wär bisch de du?»
Brack (erkennt ihn): – «A! dasch ja der Dele! Salü Dele!»
Dellacasa (reicht ihm die Hand):
«Cheibe guet, der Bräkku, um die Zyt!»

Brack (beschnüffelt ihn): «Gäu!»

Dellacasa (während Brack weitere Hundegebärden an ihm verrichtet, mit behaglicher Gemütlichkeit):
«Du bisch schynts geng no der glych!»

(Die Freunde und der Betrunkene lachen.)

Brack (hat Feuer gefangen, nach der Richtung der Bordellgasse weisend):
«I wott no nid hei!»

Dellacasa (von dort gekommen):
«Du bisch z'schpät dranne!
Grad vori hei si zue g'macht!»

Brack (torkelnd): «De blyben i hie! (macht diese Worte wahr und überschlägt sich nach hinten).
(zu Dellacasa): Häb mi uf!»

Dellacasa: «Chasch nid sälber?»

Brack (gereizt): «Du bisch e Sauhung!
E Saukärli!
(zornig): E ganz g'meine Hung!»

Dellacasa (reicht ihm gutmütig die Hand):
«Nei gwüss, das wotti mer nid la säge vo dir!
(ziehend): Chum i hilfe der!»

Brack (auf den Beinen, beruhigt):
«So isch rächt!»

Dellacasa: «U jetz salü! i mues hei! (ab).»

Brack (nachrufend): «Nei du! hesch ke Zyt noch chly z'blybe?»

Dellacasa (im durchbrochenen Eck):
«Nobis!»

(Der Betrunkene vermißt plötzlich seinen Führer, läuft ihm nach, so gut er kann.)

Dellacasa (von fern rufend):
«E Zyt lang!» (Ein Wort, das ohne Sinn überall eingeschoben wird. Zwanzig Jahre später stieß ich auf das analoge Wort «sowieso».)

Brack (aufbrechend zu seinen Freunden):
«Dir syt alli zäme wüeschti!» (alle ab).

587 Den Vorwurf eines gummihaft nach den Höhen Aufstrebenden, der dadurch so dünn wurde, daß nach ihm abgeschossene Pfeile nicht treffen, höchstens tangieren können, gebe ich als zu anekdotisch auf.

588 In der Oper hörte ich die Entführung und Carmen, nicht übel gegeben. Sehr übel dagegen die Zauberflöte. Ich erinnere mich, wie uns als Gymnasiasten die Figuren der Papagena und der Micaëla entzückten, in unserer verdorbenen Unschuld! Vor der Carmen hatten wir Angst, auch kam sie uns zu verbraucht vor für Jünglinge. Ganz unser Fall war auch der Page in den Hugenotten mit seinen zarten Frauenbeinen. Eigentlich meinten wir überhaupt immer die Darstellerin.

589 Meine Hauptinstrumente, die scharfen Bleistifte und Radiernadeln, sind getauft auf die schönen Namen Lupus, Füntzhart, Chrüttli, Nero, Judas, Rigoletto und Robert der Teufel.

590 Während ich, unten im Wohnzimmer stichelnd, einen dieser Stifte spitze, erlaubt sich eine schlechtgelaunte, verblühende Dame aufreizende Reden. Nicht ich bin gemeint, aber es trifft mich doch. Meine Strichelchen laufen über auf die dem Heft untergelegte Zeitung. Das lenkt meinen Zorn ab, und ich habe Zeit zu überlegen, welche drei Worte die richtige Antwort sein könnten. Dabei zittert mein Körper ganz leise.

591 Letzten Sonntag griffen zwei russische Windhunde einen wagenziehenden Landeshund heftig an. Das Volk nahm sofort Partei für den der Milchwirtschaft dienstbaren. Nahm es nun, frage ich mich, Partei gegen die Ausländer (fremde Fötzel) oder Partei für den Proletarier? Dies Problem beschäftigt mich andauernd. Moilliet ist kein echter Eidgenosse, denn er sprach: «D' Fydle söllen enand bysse!». Moilliet ist Weltmann und wird es immer mehr.

592 Unser Quartett soll halböffentlich auftreten, an einem Wohltätigkeitsabend des russischen Studentenvereins zugunsten der Hinterbliebenen der in den Petersburger Straßenkämpfen Gefallenen. Wir üben das c-Moll op. 18 v. Beethoven, den Variationensatz, den Tod und das Mädchen von Schubert und als Zugabe die kleine Serenade von Haydn. Da ich nicht ehrgeizig bin,

überlasse ich Fritz den ersten Part und die Arbeit des Einstudierens. Unser Lehrer Jahn spielt am Bratschenpult. Lotmar ist ganz Feuer, ganz Eifer. Dieser Mensch wird sich früh aufzehren, wenn er alles mit der vollen Energie anfaßt. In seinem Feuer brennt der Gedanke an den Zweck des Ganzen mit. Ich war mehr für ein heiteres Opus, das verstand er gar nicht.

Ein merkwürdiger, bedeutend angelegter Mensch. Doch ohne Grazie. Und ganz Intellekt. Daß darin eine Einseitigkeit liegt, beginne ich einzusehen. Für mich als produktiver Künstler wäre es sogar ein Nachteil. Ich habe davon gerade reichlich genug.

Ja, der zweite Geiger sieht manches ganz gut!

592a Vor dem ‚Auftreten' war Fritz latent aufgeregt. Er warf beim Stimmen hinter der Bühne den Steg um. Jahn machte einen sehr nervösen, sehr hohen Luftsprung. Zum Glück stand der Stimmstock fest. Aber nun war die Intonation in Gefahr. Oben beruhigten sich alle, und Fritz spielte mit großer Energie. Wir hatten einen richtigen Erfolg. Anderntags brachte er das Instrument, eine von Frau von Sinner geliehene Guarneri del Gesù, zum Geigenbauer, um feststellen zu lassen, daß nichts passiert war.

Während des Festes verbreitete sich die Nachricht, daß Plehwe einem Attentat zum Opfer fiel, und machte merklich Stimmung.

592b Wir Quartettisten bekamen nun neuen Mut und probierten neue Genossen aus, ein Fräulein Mauerhofer, Schülerin von Berber, und einen Pfarrer Lauterburg aus Schloßwil. Ich spielte meinen ersten Bratschenpart (Dvořák).

593 Gelesen: Gottfried Keller, Dietegen, Das verlorene Lachen; Hebbel, Tagebücher (Fortsetzung). Dann eine nicht literarische Schrift von einem gewissen Deutsch: Sechzehn Jahre in Sibirien.

Arbeit mehr vorbereitend. Ein *Vogel Phoenix*. Ein Mann mit geballten Fäusten als Geweih. Und einer, dem im Affekt ein Raubtiergebiß wächst.

An einem Liedertafelabend war nur die Rhapsodie von Brahms für Männerchor und Altsolo von Belang. Das Meer von Nicodé ist recht billig.

Haller schrieb zweimal. Einmal brauchte er sein Känguruh für die Bewerbungsausstellung für Schweizer Stipendiaten. Und jetzt, auf offener Postkarte, braucht er gar:

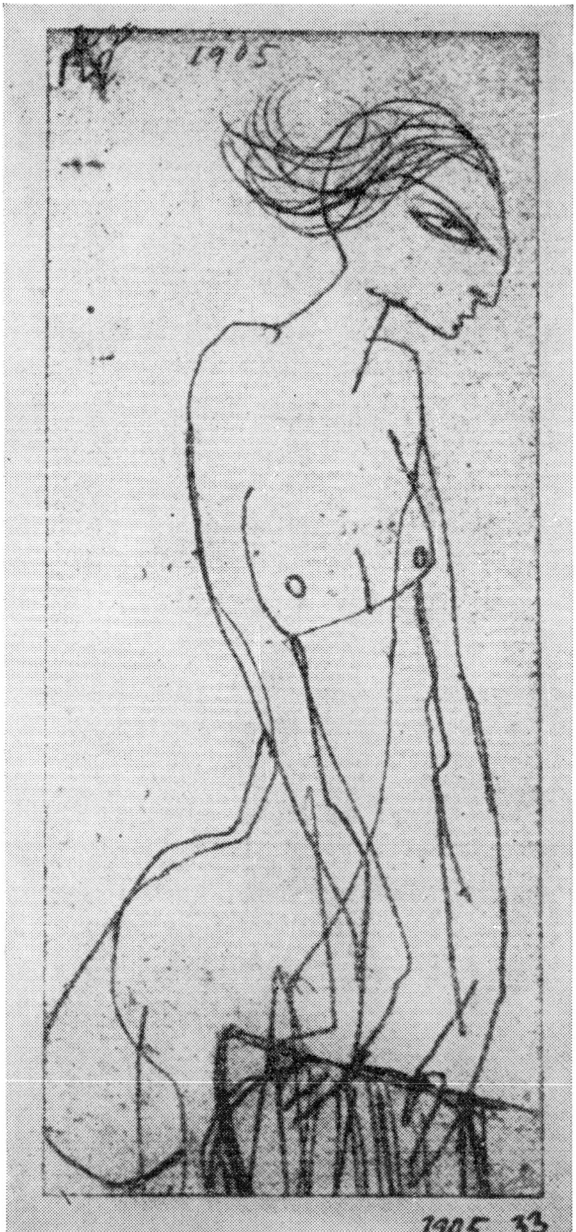


9 *Jüngling auf Leier gestützt. 1905, 33*

«Rom, via Flaminia 110. Lieber Freund, ich komme mit einem komischen Anliegen zu Dir. Schicke mir bitte sofort als rekommandiertes Muster ohne Wert einige Thujazweiglein (circa 300 Gramm), es gilt Thee zu machen. Erkundigungen über den Thee kannst Du bei Brack einziehen. Viele Grüße an Dich und die andern von Deinem Hermann Haller. Auch Hofer grüßt.»

Auf der Adreßseite stehen mit Bleistift geschrieben die rätselhaften anonymen Worte: «fortuna, che ve l'ho rimandato io, e ricevete un grosso bono N. S.»

597 Im fünften Symphoniekonzert spielte Casals, einer der wunderbarsten Musiker, die es je gab! Sein Celloton ist von der rührendsten Wehmut. Grenzenlos seine Gestaltung. Bald nach außen, aber aus der Tiefe, bald nach innen, in die Tiefe. Beim Spiel schließt er die Augen, doch der Mund grollt leicht in diesen Frieden hinein.

Unseren Vereinsdirigenten hat er in der Probe schwer gezaust. Casals kam etwa eine halbe Stunde zu spät daher. Der Vereinsdirigent empfing ihn mit entgegengehaltener Uhr. Den Spanier, der eidgenössisch nicht versteht, verdroß das. Dachte sich sichtlich, wollen sehen, was du kannst. Das Tutti zum Haydnkonzert beginnt. (N. B. Hauptprobe vor zahlenden Hörern.) Unseres Vereinsdirigenten Sache waren nie die Tempobestimmungen, und er vergriff sich natürlich total. Casals versuchte, es ihm beizubringen. Natürlich umsonst. Nun setzte er mit dem Solo ein, und es klang, als ob der Himmel sich öffnete. Aber da er nicht Halir war mit Luftpausen, verlangte er ein Ganzes. Nun bekam der Dirigent auch noch Angst und konnte nach der Solokadenz trotz mehrmaligen Übens den Einsatz nicht richtig geben. Daß er's nicht fühlte, war dem Spanier längst klar, nun aber stieg ihm der Verdacht auf, daß es ihm zudem noch an der Notenkenntnis fehlen könnte. Er nannte ihm laut mit Namen jede Note vor dem Tuttieinsatz. Das erklang so scharf als möglich, wie in der Elementarschule.

Nun waren die Hörer gespannt, wie es dem Pianisten Brun bei der Sonate von Boccherini ergehen würde. Aber der Spanier war mit den Worten «ah c'est terrible de jouer avec cet orchestre!» abgegangen und wollte keinen Ton mehr spielen. Fritz Brun war sehr froh und probierte dann später mit ihm zu Hause, wo Casals sehr zufrieden sich äußerte.

Am Abend saß Casals grollend vor dem introduzierenden Orchester. Der Vereinsdirigent sah sich stumm bittend nach seiner Meinung über das Tempo um. Der Spanier hielt es grade noch einen Takt aus, dann griff er mit den Bässen ein und schaffte mit ein paar Bogen-Rippenstößen Ordnung.

Wir hatten die g-Moll vom Mozart, eine Ouvertüre (Vestalin) von Spontini und die kleine Cosi-fan-tutte-Ouvertüre, jenes wunderbarste unter den Wunderwerken, zu spielen.

Außer Boccherini spielte Casals noch eine Sarabande von Bach allein.

599 Was bildet der Künstler? Formen und Räume! Wie bildet er sie? In gewählten Proportionen ... o Satire, du Leid der Intellektuellen.

600 Konzert im März. Böhmisches Streichquartett: Mozart d-Moll Dvořák F-Dur, Beethoven e-Moll 59. In Neuchâtel wirkte ich bei der Matthäuspassion mit und engagierte auch noch Lotmar dazu. Kaufmann sang die Tenorpartie sehr gut, auch von Oort aus Utrecht war des Christus würdig. Der Chor hatte sichtlich gearbeitet. Es fehlte ihm nur die letzte Gewalt.

In Bern spielten wir das letzte Symphoniekonzert dieses Jahres. Liszt: Préludes, César Franck: Les Djins für Klavier und Orchester, Richard Strauß: Tod und Verklärung, Berlioz: Ouvertüre Carneval Romain.

601 Bei einer Quartettsitzung gerieten Lotmar und Lewandowsky hintereinander. Lotmar hatte dick aufgetragen im Übereifer, Lewandowsky verglich seine diesmalige Leistung mit dem Geigenspiel eines Straßburger Konzertmeisters. Ich hatte gebratscht und konnte nichts dafür (Beethoven G 18, Mozart C).

Gelesen: Heinse, Ardinghello. Ibsen, Baumeister Solness (zu sehr Idee geblieben, aber sehr fesselnd), Ovid, Metamorphosen, aus einer alten Doublette der deutschen Künstlerbibliothek zu Rom.

Viel Verkehrtes ist mir schon passiert, ich hörte Bajazzo und Hänsel und Gretel, ohne den Ring zu kennen. Ich sah Sudermannsche Dramen vor Ibsen und Ibsen vor Hebbel.

Amiet vor van Gogh (spätere Anmerkung).

Vom 11. bis 13. März lag ich zu Bett (Fieber, Heiserkeit, Husten und Schnupfen).

602 20. 3. *Der greise Phoenix* stellt keine Idealgestalt vor; er ist wirklich

nahezu 500 Jahre alt, und es ist ihm, wie ersichtlich, in dieser Zeit allerlei zugestoßen. Diese Kreuzung von Realismus und Fabel ergibt die komische Wirkung. Ohne Tragik ist der Ausdruck auch nicht und der Gedanke, daß dieses Wesen nun bald zur Parthenogenese schreiten wird, eröffnet auch keine heiteren Perspektiven. Der Rhythmus der Unzulänglichkeit mit 500jähriger Periodizität ist eine erhaben-komische Vorstellung.

Obwohl Ovid nicht dazu paßt, ist dort manches Hübsche über diesen Vogel zu lesen (Metamorphose XV 393 f.). Mir ist lieber, er wird nicht gewaltsam verbrannt, da bin ich mit Ovid eins. Zum ersten Mal gedruckt Montag, den 20. März.

Nun folgt *Das drohende Haupt;* fast möchte ich glauben, dies werde das letzte Blatt im strengen Stil sein und es müsse etwas ganz Neues folgen. Ich blicke spanienwärts, wo Goyas wachsen.

603 Eben druckten wir *Das drohende Haupt*. Der Abschluß ist düster genug. Irgendein vernichtender Gedanke, ein scharf negierender kleiner Dämon über einem hoffnungslos resignierten Antlitz.

März/April 1905. Der Druck eines zweiten Zustandes ließ auf sich warten, weil Max Girardet im Militärloch sitzt.

604 Der D. liebt, natürlich nur halb glücklich, das heißt er weiß noch nicht, woran er ist. Und nun konsultiert er mich. Was sollte ich ihm da sagen. Sie ist Geigerin von Beruf, hat ein hübsches Talent. Aber alles etwas sehr blond in blond, etwas mager, nicht mehr in der allerersten Blüte, was in einigem Widerspruch zu den kindlichen Zügen steht. Aus Köln.

Vergißmeinnichtaugen waren wieder einmal schuld, daß die Ruhe des armen D. hin ist. Verzehrende Liebe ist wohl etwas Schönes und Starkes, aber ‚sie' müßte dann auch danach sein. D. fühlt sich wohl etwas schwächlich und reißt vor sehr rassigen Frauen aus. Oder er traut sich nicht zu, von ihnen beachtet zu werden. Vielleicht mit Recht.

Jeder muß diese Dinge mit sich selber abmachen und keinen guten Rat bei anderen suchen. Ich machte ihm zwar Mut; sie müßte ihm einmal fürs erste wirklich gehören, dann würde er erst sehen, ob sie auf die Dauer die rechte für ihn sei.

605 Ich würde mich nicht eignen zu einer solchen D.-Rolle. Aber ich meine

das jetzt gar nicht verächtlich. Ich sah an Haller auch schon solche großen Leidenschaften. Ich habe im Gegensatz zu diesen Menschen eine raffiniert ökonomische Taktik in mir ausgebildet. Ich weiß genau die Gefahren, alle zu erkennen, einige Momente meiner noch halbkindlichen Jahre haben mir Momentansichten dieser Höllen gezeigt, und das genügte.

Seither ist mir das Innerste allerheiligst verschlossen. Ich meine jetzt damit nicht die Liebe allein, denn hier habe ich ja gut reden, sondern alle Frontteile ringsherum, auf den Angriffe des Schicksals in irgendeiner Form Aussicht auf Erfolg haben.

Ob diese Taktik nicht zu einer gewissen Verarmung führen kann, wird sich zeigen. Sie ist nicht frei gewählt, sondern auch beizeiten schon so in mir gewachsen.

Vielleicht steht der Instinkt des produktiven Künstlers da bei mir als oberster Imperativ. Vielleicht ist das Ganze auch gar nicht so rational aufzufassen, sondern es waltet ein uralter philosophischer Geist, der diese Welt überwindet, und sollte es den Weg in die Wüste bedeuten.

Ganz sicher habe ich in produktiven Momenten den großen Vorteil, ganz Ruhe zu sein, ganz nackt vor mir selber, kein Ich des Tages, ganz Ich-Summe, ganz Werkzeug. Ein Ich, das Zuckungen unterworfen ist, mindert den Stil herab, und tritt im steifen Hut aus dem Rahmen heraus.

«Guten Tag Monsieur Ich, was haben Sie heute für eine Krawatte umgebunden?» möchte man manchmal einem ‚Kunstwerk' zurufen.

Also bin ich gewappnet, wenn ein Opus 2 über mich kommt.

Wenn etwas Neues nicht kommt, habe ich nichts mehr zu sagen. Ich breche als Omen alles hinter mir ab.

606 Gelsen: Tirso da Molina, Don Juan (einige vortreffliche Szenen), Gogol, Tote Seelen, ein ganz bedeutendes Werk, Aufführung des Revisors am Theater, nicht russisch genug gegeben. Wedekind, Hidallah. Oper: Hoffmanns Erzählungen, Guscalewicz war im letzten Akt als Antonia wieder einmal wirklich große Darstellungskunst. Man vergaß auf Momente die Provinzbühne ganz, überhaupt die Bühne, die Sache begann zu atmen.

Der Chor gab Mozarts Requiem, es war eine recht schöne Aufführung. Auch das Soloquartett klang gut. Voraus ging eine Kantate: Herr, bleibe bei uns, denn es will Abend werden vom Johann Sebastian. Was für Werke!

*10 Katze. 1905*

607 Den Komiker haben andere schon viel früher ganz ausgezeichnet erläutert. Gogol: Tote Seelen I, 7. Kap. «... daß es ein Lachen gibt, das sich würdig mit den höheren lyrischen Regungen in eine Reihe stellt und himmelweit entfernt ist von den Zuckungen eines gemeinen Lustigmachers.»

Seinen Roman nennt er «eine Welt des sichtbaren Gelächters und der unsichtbaren Tränen ...».

Ferner das russische Sprichwort: «Die lachende Träne im Wappen führen.»

Etwas banaler sagt Heine: «Lächeln, als wenn der Tod uns kitzle mit seiner Sense.»

608 Ein hübsches Lied wurde mir seinerzeit mitgeteilt:

Was scher i mi um mi?
I bin so guet wie ni.
Der Kerli, der i bi,
kann i no lang werde.

610 April 1905. *Das drohende Haupt* ist ein düsterer Abschluß dieser Radierungen. Ein Gedanke, vernichtender als Tat. Reine Negation als Dämon. Die Physiognomie hauptsächlich resigniert.

611 Krieg dem Intellekt! Das darf ich jetzt wohl sagen, nachdem ich durch ihn hindurch bin. Mein Freund Lotmar, du hast mir gut gedient, ich will's dir immer danken, aber jetzt gehen unsere Wege wieder auseinander. Noch seh' ich dich drüben ganz schön mit unbewaffnetem Auge.

Ich muß viel weiter spannen, sonst verarme ich in dieser sauberen Wohlgeordnetheit. Sonst wird's idyllisch.

Und was registriert ist, bleibt nicht mehr lebendig. Solch Milieu kann meine Heimat auf die Dauer nicht sein. Sonst geh' ich mir verloren.

Ich muß einmal wo in die Knie sinken, wo nichts ist, und tiefergriffen sein davon.

Genug des bittren Lachens über das, was ist, und nicht ist, wie es sein soll.

615 Das Fragmentarische, was viele impressionistische Werk haben, ist eine Folge der Treue zur Inspiration. Wo sie aufhört, ist auch das Werk zu stoppen. Der Impressionist ist denn doch etwas menschlicher geworden als der reine

Materialist. Der Begriff des nüchternen sachlichen Könnens hört auf, um jeden Preis zu gelten.

616 A und B haben lange beim Wein gestritten und stehen auf entgegengesetzten Punkten. Im Trinkstadium der Gerührtheit kommen sie sich versöhnlich entgegen. Jeder hält seine Rede mit so viel Schwung, daß B bei Standpunkt A landet, und A beim Standpunkt B. Mit staunendem Blick reichen sie sich die Hand.

618 *Der greise Phoenix* hat als Gleichnis etwas Homerisches; er gleicht in einem Punkt, wird aber im übrigen selbständig ausgestaltet.

Vom *Komiker* läßt sich noch sagen, die Maske bedeute die Kunst, und hinter ihr verberge sich der Mensch. Die Linien der Maske sind Wege zur Analyse des Kunstwerkes. Die Zweistimmigkeit der Welten Kunst und Mensch ist organisch, wie bei einer Invention des Johann Sebastian.

Solche Betrachtungen sind hinterher ganz reizvoll anzustellen.

Bei *Weib und Tier* war in früheren Fassungen die Dame zu sehr leidender Teil. Ich gab ihr dann später den nicht ganz abgeneigten Ausdruck.

Über den Sinn der ‚Häßlichkeit' meiner Figuren könnten Dissertationen geschrieben werden.

621 Mit meinem Vater verbrachte ich acht schöne Tage in Oberhofen am Thunersee, fast die ganze Karwoche.

Kar kommt von ‚chären', klagen. Wenn unser Myz, das edle graue Katzengeistchen, seinen gesprächigen Tag hat, dann heißt's «Du bisch e chäri!»

Wir wanderten fleißig umher. Einmal nach Gunten und Merligen, von da den Fußweg nach Sigriswil, dann die Straße nach Aeschlen und zurück über Schönörtli nach Oberhofen. Ein andermal zu Schiff nach Thun, durch den Wald nach der Heilanstalt Heiligenschwendi und auf dem Fußweg zurück nach Oberhofen. Ein drittes Mal zu Fuß nach Scherzligen (Überfahrt über die Aare), die Straße nach Gwatt, Einigen, Spiez und mit dem Dampfer nach Oberhofen zurück. Zu Ostern ist dieser See besonders reizvoll.

623 X..s Mutter ist ein Wesen, das nicht gestorben ist und doch schon ausgelöscht. Sie lebt als Körper, als Geist ist sie nicht mehr da. Eine lebende Tote.

Plötzlich wird von ihr gesprochen, nachdem ich Jahre nichts von ihr gehört habe. «Meine Mutter ist . . .», man erschrickt förmlich über dieses Wort ‚ist'. «Meine Mutter ist nicht wohl genug, ich reise nicht nach München. Meiner Mutter geht es nicht gut genug, als daß man sie besuchen kann.»

624 X. hat sich mit Y. Z. verlobt. Schon in Neuchâtel fiel mir auf, wie Y. sich zu ihm hingezogen fühlte. Aber ihn schätzten wir alle falsch genug ein, um ihm diesen Schritt nicht zuzutrauen. Ich sagte mir, W. X. bewundert zum Beispiel in der Kunst so sehr die Schönheit, daß ihm vielleicht einmal auf diesem Weg beizukommen ist. Nun hatte ja die Z. wohl einen schönen charaktervollen Kopf, aber eine schöne Frau war sie keineswegs.

W. X., der selbst für Freunde schwer zugängliche Mensch, diese Festung ersten Ranges ist von einer einfachen russischen Studentin genommen worden.

Er sagte zu mir auf meine Frage, was er mit den inneren Hindernissen, die seiner Verlobung entgegenstanden, gemeint habe: «Während der ganzen Vergangenheit habe ich darüber, was die Krankheit meiner Mutter für mich bedeutet, was sie meinem Vater bedeutet und was dies wieder für mich bedeutet, kein Wort gesprochen, und nun mußte ich einmal ganz aus mir herausgehen . . . Es hat mich zerrüttet.»

Nach einer Pause versuchte er augenscheinlich noch mehr zu sagen, aber er brachte es nicht heraus. «Nein! ich kann nicht von vorn anfangen!» rief's und sprang vom Stuhl nach der Tür hin.

Ein merkwürdiger Mensch, der vor seinen Freunden davonrennt, wenn sie Teilnahme zeigen. Ich fürchte für ihn, wenn er sich einmal noch mehr verfinstern sollte.

Vom 24. bis 28. April warf's mich wieder einmal aufs Bett. Immer die gleichen Attacken im Hals.

626 Recht amüsant ist das Experiment, ein Bild mit nur einem Auge zu betrachten und zu erfahren, wie die Gegenstände des Bildes dadurch plastisch werden. Warum? Das eine Auge sieht eigentlich unplastisch; trotz der erfahrungsmäßigen Ergänzung, die das Gehirn zu diesem mangelhaften Eindruck macht, verschätzt man sich einäugig in allen räumlichen Dingen gründlich. Man kann also die Bildfläche nicht als solche mit Bestimmtheit erkennen, und

einer Täuschung durch die dargestellten Formen wird dadurch Vorschub geleistet. Sie werden leichter plastisch.

627 Mein Vater hat im Grunde die schönsten Eigenschaften, aber die letzten Äußerungen sind nicht immer recht goûtabel. Ganz abscheulich kam er mir einmal vor, als ich nach der Pockenimpfung vor meiner italienischen Reise mit 40 Grad Fieber dalag. «Nun, ist das jetzt schön?» meinte er ironisch. Als ob ich nicht selber gewußt hätte, daß es alles eher als schön sein würde. Daß ihm meine Impferei nicht recht war, war mir ja auch bekannt. Hatte er doch bis dahin kämpfend verhindert, daß seine Kinder geimpft wurden. Hätte er mir vorher gesagt, ich nehme dir übel, wenn du dich impfen läßt! Das wäre wenigstens nicht unlogisch gewesen. Und triumphieren durfte er erst, wenn ich als Geimpfter die Blattern bekommen hätte und er als Nichtgeimpfter gesund an meinem Bett gesessen wäre. Außerdem war ich mündig und hatte durch meine Verlobung über meine Person nicht mehr ganz frei zu verfügen.

Aber sonst ist mein Vater schon recht.

628 Als wir neulich beim Pilsner saßen, kam ein Spießer mit einem heftigen Hustenanfall herein. Mit erstickender Stimme sprach er: «Dr guet Mönsch het e böse Hueschte!» Anderntags hörte ich in der Nachbarschaft laut rufen: «Was isch mit däm Hung? Das dä mys Froueli geit ga abälle! Säg Hung, nimm di zäme!»

632 Juni 1905. Ich will mit meinen Radierungen relativ zufrieden sein, nur geht es so nicht weiter, denn ich bin kein Spezialist. Vorläufig will ich doch nicht alles zusammenwerfen, sondern den logischen Weg herausfinden. Eine Hoffnung lockte mich, als ich neulich auf eine geschwärzte Glasscheibe mit der Nadel zeichnete. Eine Spielerei auf Porzellan hat mich darauf gebracht. Also: Das Mittel ist nicht mehr der schwarze Strich, sondern der weiße. Der Grund ist nicht Licht, sondern Nacht; daß die Energie eine aufhellende ist, entspricht dem Vorgang in der Natur. Es ist dies wohl ein graphisch-malerischer Übergang. Malen will ich nicht, aus bescheidener Vorsicht!

Also heißt es jetzt: «Es werde Licht.» So gleite ich langsam hinüber in die neue Welt der Tonalitäten.

633 Mit Weiß zu arbeiten, entspricht der Malerei in der Natur. Wenn ich mich nun aus dem sehr spezifischen und streng graphischen Gebiet der schwarzen Energie herausbegebe, bin ich mir wohl bewußt, damit ein weites Gelände zu betreten, in dem eine ordentliche Orientierung zunächst unmöglich sein wird. Diese Terra incognita ist wohl unheimlich genug.

Aber der Vorstoß muß gemacht werden. Vielleicht hilft mir die Hand der in größere Nähe gerückten Mutter Natur über manche schwere Stelle hinweg.

Der Vorstoß muß gemacht werden, weil er längst in vielen Ansätzen sich vorbereitete. Denn die paar Radierungen sind doch noch lange nicht die ganze Arbeit der letzten zwei Jahre. Eine Menge von Skizzen eignete sich nur nicht zur Einordnung in jenes streng abstrahierende Formbekenntnis. Sie liegen und harren.

Der Vorstoß ist reif.

Ich beginne logischerweise beim Chaos, das ist das Natürlichste. Ich bin dabei ruhig, weil ich fürs erste selber Chaos sein darf. Das ist die mütterliche Hand. Vor der weißen Fläche aber stand ich oft zitternd und zagend. Doch gab ich mir dann den bewußten Ruck und zwängte mich in die Enge linearer Vorstellungen. Dann ging es wohl, denn ich hatte energisch und konsequent geübt auf diesem Gebiet.

Es ist bequem, fürs erste Chaos sein zu dürfen.

Die ersten hellen Schritte auf diesem Grunde wirken auch gar nicht mit so bezwingender Vehemenz wie schwarze Energien auf weißem Grund. Man kann sich arbeitenderweise viel gemächlicher ergehen. Der schwarze Primäraffekt läuft entgegengesetzt, er beginnt da, wo in der Natur aufgehört wird. Nun aber ist es, als ob die Sonne über dunkle Täler erst streifend aufgehe und im Höhersteigen allmählich tiefer eindringe. Die letzten Dunkelheiten sind Rest.

Dabei erwachende Fachbegriffe: Holzschnitt und eine Abart der Lithographie. Vielleicht naht damit die Entschädigung für viele bittere Stunden.

635 Bei Beethoven, besonders beim späten, gibt es Themen, die das Innere nicht transitiv strömen lassen, sondern zu einem in sich selbst ruhenden Gesang gestalten. Bei der Reproduktion ist darauf sehr zu achten, ob das ausgedrückte Psychische jemand angeht oder für sich besteht. Ich für meine Person finde im Monologischen allmählich einen ganz besonderen Reiz.

Denn man ist letzten Endes hienieden doch allein, sogar in der Liebe.

636 O laß den unendlichen Funken nicht ganz ersticken im Maß des Gesetzes. Sieh dich vor! Doch entferne dich auch nicht ganz von dieser Welt. Denke dir, du wärest gestorben: Nach langen Jahren des Fernseins wird dir ein einziger Blick erdenwärts ermöglicht. Du siehst eine Laterne stehen und einen alten Hund, der sein Bein hebt. Schluchzen mußt du da vor Ergriffenheit.

637 Im alten Rom wurden Brechmittel auf den Tisch gelegt. Jetzt setzt man sie im Frack und weißer Binde unter die Gäste auf Stühle, hübsch verteilt. Ich hab's gesehen in der Kunstgesellschaft.

638 Die Individualität ist nichts Elementares, sondern ein Organismus. Elementare Dinge unterschiedlicher Art wohnen da unmittelbar zusammen. Wenn man teilen wollte, stürben die Teile ab. Mein Ich ist beispielsweise ein ganzes dramatisches Ensemble. Da tritt ein prophetischer Urvater auf. Da brüllt ein brutaler Held. Da räsoniert ein alkoholischer Bonvivant mit einem gelehrten Professor. Da himmelt eine chronisch-verliebte Lyrica. Da tritt der Papa pedantisch entgegen. Da vermittelt der nachsichtige Onkel. Da tratscht die Tante Schwätz. Da kichert die Zofe Schlüpfrig. Und ich schaue zu mit erstaunten Augen, die gespitze Feder in der Linken. Eine schwangere Mutter will auftreten. Bscht! rufe ich, du gehörst nicht hierher. Du bist teilbar. Und sie verblaßt.

639 Ich ritzte auf Glas 13 × 18 mit der Nadel in einen schwarzen Grund. Dann legte ich eine unbelichtete fotografische Platte Schicht an Schicht im Finstern dagegen. Dann belichtete ich kurz und konnte ein fotografisches Negativ entwickeln. Die Drucke davon entsprechen in frappanter Weise dem Original.

640 Immer mehr drängen sich mir Parallelen zwischen Musik und bildender Kunst auf. Doch will keine Analyse gelingen. Sicher sind beide Künste zeitlich, das ließe sich leicht nachweisen. Bei Knirr sprach man ganz richtig vom Vortrag eines Bildes, damit meinte man etwas durchaus Zeitliches: die Ausdrucksbewegungen des Pinsels, die Genesis des Effektes.

11 *Bildnis meines Vaters. 1906. 23*

Knirr ... da war doch eine erfrischende Kameradschaft beieinander. Der lustige Waadtländer Morerot, wie er einmal während einer langen Zeit der Novembernebel schwermütig wurde. «Schon drei Wochen es ist kalt, und man sieht nicht der Sonne. Ich gehe auf Zimmer und anzünde der Lampe, daß ich glaube, es ist der Sonne!»

641 Ein armes gepreßtes Schülerherz hat es mir gestanden. An's Fenster trieb es ihn, weg von seinen Heften, weg von der eingetauchten Feder. Hinausspazieren wollen seine Augen und drängten durch die Scheiben, wo die Stirn anstieß. Glückliche Kinder, die da unten spielten. Glücklich Irenens Lächeln, des reizenden Mädchens. Glücklich seine Augen, die ihr folgten. Glücklich sein armes Schülerherz, das gepreßte.

Aber die neidischen Bäume, Hehler seiner einzigen Augen- und Erdenlust, Wie lange noch wollen sie halten gefangen Irenen. Es tickt und tickt die Zeit. und die Feder ist schon eingetaucht.

Und er gestand mir, daß er im Spiegel sein Gesicht sah voll Liebe und ohne die häßlichen Blüten. Er weiß, seiner harrt besseres als sein heutig Teil. Er weiß es, dort in der Ferne draußen. Und die Lokomotive pfeift.

Es gibt Seligkeiten nicht nur über den Sternen, auch hienieden. Es gibt Frauen, später irgendwo in einem Land.

Zu diesen Frauen betet er. Es stehen dort Tempel errichtet ihrem Geschlecht. Und eine wird kommen, die nicht eine ist, sondern ganz des Geschlechtes. Ich ließ dich grüßen durch Irenen, wird sie sprechen. Und ihre Stimme ist Musik.

643 Antike Künstler-Märtyrer. (Laokoon Kapitel 2 alinea 3) ... als daß nicht auch die Griechen ihren Pauson, ihren Pyricus sollten gehabt haben. Sie hatten sie, aber sie ließen ihnen strenge Gerechtigkeit widerfahren. Pauson ..., dessen niedriger Geschmack das Fehlerhafte und das Häßliche an der menschlichen Bildung am liebsten ausdrückte, lebte in der verächtlichsten Armut. Und Pyricus, der Barbierstuben, schmutzige Werkstätten, Esel ... mit dem Fleiß eines niederländischen Künstlers malte, als ob dergleichen Dinge in der Natur soviel Reiz hätten und so selten zu erblicken wären, bekam den Zunamen des Rhyparographen (Kotmalers), obgleich der wollüstige Reiche seine Werke mit Gold aufwog ... Die Obrigkeit selbst hielt es ihrer Aufmerksamkeit

nicht für unwürdig, den Künstler mit Gewalt in seiner wahren Sphäre zu halten. Das Gesetz der Thebaner, welches ihm die Nachahmung ins Schönere befahl und die Nachahmung ins Häßlichere bei Strafe verbot, ist bekannt. Es war kein Gesetz wider den Stümper, wofür es gemeiniglich und selbst vom Junius gehalten wird («de pictura ...»). Es verdammte die griechische Ghezzi, den Kunstgriff, die Ähnlichkeit durch Übertreibung der häßlichen Teile des Vorbildes zu erreichen, mit einem Wort: die Karikatur.

644 Nachts auf Mittwoch, den 31. Mai, fuhr ich mit Moilliet und Bloesch pariswärts. Wir kamen halb elf Uhr vormittags an, fuhren im Wagen nach unserem Hotel rue de l'école-de-Médecine. Dann machten wir einen ersten Orientierungsgang. Nachmittags Louvre. Abends bal de Nuit in den Hallen.

1. 6. Himmelfahrt: Whistler Gesamtausstellung. Panthéon (Puvis de Chavannes), zu Fuß durch Bois de Boulogne nach St. Cloud. Zurück auf der Seine. Abends im Théâtre Sarah-Bernhardt: il barbiere di Seviglia, italienisch.

2. 6. Luxembourg: Rodin, Puvis, Manet, Monet, Renoir. Louvre: Velasquez, Goya, Watteau, Fragonard, Millet. Abends: äußere Boulevards, zurück durch die Hallen (gen Morgen).

3. 6. Morgue.: Im Hôtel de ville schlechte Fresken von Puvis de Chavannes. Nachmittags Louvre: Millet, Corot. Abends in der Opéra-Comique, eine Oper Cherubin von Massenet.

4. 6. (Sonntag). Luxembourg. Salon. Abends: Comédie-Française: Tartuffe und von A. de Musset: Il ne faut jurer de rien.

5. 6. Unterbrochene Fahrt nach Versailles (wegen Regens). Nachmittags geschlafen. Abends Folies-Bergère und Boulevards. Stillerer Tag.

6. 6. Louvre: Antikensammlung. Salon national (Besser). Abends äußere Boulevards, Cabaret.

7. 6. Louvre, alte Franzosen. Nachmittags nochmals im besseren Salon. Abends Grand Opéra: Armida von Gluck.

8. 6. Jardin des Plantes. Abends Ball im Bullier.

9. 6. Begann um halb zwölf Uhr mit dem Mittagessen. Dann Louvre: Rembrandt und Frans Hals. Fünf-Uhr-Tee. Um halb sieben Uhr abends verließen mich die andern zwei zum ersten Male, weil sie in den Tristan gingen.

10. 6. Luxembourg, nochmals zu Manet etc. Sorbonne (Puvis de Chavannes). Tram nach Montmartre, Sacré Cœur, Ausblick auf die Stadt. Tram gegen den

Eiffelturm. Ein Wolkenbruch verhinderte den Aufstieg. Droschke nach der Opéra: Armida zum zweiten Male.

11. 6. (Pfingsten). Panthéon, Monumentalbrunnen Carpeaux. Lion de Belfort. Gare Montparnasse. Omnibus durch Boulevard Saint-Michel; abends Opéra-Comique: Louise, von Charpentier.

12. 6. Vormittags in Versailles. Abends wieder in Paris, Taverne de l'Olympia, ekelhaftes Nachtcafé.

13. 6. Louvre zum Abschied. Tee um fünf Uhr. Sieben Uhr vierzig Abreise nach Bern.

645/49 Haupteindrücke des Luxembourg. Vom *armen Fischer* des Puvis de Chavannes kommt der frühere Hodler her. Das Grau innerhalb einer milden Koloristik. Manet, von Velasquez und Goya herkommend, allmählich in die Gegenwart übergehend. Monet ungleich, weil Dränger, dafür vielseitig, Sisley verfeinert! Renoir, der leichte, nah am Kitsch und doch so bedeutend! Pissaro herber. Carrière malerische Manier, bestechendes Lehrbeispiel für Tonalitätsmalerei.

Société Nationale des Beaux Arts; Zuloaga, *Mes trois cousines.* Tieftonige Malerei, daher große Effekte des Schmuckes, der Zähne etc. Figuren und Landschaft gut zusammen.

Louvre: Poussin, Claude Lorrain, besonders Watteau, ein großer Maler. Fragonard ungleich. Chardin monumental im kleinen Format.

Millet, *Le printemps*, herrliche Landschaft, außerdem bedeutende Bilder im oberen Stockwerk 2892, 2895, 2893, 2890 (das Stillste).

Ingres. Corot, Courbet. Delacroix verstehe ich nicht recht.

Frans Hals. Diese Bilder sind vorzüglich erhalten (gegen Rubens fast gar kein Galerieton). Bloß das Porträt von Descartes ist recht gelb. Rembrandt, besonders der späte!

Raffael läßt mich sehr kühl. Tizian ist meist ins einförmig Gelbe verdorben. Tintoretto ein großer Maler. Veronese; Leonardo, von ihm sind große Herrlichkeiten da. Seine Bilder sind ja auch nur mangelhaft erhalten, aber da er nicht so sehr Tendenz zum Warmen hat, wie Raffael oder Tizian, bleiben unter dem Gelbschimmer noch genug kühle Töne wirksam. Freilich alles viel zu dunkel. Ein Bahnbrecher in der Behandlung der Tonalitäten.

Dürer behauptet sich da, wo er handschriftlich ist, am meisten in dieser illustren Gesellschaft. Velasquez, mit Stolz und wichtigem Elan hingesetzte Figuren. Goya liebe ich viel mehr. Entzückende Klänge von Grau zu Schwarz, dazwischen Fleischnoten wie zarte Rosen. Intimere Formate.

Von Leonardo kommend, fragt man nicht mehr viel nach Karriere.

650 Die Zeitungsträger im Laufschritt: Enfin! La Paix! tout de même! (Finger hoch:) ho-ho! Ein Refrain aus dem Cabaret

Moilliet war sehr beliebt bei den Kokotten, sein nettes Gesicht und kindliche Mienen lockten allerlei an. Er war ganz ruhig, ließ mit sich reden und ging auch wieder leicht weiter. Dazwischen sagte er viel nette Dinge vor sich hin: «Nume Illusione han i, wo mir g'höre ...» oder: «daheim isch es so: nume der Fydu dänkt, aber dä redt nid».

Valse von dem Bal de Nuit:
dazu die Atmosphäre von faulenden Fischen, Staub, Tränen, Arbeit, Pferd am

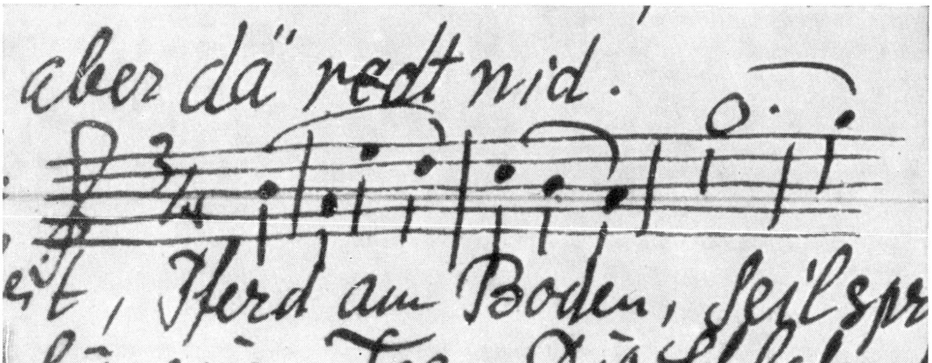

Boden, seilspringende Kokotten, der einfahrende Eisenbahnzug mit der Nahrung für einen Tag. Die Schlafenden an der Wand.

Bloesch hat wenig Beachtung gefunden bei den Kokotten. Es wurde gewarnt: «C'est un savant!» Mir machten sie höchstens ein paar Grimassen hin.

651 Der Barbier war eine vortreffliche Aufführung. Endlich ein Almaviva, sang wie gegeigt. Ähnlich hätte ihn der kleine Bonci gesungen! Rosina (Pacini) entzückend, gar nicht süß, würzige Jugend in allem. Große Gesangskunst. Das Orchester klang nicht zart genug. Massenet: Cherubin, fein gemachte Musik, aber eben gemachte. Louise, ein Machwerk reinster Sorte. Beide Aufführungen in der Opéra-Comique meist sehr kultiviert, mehr als Ensemblekunst, als durch Solisten hervorragend. Die Armida, die wir zweimal hörten, war ein großes Ereignis. Erstens dieser Gluck. Dann wie das gemacht wurde, so ganz von selber funktionierte jeder Teil. Ein Stilgefühl ohne jede Experimentiererei. Kein individueller Wille eines Leiters. Generelle Leistung. Feine Ballette. Herrliches Orchester. Solisten Affre (Tenor), Fräulein Bréval (Armida), Delmas (Bariton) usw. usw.

Ein ähnliches Ereignis war die Tartuffe-Vorstellung in der Comédie.

Letzter Eindruck. Sonniger Abend am Boulevard, wir im Wagen unter rotblühenden Kastanien hindurch zum Bahnhof.

652 Gelesen: Andrejew, Das rote Lachen. Lynkeus, Phantasien eines Realisten. Keine Bücher nach meinem Sinn. Lukian in einer französischen Ausgabe erstanden, schon besser! Keller und Rainer in Berlin wollen meine Radierungen nicht ausstellen.

660 Juli. Mit der «reinen» bildenden Kunst verhält es sich doch nicht ganz so einfach, wie das Dogma besagt. Eine Zeichnung ist zuletzt eben keine Zeichnung mehr, so selbständig sie auch auszugestalten ist. Sie ist Symbol, und je tiefer die imaginären Projektionslinien höhere Dimensionen treffen, desto besser. In diesem Sinne werde ich kein reiner bildender Künstler, wie es das Dogma besagt, je sein. Wir höheren Geschöpfe sind ja auch mechanisch vollendete Kinder Gottes, und trotzdem spielen in uns Geist und Seele in ganz andere Dimensionen hinein.

Oscar Wilde: «Alle Kunst ist zugleich Oberfläche und Symbol.»

661 Juli. Wie die Radierungen im Rahmen zu sitzen haben. 1. 32 × 43: 7,5 cm von oben entfernt. / 2. 32 × 43: desgleichen. / 3. 43 × 43: 5,8 cm von oben. / 4a. 32 × 43: 5,8 cm. / 4b. 32 × 43: 6,9 cm. / 5. 10,4 von oben. / 6. 8,5. / 7. 7,5 / 8. 8,2 / 9. 6,00 / 11. 8,2. / Reihe beim Hängen: 1, 2, 8, 5, 11, 10, 6, 3, 4b, 7, 4a, 9.

Ob beweglicherer Ausdruck in der Radierung mir schon jetzt wohl möglich? Die Ängstlichkeit wegen Zusammenätzens zweier Linien ist peinlich. Aquatinta?

662 Ein paar Tage in Oberhofen, darunter ein friedlicher Abend, ein wirklicher Abend (siehe Nr. 714).

Gelesen: Balzac, Femme de trente ans. Lermontoff, Ein Held unserer Zeit (die ‚Fürstin' daraus!).

Max Reichel, der Geiger aus Amerika, war da. Spielten Quintett aus diesem Anlaß, ich am zweiten Pult, weil er vom Fach ist. Mokierte sich etwas über die Komposition des Bruders-Juristen. Ich gebe zu, daß Mozart C-Dur besser ist. Was für ein Andante, das Beispiel eines Andante!

Eine Quartett-Sitzung wieder mit einem Primarius vom Fach, dem Konzertmeister Pescy, einem sehr temperamentvollen Sologeiger (Gentleman aus Szegedin). Ich wechselte mit Lotmar zwischen zweiter und Viola ab. Lewandowsky turnte mit vorgetäuschter Eleganz auf dem Cello. Am Reck hätte er auf diese Weise längst das Genick gebrochen.

664 Dürer umschreibt mit seiner Handschrift die ganze Sachlichkeit des Ohrs. Manet bepinselt elegant die malerischen Werte dem Spiel des Lichtes entsprechend.

Scherzaufgabe: Stelle dich selbst dar ohne Spiegel und ohne Rückschlüsse von der Art des Spiegels. Genau wie du dich siehst, also ohne Kopf, den du nicht siehst.

670 Der Gegenstand an sich ist sicher tot. Es tritt die Empfindung beim Gegenstand in die vordere Linie. Das Überhandnehmen erotischer Gegenstände ist keine französische Angelegenheit allein, sondern vielmehr eine Bevorzugung von Gegenständen, die der Empfindung besonders entgegenkommen.

Die äußere Form wird dadurch besonders variabel und bewegt sich auf der ganzen Skala der Temperamente. Nach der Beweglichkeit des Zeigefingers kann man in diesem Falle sagen.

Dementsprechend variieren die technischen Darstellungsmittel.
Die altmeisterliche Schule ist ganz sicher erledigt.

673 Der gute Lewandowsky hat mir einen ersten Käufer geschickt, seinen Kollegen Dr. Frank Schulz, der sich in Berlin W., Motzstraße 43, parterre, niederläßt.

675 Haller als Landschafter in der Elfenau. Es kommen badende Buben angekrabbelt, um ihn auszulachen. Wenn er sie fangen will, hüpfen sie ins Wasser. Haller sieht das bald ein und mischt eifrig und pastos vor sich hin. Die Buben werden wieder frech. Haller äugt listig nach dem Nächststehenden, wendet sich blitzschnell und bemalt ihn à la prima mit einem vollen coup de pinceau.

Wenn ich ein ganz wahres Selbstporträt malen sollte, so sähe man eine merkwürdige Schale. Und drinnen, müßte man jedem klarmachen, sitze ich, wie der Kern in einer Nuß. Allegorie der Überkrustung könnte man dieses Werk auch nennen.

677 Das Foto wurde als Warnung der materialistischen Anschauung im rechten Moment erfunden. Ja, mein lieber Alexander Reichel, du spazierst da eine komische Gelehrsamkeit herum. Was ist da ‚Natur'? Um das Gesetz handelt es sich doch, nach dem die ‚Natur' funktioniert, und so wie es sich dem Künstler jeweils erschließt. Das verstehst du nicht, du Schöps, und das ist doch noch lang nicht alles. Das sagt man dir nur, weil man das ganze nicht wagt, und schon damit hat man dich weit überschätzt. (Sonst bist du ja schon recht.)

680 Ich legte über eine Zinkplatte einen ganz normalen Asphalt-Ätzgrund. Dann zeichnete ich mit der Nadel ganz nach Belieben, ohne jede Rücksicht, ja sogar blanke Flächen mit dem Messer. Über dieses technische Verbrechen lege ich nun zur Sühne einen Aquatintaschleier (aufzuschmelzen oder aufzuspritzen nach Belieben). Das soll das Verätzen hindern und soll den blanken Flächen Tiefe geben.

681 «*Das Gesetz, welches den Raum trägt*», das müßte der berechtigte Titel eines meiner Zukunftsbilder sein!

Heute bin ich noch nicht so weit, ich antworte vorläufig auf die Frage: «Lieben Sie die Natur?» mit: «Die meine schon!»

Fernliegendes wird nicht gegeißelt. Fehler, die man lächerlich macht, müssen zum geringsten auch ein wenig an uns selber haften. Dann ist das Werk erst ein Stück unseres Fleisches. Der Garten ist zu jäten.

685 Lermontoff: Rousseaus Bekenntnisse haben schon von vornherein den Fehler, daß er sie seinen Freunden vorlas. Welcher Autobiograph fühlte sich davon nicht betroffen?! Möglichst oft daran denken, das mildert die Unwahrheiten dann vielleicht ein wenig.

686 Ich habe einen Rausch gehabt, seit langem wieder einmal einen richtigen Rausch. Aber einen hochanständigen Rausch diesmal. Nur Champagner, Marke Heidsieck. Mais ce n'est pas moi qui ai payé! Bei heiterhellem Tag wandelte ich lächelnd im Smoking und in Bloeschs Zylinder nach Hause. Im Bett war ich wieder sehr, sehr guter Dinge. Keine Spur von Sorgen, alles in Ordnung. Ruhig kannst du dich umdrehen und schlafen! Ein kleiner Irrtum nur passierte mir da, als ich nach alter Gewohnheit die Lampe ausdrehen wollte. Es ist Tag, ich habe kein Licht zu löschen, sprach ich mit gedämpfter Feierlichkeit vor mich hin.

Ich brauchte noch einige Tage, bis ich mein Lächeln wegbrachte, das stereotyp schien wie bei einer Balletteuse.

689 August. «Das bring' ich weg!!» sagt mein lieber guter Vater, der Idealist und Gesangspädagoge. Was bringt er weg? Jenes gewisse Etwas im Timbre der Stimme einer gewissen Dame, die eigentlich keine Dame ist.

690 Bin ich Gott? Ich habe große Dinge so viel gehäuft in mir! Mein Haupt glüht zum Springen. Ein Zuviel an Macht muß es bergen. Wollt ihr (seid ihr's wert?), daß es euch geboren werde? (Beiseite:) Sie waren seiner auch nicht wert, den sie kreuzigten.

Reeller: Das Genie sitzt im Glashaus, aber im unzerbrechlichen, ideengebärend. Nach den Geburten verfällt es in Raserei. Greift zum Fenster hinaus nach dem Nächsten, der da vorübergeht. Die Dämonskralle hackt, die eiserne Faust packt. Sonst warst du Modell, höhnt es zwischen Sägezähnen, mir bist du Materie zum Werk. Ich schmeiß dich hin an die Wand von Glas, daß du pappen bleibst, projiziert pappen ... (Dann kommen die Kunstfreunde und betrachten von außen das blutige Werk. Dann kommen die Fotografen. ‚Neue Kunst' steht am andern Tag in der Zeitung. Die Fachzeitschriften geben ihr einen Namen mit der Endung auf Ismus.)

692 An Pecys Spiel kann man Zigaretten anzünden.

Ein Dämon niedrigster Sorte stört mich und will mich quälen. Hinter mir stehend, flüstert er im eindringlichen Ton von Gretchens bösem Geist: «Weißt du noch ...»

Dein Opus eins ist etwas längst Gewesenes? Rechtfertige das, doch nicht mit Worten.

«Ich bin der Alte, wenn die Tat mir nicht gelingt.» (Prosa): Du brachst die Brücken ab? Wohin nun?? Du zerbrichst Brücken, aber nicht Schranken, die dir gesetzt sind und deinem Talent. (Ich greife nach dem Schwert.)

Der Dämon: Defensiv-Kampf wie bei Katzen ... (nach einer Pause:) Aufrecht erhält dich das Interesse, wie weit du dabei kommst, und wie, o Autobiograph, das Verhältnis des Menschen zum Künstler sich mit der Zeit gestaltet? (nach langer Pause:) Die Autobiographie dein Hauptwerk????

(Ich drehe mich nach ihm um, der Spuk ist verschwunden.)

693 Die Radierungen sehe ich als abgeschlossenes Opus eins vor mir, oder richtiger hinter mir. Denn sie muten mich schon an wie eine Historie aus meinem Dasein. Durch die Tat müßte ich das den anderen nun beweisen, mir nicht. Ich habe die bestimmtesten Gefühle, aber sie noch nicht in Kunst umgebildet. Für die anderen bin ich also der Alte, der rasch ermüdet und abspringt.

Also heißt es nun wieder kämpfen; und zwar hauptsächlich gegen Hemmungen in der Verwertung meines ursprünglichen Talentes. Unfrei ist es sicher, aber deswegen darf ich der Anwandlung, es zu unterschätzen, kein Recht zusprechen. Ich kämpfe auch noch viel zu ungestüm, ich müßte überhaupt nicht auf das Wort ‚kämpfen' kommen, wenn ich es rational betriebe.

So wechseln wütende Anläufe und Depressionen schrecklicherweise miteinander ab.

Dabei erhält mich vorläufig ein zuschauerhaftes Interesse an diesem Prozeß lebendig und wach. Ein autobiographisches Interesse. Fürchterlich, wenn dies Selbstzweck würde.

697 Vage Ironie ist ziemlich verbreitet. Das Leben nicht ernst, die Kunst nicht heiter. Ein gewisses Schweben des Ausdrucks.

Vielleicht mach' ich es mir zu schwer? Dorian Grays Bildnis hätte ich gestern noch abgelehnt, und nun macht es mir Spaß. Vorgestern hätte es mich wohl berauscht.

698 ... Lily ... Reise nach
1 Spiez, Montreux, Villeneuve, St. Maurice.
2 Leuk, Leukerbad, Gemmi, Schwarenbach (Lily reitet hinauf).
3 Gemmi, Schwarenbach, Kandersteg.
4 Öschinensee, Öschinenalp, Kandersteg.
5 Gasterental, Kandersteg (Blausee), Frutigen, Interlaken.
6 Brienz–Rothorn–Interlaken, Bern.

699 September. «Lieber Herr Klee, der Kunstschriftsteller heißt Professor E. Heilbut, Berlin W., Kurfürstendamm 128, die Dame, auf welche Sie sich berufen wollen, Frau Direktor Stern (Berlin).

Mit bestem Gruß, Ihr ergebener Felix Lewandowsky.»

700 Der Dämon 692 regt sich wieder. Du sollst beten: Gib Vergessen meiner Seele, daß sie irrt (Neuchâtel).

Wenn dich der Schmerz wenigstens zum Tier – Rotes Laken – machte, das an die Kehle geht, du blöder Lächler – rosiges Lächeln – (Lindau).

702 Die Vorrede zum Dorian Gray schrieb ich mir ab. Desgleichen weitere Gedanken Oscar Wildes. Quasi weil es fremd zwar, aber vielleicht doch wahr. Schrecklich dieses: Alle Kunst ist zwecklos.

Weitere Lektüre: Turgenieff, Frühlingswogen. Mérimée, Colomba. Lynkeus, Phantasien eines Realisten, abgelehnt. Hebbel, Herodes und Mariamne,

Michelangelo. Rufin, Julia. Hauptmann, Elga. Wilde, De Profundis. Daraus schrieb ich mir die Stelle über Hamlet heraus. Am Schluß viel Garaus.

707 Oktober. Vom 21. bis 30. Okrober 1905 war ich offiziell in München, zu küssen die Jugend auf den Mund, eh stirbt die Stund. Aber auch zu anderem. Zu Teufels Anteil, zum Barbier von Bagdad (Mottl), zu Hoffmanns Erzählungen und zu Kloses: Ilsebill (Mottl), zu Adams: Puppe und zur Fledermaus. Klose nennt sein Werk eine dramatische Symphonie, das sagt alles. Die Aufführung im Orchester prachtvoll, von den Figuren auf der Bühne hörte man nicht gerade viel.

In einem Kaim-Konzert dirigierte Schneevogt mit einem gewissen eleganten Elan Liszt: Faustsymphonie, Wagner und Berlioz. Ludwig Hess sang Tenorsoli. In einer Hauptprobe hörte ich Stücke der h-Moll-Messe vom Johann Sebastian (Mottl).

Rops (les diaboliques), le sphinx, le bonheur dans le crime, le dessous des cartes d'une partie de whist, le plus bel amour de Don Juan und vieles andere!

709 (Gekürzt:) «Herrn Professor Heilbut, Berlin. Ich danke Ihnen für Ihre freundliche Art, mir zu schreiben. Vielleicht genügen Ihnen vorläufig diese Angaben. Ich bin fünfundzwanzig Jahre alt, bei Bern geboren, in Bern erzogen (Matura, humanistische). Drei Jahre in München, bei Knirr und Stuck. Ein Winter in Rom. Dann zwei Jahre bemüht ohne Beleg. Im Sommer 1903 die erste gültige Arbeit (Radierung). Seit meiner Pariser Reise diesen Sommer neue Periode. Ihr Vorschlag, eine der Radierungen in der Cassirerschen Zeitschrift zu publizieren, natürlich sehr willkommen. Besser noch zwei Arbeiten. Auf jeden Fall bitte die *Jungfrau im Baum*. Mit hochachtungsvollem Gruß Paul Klee.»

710 Ich neige vielleicht zum Verderben, aber ich neige auch dazu, mich immer wieder schnell zu retten. Ich will nicht, daß mich irgend etwas überwächst, wenn ich's auch erleben möchte. Ich will einfach nicht. Ich muß gerettet werden.

711 Musikalisches: Ein Orgelkonzert von besonderer Bedeutung gab der Pariser Mahaut. Das Programm galt ausschließlich dem César Franck. 1. Fan-

taisie la majeur, 2. Cantabile si, 3. Pièce héroique (!), 4. Panis angelicus (chant), 5., 6., 7., Choral en mi, si mineur, la mineur. 8. Air de l'archange (de Rédemption).

Im zweiten Symphoniekonzert spielten wir schlecht und recht die große C-Dur-Symphonie von Schubert und eine romantische Ouverture von Thuille. Rehberg, ein Pianist aus Genf, spielte das Klavierkonzert von Hermann Götz.

In einem Orgelkonzert des guten Herrn Pfyffer in St. Imier trat ich als Solist auf (um ihm einen Gefallen zu tun) und spielte die g-Moll-Sonate von Tartini und das Adagio aus dem Violinkonzert in A von Mozart, außerdem die obligate Violine zu einer Gesangskomposition.

Mit Jahn spielten wir Quartette: Schubert G-Dur und Beethoven f-Moll; ein andermal Klarinettenquintette mit dem ersten Klarinettenbläser Jähnisch.

712 November. Mir träumte, ich müßte die Grabrede für einen mittelmäßigen Bürger halten. Ich rekonstruiere, was ich da ungefähr sagte (maßvoll im Tone der Demut):

Was ehemals zuviel an Hoffnung, nachmals zuwenig an Verzweiflung dieser nun Tote sich geleistet, läßt sich jetzt schon gar nicht mehr ändern. Am Leben hing er schließlich doch, zwar mehr aus Gewohnheit, und ein Träger wie er findet von sich selber nie ein Ende. Ein Ohr, ein allzu menschlich Ohr leitet willig die Schmeichelrede Gleichgesinnter nach dem Herzen. Und gar aus weiblichem Munde! Er lauschte und vergaß den Wahlspruch aus der Sekunda: dauern oder nicht sein. Doch seine Bürgerpflicht hat er getan, für euch Leid tragende Beispiels genug. R. I. P. (Gedämpftes Donnern oben.)

713/14 Tiere wahrhaft lieben, das ist: sie auf gleiche Stufe erheben im Verhältnis zum Höheren.

Ein guter Moment in Oberhofen. Kein Intellekt, kein Ethos. Über diese Welt ein Betrachter oder im Weltganzen ein Kind. Der erste nicht zwiespältige Augenblick meines Lebens.

718 Etwas besser ist unser städtisches Orchester mit den Jahren wohl doch geworden. Ein guter Dirigent könnte sich ein ganz brauchbares Instrument daraus erschulen. Im Symphoniekonzert sind wir zwölf erste, zwölf zweite

Geigen, sechs Bratschen, sechs Celli, fünf Bässe; zwei Flöten, zwei Oboen, zwei Klarinetten, zwei Fagotte; zwei Trompeten, vier Hörner, vier Posaunen, zwei Schlagwerker, eine Harfe, im ganzen zweiundsechzig Musiker. Für große Orchesterbesetzung beziehen wir einige Verstärkung aus Basel oder Zürich.

721 Der kleine Bourgeois schräg unter mir: «I ha de dr Vogel i d Schtube hindere g'hänkt. Er het z'warm g'ha dert obe. Drum pfyft er nid. U de isch er z'fasch a der Heiteri gsi. Da isch im eme z'wol. Da luegt er use-n u dänkt nüt. Dahinde wird er de scho ume pfyfe. I pfyfen im de vor, morn.»

722 Ein witziger Arbeiter zu einer Frau, die am Bauplatz Holzabfälle sammelt: «Dir müest di Schteine da nid la lige, die brönnen o!» Sie: «Ja auwä!» «Woou! Dir müest de nume guet dere!» Sie: «Ja auwä!» «Das han i doben am Sangwäg erfahre!» (Beide streng nach der Natur.)

724 In München passierte letztes Mal ein sehr nettes Intermezzo. Ich saß im Restaurant beim Abendessen und erwartete Lily mit größerer Sehnsucht als gewöhnlich. Da näherte sich meinem Tisch ein Mann und wollte sich von mir das Reisegeld nach Bamberg erbetteln. Ich erklärte ihm: meine Barschaft besteht noch aus fünfzehn Pfennigen, und ich überlege gerade, wen ich im Notfall anpumpen soll, um mein Abendessen zu bezahlen. Er entfernte sich daraufhin ziemlich ungläubig, und es war doch wahr.

725 Leb wohl gegenwärtiges Leben, das ich führe. Du kannst so nicht bleiben. Vornehm warst du. Reiner Geist. Still und einsam. Leb wohl Ehre beim ersten öffentlichen Schritt.

726 Dezember. Wahre Anekdoten. Dr. Schultz und Lewandowsky schritten angezecht nach Haus. Der Erdstoß (von neulich) karambolierte die beiden. Sie entschuldigten sich gegenseitig höflich.

Am Meitschimärit (Mädchenmarkt) sah ich vier Männer ein Bordell verlassen und zum Dank ein rührendes Vokalquartett anstimmen.

Lily muß für eine junge Dame, die sich ihrer Köchinnenschrift geniert, die Liebeskorrespondenz führen.

Einer, dem im größten Schmerz ein Raubtiergebiß wächst.

Eine Art Schiffbruch muß das sein, wenn einer alt ist und sich noch über etwas aufregt.

730 Zu Weihnachten besuchte mich Lily auf vierzehn Tage. In Zürich hatte ich sie abgeholt. Einen Tag verbrachten wir in Oberhofen. Als ich da fischte, riefen mir böse Buben zu: «Herr Löl! Die Fische sind in der Tiefe niden!»

Wir musizierten wie ausgehungert. Wiederholt auch beim Professor Lotmar. Da spielten wir das H-Dur-Trio von Brahms und das Trio op. 70,2 von Beethoven. Einmal, als ich unter anderem das A-Dur-Konzert von Mozart spielte, hörten zu die Maler Brack und Cardinaux und der Zoologe Dr. Voltz. Über die Bedeutung der Beethovenschen Violin/Klavier-Sonate in c-Moll ging mir ein Licht auf.

729 Im dritten Symphoniekonzert spielten wir von Beethoven die Achte und die Ouverture Leonore Nummer eins. Kreisler, ein ganz herrlicher Geiger, spielte dessen Violinkonzert und die Teufels-Sonate von Tartini.

733 Gelesen: Meier-Gräfe, Der Fall Böcklin, Manet und sein Kreis. Baudelaire, Les Fleurs du mal (!). Von Shaw sahen wir am Theater eine Komödie: Helden, die uns gut unterhielt. Klinger, Malerei und Zeichnung, von recht zweifelhaftem Wert. Als ob nur der schöne Gegenstand in der Kunst zulässig wäre! Die Schönheit, die von der Kunst vielleicht nicht zu trennen ist, bezieht sich doch nicht auf den Gegenstand, sondern auf die bildnerische Darstellung. So und nicht anders überwindet die Kunst das Häßliche, ohne ihm aus dem Weg zu gehen.

735 Professor Heilbut schreibt aus Berlin: «Sehr geehrter Herr Klee, es tut mir überaus leid, Ihnen mitteilen zu müssen, daß sich mein Verleger Cassirer aus Opportunitätsgründen, der Sujets wegen, nicht zum Publizieren einer der Radierungen in der Zeitschrift entschließen kann.

Ich beabsichtige nun, etwas über Sie in einer Berliner angesehenen Zeitung zu schreiben (geschah nicht). Ich hoffe, daß dies die Aufmerksamkeit etwas auf Sie lenken und den einen oder anderen Inhaber eines Kunstsalons veranlassen werde, sich an Sie mit der Aufforderung zu wenden, Ihre Sammlung von

Radierungen bei ihm auszustellen. In dieser Hoffnung schlage ich Ihnen vor, einstweilen die Radierungen noch bei mir zu lassen, um den sonst nötig werdenden Hin- und Hertransport zu vermeiden. Hochachtungsvoll, Ihr sehr ergebener E. Heilbut.»

20. 12. 1905.

736 An meinen dereinstigen Schwiegervater wider seinen Willen schrieb ich beschwichtigend:

«Sehr geehrter Herr Medizinalrat! Durch Lily höre ich, daß Sie die Bekanntmachung unserer Verlobung im Freundeskreis uns übelnehmen. Ich weiß wohl, daß Sie sich seinerzeit dagegen äußerten, aber ich begreife nicht, wie Sie heute noch an die Möglichkeit einer Verheimlichung denken können. So war es doch das Beste für uns, die unerschütterliche Tatsache bekannt zu geben. Wir bedauern dabei nur, Sie nicht vorher davon unterrichtet zu haben, usw. usw. Mit den besten Grüßen Ihr ergebener Paul Klee.»

Wenn ich nicht so mild geschrieben hätte, würde es an Lily nach ihrer Rückkehr nach München hinausgehen. Anläßlich unserer Verehelichung nächsten Sommer wird er bedeutend bitterere Pillen schlucken müssen. Diesmal antwortete er ganz höflich, frägt grinsend nach den Subsistenzmitteln für den neuen Hausstand.

737 Der Mond war heut nacht eine Perle, die wirklich Tränen bedeutet hat. Kein Wunder bei dieser Föhnlage. Einmal war es, als ob das Herz still stehe. Das Gehirn ist verdunstet. Kein Gedanke außer an das Herz, welches still stand. Falle nicht, Ich! Mit dir fiele die Welt zusammen, und Beethoven lebt durch dich!

1906

743 Januar. Lily feierte mit uns Weihnachten und Silvester und blieb noch bis zum 7. Januar. Unsere Feier ist wohl bescheidener gewesen als ein deutsches vollbürgerliches Weihnachten mit festgesetzten Geschenken ‚im Wert von...', dafür aber herzlich und friedsam.

Das Zeichnen und Malen hinter Glas macht mir allerhand kleine Freuden. Eine *gefühlvolle Dame* ist fertig mit hypertrophischem Busen und von einem winzigen Hündchen begleitet.

Am Theater gab es eine hervorragende Carmen (Frau Gay als Gast) zu bewundern. Noch nie sah ich das Urtriebhafte dieser einzigartigen Figur so hinreißend verkörpert. Die einheimischen Leutchen nahmen sich aus wie artige Puppen, nur den José riß diese schöne Bestie von einem Weib zum Schluß etwas mit. In Figaros Hochzeit waren die Provinzmimen und Musikdilettanten dann wieder unter sich und konnten das unglaubliche Werk doch nicht ganz umbringen. Dem Thürlings gefiel es sogar, nur die Overtüre war ihm immer noch zu schnell. Bei der wenig sauberen Ausführung gebe ich's zu, aber von Lustspielton ist dann gar nichts mehr zu verspüren. Ich möchte sie exakter und noch um eine ganze Spur schneller haben, damit das Gelächter der Bläser zum Schluß als solches herauskommt ... München!!

Im Mozart gibt's für München einmal keinen Ersatz. Damit meine ich nicht gerade Herrn Geheimrat von Possart. Dieser kann ja reisen, sogar nach Bern, wo er einmal seine Karriere begann. Und er kam auch. Das ganze Symphoniekonzert war auf München gestimmt. Faustouvertüre, Venusbergmusik. Liebesszene aus Feuersnot und Don Juan von Richard Strauß. Das Hexenlied mit der Musik von Schillings. Der Alte war bezaubernd liebenswürdig in der Probe, alle waren ganz weg von ihm. «Der Bruder Medardus ward alt und schwach.» Wie echt Possartisch er das sagt!

Gelesen habe ich, und zwar ein einzigartiges Buch: Candide von Voltaire. Drei Ausrufezeichen. Dann wieder Strindbergs elf Einakter und seine Schriften über Fräulein Julie und über das moderne Drama. Dann Taine, La philosophie de l'art.

744/45 Mich braucht niemand zu ironisieren, das besorg ich schon selber.

Mir träumte, ich erschlug einen jungen Mann und hieß den Sterbenden einen Affen. Der Mann war darüber empört, er liege doch in den letzten Zügen. Desto schlimmer für ihn, antwortete ich, dann kann er sich nicht mehr hinaufentwickeln!

Oh über das wohlgemästete Bürgertum!

747 Die Demokratie nährt mit ihrer Halbbildung redlich den Kitsch. Des Künstlers Macht sollte geistig sein. Die Macht der Majorität aber ist materiell. Wo sich die Welten gelegentlich treffen, herrscht Zufall.

Im Lande Schweiz sollte das Volk ehrlich sein und die Kunst gesetzmäßig

12 *Männlicher Kopf, Zigeunertypus. 1906, 4*

verbieten. Die höchsten Würdenträger haben sich ja doch nie auf ihrer Ebene bewegt. Hier sind sie rechte Halbbarbaren. Und die Menge glaubt den Landesvätern, weil es keine Künstlerschaft gibt, die öffentlich durchdringen könnte. Die 999 Kitscher essen noch so gern das Brot ihrer Besteller.

Die Wissenschaft ist besser gestellt. Ganz schlimm aber, wenn sich die Wissenschaft auch noch um die Kunst kümmert. Es ist Zeit, aus dem Lande Schweiz demnächst für immer abzureisen.

748 Traum. Ich flog nach Haus, wo der Anfang ist. Mit Brüten und mit Fingerkauen begann es. Dann roch ich was oder schmeckte was. Die Witterung löste mich. Ganz gelöst war ich mit einem Mal und ging über, wie der Zucker ins Wasser.

Mein Herz war auch im Spiel, viel zu groß war es schon lang, nun quoll es übergroß. Aber keine Spur von Beklemmung. An Orte ward es getragen, wo man die Wollust nicht mehr sucht.

Käme jetzt eine Abordnung zu mir und neigte sich feierlich vor dem Künstler, dankbar auf seine Werke weisend, mich wunderte das nur wenig. Denn ich war ja dort, wo der Anfang ist. Bei meiner angebeteten Madame Urzelle war ich, das heißt so viel wie fruchtbar sein.

749 Die Mediziner sind witzige Leute. Warum, fragen sie, muß Professor Sahli am anus operiert werden? Man mußte den Doktor Seiler herausholen, antworteten sie.

750 Februar. Neue Arbeiten hinter Glas: *Ein schreibendes Mädchen*, nach einer Bleizeichnung nach der Natur, weiß aus einem Fisch heraustretend usw.

Musik gemacht bei der Zionistischen Studentenvereinigung: Streichquartett in a-Moll von Schubert mit dem guten Jahn als Bratscher.

Eine Testore-Geige aus dem Jahr 1712 angeschafft, die alte lieblich umlackierte Mittenwalder abgeschafft. In Geigen verliebt man sich. Die abgeschafften begehen aber nicht Selbstmord. Das ist bequem.

Im Symphoniekonzert spielten wir die vortreffliche Symphonie von César Franck, die Cellini-Ouvertüre von Berlioz und Liszts Mephisto-Walzer. Der

Baritonist Louis Fröhlich aus Paris sang glänzend, vor allem die Serenade des Mephisto aus Damnation de Faust.

Gelesen habe ich diesmal nur Weltliteratur. Rabelais, Gargantua und Pantagruel. Molière, Les fourberies de Scapin und Le malade imaginaire und von Hoffmann, Zinnober und Phantasiestücke.

752 Februar. Die Zwitterblüte eignet sich zum Symbol einer guten Ehe.

Ein Bonmot in den Berner Lauben: Dä het drum es Paar neui Stifel under em Gring, drum treit er ne so höch! Der alemannische Bär will hinter den andern alemannischen Wappentieren nicht zurückbleiben. Mit Gewalt nicht!

756 Seit meinen letzten Arbeiten bin ich in praxi sehr viel weiter, weil ich es erreicht habe, direkt vor der Natur bei meinem Stil zu verharren. Ich kann nun fruchtbar sein. Die Zeit des schmerzhaftesten und einsamsten Ringens ist vorbei. Ich kann nun auch in's Leben treten. Es handelt sich um Dinge, wie das *Kleine Gartenbild* hinter Glas.

Dein Kopf ist ein Turm mit strahlentanzenden Linsen.

757 Mein Werkstättenbetrieb wird um ein Mehrfaches lebhafter werden. Ich habe es erreicht, die ‚Natur' direkt in meinen Stil umzusetzen. Der Begriff Studie ist überholt. Alles wird Klee sein, ob nun zwischen Eindruck und Wiedergabe Tage liegen oder nur Momente.

Wenn ich nun einmal wieder mich ‚aus dem hohlen Ranzen' nicht ausdrükken kann, so brauche ich nur auf die Jagd zu gehen, auf dem Anstand sitzen und möglichst gut treffen. Die Produktion braucht dann nicht zu stocken, nie mehr. Natürlich wird ein Dualismus fürs erste nicht ganz zu vermeiden sein. Ob ich auch auf farbigem Gebiet einmal so weit komme? Jedenfalls ist ein Bann mehr gebrochen, und zwar der schwerste, der härteste, den es für den Künstler gibt. Mit meinen Heiratsplänen geht diese Erleichterung ja wunderschön zusammen. Es wird gut sein, in einem Zentrum zu wohnen, und für Lily wird es gut sein, aus dem Elternhaus auszuziehen. Arbeiten werden wir eben zu zwei. Wie lange weiß ich nicht, man darf mich einmal nicht bürgerlich werten.

Es wäre kurzsichtig, eine Frist zu setzen, um dann eventuell den Schiffbruch zu erklären. Solange ich arbeite, ist sicher immer ein Recht auf Hoffnung. Und ich werde arbeiten!

758 März. Für meine Kompositionsweise ist es wesentlich, daß Disharmonien (profane Imponderabilien-Mängel oder Härten) der Werte durch Gegengewichte ins Gleichgewicht gebracht werden und daß dadurch die wieder gewonnene Harmonie nicht schwächlich schön, sondern kräftig wird.

In der Kategorie A (ohne Natur) eine gute Arbeit hinter Glas, *Marionette*. Das Püppchen schwarz gezeichnet, die Bänder violett.

Im fünften Symphoniekonzert spielten wir als Hauptwerk die Zweite Symphonie von Borodin. Der blinde Pianist Fabozzi spielte das Chopin-Konzert und verschiedene Soli.

Dieselbe Symphonie spielten wir kurz drauf in Neuchâtel, außerdem die Cellini-Ouvertüre von Berlioz. Als Solist wirkte der wunderbare Pariser Geiger Capet mit. (Violinkonzert von Brahms, Albumblatt von Richard Wagner und Soli von Bach, Sarabande et double, Bourrée et double.)

Von Neuchâtel reiste ich durch den Jura nach Basel zum Joachim-Quartett. Mozart Es-Dur, Beethoven c-Moll op. 18 und B-Dur op. 130. Ein günstiges Zusammentreffen machte mich mit guten französisch-impressionistischen Bildern bekannt. Simon, Carrière, fünf Renoirs, vier Monets, ein Degas usw. und ein Saal Rodin.

In Bern wurde Verdis Othello (Liebe durch den Tod von der Eifersucht geläutert, wie schön drückt das die Musik am Schluß aus!) aufgeführt, für mich eindrucksvoll, weil ich das Werk noch nicht kannte. Die Koloratursängerin Wedekind gastierte als Rosina im Barbier. Als Darstellerin ist sie unsympathisch, irgendein Minderwertiges geht von ihr aus. Der Berner Bund kam mit einem Grillparzer-Drama Oenone zu Wort. Man feiert seinen Stadtdichter, und niemand kann etwas dagegen sagen. Es ist doch ganz natürlich. Ja, wäre er ein Prophet, dann schlössen sich die heimischen Tempel vor ihm.

759 März. Eine hübsche Anekdote aus Hallers Gymnasialzeit ist noch lebendig. Es sollte einem Lehrer zur Strafe die Haustürklinke ‚vor Sonnenaufgang' beschissen werden. Zwei starke Primaner hoben den Mimu in die entsprechende Höhe. Thiessing meinte dazu, es wäre praktischer, den Leim in be-

quemerer Stellung hervorzubringen und nachher irgendwie an den Bestimmungsort zu verpflanzen. Haller verwarf aber diesen Modus als zu gewöhnlich. Mit den Primanern hatte er gar kein Mitleid, die Heiligkeit der Handlung sollte sie dazu befähigen.

Den Ton auf das Schöne allein zu legen, kommt mir vor wie eine Mathematik, die sich nur mit den positiven Zahlen befaßt.

760 Raffinierte Hinterglastechnik: 1. die Scheibe mit Temperaweiß gleichmäßig überziehen, eventuell durch Aufspritzen einer Verdünnung, 2. nach dem Trocknen mit der Nadel die Zeichnung hineinritzen, 3. fixieren, 4. hinterlegen von schwarz oder farbigen Flächen.

Die geübte Hand weiß es oft viel besser als der Kopf.

Die kompositionelle Harmonie gewinnt an Charakter durch Dissonanzwerte (Härten, Mängel), welche durch Gegengewichte wieder ins Gleichgewicht gebracht werden.

761 O Dichter! Willst Du den Moder einer Gruft schildern und gebricht es Dir dabei an der so nötigen Inspiration, kauf Dir einen Camembert, und ab und zu daran riechend, wirst Du können.

762 Traum: Ich bin bei einem Zauberer im Garten zu Besuch. Da steht eine Bank ganz aus Crimsonrosen. Bitte!, fordert er mich auf zum Sitzen. Ich tue als ob. Er setzt sich ohne Miene zu verziehen. Meine Scheinstellung ist nachgerade peinlich. Vis-à-vis steht am Fenster des Zauberers Tochter, ich lächle verlegen zu ihr hinauf. Entrüstet schlägt sie das Fenster zu, beobachtet mich aber desto ungenierter hinter Gardinen.

Im Traum kehren oft Momente des Lebens wieder, die uns überraschten und auf Augenblicke hilflos machten. Meist sind es Kleinigkeiten. Große Eindrücke, bei denen man sich beherrscht hat, bleiben fern.

763 Mit Bloesch fuhr ich auf der Neuenburgerlinie bis Ins, dann mit einer elektrischen Nebenlinie bis Sugiez. Von hier besuchten wir den Wistenlacherberg (Mont Vuilly), von dem man die Seen von Murten und von Neuenburg zu Füßen sieht und auch noch ein Stück Bielersee sehen kann. Reizvoller Weg durch Weinberge mit kriegerischen Hagelkanonen. Es war ein schwarzer

Bisen-Tag. Rhythmisch kamen Schneewolken am blauen Himmel einhergesegelt. In Môtier aßen wir zu Mittag. Dann wanderten wir durch die schönste blumengeschmückte Frühlingslandschaft nach dem behäbigen Dorf Gümmenen, um von da mit der ‚Direkten' heimzufahren. Das Seeland liegt mir näher als die Alpengegenden.

764 Die Radierungen sollen nun für die Münchner Sezession in einem großen Sammelrahmen vereinigt werden. Sonst zerpflücken mir die Juroren die Kollektion. Lily hat den Rahmungsauftrag dort gegeben, so sparen wir den Transport. 1. *Weib und Tier*, 2. *Held mit dem Flügel*, 3. *Jungfrau im Baum*, 4. *Komiker* (Zink), 5. *Weibliche Anmut*, 6. *Die beiden Männer*, 7. *Der Monarchist*, 8. *Der neue Perseus*, 9. *Der greise Phoenix*, 10. *Das drohende Haupt*.

Für den Professor Stuck lege ich andere Abzüge derselben Platten in eine Mappe, damit er vorbereitet ist und eventuell ein Wort dafür spricht. Wenn nicht Berlin, dann wenigstens München! Ich denke, das wird gelingen.

765 April. Reise nach Berlin und zurück über Kassel, Frankfurt am Main und Karlsruhe.

Sonntag, 8. 4., reiste ich mit Bloesch nach Basel, wo wir bei Louis Moilliets Schwager zum Abendessen waren. Nachts reisten wir weiter über Frankfurt, Fulda, Erfurt, Weimar, Halle. Montag, 9. 4. Ankunft in Berlin nachmittags zwei Uhr vierzig. Jonas Fränkel, Bloeschs Studienfreund, holte uns ab am Anhalter Bahnhof. Bald hatten wir ein Privatzimmer in der Nähe (Köthener Straße) gefunden und konnten nun unsern ersten Orientierungsgang antreten. Potsdamer Platz, Leipziger Straße, Friedrichstraße, Linden, Palais Seiner Majestät, Museen, Brandenburger Tor, Wertheim.

Dienstag, 10. 4. Im Kaiser-Friedrich-Museum bis drei Uhr. Essen irgendwo, mittelmäßig. Linden, Reichstagsgebäude, Bismarckdenkmal (!) Siegesallee (!!). Im Tiergarten ritt der Kaiser theatralisch vorbei. Mit der Untergrundbahn vom Zoo zum Potsdamer Bahnhof. Plötzlicher Entschluß, die Komische Oper zu besuchen. Einen Kutscher nach der Richtung gefragt, auf einen Autobus aufgesprungen. Figaros Hochzeit. Nachher Abendessen und in einem Café. Um zwei Uhr zu Haus. Der Figaro war von Gregor sehr raffiniert inszeniert. Die Kostüme aus der Revolutionszeit von Walser. Der musikalische Teil war nicht so gut wie in München. Der Regisseur griff einmal störend ein

13 *Akt in der Malschule. 1906*

und ließ im letzten Akt stimmungsvolle Nachtigallen zwitschern. Für die Herrlichkeiten nach «o Engel, verzeih mir» hatte ich diesmal besondere Resonanzfähigkeit. Das ist ja höchstes Ethos, nur soviel knapper gesagt als in Fidelio.

Mittwoch, 11. 4., in der Jahrhundertausstellung (Nationalgalerie). Feuerbach, Marées, Leibl, Trübner, Menzel und Liebermann besonders beachtet. Empire und Biedermeier lagen mir gerade nicht zunächst. Um ein Uhr Mittagessen. Dann ins Pergamonmuseum, wo wir unter schwülem Wetter sehr litten. Der Durst trieb uns in ein Teelokal (Aschinger). Dann entlud sich das erste Gewitter des Jahres. Auf dem Potsdamer Bahnhofsgebäude sang 'ne Amsel mit berührendem Idealismus. Die Komische Oper hatte uns soviel Spaß gemacht, daß wir uns aufmachten in Donizettis Don Pasquale. Diese Aufführung war noch besser als die gestrige. In Fräulein Francillo-Kaufmann sahen wir eine Bekannte vom Hoftheater in München wieder. Sie sah vor allem allerliebst aus, und der Regisseur hatte ihr das Spielen beigebracht.

Donnerstag, 12. 4. Zum zweitenmal im Kaiser-Friedrich-Museum. Abends im Neuen Theater, wo man in der Reinhardtschen Inszenierung den Sommernachtstraum spielte. Nachher lud uns ein Freund Louis Moilliets, der hier bei Humperdinck Musik studiert, zu einem vorzüglichen Essen ein und zu einer nächtlichen Autorundfahrt durch den Tiergarten. Es wurde wieder vier Uhr früh.

Freitag, 13. 4. (Karfreitag). Ein ruhigerer Tag mit ausgiebigem Nachmittagsschlaf. Um fünf Uhr besuchte ich meinen Professor Heilbut, in der Hoffnung, ihn dadurch zu der Erfüllung seiner Versprechungen aufzumuntern. Ein angenehmer Herr mit einem kleinen Nasendefekt. Er war recht teilnehmend, findet es auch gut, daß ich in ein Zentrum ziehen werde. Gab mir eine schöne Goya-Biographie mit vielen Tafeln mit (von Loga), eine Art Pfand. Wenn er nicht Wort hält, – und die Radierungen wird er mir erst zurückschicken können, wenn er Gutes mitzuteilen hat – so habe ich dafür die schöne Goya-Biographie. Um sieben Uhr ging ich zu meinem ersten Käufer Schultz zum Abendessen. Er ist schön eingerichtet. Seine Frau erwartet, und er wartet auch, auf Patienten nämlich.

Samstag, 14. 4. Vormittags im Zoo. Nachmittags im Museum für Völkerkunde. Abends im Lessingtheater, wo man Rosmersholm gab mit der Triesch, mit Reicher und Bassermann.

Sonntag, 15. 4. Vormittags auf der Parade. Abends im Deutschen Theater, wo Reinhardt den Kaufmann von Venedig inszeniert hat. Porzia: die Sorma, Shylock: Schildkraut. Die Dekorationen von Corinth. Es war eine der besten Schauspielaufführungen, die ich je in Deutschland sah. Merkwürdig wenig Applaus spenden die Berliner.

Montag, 16. 4., nahm ich Abschied von der Reichshauptstadt, von ihren Theatern, von ihren Restaurationen für eine Mark, Knüppel und Senf gratis, von ihren Wanzen und von ihrem netten Volk mit den kleinen Vergnügungen. Warum man nur immer auf Berlin schimpfen hört? Ist doch sicher eine durchaus angenehme Stadt!

Um acht Uhr fünfunddreißig ging's dahin über Potsdam, Brandenburg (an einem See), Magdeburg usw. Um ein Uhr sechsundvierzig traf ich in Kreiensen glücklich mit Lily zusammen. Um vier Uhr kamen wir in Kassel an.

Bloesch wollte noch kurz in Berlin bleiben und dann nachkommen.

766 Kassel. Dienstag, den 17. 4. Vormittags im außerordentlichen Museum. Nach dem Essen ruhten wir uns aus bis fünf Uhr. Abends besuchten wir Wilhelmshöhe.

Mittwoch, 18. 4., tauchte früh der Bloesch auf, als wir beim Kaffee saßen. Nach durchfahrener Nacht ‚einen Soldaten an der Brust', sah er entsprechend aus. Wir besuchten nochmals das Museum mit seiner hervorragenden Kollektion an Rembrandt-Bildern. Nach Tisch spazierten wir durch die saubere Stadt.

Donnerstag, 19. 4. fuhren wir (Lily und ich), vormittags neun Uhr vierzig nach Marburg, wo Lily in der Schwanallee einen Besuch machte. Ich war unterdessen etwas mißgelaunt über dies Couleurstudentennest. Außerdem ward allmählich ein richtiges Regenwetter.

Abends fünf Uhr trafen wir in Frankfurt am Main ein.

Freitag, 20. 4. Vormittags in der Städelgalerie. Zur Meunier-Gesamtausstellung traf Bloesch wieder zu uns. Dann gingen wir noch in den üblichen Palmengarten.

Samstag, 21. 4., wieder im Städel, dann im Zoo und abends in der Oper, wo man Titus recht mäßig gab.

Sonntag, 22. 4., flogen wir nach Wiesbaden aus und machten den schönen Weg zum Neroberg mit seiner Aussicht.

Montag, 23. 4., besuchten wir das Goethehaus und dachten dann schon recht melancholisch nach über das Abschiednehmen.

Dienstag, 24. 4., gingen wir sechs Uhr sechsundzwanzig früh auseinander. Lilys Münchner Zug fuhr sechs Uhr einunddreißig ab.

Um neun Uhr kam ich in Karlsruhe vormittags an. Frühstückte in irgendeinem faden Lokal und machte mich auf den Weg nach der Kunsthalle. Hier sah ich den berühmten Grünewald, der mich erschreckte, und Feuerbachs *Gastmahl*, das mich wieder etwas zu kühl ließ. Mittags ging der Basler Zug ab. Um vier Uhr kam ich dort an, stürzte mich irgendwo auf ein gutes Schweizer Essen. Sechs Uhr zweiundzwanzig saß ich schon wieder im Zug und kam in Bern abends neun Uhr an.

767 Konzerte in Bern. 6. Symphoniekonzert: c-Moll-Symphonie von Haydn, und Alceste, Ouvertüre von Gluck. Ludwig Hess sang eine Tenorarie aus Don Juan und viele Lieder, darunter ganz berückend «Sei mir gegrüßt» von Schubert.

Die Gesangvereine führten Il Paradiso perduto von Enrico Bossi auf, ein etwas opernhaftes Oratorium. Eine Altistin, Frau Kraus-Osborne, sang recht schön. Wir waren gegen achtzig Musiker. Im Theater gastierte ein Tenor auf Engagement und hatte das Mißgeschick, total heiser zu werden. Zwei Spießer glossierten: 1. «dä brucht Bäredräck». 2.: «dä wär er ja hie am rächten Ort!»

Meine schönste Lektüre war natürlich die Goya-Biographie von Loga, die mir der Professor Heilbut in argloser Weise mitgegeben.

768 Mai. Ich arbeite fiebrig nach der Natur, zum Teil im Garten, als ob es gälte, einen Profit der gemachten Reise nachzuweisen. Natürlich stellen sich gerade recht viele Schwierigkeiten ein. Darüber vergeht der Monat, ehe man sich's versieht. Der Goya spukt um mich herum, das ist wohl der Hauptfehler: Aber es muß überwunden werden. Gelesen habe ich wieder einmal in meinem Leibbuch Don Quijote de la mancia. Außerdem etwas Ibsen, Briefe und Tschechow, dessen etwas brutaler Witz mir nicht sonderlich zusagt.

770 In unserm Garten hege ich pietätvoll die aus Rom mitgebrachten Bergamotten und pflanze sie durch Selbstständigmachung eines kräftigen Zweiges fort. Dieser Modus ergibt gleichzeitig ein hübsches Experiment aus dem Gebiet des Capillargesetzes.

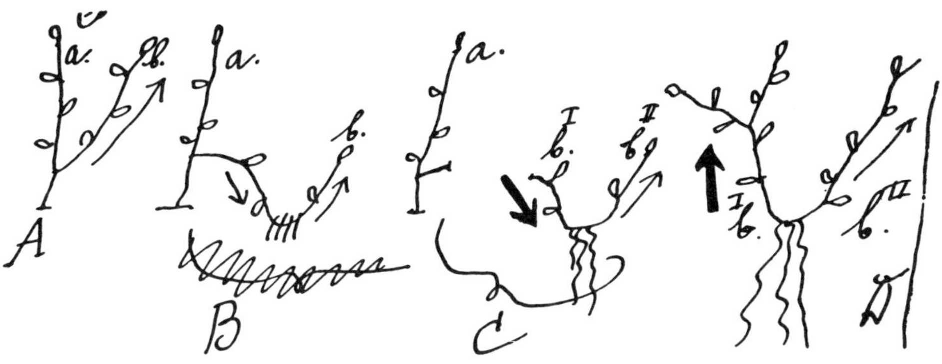


Von der Pflanze

A mit den beiden Zweigen a und b wird bei

B der Zweig b niedergebogen und in der Mitte in die Erde festgeheftet. Nachdem er an dieser Stelle Wurzeln getrieben hat, wird er bei

C mit der Schere vom Zweig a losgetrennt. Die neue Pflanze b I/b II wächst bei

D selbstständig weiter in der Art, daß sich im Zweig b I die Säftezirkulation von nun an in umgekehrter Weise vollzieht.

772 Die Berner sind träg, sie denken sich wohl mehr, als sie sagen, sonst hätten sie dem «Knie» sicher etwas aufs hohe Seil hinaufgerufen, als er da oben folgende volkstümliche Rede hielt:

«Die Vorstellung dauert anderthalb Stunden. Für diese angestrengte Arbeitszeit müssen wir mindestens zwanzig bis dreißig Centimes Honorar beanspruchen. Jede Arbeit muß bezahlt werden, und ich weiß, daß niemand von Ihnen für dreißig Centimes anderthalb Stunden arbeiten würde.»

«Jetzt wird das ganz hohe Seil bestiegen! Hierfür müssen wir eine Nachzahlung von zehn bis zwanzig Centimes verlangen! Ich bin überzeugt, daß niemand von Ihnen diese lebensgefährliche Arbeit tun würde!»

(Der dumme August ist lange nicht so witzig.)

773 Juni. Arbeite fast fiebrig trotz großer Hitze und ausgiebiger Schwüle. Schwanken zwischen dem, sagen wir, klassischen Stil der in München ausgestellten Radierungen und gewissen Auflockerungen, wie man sie bei Impressionisten sieht.

Anfangs des Monats ein paar Tage in Thun. Einmal kam Heinz Lotmar, mit dem ich den Spaziergang von Spiez nach Leissigen machte. In Bern besuchte ich einmal mit Olga Selig das Schänzli. Natürlich an einem Samstag, an meinem einzigen weltlichen Tag oder genauer Nachmittag. Im Café «Jahn» beginnt er, einmal endete er im Engried bei Frau von Sinner.

Ich lernte einen feinen Menschen kennen in Ernst Sonderegger, den mir der Haller geschickt hat. Ein feines, nach innen gerichtetes Lächeln.

Hie und da ein intensiv-diskreter Blick von der Seite, den man kaum sieht und wie ultrarot doch spürt. Er kommt von Davos, fühlt sich dem Satiriker in mir verwandt. Erklärt seinen Hang dazu biographisch, zum Teil mit der Mißhandlung, die er in früher Jugend erfuhr. Bei meinen satirischen Glasbildern assoziiert sich ihm der Name Pascin, bei mir findet er indessen stärkere Konzentration. Scheint mich teilweise gut zu verstehen. Man kann mit ihm fruchtbar über Menschen sich unterhalten.

775 Als ich einen etwas üppig geratenen Asphaltgrund, der schon erwärmt war, durch Aufstäuben von Terpentinöl etwas verflüssigen wollte, marmorierte er sich in reizvollster Weise zu einem aparten Aquatintagrund. So macht man in seiner Dummheit Entdeckungen.

776 Wasser, darauf Wellen, darauf ein Boot, darauf ein Weib, darauf ein Mann. Im Sommer 1904 schon erdacht. Schwankende Konstruktion.

777 Romantische Attacken? Phantasterei? Schwärmerei? Dunstmassen schwer getürmt? Blitze züngelnd? (Dramatisch:) Aus den Fugen geht das Gesetz! Oh!

*) Famil… nachrichten. Als Verlobie sind vom Standesamte aufgeboten: der Handelskammer-sekretär Dr. Ferdinand Knoblauch hier mit der Hof-sporermeisterstochter Fräulein Josepha Mayer hier; der Kunstmaler Ernst Paul Klee in Bern mit Fräulein Karoline Stumpf, Tochter des Medizinalrates Dr. Ludwig Stumpf hier. — Vermählt haben sich: der Leutnant im 2. Chevauleger-Regiment Ludwig Freiherr v. Hacke, zur Zeit kommandiert zur Equitationsanstalt, mit Fräulein Emma Mehn, Tochter des Gutsbesitzers Charles Mehn in Cuxhaven; der Amtsrichter Dr. Michael Maduschka hier mit Fräulein Hildegard Roth, Tochter des Rentiers Anton Roth hier.

# MÜNCHEN

778 Oktober. Ich bin ein Ehemann, denn am Standesamt Bern bin ich durch die ‚verhüratete' Türe gegangen. Herr Henzi gab uns schöne Ermahnungen, bald links, bald rechts an einem großen Blumenstrauß vorbei, bald an mich, bald an meine damalige Braut sich wendend. Am Münsterplatz war gerade Markt gewesen, und die Metzger hatten eins gelacht, als wir zu Fuß ihre Stände passierten. So war eben ihre Volksseele.

In München ist dieselbe wieder anders. Die Stadt ist weniger freundlich, besonders wenn man eine kleine Pension in der Fürstenstraße bewohnt. Dafür ist die Menschheit ganz heiter. Staunend sah ich die monotonen schmutzig-verrauchten Fassaden der Häuser, in denen ich jetzt Bürger sein soll.

Aber es gibt auch Lockungen. Musik, Oper, billige Bilderrahmen. Es läßt sich sicher sein, auch auf die Dauer.

Arbeit noch nicht recht, aber doch. Nette kleine Wohnung in der Ainmillerstraße auf Nr. 32 im Gartengebäude, zweiter Stock rechts.

Ein Modelliertisch, Gips. Wozu das? Halt gekauft!!

Freischütz unter Mottl. Flauto solo von d'Albert und die unerquickliche Feuersnot von Strauß Richard. Samson und Delila mit der pastosen Preuse-Matzenauer. Am Gärtnertheater Offenbachs geistvoller Orpheus. Ein Klavierabend von Max Pauer: Couperin-Rameau: Eroica-Variationen, Brahms: fis-Moll-Sonate, wunderbar gespielte Liszts ... Schneevoigt, Dirigent bei Kaim, tut virtuos, hat kein Inneres. Die alte Lily Lehmann sang erstaunlich «Ich grausam» aus dem Don Juan, fünf Gesänge von Richard Wagner und viele Lieder von Robert Franz. Amüsante Lektüre: Die Anatol-Einakter vom Doktor Schnitzler. Hebels Schatzkästlein ist besser. Mit Byron (Don Juan) gewinne ich trotzdem gar keine Beziehungen.

779 November. Eine gewisse Behaglichkeit, wenn auch vielleicht etwas trü-

14 *Auguren im Gespräch. 1906, 33*

gerisch, ist nicht zu leugnen. Ein nettes warmes Arbeitszimmer. Von Lilys Großmutter wurde eine große blanke Chiffonnière bürgerlichen Empires gestiftet, die vielen Schubladen bringen Ordnung unter meine Arbeitssachen.

In Bern hatte ich ein *Kinderporträt*, farbige Zeichnung hinter Glas, für Apotheker Albrecht-Moilliet in Basel bestellt bekommen und auch gleich ausgeführt. Honorar zweihundert Franken. Freundschaftspreis.

Daraufhin wollte auch Frau von Sinner ihr Porträt haben, an dem ich nun pflichtschuldigst arbeitete, um die Ungeduld dort nicht zu straff zu spannen.

Außerdem bewegte ich mich eifrigst auf der glättesten Fläche, hinter Glas, wurde einfach, warf Ballast ab, bis nur sehr wenig mehr da war.

Durch freundliche Vermittlung ging ich zu Doktor Geheeb, mit einer Mappe unter dem Arm, in die Simplicissimus-Büroräume an einer sehr dreckigen Stelle der Kaulbachstraße. Ich nahm an, wenn Pascin da geschätzt wurde, müßte ich auch möglich sein. Geheeb wünschte aber, nachdem er sich mit seinen Mitarbeitern besprochen hatte, bei allem Respekt Sachen, die sich dem Simplicissimus mehr anpassen würden. Da ich ein Virtuos keineswegs bin, aber auch nie sein möchte, mußte ich den in wirtschaftlicher Beziehung angenehmen Gedanken, Simplicissimus-Zeichner zu werden, leider ganz fallen lassen. Denn schon über Pascins Art schienen die Herren leicht zu seufzen.

Konzerte gab's die Fülle, und ich hörte davon grade genug. Von Busoni, unter anderem die Etüden op. 25 von Chopin, herrlich gespielt. Mehrmals den Geiger Hegedüs. Dann wieder Max Pauer, der diesmal zeigte, was für ein Kerl der Mendelssohn war. Der große Meschaërt sang tief musikalisch und deklamatorisch höchst zurückhaltend Lieder und Balladen; Marteau mit dem Brahms-Violinkonzert.

Am Theater Berlioz' Zerstörung von Troja unter Mottl, was schon fast alles sagt. Aber andererseits eine widerlich stillose Tartuffe-Aufführung am 18. 12.

780 Dezember. In der Stadt der fünftausend Maler lebe ich nun so ganz allein und für mich. Ich erinnerte mich des Knirrschülers Lichtenberger, fand ihn aber müde und enttäuscht. Das kann ich nicht brauchen.

Das Leben als Mensch zu Menschen war auch recht monoton. Die gute alte Bekanntschaft mit Frau Frida Fischer wurde in Solln erneuert. Dann bat Frau Hofman-Menscher, Lilys ehemalige Lehrerin, mich zur Brahms-Sonate op. 100. Und einmal kamen Lilys kleine Schüler zum Vorspieltag in unser Haus, angenehme Abwechslung bringend.

Meist bestand die Arbeit darin, ältere Motive in den neuen aufgelockerten Stil mit hinüberzunehmen. Die kühle Ruhe, womit dies geschah, wollte mir manchmal eine gewisse Meisterschaft vortäuschen.

781/82 Wenn ich nun zurückblicke, so ist einmal die Veröffentlichung der Radierungen in der Sezessionsausstellung zu notieren, weniger eine sölche bei Wachendörfer in Frankfurt am Main, die ganz sang- und ganz klanglos verlief. Das *Kinderporträt* für Basel brachte mir zweihundert Franken in die Kasse und das *Porträt der Frau von Sinner* in Bern sechshundert Mark.

Zum Jahresschluß hörte ich Salome von Richard Strauß unter Mottl mit Knote, Preuse-Matzenauer, Larsen, Feinhals usw. und die Zauberflöte unter Mottl mit Bender, Bosetti, Knote, Zimmermann, Brodersen. Mottl war da einzig! Dies Maß bei aller kräftigen Federung, und wenn er einmal unterstrich, wie bei der Stelle: «die Wahrheit, die Wahrheit!», welcher Effekt. Endlich Stradella mit Knote, hauptsächlich um seine schöne Stimme einmal ausgiebig zu hören.

Fritz Kochers Aufsätze, psychologisch sehr ansehnlich. Aber Byron! Byron! Mit Dir komme ich nie ganz zusammen, trotz allem.

1907

783 Januar. Lilys Freunde laden uns ein, ich könnte nicht behaupten, daß dies gerade einen Gewinn bedeute! Menschen mit wirklich freundschaftlichem Interesse, die nicht in des schwergekränkten Herrn Schwiegervaters Jammerhornton stoßen, will ich auch gar nicht gering achten.

Für Bürger ist das immerhin schon eine gewisse Großzügigkeit.

Außer dem schaffensmüden Lichtenberger taucht von vorzeitlichen Gestalten die Wassiliew wieder auf. Ihre Veränderung besteht in beträchtlicher Schwangerschaft (wenn dies Haller doch sehen könnte!) und wird ja wohl auch wieder ganz vorübergehn. Sie heißt jetzt Eliasberg ‚indem daß' sie einen deutsch-russisch-jüdisch-literarischen Herrn dieses Namens geheiratet hat. Alles in allem war es ein hübscher und unterhaltender Abend, und es gab allerlei zu hören, zu sehen (unter anderem Beardsleys Salome-Zeichnungen) und zu ‚lernen', denn dieser Herr ist bewandert, wenn auch nur nach der Breite hin.

784 Ich griff wieder zum Papier und machte mit Tusche, zum Teil durch Aufspritzen, tonale Zeichnungen, unter Verwendung von älteren Zeichnungen. Die Tonalität gewinnt für mich etwas an Bedeutung gegen früher, wo sie mich kaum etwas anzugehen schien.

Eliasberg will's mit *Kunst und Künstler* nochmals versuchen, nachdem Heilbut als Schriftleiter geflogen ist. Der neue Mann heißt Karl Scheffler. Ich schickte Radierungen und Hinterglasbilder, darunter *Vater*, *Paar in Braun*, *Vergangene Größe*, *Bildniszeichnung nach meinem Vater*. Er nannte diese Arbeit den Propheten Elias.

Der Jury der Frühjahrs-Sezession bot ich an die Hinterglasbilder: *Komödie*, *Lyrische Versenkung*, *Weib und Tier* (grün-rot).

785 Heinemann, die konservative Galerie, schwang sich zu französischen Impressionisten auf. Von Manet sah man vor allem den prachtvollen *Absinthtrinker*, der meine Tonalitätsbestrebungen sehr belebt hat. Dann eine große Reihe von Arbeiten, die sich allmählich dem Kolorismus zuwenden, vom *Bon boc* bis zur *Dame mit dem Sonnenschirm*. Entweder ist der *Absinthtrinker* wirklich die stärkste Arbeit darunter oder ich eigne mich zur Zeit besonders dazu. Von Monet gab es Landschaften aus Paris (Boulevard-Szene!) und seiner Umgebung zu sehen. Von Courbet das große Bild *Die Ringkämpfer*.

In der Sezession war eine Kollektion Uhde, sehr achtbar, aber neben den Franzosen etwas matt und nur im einzelnen impressionistisch echt. Hölzel hat erstaunliche Fortschritte gemacht, es interessiert aber mehr die Tatsache des Fortschrittes an sich. Ein gräßlicher Maler ist Herr Schramm.

785a Mottl führte eine entzückende Oper von Berlioz auf: Benedict und Beatrice, nach «tant de bruit pour une omelette». Fräulein Faßbender ist wirklich eine große Künstlerin.

Die Heirat wider Willen von Humperdinck dagegen o mei!

Reisenauer, ein herrlicher Pianist, spielte, man kann nicht sagen, daß er Klavier spielte, denn es klang ganz entklaviert. As-Dur 110 von Beethoven,

Schuberts Moments musicaux (das eine !!!) und Impromptus. Dann viele Chopins, ein Field und einige Liszts! Ein Erlebnis.

D'Albert hatte einen schweren Stand, ich blieb so kühl, und das Klavier klapperte. Das wütende Gesicht mit den Schweinsäugeln riß die Sache auch nicht heraus. Ich blieb kühl bis ans Herz hinan.

Stavenhagen–Berber–Kiefer spielten halt zusammen. Die Böhmen sind immer noch gut, trotz Bratscherwechsel.

Mottl mußte heran zu neuen Erlebnissen. Diesmal heißt es Eroica!!! Hebriden-Ouvertüre und Böhmens Hain und Flur gingen voraus.

786 Februar/März. Guter Wille des neubackenen Familienvaters und werdenden Papas läßt mich einen richtigen Unfug unternehmen: «Ein Porträt ohne Bestellung für die Sommerausstellung der Sezession!» Wäre die eigentliche Produktion nicht gerade stark abgeflaut, hätte ich mir so etwas noch viel weniger erlauben dürfen.

Außerdem refusiert Scheffler, ebenso die hiesige Frühjahrssezession. Er schrieb an Eliasberg zwei bis drei Seiten, Talent gibt er mir zu, aber noch viel mehr Irrtümer. Kubin sei auch schlecht, aber wenigstens phantastisch. Nun schaue ich recht saudumm, wie der Münchner sagt.

Apropos Papa, das ist nun einmal so. Freude kann ich es nicht nennen, aber sicher besser jetzt als später, wegen Lilys dreißigen.

787 April. Das unterfangene Ausstellungsporträt macht mir Fieber. Die Glasplatte ist so schön und rein. Wozu das viele Pinseln und Nadeln? Und der verfluchte Termin.

Die Berner wollen ein Witzblatt haben, eine degenerierte Kreuzung von «Simpel» und «Jugend». Sicher Totgeburt. Aber die Künstler drängeln, solange es noch zu holen gibt. Zu mir kommt man bezeichnenderweise zuletzt. Dem Aemilius Cardinaux fiel ich aber doch noch ein, lassen wir ihm das. Er hätte ja bis zum Krach drauf vergessen können.

Andere Stimmen aus der Urschweiz klingen auch bedenklich. Mein *Sinnerporträt* ist halt aufregend. Fritz Lotmar muß mich in Schutz nehmen!!...

Schön von ihm.

788 Mottls Neigung zur Spieloper ist sehr erfreulich. Wir hörten so den

Liebestrank von Donizetti mit Bossetti. Lebensvoll, wenn auch nicht heiß, etwas trocken komisch war Herr Geiss. Das war neulich.

Dann sollte ich Shakespeare wieder einmal sehen. Richard der Dritte in der Gestalt des Herrn Lützenkirchen. Nun, es war nicht so übel. Noch schöner spielte eine Frau aus dem Volk neben uns (piano: auf der Galerie). Sie haßte Richarden aber sehr. «Da is er scho wider, der Schuft», zischte sie, wenn Mathieu auftrat. Es geht nichts über die Komik.

Das Oratorium Saul von Händel. Es ist sehr gut. Felix v. Kraus gab eine schöne Probe von Gestaltungskraft und sang das Zwiegespräch mit Samuel allein. Ludwig Hess, der Tenor, dirigierte ohne Technik mit etwas gesuchter Auffassung.

Eine große Kollektion von Toulouse-Lautrec. Graphik ist besonders gut! Aber so ein kaltes Können wie Trübner macht mich hüsteln.

Michelangelos Briefe. Wedekind, Frühlings Erwachen, gut.

790 Meine Erfolge bis dahin. Ich schickte die Radierungen zu Keller und Rainer nach Berlin. Nein. Dann zu Heilbut daselbst. Der fragte den Cassirer und der sagte: nein! Als ‚Stuckschüler' glückte mir ihre Ausstellung in der Münchner Sezession 1906. Die Kritik verschwieg, was für mich immerhin Ereignis, bis auf ein Winkelblatt in der Urschweiz, welches gewaltig den Kopf schüttelte, das bedeutet in unserem Klima ‚Nein'!

Ich entwickelte mich sachte etwas weiter und wendete mich nach Heilbuts Sturz vertrauensvoll an Karl Scheffler. Der rief mehrmals nein! Und nein! tönte ein Echo aus den Hallen der Sezession am Königsplatz, über dem die Frühjahrssonne lag. Der Simplicissimus hatte auch ein Nein geflüstert, welches in der Debschitz-Schule in der Hohenzollernstraße sein komplementäres Echo fand. *Nein in Grün.* Herr Schmoll hatte mir die abgelegte Stellung zugedacht, ohne mit dem Wirt zu rechnen, der gute Freund von Eisenwert. Wohl hatten meine Schweizer Bildnisbedürftigen brav bezahlt, aber es fraß sich schneller auf als man denkt. Dafür kam nun mit frühwelker Haltung der grüne Heiri und lud mich ein zu den schönen Resten einer heißhungrigen Künstlermahlzeit der Herren Zürich–Bern–Basel. ‚Ja?'

791 Mai. Ibsen: Wenn wir Toten erwachen??? Don Giovanni im Hoftheater unter Mottl. Joachim-Quartett, 11. Mai.

Haydn im Moment besonders subjektiv vorgetragen.

Beethoven: Es op. 127. Schumann: a-Moll

13. Mai. Mozart D

Brahms: B-Dur, das wenigste von allen. Beethoven: op. 59 C.

17. Mai. Ja? Ja! Verschiedene Zeichnungen dem grünen Heinrich zugesandt.

792 Wir sind eingeladen gewesen bei einer etwas affektierten Protektorin und deren zur Ruhe gesetzten Gemahl mit hessischem Dickkopf. B. mit Namen, Ort Prien am Chiemsee. Gegend weit und feucht. Das Ganze war dann wieder einmal geladen bei einem Kitscher Zimmermann. Gute Zigarren. Wagenfahrt. Wein.

Bei B. dickes Essen. Das beste waren Schiffahrten und Spaziergänge für uns allein.

Dr. Voltz auf einer Afrikareise umgekommen. Braver, mutiger Mensch. Geriet in Liberia in ein Franzosengefecht. Hatte noch gesagt zu mir: «Vilicht töts mi de, u we s mi nid töt, so wotti de o hürate.» In der Nydecklaube, ich seh' ihn noch vor mir. Fritz schleppte ihn immer zur Musik. «Z'letscht hets em afa g'falle.»

793 Juni. Die Tonalität hat mich. Ich kneife krampfhaft die Augen. (Hätte das mir ein Lehrer doch je geraten!) Nun weiß ich auch, warum man mit der Kohle zeichnet. Nun sagt mir auch ein Bild wie Corinths *Ansorge-Porträt* ein weniges Etwas.

Juli. Götterdämmerung, Fidelio und Così fan tutte, alles unter Mottl. Ende Juni lernte ich Albert Welti kennen.

Im Juli kam der Vater aus Bern zu Besuch. Man besah sich einmal die Münchner Stadt. Er sollte uns wohl holen, kniff aber vorher aus in der Meinung, daß man ihn zu Hause brauche. Oder paßte ihm der Vegetarismus nicht? Die gelben Rüben sollten ihn haben vertrieben? Nach Belieben! Ende Juli reisten wir nach.

794 August und September. Bern. Zwei Monate da verbracht. Bloesch von Rom, Fritz und Olga Lotmar aus Berlin. Hallermändu aus Finnland. Viel Musik. Lewandowsky, der tänzelnde Cellist. Dvořák, das Dumky-Trio lag ihm, das war nicht so streng. Dafür schmiß ich viel um bei dieser Zigeunersache.

Zum Streichquartett kam noch ein Herr Pfarrer dazu. Die Musik einigt! Ich als Bratscher das op. 59 C-Dur. Ein paar Male spielte ich falsch, daß es auffiel, im kleinen Mollsätzchen auf der tiefen Saite. Die Bergonzi ist aber sonst köstlich gewesen.

Wir erwägen. Namen erwägen wir. A: Julian, Felix, Alexander, Joachim, Franz; B: Susanne, Helene, Henriette, Franziska, Charlotte, Eva.

795 Es wurde in Bern auch gearbeitet. Freilicht. Kohle zum Teil mit etwas Farbe. An einem nebligen Herbstmorgen breitete ich die großen feuchten Ingresbogen im Kies des Gartens aus und ging mit Hallermändu die Front ab. Der Herr General lobte. Nachher lobte er leutseligen Tons sich selber: «I ha immer wellen öppis schwärs mache, bis is ha chönne. So nechli g'handwärkeret, weisch! Nachhär han is jedsmal la blibe. I der Chunscht geits aber nid so schnäll, drum heißts drbi blibe, warschinlich für immer.»

Legere Art, sein Verhältnis zur ‚Chunscht' zu begründen. Unsentimental getan. Ich entdeckte wieder den schönen Ostermundiger Steinbruch. Oder es mußten Bekannte im Garten sitzen.

796 Leissigen. Im September verbrachten wir einige Zeit in Leissigen, in einer kleinen möblierten Wohnung zu Herbstpreisen. Der Fischfang war mäßig. Basler Bourgeoisie störte etwas. Meine Frau recht dick. Essen bernisch-bäurisch. Bohnen mit Laffli im Steinbock gar nicht übel. Abends verpflegten wir uns selber.

Bei dem aufgebauten Holz gab's Schmeißfliegen die Fülle. Fische gab's viel weniger. Hie und da ein Dampfer. Nußbäume, schöne würzige Nußbäume. Vis-à-vis Beatenberg. Ja, ja.

Nachricht vom Tode Joachims. Mir ahnte so etwas während der C-Dur-Fuge.

798 München. Es beginnt schon allmählich der Abschnitt ‚Vater sein'. Wieder am Ort angelangt, vorwärts denkend: schwant allerlei. Militärgänge, Rentamtsgänge würzen die erwartungsvolle Stimmung etwas beißend.

Angenehme Botschaft, daß Ernst Sonderegger sich in München niederläßt. Seine Frau singt, sie war ganz sympathisch zu uns, gleich am Anfang. Er ist lieb und ein hübscher Mensch.

Ich schwanke zwischen der Nüchternheit der letzten tonalen Naturstudien, die ich hier mit Mappe und Staffelei in der Vorstadt jagend fortsetze, und zwischen der Phantastik Ensors so ziemlich wie ein Pendel. Die Phantastik ist nicht immer billig, nicht immer literarisch. Sonderegger hat mich mit diesem Ensor bekannt gemacht. Es mußte ja so etwas geben. Dann Daumier!! Weniger De Groux und Gavarni. Ein ganzer Pariser, dieser Sonderegger. Wäre sicher lieber dort, wenn seine Frau nicht Karriere machen wollte in Musica.

Die Trojaner in Karthago von Berlioz, Dido die Faßbender, Dirigent Mottl, musikalisch eine großartige Aufführung.

Lamond, warmer Mensch, kein Pianist wie Reisenauer, spielt eben Klavier, das Menschliche geht mehr aus dem Ganzen hervor, die einzelnen Töne sind Klavier. Bei Reisenauer waren sie nicht Klavier, sondern Zauber.

Überhaupt hören wir Musik wie die ausgehungerten Wölfe, aber nicht immer die beste.

800 November. An Schwiegervater Stumpf schrieb ich notgedrungen langen

Schreibebrief frisch von der Leber. Daß ich seinen Brief allein las, weil ich, obwohl nichts von Medizin verstehend, hochschwangere Frau schonen zu sollen glaubte. Es wisse aber selbige meine Frau, daß ich antworte und was ich antworte, und billige es.

Zu bis ins Mark kränkendem Brief Onkel Hansens oder Professor Schlie in Holzminden an der Weser sei zu sagen, daß auch ohne Lily dieser Onkelgesinnung Vater Stumpfs, welcher dem Professor Schlie Erbschleicherei ansann, aus Brief an Horns früher oder später ja doch erfahren hätte.

Und Vater Stumpf habe Ende September schriftlich zu uns gesagt, er gab allerdings die Möglichkeit einer Erbschleicherei nach Lage der Sache zu.

Hätte der Herr Medizinalrat einen solchen Vorwurf vielleicht je freundlich aufgenommen?, wagte ich zu fragen.

Vom Weg des Kindes zu seinem Herzen zu sprechen, wagte ich als Phrase zu kennzeichnen.

Daß ich oft in München war, als unwillkommener Bräutigam natürlich heimlich, das sagte ich dem Vater Stumpf natürlich auch in diesem Briefe nicht, wohl aber spöttelte ich, daß er mich einmal erwischt haben wollte, wo ich gerade in Alibi, der Hauptstadt der Franzosen Boulevard trat.

Dann wurde ich ernster und kam darauf zu sprechen, daß sich heutigen Tages das Moralische nicht mehr immer von selber versteht. «Ordnung bedeutet Leben», sei sehr schön gesagt; nur die eine Stelle, wo der Herr Medizinalrat zu sagen geruhten «ich habe immer ein gutes Beispiel gegeben», gefielen mir fast noch besser. Doch könne ich nicht beschwören, daß ich von der Zeit an, wo Herr Schwiegerpapa mich zu tieferem Einblick in sein seelisches Chaos veranlaßte, etwas anderes gesehen als Kriegsfuß, andere beschimpfen, sich loben und ähnliches.

Jetzt sei Augenblick der Zukunft, sprach ich zum Schluß, dieser alte Kram geht uns nichts mehr an, wir wollten höchstens die Lehre draus ziehen, einem Kinde ein schöneres Heim dereinst zu bereiten, sprach ich, und daß ich mich berechtigt fühlte, fromme Wünsche eines Unfähigen in den Wind zu schlagen.

So ähnlich stand es geschrieben von meiner Hand, weil doch alles Vergangene jetzt so ganz belanglos war und dieweil wir jetzt bald vom Kind erzogen würden und nicht mehr von Pappe und Mamme. «Von weiterer Berührung gern vollkommen Abstand nehmend», stand noch am Schluß, und drunter mein Vor- und mein Zuname. Jawoll! Am 1. November 1907.

801 Bis zum 14. 11. tat man nichts hören. Nun schrieb die Stiefmutter, so gut sie konnte, in ihrer nicht so besonders glücklichen Lage. Die Sache ist so lange hoffnungslos, bis der Ältere mürbe wird, sozusagen altersschwach ... Bis einer von uns vertrottelt. Bis dahin werden wir eben arbeiten, Musik machen und Tee trinken.

Anna Sonderegger hat sicher Empfindung und auch eine gewisse Gestaltungskraft. Die Stimme ist nur nicht ganz in Ordnung, wie mir scheint.

In der Maximilianstraße kann man in einem Kunstsalon Zimmermann ab und zu einen Eindruck haben. Zur Zeit zeigt Pascin eine Reihe von Arbeiten. Das stärkste dran ist die Lasterhaftigkeit und eine gewisse französische ästhetische Kultur. Die Mischung Balkan–Paris. Letzten Endes halt- und kraftlos.

Ich suche die Errungenschaft aus den Kohlezeichnungen nach der Natur in die freie Komposition mit herüber zu nehmen. Außerdem radiere ich nach dem Reservage-Verfahren.

Lily ist auch sehr musikhungrig, oder will sie einen Musiker zur Welt bringen? Jedenfalls konsumieren wir Unmengen:

1. Ein Jubiläumskonzert der Bläser des Hoforchesters. 2. Das Tschaikowskij-Trio Vie d'un artiste, von den Press Maurina vorbildlich gespielt. 3. Das Weihnachtsoratorium (die drei ersten Kantaten). 4. Unter Pfitzner die Symphonie von César Franck d-Moll und den Don Quijote von Richard Strauß. 5. Ein entzückendes Konzert der Pariser Société des instruments anciens. Kurz nach diesem Konzert begannen unsere Geburtswehen.

802 Felix Klee, geboren am 30. November 1907.

Es amteten ein Fräulein Singer, ein Hofrat Saudner und ein Dr. Ashton. Die Sache dauerte dreißig Stunden. Ich führte den Haushalt, die Zugeherin Theres Schatzl half, so gut sie in ihrer konfusen Verfassung konnte.

Saudner und Fräulein Singer waren meist entgegengesetzter Meinung. Über die Lage, über alles. Zuletzt behielt sie recht.

Zur Zange wurde auch lange lang noch nicht gegriffen. Die Frau sollte arbeiten, wurde aber immer träger. Ein Bad sollte befeuern. Keine Wirkung.

Als Dr. Ashton kam, bekam die Sache Schwung. Das Komische war, daß ich gar nicht mehr an ein Kind dachte, nur noch an die Frau, welche leiden mußte.

Die Operation und das Übelbefinden; mehr wußte ich nicht mehr. Dabei half ich und träufelte auf die Maske, weil die Narkose unruhig war und alle drei, zwei Ärzte und Hebamme voll mit beiden Händen beschäftigt waren.

Als das Kind da war, «ein Bub», war ich wieder höchst erstaunt, daß nun nicht alles still auseinanderging, sondern im Gegenteil ein neues Zentrum sich bildete.

Und was für ein Zentrum, das erfuhr ich von jetzt an stündlich und gründlich.

Erst verliefen sich die Doctores, und wir saßen, Fräulein Singer und ich, am Bett ganz froh des Überstandenen. Das Kind war gut verpackt und schlief. Als die Hebamme, eine junge Dame übrigens, gar keine Wehmutter, nun auch ging, waren wir also nun eine richtige kleine Familie.

Das liest sich vielleicht wie aus einem Gartenlaubenroman und war doch ein phänomenaler Moment, man pendelte überhaupt stark um die Gerührtheit herum, dann auch wieder hinüber zu den Buschjaden, zum Beispiel als es mitten in meinen Schlaf hinein «Rabäh, rabäh» machte und ich aus einem totenähnlichen Zustand aufstehen mußte, Wasser heiß machen, etwas Milch dazu, die Flasche ans Auge halten und dann hinein ins offene Tor! Wie der soff! Dann aber gab er wieder eine Ruh.

803 Die nächsten Tage gab's Besuche – abzuweisen, die mitgebrachten Hühner aber ließ man herein. Wären sie alle am Leben geblieben, so nannten wir einen stattlichen Hühnerhof unser eigen und hätten zeitlebens Eier.

Drei Partien ließ ich ausnahmsweise herein, die Ehen Eliasberg und Sonderegger und Fritz Lotmar, welcher von Berlin herkam, um sich an Kraepelin zu verkaufen.

804 Der Sonderegger füttert mich mit seiner Lieblingskost: Daumier und Ensor, van Gogh-Briefe, Baudelaire-Schriften, Edgar Poe.

Akademiekonzert außer Abonnement. Mottl führte die Neunte auf, zuerst die Alceste-Ouvertüre von Gluck. Wahrscheinlich stark überarbeitet in der Instrumentation. Denn Gluck klang anders als in Paris, ganz anders, stark psychologisch, die Bläser über die Streicher herrschend.

Von der Neunten packte besonders der erste Satz, und dann etwa noch das nicht schwer zu fassende Scherzo. Das Adagio verlangte Mottl so langsam, daß es die Leute kaum mehr blasen konnten. Den letzten Satz mag ich nicht gern hören, ich stelle ihn mir gern vor. In Wirklichkeit fehlt's immer wieder an der Intonation.

1908

Der Rückblick beim Jahreswechsel stimmte doch etwas ernster als bisher. Es ist doch nichts so Harmloses, Kinder in die Welt zu setzen! Am ganzen Horizont bläulich phosphoreszierendes Wetterleuchten.

Ich als Schauspieler armverschränkt in der Mitte des Kreises: «Möge es blitzen!» Die Pose hielt indes nicht lang an, man wird schon im Lauf eines einzigen Alltages bald etwas größer, bald wieder etwas kleiner.

Etwas vom Geist Joseph des Zimmermanns gehört auch zu so einem kleinen Hausvater. Manches Erhabene, manches Verstiegene, manches Bizarre, manches Geistige liegt hinter Schloß und Riegel.

Van Gogh ist mir zeitgemäß, «Vincent» in seinen Briefen. Natur ist vielleicht doch nicht so ohne. Erdgeruch braucht man ja nicht zu sagen, das schmeckt zu sehr bei. Zu beigeschmäcklich ist dies Wort, meinte ich.

Schade, daß der frühe van Gogh menschlich so schön und als Maler weniger gut, und der spätere wunderbare Künstler ein so gezeichneter Mensch ist. Man müßte ein Mittel finden zwischen diesen vier Vergleichspunkten, dann ja! Dann am liebsten selber so sein.

Übrigens gehe ich wirklich allen Ernstes hinaus in den Schnee, stelle mich hin, friere, friere sehr, aber arbeite. Wenig im Vergleich zur Fülle um mich, zu Haus dann aber viel im Vergleich zur Armut und Einfachheit eines kleinen Bürgerfamilienheimes.

Manchmal ergreift mich der Farbklang, aber ich bin dann nicht bereit, ihn festzuhalten, nicht gerüstet.

807 Februar. Die Fräulein, die von, die Fräulein von K., von Königs, vom Königstal soll, soll uns, soll uns den Buckel, den Buckel hinabrutschen. Die kleine Familie ist, ist d'accord hierin! Am ersten Februar 1908. Ich kenne außerdem diese Dame nicht, habe auch gar keinen Bedarf, Bedarf nach Familienschwägereien, und bin daher, daher ganz frei, frei von Bedenken.

809 Ich versuch's nun einmal ohne Spekulation, ohne geistvolles Eigenleben.

Klein versuch' ich's, herabgestimmt, etwas bürgerlich. Das Viertel Schweizer in mir versucht's.

Gehe lernbegierig zur Schule, bei Lehrer Meier-Gräfe oder bei Lehrer Karl Scheffler zu erfahren, wie ich es machen muß, um ein guter Künstler zu werden.

Hab' ich doch schon am Progymnasium hingebungsvoll nach der Natur gezeichnet. So frei von Persönlichkeit braucht es ja nicht mehr abzugehen, aber frei von allzu vieler Beschäftigung mit der Persönlichkeit (der Lehrer hebt den Zeigefinger), darauf kommt's stirngerunzelt an! Persönlichkeit hat man eh' in meinem Alter, bin doch jetzt in arte ein höherer Jüngling!

Wenn die Natur nun selber keiner Persönlichkeit gehorcht, keinem zentralen Willen, sondern alles an ihr Gewöhnung, Gelegenheit und Anpassung ist, dann desto besser.

Wenn es aber einen Gott gibt? (Bscht!!)

Der Herr Lehrer meint: «Was kümmert dich das Wesen Gottes, sieh dir eins seiner Blumenbeete an, das genügt.»

«Ich will ja brav sein, Herr Lehrer!»

«Außerdem ist es dir gesund, du lebst und webst im Freien, da gibt's keines Gedankens Blässe! Du bist unter Bienen und Schmetterlingen eine kleine ameisige Emse.»

«Herr Lehrer, darf ich daneben auch etwas Mu-Mu-Musik machen??»

«Vielseitige Künste? Ja! sollste, darfste! Vielseitige Künste sind gut, wenn se nur nicht zu's Jesamtkunstwerke führen.»

811 Tonalität (mit oder ohne Farben) und Koloristik unterscheiden gelernt. Kapiert!

812 Briefwechsel mit Albert Welti und Kreidolf wegen Aufnahme meiniges in den Bund zeichnender Künstler (Glaspalast). Welti hatte mir unerwartet den Vorschlag gemacht.

Ich dankte Welti für die gute Idee und für freundschaftliche Gesinnung. Und sagte, daß der Ort, wo er ausstelle, für mich auch nicht zu schlecht sein konnte. Und daß ich Herrn Kreidewolf sehr schätzte. Trotzdem gehörte ich wohl mehr zu den Impressionisten, nach meinen jetzigen Arbeiten wenigstens (der Herr Lehrer fruchtete).

Max Liebermann und Uhde täte ich schätzen, noch mehr aber die Franzosen.

Ich würde also, wenn jetzt immer noch keine Bedenken nötig, über mich am nächsten Freitag abstimmen lassen.

Leid täte mir seine Übersiedlung nach Bern, zum Auftrag des Schweizer Staates gratulierend aber hoffte ich, ihm in den Sommerferien am Melchenbühlweg mit meiner Frau auf Geige und Klavier vorzuspielen.

Dann antwortete Kreidolf auch noch und teilte mir meinen Durchfall mit. Das war schareckelich. Claude Lorrain Straße 17 stand am Schlusse seines Briefes.

813 Veranlaßt durch persönliches Zusammentreffen mit dem liebenswürdigen, aber sehr betrunkenen «Prszebyszewsky», las ich sein Buch: Auf den Wegen der Seele oder Gustaf Vigeland. Das heißt, ich versuchte es zu lesen, wurde aber bald ebenso delirant und weiß von gar nichts.

Wedekinds Musik konnte ich wenigstens kapieren. Außerdem beschäftigte ich mich mit Boccaccios Decamerone und Balzacs Contes drolatiques. Hier tauchte die Frage in mir auf, ob ich nicht auch ein schönes Buch einmal dereinst illustrieren können sollte?? Endlich Klein Eyolf.

Musik: Aka Akademie: eine kleine unschuldige Sinfonie in C Nr. 6 von Schubert, Ritters Ritt zum Grabe guter Musik, Don Juan von Richard dem Letzten. Ein neues Münchner Streichquartett (Autsch Kilian! Fleißiges Mittelmaß).

Dann der Dirigiervirtuos Ganzner mit Schlagern. Cellini Ouvertüre, Vorspiel und Liebestod und die unvermeidliche Tschaikowskij-Pathétique (mit dem Kaim-Orchester).

Am besten das 8. Aka Akade durch herrliche Wiedergabe der Pastorale, der erste breit, naturburschig-kraftvoll, Scherzo ziemlich rasch, das Gewitter ungeheuer dramatisch, das letzte Allegretto sehr rasch! Ein sehr ungeistiger Geiger, der komische Ahner, spielte ein neuentdecktes sogenanntes Mozart-Violinkonzert Nr. 7 mit zu großem Orchester. Zweifelhafter Genuß, wenn man aufrichtig sein soll.

813a März. Das Glasbild 1908/56 *Der Balkon*. Im März mimte ich wieder einmal längere Zeit Kindermädchen, da uns ein Lausdirndl weggelaufen war. Daher mußte ich mein nulla dies sine linea etwas lassen. Das kam einer wohlgelungenen Arbeit zustatten, die besondere Frische der Formung aufweist. Gesehen hatte ich das Bild schon einige Tage vorher, natürlich vom Küchenbalkon aus, welches mein einziger Ausgang war. Dann vermochte ich mich von allem Zufälligen dieses Stückes ,Natur' loszulösen, sowohl in der Zeichnung als in der Tonalität, und gab nur das ,Typische' in durchdachter formaler Genesis wieder. Ob ich nun aus dem Dickicht wirklich heraus bin?? Dieser Küchenbalkon, das unbebaute Feld, die Hohenzollernstraße. Der Ausblick eines Gefangenen in mehrfacher Richtung.

814 Welti und Kreidolf waren da, um Arbeiten in Augenschein zu nehmen. Ich zeigte sozusagen alles. Kreidolf stürzte mit Instinkt sofort auf den *Balkon*. Welti blieb kindlich lächelnd allem offen (oder besser wohl allem aus neuerer Zeit verschlossen). Von der *Schwangerschaft* sagte er: «Uf der Mäss g'seht men ame settigi dicki Wyber.» Meine Radierungen hat er schon geschätzt, als er sie seinerzeit bei Girardet während des Druckes sah.

15. 3. Dann suchten wir ihn in Solln bald auf. Da waren aber so viele Menschen in der kleinen Stube, der ganze Frau-Frieda-Fischer-Salon und noch das übrige Solln, daß es ein käsiges Gedränge gab. Herzliche Güte ist schuld an solchen Ungemütlichkeiten. Die Buben kommen auch noch dazu, besonders das Unikum, der fünfjährige Ruedi. Ein kleines wildes Tier zum Fürchten. Der Ältere in Pubertät, ab und zu vom Vater eine wohlgemeinte Ohrfeige empfangend.

Kreidolf junggesellig, etwas triste, still, nicht unmännlich. In der Mitte des Ganzen ein riesiger Milchhafen und ein paar umfängliche Kuchenräder.

816 Die Frühjahrssezession strengt sich an. Man sieht nun die letzte Pariser Kunst, welche es Herrn Meier-Gräfe recht macht. Bonnard, kultiviert wohl, aber sehr klein beieinander, sehr eng. An seiner Ökonomie der Werte kann man lernen. Er hält so zurück, daß die hellen Noten in aller Stille sieghaft wirken können. Vuillard ist noch schwächlicher, wenn er auch einen Stil sucht, der über Europa hinausgeht. Von Roussel ein schönes Blumenstilleben.

Der kräftigste ist Vallotton, aber sehr unangenehme Malerei. Keine Malerei und doch Malgelüste. Aber irgendwo ist er Kerl.

Außerdem große Kollektion Liebermann-Zeichnungen – «von welchem Liebermann?» fragte man in Solln. Für die dort gibt es zwei Liebermänner – und Radierungen. Längst bekannte, wohlverdaute Sachen das!

Ich selber stehe am Küchenbalkon und jage mit einiger Treffsicherheit nach spielenden Kindern.

Noch zwei Ausstellungen, zwei ganz wichtige! Van Gogh bei Brakl und nochmals van Gogh bei Zimmermann in der Maximilianstraße. Bei Brakl sehr viel, bei Zimmermann die ganz berühmten Stücke, wie *l' Arlésienne* und andere mehr. Sein Pathos ist mir fremd, besonders in meiner gegenwärtigen Phase, aber er ist ganz sicher ein Genie. Pathetisch bis zum Pathologischen, kann dieser Gefährdete Gefahr bringen dem, der ihn nicht überblickt. Hier leidet ein Gehirn unter dem Brand eines Gestirns. Es befreit sich im Werk kurz vor seiner Katastrophe. Schwerste Tragik spielt sich hier ab, echte Tragik, Natur-Tragik, vorbildliche Tragik.

Man erlaube mir, zu erschrecken!

817 Am 1. April Die heilige Elisabeth von Liszt in der Hofoper. Am 2. eine liebliche Kontrollversammlung, es roch nach Volk und nach Kaserne. Eine ekelerregende Kombination. Am 3. kamen Fritz und Olga. Abends waren wir bei Piper. Piper ganz charaktervoll, hat musikalische Passionen: Mahler und Bruckner, die ich nicht teile. Dahinaus darf die Musik nicht gehen, jedenfalls nur ganz vorübergehend!! Ein Prolet Esswein spielt da eine gewisse Rolle, liest vor, wenn wir nicht stören. Lily muß quatre mains pauken. Ohrenzerreißend. Unten schimpft und pöbelt der Hausbesitzer. Die Gäste werden beim Verlassen des ‚Salons' im Treppenhaus beschimpft. Das Ganze eine überaus vornehme Atmosphäre. Durch Eliasbergs Vermittlung, der Interesse am Verlag nimmt. Für mich nutzlos wegen ausgesprochener Opposition. Ich unverhohlen angeödet.

Am 6. April Tiefland, ein Machwerk von d'Albert. Das Hintertreppenstück hat Erfolg. Brodersen spielte saudumm (verismo), Fassbender gut.

Am 9. gab ich meine erste Korrektur bei Debschitz (Akt). Am 11. Matthäus-Passion (Mottl), ungestrichene Aufführung mit einstündiger Pause.

818 Die Empfehlung Schmoll von Eisenwerths wirkte jetzt nach, und Deb-

schitz übertrug mir auf einen Monat die Korrektur des Abendaktes. Ich natürlich biereifrig dabei.

Dann kam Hallermändu und lobte noch mehr als letztes Mal. Den *Balkon* wollte er beinah kaufen. Auch die *Kinder auf der Bauwiese* gefielen.

Drittens beschickte ich wieder die Sezession. *Balkon*, *Kinder auf Bauwiese* und *Schwangerschaft* werden refüsiert. Zweihundert und einhundertfünfzig hatte ich angesetzt. *Straße mit Fuhrwerk*, *Vorstadt mit Hof* und *Straße unter Bäumen* wurden genommen. Einhundert Mark je. Ein Vergleich der Zahlen sagt alles. Kitschbruderschaft, dort am Königsplatz!

In diese Zeit fiel auch ein Ausflug nach Kochel, Kesselberg, Walchensee und wieder zurück. Zu zweit, am Karfreitag.

819 Mai. Mein Korrekturauftrag in der Debschitzschule ist auf die Monate Mai und Juni ausgedehnt worden. Die Leute zeichnen da ganz fleißig, aber auch ganz mäßig. Ob ich da viel ausrichte, ist fraglich. Aber es ist nicht uninteressant. Eine Busch-Nachlaß-Ausstellung zeigt, daß dieser Künstler kein Spezialist allein war, sondern auch ein gutgehender Maler, freilich ist er nach dieser Seite eine etwas begrenzte Angelegenheit. Hals verdünnt und verkleinert, aber etwas Hals eben doch. Kein Kitscher, sondern ein wohlorientierter Europäer. Einige Kerle mit roten Jacken gehören in eine Gemäldegalerie, sind durchaus gut.

820 14. 5. Barbier von Sevilla unter Mottl, Rosine: Bosetti, Basilio: Bender, Bartolo: Geiss. 15. 5. Figaros Hochzeit im Residenztheater unter Mottl, Graf: Feinhals, Susanne: Bosetti, Bartolo: Sieglitz, Basilio: Walter, Antonio: Geiss. 16. 5. Eröffnung der Sezession. 24. 5. Der Maler Thomann aus Zürich bei mir. Einladung zum Beitritt zur «Walze». Durch Thomann angenommen.

821 16. 6. Bei Frau Fischer in Solln mit Sondereggers und Kreidolf. 23. 6. Faust im Künstlertheater, Hofschauspiel. Ausstattung von Fritz Erler. Gutes Gretchen: Lossen.

822 Genesis einer Arbeit:

1. Streng nach der Natur zeichnen, eventuell durch das Perspektiv.
2. Nr. 1 auf den Kopf stellen, nach Gefühl die Hauptlinien hervorheben.
3. Das Blatt wieder in die erste Lage bringen und 1 = Natur und 2 = Bild in Einklang bringen.

823 Herr Waldemar, als sich die Aasfliege auf seine Hand setzte: «Bitte noch zweimal um etwas Geduld!»

824 Ölmalerei I.

Ich werde Figurenbilder in vertiefter Weise nach der Natur malen, und zwar unter getrennter Behandlung zweier Zeiten.

1. Zustand (imperfectum): Der Raum, die Umgebung, und zwar muß dies Stadium auch trocknen.

2. Eintretende Handlung (perfectum, passé défini, aorist): Die Figur selber. Denn: In der Natur war auch schon die Umgebung fertig, als die Bewegung hinzukam, auftrat. Von vornherein ist bei 1. Ökonomie geboten, damit 2. ohne Forcierung wirkt. Außerdem ist:

3. noch die Wechselwirkung von 1. und 2. zu überprüfen. Das Bild ist fertig. (Farbauftrag mit dem Messer, weil Pinsel immer gleich schmutzen.)

Ölmalerei II.

1. Anlage der Lokalfarben in großen Zügen, flächig.
2. Modellierung durch Verdunkeln und Aufhellen. Das Bild ist abermals fertig.

825 Seinen Stil findet der, wo nicht anders kann, das heißt etwas anderes nicht kann. Der Weg zum Stil: GNŌTHI SEAUTON (Erkenne dich selbst).

826 Allerlei Lektüre und Aufführungen im Juni und Juli. Homo sapiens von Przybyszewski I. und II. Teil, banales, delirantes Monstrum, mag nicht.

Wedekind, Erdgeist und Büchse der Pandora. Schick, Böcklins Eckermann.

Gastspiele der Berliner Kammerspiele (Reinhardt). Erdgeist: Schön: Steinrück. Lulu: Eysoldt; Schigolch: Schildkraut. Die denkbar beste Theateraufführung dieses Stils. Frau Warrens Gewerbe von Shaw; unterhaltsames Stück. Frau W.: Fräulein Wangel; ihr Kompagnon: Steinrück; Pastor: Schildkraut!! (wie er grüßte!) usw. Angele von Hartleben u. a. m., weniger eindrucksvoll.

827 Abermals Ölmalerei.

1. Anlage von Farbflecken zu Komplexen, frei aus der Empfindung heraus, als unverwischbare, wesentliche Hauptsache.

2. Dieses ‚Nichts' gegenständlich lesen (die Marmortische im Restaurant

meines Onkels), figürlich machen und durch Licht- und Schattengestaltung verdeutlichen. Vorausgegangen war ein gegebener Grundton, der nun da und dort auf der ganzen Fläche restiert. Das Bild ist fertig.

828 Über Vorstadtwiesen mit einem Opernglas bewaffnet auf die Jagd gegangen. Auf diese Weise überlistet man seine Modelle am besten. Sie wissen nichts, machen ihre Stellung unbefangen und ihr Gesicht ebenso.

829 Der Thomann schreibt; daß über die Walze ein Artikel in der Zeitschrift «Die Schweiz'g» erscheinen wird, und es soll meine Radierung *Der Komiker* zum Abdruck gebracht werden.

Dann schreibt ein Schwyzger namens Willy Lang, der Artikelschreiber für «Die Schweiz'g», nachdem er Gelegenheit gehabt hat, meine Radierung kennenzulernen, daß er die Aufnahme eines oder mehrerer Blätter in die Zeitschrift Hyperion vermitteln will, und empfiehlt mir seinen Vorschlag zur Überlegung.

Dann schreibt besagter Willy Lang noch einmal, daß er mit Blei gesprochen hat, daß Blei eine Platte möchte, daß ich den Blei in seiner Wohnung, Hubertusstraße 13, besuchen soll, daß ich möglichst viel mitnehmen soll, damit der Blei auswählen kann. Daß er mir privatissime den Rat gibt, nicht zuwenig zu verlangen (die Herren können zahlen), zwei- bis dreihundert Mark etwa, und daß der noch größere Gewinn sein würde, dadurch mit den Sachen möglichst bekannt zu werden. Ergebenst Willy Lang.

Ich fahre denn nach Nymphenburg, läute auf Nr. 13 an, werde eingelassen und hereingeführt. Blei sitzt am Schreibtisch: Rückenansicht. Ist vertieft. Ich stehe und warte einige Momente. Dann wendet sich ein hageres Gesicht mit einer Riesen-Hornbrille zu mir um, wohlberechnet. Das war also der Entdecker des neuesten Münchner ‚Genies' Mayershofer. Nun causierte er mich mit gesuchtester Natürlichkeit an. Er kennt die Radierungen von der Sezessionsausstellung her (1906), aber damals sei meine Adresse nicht zu beschaffen gewesen.

Er wählt den *Helden mit dem Flügel*, wegen des Formates, da er doch Original drucken will. Aber er hat noch Mitredakteure. Dreihundert Mark. Gut.

Hat noch Mitredakteure.

830 2. 7. Aufführung Erdgeist. 5. 7. Foto Lily und Felix auf dem Balkon.

7. 7. Aufführung Frau Warrens Gewerbe. 12. 7. Mit Lotmar bei Frau Fischer. 19. 7. Walter Lotmar geboren.

831 Die Linie! Meine Linien von 1906/07 waren mein Ureigentum. Aber ich mußte sie doch unterbrechen, es droht ihnen irgendein Krampf, schließlich gar das Ornament. Kurz, ich unterbrach erschreckt, obwohl sie tief in mir gefühlt saßen. Das faire sortir wollte eben nicht gehen. Und um mich könnte ich sie nicht sehen, der Einklang innen-außen war so schwer herzustellen.

Der Umschwung ist dann sehr kraß gewesen, ich gab mich sommers 1907 ganz der Naturerscheinung hin und baute auf diese Studien die schwarzweißen Landschaften hinter Glas 1907/08.

Kaum besitze ich dieses Stadium, langweilt mich die Natur schon wieder. Die Perspektiven sind zum Gähnen. Soll ich sie nun verzerren (auf mechanische Weise verzerren hab' ich auch schon versucht)? Oder wie schlage ich am freiesten die Brücke von innen nach außen??

O entzückende Linie des Schwunges dieser Brücke – dereinst!

In Bern starben die einzig schönen grauen Angoras Nugg und Myz.

832 Handlung sei außerordentlich und nicht Regel. Handlung ist aoristisch, muß sich abheben von Zuständlichem. Will ich hell handeln, so muß der Zustand dunkel zu Grund liegen. Will ich tief handeln, setzt das helle Zustände voraus. Die Wirkung der Handlung erhöht sich bei starker Intensität und kleiner Ausdehnung, aber auf geringer zuständlicher Intensität und großer zuständlicher Ausdehnung. Niemals die hauptsächliche Ausdehnung des Zuständlichen aufgeben! Auf mitteltoniger Zuständlichkeit aber ist doppelte Handlung möglich, nach hell und nach tief hin gesichtete.

833 Es gibt Tage wie eine blutdampfende Schlacht. Nun tiefe Nacht, nur nicht für mich, für die andern, für die Stumpfen, die die Schlacht nicht spüren. Die machen Musik, leichte, gemeine Lieder. Dann legen sie sich hin.

Ich finde den Schlaf nicht. In mir glüht es noch, in mir brennt es noch da und dort. Kühlung suchend am Fenster seh' ich außen alles erloschen. Nur ganz fern brennt noch ein kleines Fenster. Da sitzt wohl ein Zweiter? Irgendwo muß ich doch nicht ganz allein sein! Da tönt noch ein altes Klavier herüber, das Stöhnen des anderen Verwundeten.

834 Reduktion! Man will mehr sagen als die Natur und macht den unmöglichen Fehler, es mit mehr Mitteln sagen zu wollen als sie, anstatt mit weniger Mitteln. Das Licht und die rationellen Formen liegen im Kampf, das Licht bringt sie in Bewegung, biegt gerade, ovalisiert parallele, dreht Kreise in die Zwischenräume, macht den Zwischenraum aktiv. Daher die unerschöpfliche Mannigfaltigkeit.

835 5. 8. Abends elf Uhr fünfzehn Abreise nach Bern mit Felix und Theres. 6. 8. Ankunft in Bern. 11. 8. Foto der ganzen Familie. 12. 8. Der neue Amadis von Wieland. 21. 8. Abreise Lily und ich nach Beatenberg. 23. 8. Waldbrand, Amnisbühl. 24. 8. Untere Burgfeldalp, Haberlegi. 25. 8. Gemmenalphorn, Niederhorn. 26. 8. Waldbrand. 27. 8. Brienzerrothorn mit der Zahnradbahn. Nachts zu Fuß von Interlaken nach Beatenberg. 29. 8. Schlechtes Wetter treibt uns nach Bern.

836 Den Belichtungsprozeß stellenweise psychologisch steigern, da steigern, wo der Geist es braucht, nicht da, wo die Natur ihre Glanzlichter aufsetzt.

837 Zauber. Fernab vor dir / dicht davor ein Weg steigt / verzweigt, / kein Weg neigt, / ein Weg neigt jach erloschen, / sachte wach: / durch Nacht und Sonne. O keiner Seele du Wonne, / o du Krakeele der Menge, / du Mißgeklänge / durch Fragengedränge.

Schau scheel / wer da zwänge sich durch? «wer da kann durch das Tor», / grad davor das Tor: / vor dem Gradaus.

Und links kein Steg / und rechts ein Geheg: zarter Blumen.

Was tun? / Da kommt keiner, / der dicke Gott, / der gute Gärtner (gutgartneu) / will daß da kommt: Keiner durch.

Doch da kommt so einer, / doch so einer!

Man hört lachen: laß dir raten, / Mann der Taten, / Mann von was für Sachen! Nichts errät er, / durch geht er, / tritt drei Veilchen / und ist in zwei Weilchen: drüben gemach.

Die Kaffern gaffern, / gaffern ihm nach: Ihm nach: dem Wicht.

Was Licht jetzunder, / was Wunder! / Was für Fêten, / was Nuditäten, / Freunde mit Bechern, / Damen mit Fächern, / und dieser Fant / tut so bekannt.

Den Kaffern wird's hell, / zur Stell / wollen fahren auch sie: ins gelobte Land.

Schockschwerenot / durch Gauklerhand: nun hat das Tor eine Mauer, / die scheidet den Schimmer vom Schauer. / Flammenbehaart / steht Bart an Bart, / eine Tigerkette.

Dämmerung liegt auf der Lauer. / Die Klänge verhallen, / nur sacht / durch die Nacht / dringt Knurren der Biester.

Bis die Obskuren / sich sonder Murren, / sich aus dem Staube gemacht.

838 September. 8. Ausflug mit Lily von Lanzenhäusern zur Grasburg, nach Schwarzenburg, Guggisberg, zurück nach Schwarzenburg. 9. Bei Louis Moilliet. 13. Studie im Garten. 15. Spaziergang nach Reichenbach mit Lily, Bloesch und Lotmar. 27. Lily nach München zurück. 29. Auf weiße Ölfarbe naß in naß gemalt.

839 Oktober. 1. Mit meinem Vater nach Biel, zu Fuß nach Neuenstadt, hier eine Stunde auf entzückenden Plätzen am See, mit dem Dampferchen nach Erlach, dort gebummelt und gefischt. 2. Papa nach München. 17. Lily zurück, uns abzuholen. 18. Bei Weltis Abschied genommen, drei Radierungen geschenkt bekommen. 19. Ankunft in München. 31. Unser neuer Cellist: Dr. Fritz Strich.

840 Wie der Mensch, so hat auch das Bild Skelett, Muskeln und Haut. Man kann von einer besonderen Anatomie des Bildes sprechen. Ein Bild mit dem Gegenstand: *Nackter Mensch* ist nicht menschen-anatomisch, sondern bild-anatomisch zu gestalten. Man konstruiert fürs erste ein Gerüst der zu bauenden Malerei. Wie weit man über dieses Gerüst hinausgeht, ist frei, es kann vom Gerüst schon eine Kunstwirkung ausgehen, eine tiefere als von der Oberfläche allein.

Und statt Bücher oder Wortstaatenbünde, also statt Bände lob' ich mir ein weckendes Lebenswort. Natürlich gehören Hörende dazu. Die vielen Zwischenräume müssen in ihm wenigstens schlummernd vorhanden sein. Bücher sind aus gespaltenen Worten und Buchstaben gemacht, so lang gespalten, bis ihrer genug sind. Dazu kann nur der professionelle Zeitungsschreiber Zeit haben. Ein Edler arbeitet an der Knappheit des Wortes, nicht an seiner Vielheit.

Außer der konstruktiven Bildgestaltung studierte ich die Tonalitäten der Natur durch Summieren von Lage auf Lage verdünnter schwarzer Aquarellfarbe. Jede Lage muß gut eintrocknen. Auf diese Weise entsteht eine mathematische Hell-Dunkel-Proportion. Zugekniffene Augen erleichtern die Bemessung in der Naturerscheinung.

841 November. 10. Steinbach dirigiert Brahms: Serenade, Erste Sinfonie und akademische Ouvertüre. 11. Sechs Zeichnungen an die Berliner Sezession gesandt. 13. Beethovens Fünfte Sinfonie unter Mottl. 25. Wedekind liest einen Akt Zensur, Totentanz und Gedichte.

842 Die naturalistische Malerei, die ich zur gründlichen Orientierung und Schulung immer wieder pflege, hat vor allem den Nachteil, daß kein Absatz hier für meine lineare Produktionsfähigkeit vorhanden ist. Es gibt da eigentlich keine Linien als solche, Linien entstehen da nur als Grenzen verschiedener Tonalitäts- oder Farbflecken. Mit farbigen und tonalen Flecken läßt sich jeder Natureindruck auf die einfachste Weise festhalten, frisch und unmittelbar.

Die Linie als solche könnte bei dieser streng wissenschaftlich-naturalistischen Malerei, nur dann auftreten, wenn von der Farbe abgesehen würde: also in tonaler Malerei und zwar als Farbgrenzenersatz zwischen zwei Flächen gleichen Tonwerts und verschiedenen Farbwerts in der Natur.

Über den Naturalismus geht ein Kunstwerk schon hinaus, wo die Linie wie bei van Goghs Zeichnungen und Bildern und bei Ensors Graphik als selbständiges bildnerisches Element auftritt. Bei Ensor ist das Nebeneinanderliegen der Linien in seinen graphischen Gebilden beachtenswert.

Überhaupt zeigt sich mir hier ein Weg ins Absatzgebiet für meine Linie. Ich finde aus der Sackgasse des Ornaments, wo ich mich 1907 eines Tages befand, endlich hinaus!

Neu gestärkt durch meine naturalistischen Etüden, darf ich dann wieder wagen, mein Urgebiet der psychischen Improvisation neu zu betreten. Hier an einen Natureindruck nur ganz indirekt gebunden, kann ich dann wieder wagen, das zu gestalten, was die Seele gerade belastet. Erlebnisse zu notieren, die sich selbst in blinder Nacht in Linie umsetzen könnten. Hier liegt eine neuschöpferische Möglichkeit längst vor, welche nur seinerzeit durch die Ängstlichkeit

15 *Zwei Tanten, Akte mit Hauben. 1908, 14*

des Isoliertseins unterbrochen worden war. So wird meine reine Persönlichkeit zu Wort kommen, sich in größter Freiheit befreien können.

843 Dezember. 8. Bezog ein kleines Atelier: Feilitzschstraße 3/4. II. Haroldsinfonie unter Mottl. 22. bis 27. Ich Angina bis vierzig Grad. 29. Aufgestanden.

31. Zwei Eliasbergs, zwei Sondereggers, zwei Lotmars und Professor Lotmar aus Bern bei uns zur Silvesterfeier. Den Tisch ausgezogen, Kompositionskunststück in dem kleinen Zimmer.

844 Gut komponierte Bilder wirken vollendet harmonisch. Ein Trugschluß aber, wenn der Laie nun glaubt, zur Erzielung solcher Gesamtharmonie nun Stück für Stück harmonisch gestalten zu müssen. Dies kann nur eine schwächliche Wirkung haben. Denn ein erster Teil erfordert, nachdem er zu einem zweiten Teil in Harmonie gebracht ist, überhaupt keinen dritten Teil mehr. Nur wenn eins und zwei hart zueinander stehen, so ist drei an der notwendigen Reihe, hinzutretend diese Härte in Harmonie zu verwandeln. Diese neue dreiteilige Harmonie überzeugt dann viel kräftiger.

845 Die Form steht im Vordergrund des Interesses. Um sie müht man sich. Sie gehört zum Metier in erster Linie. Es wäre aber falsch, daraus zu schließen, daß die miteinbezogenen Inhalte nebensächlich seien.

N. B. Folgende sechs Hinterglasbilder – schwarze Aquarellfarbe – habe ich an die Schwarzweißausstellung der Berliner Sezession gesandt und sind dort ausgestellt worden: *Schwangerschaft*, *Straße mit Hof*, *Der Balkon*, *Straße unter Bäumen*, *Kinder auf der Bauwiese*, *Musikalischer Tee*.

O Graus / bis in sein hohes Alter / es war ein Mann / trotz Kitzels und wie / der nieste nie. / Bis es zum Schlusse kam zum Nuß / doch kam zum Nuß-Kanonenschuß / und mit dem Herrn Verwalter / war's aus.

1909 München

847 Januar. 3. Marées Ausstellung in der Sezession, ein Ereignis. 10. Klavierabend Max Pauer. 20. Bei Blei mit Tuschzeichnungen. 24. Bei Meier-Gräfe mit Tuschzeichnungen. Debussy Pelléas und Mélisande, schönste Oper seit Wagners Tod. 31. Siegfried unter Mottl mit Knote, von Roy, Fassbaender.

*16 Mädchen und kleiner Knabe am Boden, einfache Konturen 1908, 31*

848 Den hohen Genuß künstlerischen Fortschreitens darf man dereinst wohl als Energieleistung buchen, weil doch die Befreiung zeitweise dornenvoll ist. Ruhe und Unruhe als wechselnde Elemente des malerischen Vortrags.

849 Wenn so ein salon-wilder Münchner oder ein zugereister Kitscher seinen erotischen Raptus hat, dann komponiert er eine Anbetung des Weibes. Man sieht einen weiblichen Akt, Kellnerin, Verkäuferin oder dergleichen, und vor ihr auf den Knien auch nackt den Herrn Kunstmaler. Dabei hängt in der Pinakothek das beste erotische Bild, Rubens' Braut in Samtmützchen mit der Feder, mit Handschuhen, mit Perlenkette – schöner als wirkliche Perlen. Gesteigertes Frauenbildnis. Und man hat, ohne mit Krethi und Plethi gerade zu verkehren, immer wieder Gelegenheit, solche Abzählreime zum besten zu geben!

850 Ein gutes Bild wirkt noch vor dem letzten Strich unvollendet.

851 Im neuen Arbeitsraum Gelegenheit zu umfangreicher Ölmalerei. Alle möglichen Experimente, immer stark auf Tonwert hin. Dann und wann eine Freiheit, wie *Knabe im Pelz*.

852 Februar. 9. Bauernball. 11. Mottl dirigiert wunderbar eine Sinfonie in F-Dur von Haydn mit dem verkleinerten Hoforchester: 1. Presto, 2. Adagio, 3. Minuetto, 4. Allegro molto mit langsamem, menuettartigem Satz dazwischen. 17. Russischer Maskenball. 20. Hausball bei Zöllers.

853 Ende Januar suchte ich mit einer Mappe voll Tuschzeichnungen den Meier-Gräfe auf, der zur Marées-Ausstellung gerade hier war. Er wollte erst weiter verfolgen, ich möchte ihn im Auge behalten. «Vielleicht wird's was!»

Durch Blei war ich an ihn empfohlen. Blei war sehr entzückt gewesen von denselben Blättern. Will statt der Radierung lieber drei solche im Hyperion bringen. Aber erst etwas später, sagt er.

Daraufhin weist mir die hiesige Frühjahrssezession sämtliche fünf Zeichnungen zurück.

854 (Hier folgt von Paul Klee eine tägliche und ausführliche Fiebertemperaturaufzeichnung seines Sohnes Felix in der Zeit vom 1. März bis 8. Mai 1909. D. H.)

855 Daß diese Krankheit alles in Atem hielt, geht aus den Zeilen allein jedenfalls schon hervor. Ich übernahm ganz die Pflege, nur in der schlimmsten Zeit ließ ich mich nachts durch eine Schwester ablösen. Auch Olga Lotmar half mir öfters in natürlich sachgemäßer Weise als Ärztin. Der behandelnde Arzt, Dr. Trumpp, war besonders im ersten, nicht chirurgischen Teil ganz ausgezeichnet. Einmal zog er den Ohrenspezialisten von Nadoleczny hinzu und zweimal den Professor Pfaundler. Von der Halsgeschwulst Ende März an begann Trumpp zu irren, erklärte es für tuberkulös, obwohl sie nur einseitig war. Diesen Irrtum behielt er hartnäckig bei bis zum Verlauf der Operation.

Der Chirurg Dr. Gilmer behielt recht und rettete diesmal dem Kind das Leben. Die ersten äußerst gefährlichen Momente brachte die Zeit vom 12. bis 14. März.

856 (Krankheitsschema mit der Fieberkurve im ‚Felixkalender'.)

*17 Selbstzeichnung zu einem Holzschnitt. 1909, 39*

857 Die Natur kann sich Verschwendung in allem erlauben, der Künstler muß bis ins letzte sparsam sein.

Die Natur ist beredt bis zum Verworrenen, der Künstler sei ordentlich verschwiegen. Außerdem ist für den Erfolg wesentlich, nie einem fertigen Bildeindruck schon zum voraus zuzuarbeiten. Sondern dem werdenden Teil der zu malenden Stelle sich ganz hingeben. Der Gesamteindruck fußt dann auf der Sparsamkeitserwägung: die Wirkung des Ganzen auf wenige Stufen abzustellen.

Wille und Disziplin ist alles. Disziplin im Hinblick auf das ganze Werk, Wille im Hinblick auf seine Teile. Wille und Können sind da sehr eins, wer nicht kann, kann hier nicht wollen. Das Werk vollendet sich dann aus diesen Teilen durch die auf das Ganze gerichtete Disziplin.

Wenn bei meinen Sachen manchmal ein primitiver Eindruck entsteht, so erklärt sich diese ‚Primitivität' aus meiner Disziplin, auf wenige Stufen zu reduzieren. Sie ist nur Sparsamkeit, also letzte professionelle Erkenntnis. Also das Gegenteil von wirklicher Primitivität.

Übrigens sah ich in der Sezession acht Bilder von Cézanne. Das ist mir der Lehrmeister par excellence, viel mehr Lehrer als van Gogh.

858 Die Monate Juni bis Oktober verbrachte ich in Bern, damit das Kind sich rascher erholen sollte. Die Wunde mußte noch etwas nachbehandelt und geätzt werden. Zu diesem Zweck begab ich mich mit Felix auf die Trambahn zum Bärengraben, fuhr bis zur Villette und nahm ihn auf die Schulter bis zum Inselspital. Hier wurde durch Professor Stooss die Nachbehandlung gemacht.

Ich habe wohl noch sprachliche Aufzeichnungen gemacht, doch ist's mit dem Hauptphänomen zu Ende. Es wird jetzt eben deutsch. Fälle wie «bite bite» mehren sich, Angelerntes und Nachgesprochenes häuften sich mehr und mehr. Das Nette dran ist eben das verunglückte in der kindlichen Sprachnachahmung, zum Beispiel statt Kuh: Ko, statt Gritli: 1. ti-ti, 2. gaga, später 3. ge-ge. Interessant waren dann noch die Umdrehungen: statt Schuh: usch.

Zwei Aufenthalte auf Beatenberg, einmal mit dem Kind, dem es aber nur teilweise bekam. Jedenfalls schlief es sehr schlecht.

Schöne Wanderungen: Wohlen, Frieswilhubel, Aarberg oder Gemmenalphorn oder Gunten Sigriswil, Justistal, St. Beatenberg.

859 Arbeiten im Sommer und Herbst 1909.

a) Verschiedene Flecken als Teile (Töne) des Farbakkordes über das Ganze gestreut, Sammeln zu Gebilden, teils mit Hilfe der konturierenden Linie;

b) Großes bieneneifriges Sammeln von Formen und Perspektiven nach der Natur. Zur Verarbeitung teils handschriftlich-linear,

 teils hellste Noten  und tiefste Noten

Die Mitteltöne stillschweigend dazwischen.

861 Viel zuviel Biographie treibt man in der Kunst, so fesselnd es auch sein mag, Problemen wie van Gogh und Ensor nachzugehen. Wir verdanken das den Schriftstellern, die eben Schriftsteller sind. Ich will wenigstens jetzt gerade versuchs- und zeitweise den Ton auf dem einzelnen Werk als solchem wissen. Wo da ein gutes Bild sei, will ich wissen und was an diesem Einzelwerk gut ist. Nicht das Gemeinsame von einer Reihe von Werken oder die Verschiedenheit zweier Reihen von Werken, nicht diese Historie will ich treiben, sondern nur eine einzelne Tat für sich betrachten und handle es sich meinetwegen auch nur um ein Werk, das gerade aus Versehen das Glück hatte, gut zu werden, wie das bei zwei, drei von meinen ‚Gemälden' jüngst vorkam.

Denn daß ich nicht mit einiger Regelmäßigkeit gute Bilder male, resultiert eben aus meiner mangelnden Kenntnis von der Art eines guten Einzelwerkes.

Denn: wie gut weiß ein jeder zehnte Mensch den Unterschied im biographischen Sinne zweier Charaktere wie Rubens und Rembrandt. Aber wie ein einzelnes Bild eines dieser Herren sachlich und zeitlich sich aufbaut, das weiß keiner.

862 Ich kenne wohl die Äolsharfen – artige Weise, nach innen zu erklingen. Ich kenne wohl das Ethos, welches dieser Sphäre eignet.

Ich kenne ebensogut die pathetische Gegend der Musik und denke mir leicht dazu bildnerische Analoga aus.

Nur tun mir beide zur gegenwärtigen Zeit gar nicht not. Im Gegenteil, ich sollte so einfach sein wie ein kleines Volkslied. Arglos-sinnlich sollte ich sein, offenen Auges. Das Ethos möge in der Ferne warten. Es eilt nicht. Das Pathos möge überwunden sein. Wozu drangvoll weg von einer freudigen Diesseitigkeit??

Das Schwere ist daran nur, Entwicklungen, die schon vorbei, nachzuholen, aber ‚es muß!'

863 Öffne Dich, Du Pforte in der Tiefe,
Verlies im Grunde, gib mich frei,
den Belichtung Witternden.
Und helle Hände kommen, die mich greifen,
und Freundes Worte sagen froh:

Her ihr Bilder schöner, wilder Tiere,
entsteiget Eurem Zwinger,
daß lieblich gleiten Finger
durch flammend Fell.
und eins ist man wie ehedem in Gottes Garten:
Tag und Nacht
und Sonn' und Pracht der Sterne.
(Im Paradies der Dichtung-Zitternden.)

864 Der Hyperion-Verlag benimmt sich komisch. Zuerst das Getue und die Empfehlung an Meier-Gräfe. Dann mutmaßlich hinter der Szene das Aushorchen seiner Meinung. Und da war sich der Meier mit dem Gräfe noch nicht einmal ganz schlüssig geworden und wird wohl im Jargon der Schnoddrigen georakelt haben: «Na, vielleicht wird's mal wat.»

Ich vermute: denn als ich nun aus diesem Verlag etwas für Berlin Geeignetes herausziehen wollte, aus diesem Schlaf-Verlag, gibt man mir überbereitwillig alles zurück.

Was für ein Charakterkopf ist nun dieser Blei, diese edle Brachse? Hat er doch kurz zuvor das Lokalgenie Mayershofer entdeckt! Den neuesten Giesinger Waldteufel, den Bäckersbruder vier Treppen hoch! Und sicher ganz ohne Meiers und Gräfes. Denn so viel ist ja doch immerhin dran an dem Träger dieser beiden Namen, zu viel, als daß er je so leicht auf Mayershöfer hereinfiele. Oder war Meinung Trägers über Fall meiniges gar zukunftsverheißend und wollten eitle Bleis allein ihre Nase haben, zu spüren? Niemals wird dergleichen ergründet werden, also spurlos Schwamm drüber.

865 Illustrationsplan: Candide von Voltaire ergibt bei seinem gedrängten Reichtum eine Unzahl von Illustrationsanreizen. Sonderegger rät mehr für die Sentimentale Reise zu, die ich infolgedessen lese und gewiß mit großer Freude. Weniger Illustrationsversuchungen machen den Nachteil zwar nicht aus, den ich diesem Werk als Illustrator, der ich nun einmal versuchsweise werden will, zuerkenne. Es ist an Candide ein Höheres, was mich anzieht, der kostbarsparsam treffende Ausdruck der Sprache des Franzosen.

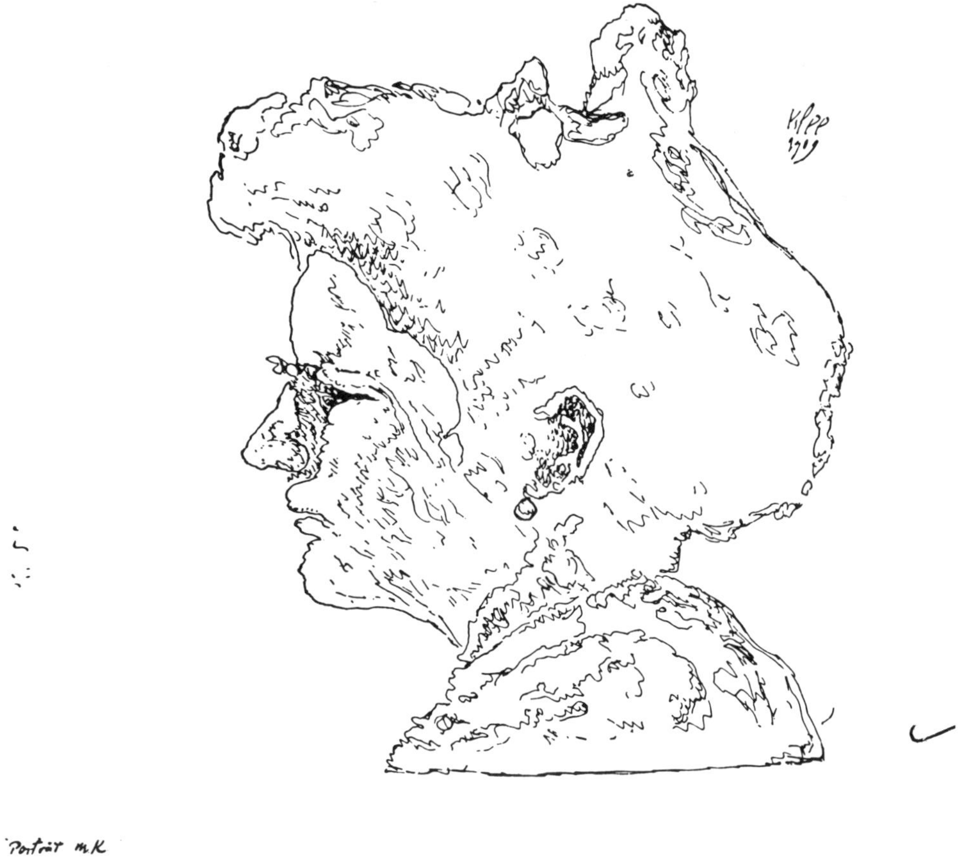


18 *Bildnis meiner Schwester im Profil. 1909, 24*

866 Dezember. Ich soll jetzt dreißig Jahre alt sein, das hat mich etwas erschreckt. «Seid's gewesen, ihr Träume, ihr Phantasien. Jetzt heißt es, so sein wie man kann. Realpolitik itzo und kein geschraubtes Sich-Hinausflügen mehr!» Aber der Vagabund wird ja doch unverbesserlich ganz sicher sein!

Die Berliner Sezession nahm diesmal nicht glatt an, aber sie nahm wenigstens die besten und nicht die schlechtesten, wie dies am Königsplatz dahier gemacht wird. Und zwar die *Bildnisskizze auf Helldunkel-Art* nach Felix, und zweitens die *Karikatur einer Frau im Negligée*, aquarellierte Kohlezeichnung.

867 Abscheuliche Pfuscherei in Form einer Schreibstelle behufs Flickung der zerlöcherten E......schen Ehe. «Z. kommt aus freiem Entschluß zu Ihnen zurück, im Glauben, daß sich ein neues Leben aufbauen läßt. Darin mögen Sie Z. bestärken und ihr zeigen, was für ein kräftiger Mensch Sie jetzt geworden sind. Sie in einem solchen Moment der Wandlung zu verlassen, hält auch sie für ein Unrecht. Nicht Mitleid führt sie zu Ihnen zurück, sondern Sittlichkeit. Gewinnen Sie sie aufs neue durch den Beweis.» (Was man nicht alles schreibt aus Gutmütigkeit!)

868 Felix spricht: Nic, das bedeutet Kind (Kin), also verkehrt. Pipar (Papier), früher schon usch (Schuh).

Erste Sätze: «da si Papa» (da ist der Papa). Im Moment drauf: «da is de Papa!». «Da si Fuss», «da si Licht», «wosi?», «dasi!» (kuku à dada). Wenn er Kinderstimmen hört, springt er ans Fenster und ruft: «nic!»

Mit Morgensterns Galgenliedern sei das Jahr beschlossen.

1910

869 Januar. Der Pantograph oder der Storchschnabel System A

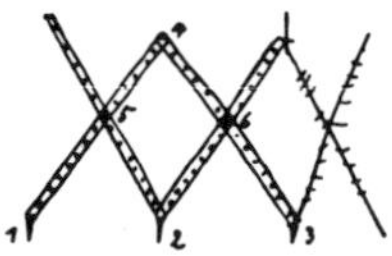


Dieser Storchschnabel hat den Zweck, Zeichnungen zu vergrößern oder zu verkleinern. Um zu vergrößern: setze man den Stachel an Nr. 1, den Stift zum

Nachfahren auf der gegebenen Zeichnung an Nr. 2 und den Bleistift für die gewünschte vergrößerte Zeichnung an Nr. 3. (Um zu verkleinern: Stachel Nr. 1, Nachfahrstift Nr. 3, Bleistift Nr. 2). Die Größenbestimmung der Kopien wird durch gleichmäßiges Verlegen der Schrauben 5 und 6 bewirkt. (Kopie ohne Vergrößerung: Stachel Nr. 2, Nachfahr und Blei Nr. 1 und 3 oder Nr. 3 und 1.)

System B

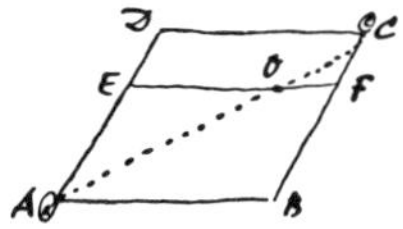


Das Lineal E F sei parallel zu C D und A B. In dem Schnittpunkt O, in dem sich Diagonale A C mit E F schneidet, befindet sich als feste Achse der Stachel. In A steckt der Führungsstift und in C der Schreibstift.

Das Größenverhältnis der beiden Figuren a und klein o ist gleich.

A O zu O C und gleich A E zu E D und kann durch Verschiebung des Lineals E F beliebig verändert werden.

871 Malgrund aus Farbpulver und Leimwasser anrühren und aufstreichen wie Kreidegrund, um einmal auf einem Grund zu arbeiten, der sowohl Helles als Tiefes von vornherein zur Geltung kommen läßt. Zum Beispiel caput mortuum. Auf Weiß wirkt ja jede Helligkeit von vornherein dunkel, und bis man soweit ist, daß Weiß zu bändigen, stimmt alles gar nicht mehr. Überhaupt die Relativität der Werte!

Drum lobte ich mir so sehr die Genesis meiner Schwarzaquarelle. Ich sparte zunächst mit einer Schicht die Hauptlichter weiß aus. Diese sehr hellgraue Schicht gibt schon eine durchaus vernünftige Wirkung, weil sie gegen Weiß ganz dunkel erscheint. Lege ich aber, die zweithellsten Noten aussparend, eine zweite Schicht auf die trockene erste Schicht, so bereichere ich das Bild schon sehr, und stelle wieder ein Stadium der Vernunft her. Natürlich bleiben die Aussparungen früherer Stadien auch im weiteren Verlauf ausgespart. So gehe ich stufenweise weiter bis in die größte Tiefe, und halte dieses Zeit-Meßverfahren für grundlegend, was die Tonalität betrifft.

Ebenso relativ wie hell und dunkel ist die Schönheit. So gibt es keine schöne Frau, überhaupt keine, weil man nie sicher ist, daß nicht eine noch viel schönere auftritt, die die vermeintliche Schönheit der ersten ganz zuschanden macht.

872 Am Faschingsdienstag hat man den Winter im großen ganzen überstanden, und es ziemt sich ein kleiner Rückblick.

Ich kann nicht sagen, daß damit viel Trost verbunden sei diesmal. Denn Malen kann ich eben immer noch nicht, trotz meiner strengen Tonwertbeobachtung und trotz meiner raffinierten Art, daß Maß der Helldunkelstufungen zu treffen.

Die Übertragung dieses Zeitmeßverfahrens auf die Ölfarbe ist nicht recht durchführbar, trotz Benzin! Nun versuche ich, vom Mittelgrund aus eine helle und eine gleichzeitige tiefe Handlung zu inszenieren, und stütze diese Aktiva durch leicht murmelnde Modulation der Mitteltöne. Vielleicht führt auch das zu einem Ziel.

873 März. Und nun noch eine ganz revolutionäre Entdeckung: Wichtiger als die Natur und ihr Studium ist die Einstellung auf den Inhalt des Malkastens. Ich muß dereinst auf dem Farbklavier der nebeneinander stehenden Aquarellnäpfe frei phantasieren können.

874 Die Lichtform. Damit meine ich die Umrechnung der Helldunkel-Ausdehnung nach dem Gesetz der Breitung belichteter Flecken gegenüber mathematisch gleich großen dunkeln Flecken. Durch unscharfe Einstellung des Auges (zum Unterschied des Zukneifens bei der Helldunkel-Messung) schon ehedem beobachtet. Jetzt mit gesteigerter Konsequenz durchgeführt mit Hilfe einer Linse (Glasauge).

Diese Lupe läßt zugleich einen koloristischen Extrakt der Naturerscheinung sehen. Alles Detail fällt einfach weg.

Die Willenseinstellung dabei ist die: die Form durch die Lichtdehnungen nicht zerfließen lassen, sondern diese Bewegungen zuletzt wieder einfangen, konturieren und fest miteinander verfügen. Ich kann mir dies optische Phänomen in Stein denken. Neoplastik, wer weiß!

875 April. Neue Offensive gegen die Gemäldefestung. Zuerst mit Leinöl verdünntes Weiß als allgemeinen Malgrund. Dann die ganze Fläche leicht färben, und zwar ganz große Flecke verschiedener Farbe, welche ineinanderschwimmen und welche von jeder Helldunkel-Absicht frei zu bleiben haben. Drittens die Zeichnung, selbständig und als Ersatz für die unterbleibende Ton-

wertung. Dann zuletzt irgendwelche Bässe gegen die Verweichlichung, und zwar nicht zu dunkle, sondern farbige Bässe.

Das ist der Stil einer Verbindung von Zeichnung und Farbigkeit, ein Herüberretten meiner zeichnerischen Grundfähigkeit ins Gebiet des Gemäldes.

876 Reinzucht der Mittel: entweder Tonwertproportion an sich; oder: als Ersatz für vermiedene Tonwertung: Linie (als Tonwertgrenze) oder Farbwertkontraste.

Denn in der Kunst sagt man alles am besten nur einmal und jedesmal auf die einfachste Art.

Madame Butterfly von Puccini mit der Bosetti. Rührende Sache. Ein paar Mal gute Musik, Bohème besser.

877 Mai. Nun erscheint, bevor die Typen rein kultiviert sind, schon wieder der Kombinationsteufel. Muß ich das Gefecht abbrechen und zur Anfangsstellung zurückkehren, ‚Strich an sich'? Strich höchstens in einigen Lagen, aber ja nicht als Masseneffekt!

878 Beschränkte Palette: 1. Weiß, 2. Schwarz, 3. Neapelgelb, 4. Caput mortuum, 5. und 6. Eventuell noch Permanentgrün und Ultramarinblau. Dabei auf die Grau achten! Warmes Grau: Neapelgelb-Schwarz. Kühles Grau: Weiß-Schwarz.

879 Juni. Übertragung des Schattenbildes, des Helldunkel-Zeitmeßverfahrens in die Farbigkeit, so daß jeder Stufe (die Stufenzahl ist auf das letztmögliche zu reduzieren), daß jeder Tonwertstufe je eine Farbe entspricht, also nicht die eine Farbe durch Weiß hellen oder durch Schwarz dunkeln, sondern immer nur eine Farbe für eine Stufe. Für die nächste Stufe die nächste Farbe. Ocker, Englischrot, Caput mortuum, dunkel Krapp usw.

P. S.: Rational: das Schattenbild; Irrational: das Farbbild. Vielleicht läßt sich's nicht zur Einstimmigkeit verschmelzen, aber wenigstens versuchen soll man's! Glucks Iphigenie auf Tauris, Mottl, Iphigenie: Faßbender, Orest: Feinhals, ergreifende Aufführung.

Marquis v. Keith mit Wedekind in der Hauptrolle, merkwürdiger Eindruck, wie der Mann sich für sich ins Zeug legt. Mir fremd, aber pikant!!!

880 Juli. Ich mache meine erste Kollektivausstellung in der Schweiz, weil ich dort mehr auf Absatz hoffe und durch die ‚Verhältnisse' schon etwas bekannt bin. Ich beginne im Berner Kunstmuseum (August), dann folgt das Kunsthaus Zürich im Oktober und zuletzt vielleicht noch ein Kunstsalon in Winterthur. Sechsundfünfzig Blätter, alles hübsch gerahmt. Endlich wird Basel Kunsthalle folgen am 1. Januar 1911.

| | | | |
|---|---|---|---|
| 1. | 1909 | *Landschaft mit Eiche – Wittikofen* | 100,– |
| 2. | 1909 | *Fünf Eichen* | 100,– |
| 3. | 1909 | *Belpberg* | 100,– |
| 4. | 1909 | *Belpmoos – Baum über Gestrüpp* | 100,– |
| 5. | 1910 | *Junge Frau – Lichtform* | 100,– |
| 6. | 1909 | *Beatenberg – Birenfluh* | 80,– |
| 7. | 1909 | *Beatenberg – Hotelgarten* | 100,– |
| 8. | 1909 | *Beatenberg – Hotel von unten* | 80,– |
| 9. | 1910 | *Isar nach dem Hochwasser* | 100,– |
| 10. | 1910 | *Junge Allee – Militäravenue* | 50,– |
| 11. | 1909 | *Steinbruch bei Ostermundigen – von oben* | 80,– |
| 12. | 1909 | *Spielende Kinder – Ringelreihen* | 50,– |
| 13. | 1909 | *Steinbruch bei Ostermundigen – von unten* | 100,– |
| 14. | 1910 | *Gärtnerei bei München – klein* | 50,– |
| 15. | 1910 | *Gärtnerei – Bauer mit den Bäumen* | 100,– |
| 16. | 1909 | *Der Trinker* | 100,– |
| 17. | 1910 | *Spielende Mädchen* (gestrichelt) | 50,– |
| 18. | 1909 | *Laubwald – Eggholz* | 100,– |
| 19. | 1907 | *Waldweg – Hirschau* (Kohle) | 100,– |
| 20. | 1909 | *Vogelkäfig* (Blei) | 50,– |
| 21. | 1909 | *Studienkopf – Lily* (Blei) | 100,– |
| 22. | 1910 | *Radierung* | 50,– |
| 23. | 1908 | *Belebter Platz – Balkon* | 200,– |
| 24. | 1907 | *Steinbruch* (aquarellierte Kohle) | 150,– |
| 25. | 1909 | *Astern* (Aquarell) | 200,– |
| 26. | 1910 | *Gärtnerei* (Naß-in-Naß-Aquarell) | 200,– |
| 27. | 1909 | *Bei München* Feder und Pinselflecken) | 120,– |

| | | | |
|---|---|---|---|
| 28. | 1909 | *Kind im Klappstuhl* (Tonschwarz größer) | 150,– |
| 29. | 1909 | *Kind im Klappstuhl* (kleiner) | 100,– |
| 30. | 1909 | *Nach meinem Vater* (unverkäuflich) | |
| 31. | 1910 | *Flieder* | 120,– |
| 32. | 1910 | *Gedeckter Tisch* | 100,– |
| 33. | 1909 | *Fruchtschale* | 100,– |
| 34. | 1909 | *Frauenkopf* (Glas) | 50,– |
| 35. | 1909 | *Astern am Fenster* | 120,– |
| 36. | 1907 | *Betty* (farbige Kreiden) | 100,– |
| 37. | 1910 | *Steg bei Regen* (Aquarell) | 300,– |
| 38. | 1910 | *Gärtnerei bei München* (Aquarell – banal) | 150,– |
| 39. | 1910 | *Sugiez – Dampfschiff* (Aquarell) | 150,– |
| 40. | 1910 | *Sugiez – Kanal, gegen den See* (skizzenhafter) | 150,– |
| 41. | 1910 | *Sugiez – Kanal, nordwärts* (verkauft) | 200,– |
| 42. | | *Seebrandung* | |
| 43. | 1909 | *Kinderskizzen* (sechs Federzeichnungen) | 50,– |
| 44. | 1910 | *Bei München* (mit Pantograph verkleinert) | 100,– |
| 45. | 1910 | *Bei München – Militärkiesgrube mit Häusern* (spielend) | 100,– |
| 46. | 1909 | *Oberwiesenfeld; die Häuser bei der Militärkiesgrube* | 100,– |
| 47. | 1909 | *Schleißheim – Schloßfassade* | 100,– |
| 48. | 1909 | *Näherin und Frau* (Federzeichnung) | 50,– |
| 49. | 1909 | *Justistal* (Federzeichnung) | 100,– |
| 50. | 1910 | *Bern I* (Reißfeder – disproportioniert) | 80,– |
| 51. | 1909 | *Bern mit Münster* (Pinselflecken) | 100,– |
| 52. | 1909 | *Bern – Matte mit dem Schulhaus* (Pinselflecken) | 80,– |
| 53. | 1909 | *Zeichnung für Holzschnitt* | 100,– |
| 54. | 1909 | *Tänzerinnen* | 100,– |
| 55. | 1910 | *Schwabinger Landstraße* | 50,– |
| 56. | 1910 | *Aussicht* (Feder) | 100,– |

881 Sommer in Bern. August/September. Aquarelle naß in naß auf wasserbestäubtes Papier. Schnelle nervöse Arbeit mit einem bestimmten Klang, dessen Teile über das Ganze verspritzt.

Desgleichen Federzeichnungen auf wasserbestäubtes Papier naiver Kontur, davon wechselnd von außen und von innen mit Pinsel tangierende Flecken angelegt.

Zweimal besuchte ich die Murtengegend auf einen Tag. Es entstanden jedesmal gleich ein paar Arbeiten. Das erste Mal, noch im Sommer, durchquerte ich das große Moos, die Straße zwischen Kerzers und Müntschemier verlassend, Sugiezwärts strebend. Ganz einfach war das nicht und über manchen breiten Wassergraben ging's frisch durch die Luft. Bei dem größten machte ich mir Mut dadurch, daß ich mein Malgerät schwungvoll voraus beförderte, da mußte denn der Herr nach. (Zehn Meter Anlauf!). Solche Streifzüge sind schön, wenn man allein ist und alles mit sich selber abmacht. Der Sommer ist gewitterheiß, das wirkt auf die Moorflora sehr stark ein. Einmal stieß ich auf fremde Arbeiter, die keine meiner Sprachen verstanden, in der Schweiz schon merkwürdig. Was waren das für Landsleute? Polen. Dann tauchte ein großes Gestüt auf: «Belle Chasse». Unter der Broyebrücke von Sugiez machte ich nach zwei Stunden anstrengenden Marsches Halt und Standquartier. Von hier streifte ich da- und dorthin, lauerte dem Dampferchen auf, ließ mich von Neuchâteller Motorfahrern aushöhnen. Die Hauptsache war, daß ich was schoß!

Oktober. Das zweite Mal, im Herbst schon schleppte ich den alten Herrn mit, und da nahm man es denn etwas gemütlicher. Vormittags wurde gefischt in der Broye, nachmittags ging's auf den wunderbaren Mont Vuilly, wo die Mistelacher zu Hause sind. Da notierte ich einige Aussichten mit Schnellschrift. Abends nahm uns ein Dampfboot mit nach Murten, wo wir bei Anbruch der Nacht stimmungsvoll ankamen. Das Ende ist banal, man wartet, bis der blöde Zug endlich daherkam. Andere Wanderungen brachten mich und Lily ins Gebiet des Belpberges, des Längenberges (Bütschelegg). Einige Tage verbrachten wir in St. Beatenberg, schon recht spät und nicht bei bestem Wetter.

November. Endlich ging ich einmal allein jagend dem linken Ufer der Gürbe entlang durch das viel kleinere Belpmoos. In der einsamsten Gegend huschten merkwürdige Gestalten über den Flußdamm. Bei dieser Stelle angelangt hörte ich verdächtiges unterdrücktes Gelächter. So war denn auch der Schreck nicht

*19 Lektüre auf dem Bett. 1910, 13*

allzu groß, als eine Horde Indianer mich unter Kriegsgeheul plötzlich überfiel. Des einen Gesicht war mit einem roten Nasenlumpen vollständig verhüllt. Unter Flintengekrach umtanzte man mich, das Opfer. Die Bande wurde bald nüchtern, zumal sie mich sogar gegen den ersten Schreck gewappnet gesehen.

In der Nacht versüßten sie mir noch einmal den banalen Heimweg: Staubstraße Kehrsatz–Wabern. Müde und zahm überholten sie mich kurz und mechanisch aufheulenderweise, alle lang auf einem Brückenwagen hingestreckt, vom guten Fuhrmann ‚rite' gelassen.

Es ist ein schöner Sommer gewesen. Lily wollte sogar gern in der Schweiz bleiben. Ich aber ‚zog nicht'.

882 Dezember. Nach München zurückgekehrt finde ich eine allerliebste Schwabinger Intrige vor, die auch mich peripheral zu tangieren vermag, weil ich nun einmal auch in Schwabing wohne.

Z., die Gattin E's, hat scheint's zu Anfang des Jahres bei der Lotte Pritzel, der Geliebten vieler, Wachspuppen gesehen. Wachspuppen, die sie erschütterten. ([a part:] Das ist eine so besonders aufmunternde Sache, die Gemeinde bei solchen Naschereien erglühen zu sehen.)

In ihrer Erschütterung imitierte sie diese Puppen, mit dem einzigen Unterschied und Fehler, daß es Gebilde wurden, die statt Draht durchmodellierte Körper hatten und fest und unbeweglich standen: Wachsstatuetten.

Der Gatte nun habe diese Entstehungsgeschichte vertuschen wollen, darüber hörte ich Klage führen durch unseren Herrn vom Cello, den Bruder eines der Geliebten Lottens. Der Kunstkritiker Michel soll erst durch Lotte aufgeklärt worden sein, als er ausrief: «Wie merkwürdig, solche Puppen sah ich schon kürzlich.» Ein Kunstkritiker aber ist auch ein Mensch und auch verliebt, und könnte Lotten öffentlich ins Unrecht setzen.

Selbst mein Ernst gehört, scheint's, ganz nach Schwabing hinein, indem daß er es für wichtig genug hielt, Lotten zuzuflüstern: «Ihre Puppen werden nachgemacht!». Belegte später diese Warnung schriftlich mit der Abschrift der Schrift des Gatten E., der seiner Freude Ausdruck gibt, wie sich dann die Pritzelschen ärgerten, wenn Z...'s Puppen zuerst veröffentlicht würden!

So wußte Ernst zu scherzen, denn ganz Ernst konnte es nicht sein, weil er E. doch immer noch ganz gut litt, ihn behandzeichnete und ihn freundlich bewidmete!

Lotte geriet inzwischen an E. und zeigte ihm Abschrift seiner Briefstelle welche Ernst weitergescherzt hatte. Und nun nahm E. den Ernst ganz blutig ernst, und leugnete besagte Briefstelle nicht nur für seine Person, sondern verlangte schriftlich auch von Ernst die Stelle geleugnet.

Ernst wollte indessen nicht gelogen haben und scherzte lustig weiter und legte Lotten nun E.sches Ansinnen schriftoriginal zu Händen (Lottes Hände sollen lieb sein).

Worauf E. «Verflucht, ich bin erkannt» gesprochen.

883 Kubin schreibt an Z.: «Wernstein am Inn, Oberösterreich, den 22. November 1910. Sehr verehrte gnädige Frau. In Erinnerung meines Besuches habe ich eine Bitte an Sie, die Sie mir vielleicht erfüllen können. Ich möchte gerne eine kleine Zeichnung von Klee erwerben und ersuche Sie, ihm diesen Wunsch mit Gruß von mir zu übermitteln. Am liebsten wäre es mir, wenn er mir ein

20 *Karikatur eines Möbels.* 1910, 15

paar Sachen zur Auswahl senden möchte, mit Kollegenpreisen, wenn ihm möglich. Seine konsequente prächtige neuere Entwicklung (bei Ihnen hängt eins unter dem falschen Ensor [das ist Ernst]) interessiert mich ganz besonders, doch soll er ein oder das andere ältere Stück auch beilegen. Umgehend folgen die Sachen eingeschrieben wieder zurück usw. Alfred Kubin.»

Eine außerschwabingische Anerkennung also, mir schmeichelte der Fall und ich beschickte. Er wählte *Kanalhafen*, vielmehr ist es eine Eisfabrik bei München, eine Zeichnung vom Spätherbst 1910, Lichtform ausgeführt als – Strich-Flecken vom Strich naß in naß – für vierzig Mark und schrieb mir: «Sehr verehrter Herr Klee, Ihre schöne Sendung (ein Stück behalt' ich) hat mir eine herrliche Freude bereitet. Am liebsten würde ich natürlich alles behalten, jedoch es ist immer das alte Lied. Ihre Entwicklung finde ich bewundernswürdig, es ermutigt mich immer, wenn ich gut nachbarliches Streben sehe. Und wir gingen ja beide von abstrakteren Dingen aus, um heute bei tieferer Einfühlung zu stehen. Ich werde Anfang Januar für einige Tage nach München kommen und bei Ihnen auch Besuch machen. Hoffentlich finde ich Sie nicht verreist. Die Sachen folgen dann morgen wieder an Sie zurück. Eine kleine Arbeit von mir (beigelegt), bitte ich Sie als Zeichen dankender Anerkennung für ihre Liebenswürdigkeit zu nehmen! Mit den besten Grüßen Ihr ergebener Alfred Kubin. 16. Dezember 1910.»

884 Kleines Satyrspiel. Winterthur, den 21. November 1910, Herrn Klee, Maler in Bern:

«Seit dem 15. November sind Ihre Arbeiten bei uns ausgestellt. Wir müssen aber konstatieren, daß die große Mehrheit des besuchenden Publikums an Ihren Werken eine für Sie sehr unvorteilhafte Kritik übt, und verschiedene bekannte, bessere Persönlichkeiten ersuchten uns, die Sachen nicht mehr zu zeigen. Wir bitten Sie aus diesem Grunde, uns gefälligst sofort sagen zu wollen, was wir anfangen sollen, eventuell wollen Sie uns zu Händen der Ausstellungsbesucher Aufklärungen über Ihre Arbeiten zukommen lassen. In Erwartung Ihrer gefälligen Nachrichten zeichnen wir hochachtend Kunsthandlung zum hohen Haus.»

Meine Antwort: «Sehr geehrter Herr, Ihre Verlegenheit ist ja an sich bedauerlich. Aber als Kunstfachmann müssen Sie doch schon davon gehört haben, daß dann und wann gute Künstler mit dem Publikum in Konflikt kamen. Ohne mich mit jemand messen zu wollen, brauche ich wohl nur den bekannten Namen Hodler zu nennen, dessen Träger jetzt trotzdem Geschäfte macht. Ein Künstler, der außer seinen Werken auch Aufklärungen liefert, muß wenig Vertrauen in seine Sache setzen. Dazu ist die Kritik da und ich verweise auf die Besprechung Trog, neue Züri Zytig Nr. 300, erstes Blatt vom 30. Oktober 1910. Nach Ablauf der vereinbarten Ausstellungsdauer wollen Sie die Kollektion an die Basler Kunsthalle weitersenden. Mit vorzüglicher Hochschätzung Klee.»

885 Das Licht zeichnerisch gesehn.

Licht mit Helligkeit darstellen ist alter Schnee. Licht als Farbbewegung schon etwas neuer.

Ich versuche nun Licht einfach als Energieentfaltung zu geben. Und wenn ich auf weißer Voraussetzung die Energie mit Schwarz behandle, so muß auch dies zum Ziele führen.

Ich erinnere an das durchaus vernünftige Schwarz des Lichtes auf fotografischen Negativen.

Außerdem notiert man immer die Minderheit, und man stelle sich dabei den Umstand vor, ein paar wesentliche Lichter auf weißer Voraussetzung mit Strichen auszusparen.

Unsummen von energischen Strichen anhäufen, wegen der paar Lichter! Das wäre in Wirklichkeit das Negativ!

Nachtrag zum Juli 1910

886 «Sehr geehrter Herr Doktor Blei.

Da Sie seinerzeit ein so ausgesprochenes Interesse für meine Arbeiten zeigten, wird es Sie interessieren, wie sich der Hyperion im Lauf der Zeit dazu gestellt hat: Er schwieg, er schwieg und er schwieg. Außerdem hab ich ein Anliegen: ich hatte Ihnen doch vor zwei Jahren die Zinkplatte zu der in Aussicht genommenen Radierung *Der Held mit dem Flügel* geschickt. Da der Verlag auch dies mit Schweigen übergeht, wäre ich Ihnen dankbar, wenn Sie mir hierüber baldigst Auskunft geben wollten! Ihr ergebener Klee.»

(P. S. Er wird geschaut haben, wie ich den Verlag von ihm trenne, um über den ‚Verlag' die Wahrheit sagen zu können.)

887 Andere Verlagsannehmlichkeit. Diesmal heißt er *Licht und Schatten.*

Ich schickte, irgendwoher aufgefordert, ein:

1. *Bauplatz*, Feder, 1910,
2. *Hannah, Profil*, Feder und Pinsel, 1910,
3. *Dampfschiff im Kanal*, Feder und Pinsel,
4. *Kiesen*, Feder und Pinsel,
5. *Am Thunersee* (Haus und Kähne bei der Hünegg), Feder und Pinsel,
6. *Marktfuhrwerke*, Feder und Pinsel,
7. *Bern*, Feder und Pinsel,
8. *Kopf Hannah von vorn*, Feder und Pinsel.

Nachtrag: nach dreiviertel Jahren negativ entschieden.

1911

888 Januar. Kubin, der Gönner, ist gekommen. Er tat so recht begeistert, daß er mich hinriß. Wir saßen wirklich begeistert vor meinen Zeichnungen! Wirklich ganz begeistert! In heißer Begeisterung!!

Abends kam er nochmals zur Musik, zusammen mit Karl und Maria Caspar. Er scheute in seiner Begeisterung selbst so ruhige Zeugen gar nicht.

«Als Entwicklung sind Sie überhaupt der erste von Allen! Nicht wahr...» (einflechtend) «Sie haben doch auch für meine Entwicklung einige Hoffnung?», wobei ihm der treuherzige Ton ausgezeichnet gelang. Ein faszinierender Mensch ist er ganz sicher, mimisch unerhört!

Ob musikalisch?? Verdächtig ist seine Behauptung, daß ihn die Musik zu sehr aufregt.

Die Schwaben hatten ihren stillen Spaß am Ganzen. Sie sah meine Zeichnungen zum ersten Mal; man weiß nicht, wie weit es bei ihr wirkt. Sie freut sich wie der Vollmond. Er ist präziser, sprach von barocker Gotik, welches Schlagwort Kubin lebhaft begrüßte.

Ich will nichts wissen! Ich will dumm sein in diesen Dingen. Klug im professionellen Teil. Das übrige macht der liebe Gott!

889 Z. brachte den Kunstschriftsteller Wilhelm Michel. Im Frühjahr 1910 waren ihm irgendwie schon Arbeiten unter die Augen gespielt worden, damals ohne Erfolg. Jetzt hat sich bei ihm wohl manches geändert. Es gab ja für ihn damals auch keine Z.

O du geliebtes Schwabing. Schnell schlug er vor, wir wollten doch zusammen etwas unternehmen, und zog schließlich ab mit einem ganzen Stoß Zeichnungen. Der erste Vorstoß soll sich gegen einen ehemaligen Tapetenreisenden, jetzigen Hofrat Koch und Herausgeber von «Kunst und Dekoration» gerichtet haben. Der mochte nicht und orakelte von den jetzt kommenden Zeiten neuer liebevoller Ausführung. Dann wurde eine Attacke geritten gegen den früheren Maßschneider Thannhauser, jetzigen Inhaber der Modernen Galerie im Arcopalais. Derselbe Herr, der mir im direkten Verkehr meine Arbeiten uneröffnet zurückgesandt hatte, sagte jetzt dem ‚Pressemann am Platze' prinzipiell zu.

Den Pressemann wandelte in einem halben Jahr Liebe, den Galeriebesitzer Angst. Der Pressemann ist ganz angenehm, macht wenig Sprüche, tut ganz bescheiden und hat begonnen, dem Felix ein Onkel mehr zu sein. Menschen sind wir ja alle! Überall und besonders in Schwabing!

890 Februar. Ich lege einen genauen Katalog sämtlicher Arbeiten an, die noch in meiner Hand sind.

892 Die dunkle Notierung der Lichtenergie spielt weiter. Diese Auffassung im Sinne des Fotonegativs ist bildnerisch unter der weißen Voraussetzung durchaus positiv zu bewerten.

Dazu kommt noch der Versuch einer rhythmisch-verzerrten Gliederung unter Wahrung einer Gesetzmäßigkeit. Zum Studium greife ich zu einem mechanischen Hilfsmittel. Man könnte theoretisch den Storchschnabel falsch einstellen, aber dies Zerrbild läßt sich vorher nicht übersehen.

Um diesem letzten Mangel abzuhelfen, kam ich auf folgendes: Ich schrieb eine normale richtige Zeichnung auf Glas. Dann verdunkelte ich das Zimmer und zündete ein Kerzenlicht an, am besten ein Benzinlicht, weil sich hier die Größe der Flamme leicht regulieren läßt. Die Glasscheibe stelle ich schief zwischen die Lichtquelle und das neue Blatt, welches horizontal auf dem Tisch lag.

Ergebnis: Beim ‚richtigen' Bild ist A B, B C, C D, während das Projektionsbild oder Zerrbild umgekehrt A 1 B 1, B 1 C 1, C 1 D 1, erscheinen läßt.

Ich machte in jedem einzelnen Falle durch Verstellen der Glasscheibe aus einem Winkel in den andern die verschiedensten Versuche, bis ich auf die mir besonders zusagende Umrechnung kam. Jede Umrechnung war aber durch die gesetzmäßige Disproportionierung irgendwie vernünftig.

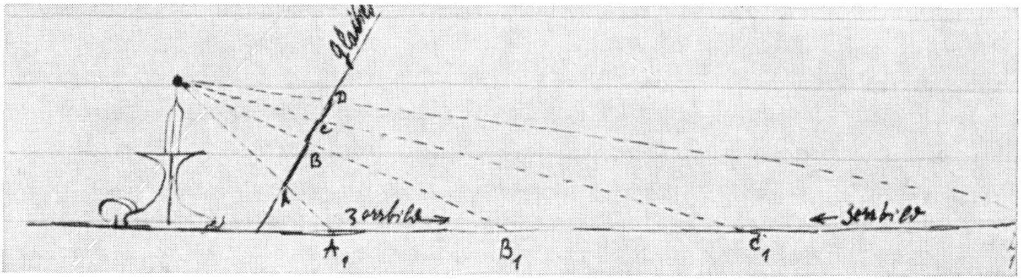


Manches vollendete ich zum Schluß kompositorisch nach dem pseudoimpressionistischen Grundsatz «was mir nicht paßt, schneide ich mit der Schere weg.»

893 Zwei Freiheiten der zeichnerischen Vereinfachung: Die charakteristische Minorität wird notiert; zum Beispiel bei einer Schneelandschaft mit viel, viel Schnee als schwarze Energie der wenigen schneefreien Überbleibsel (schwarz in der Natur und schwarz in der Wiedergabe), oder bei einer dunkeln Landschaft mit spärlichen Lichtern, diese spärlichen Lichter ebenfalls als schwarze Energie (weiß in der Natur).

Man kann sich sogar beide Fälle auf einer Szene kombiniert denken.

894 Nun brauche ich wieder die Kontur, sie sammle, sie fange die verflatternden Impressionismen ein. Sie sei Geist über der Natur.

Frühjahr.

895 Was muß ein Künstler alles sein, Dichter, Naturforscher, Philosoph. Und nun bin ich auch noch Bürokrat geworden, indem daß ich ein großes genaues Verzeichnis meiner sämtlichen künstlerischen Produkte von Kindheit an aufgeschrieben habe. Nur die Schulzeichnungen, Akte usw. habe ich nicht darin aufgenommen, weil ihnen doch die produktive Selbständigkeit fehlt.

21 *Junger Mann ausruhend (Selbstporträt)* 1911, 42

896 Meine Kollektion kommt trotz Liebe und Angst schwerer zustande, als man zuerst dachte. Die beiden Hebräer Brakl und Thannhauser finden keinen geschäftlichen Anreiz bei meinem kollektiven Debut. Berühmt muß man sein, wenn man schon so frech ist, von den Durchschnittlern abzustechen. Aber wie man berühmt werden soll, ohne auszustellen, das wissen die Herren nicht zu raten. Der Pressemann hat auch zuviel Liebe im Kopf, um seine Macht am Platze gehörig auszunutzen. Wer so viele Kinder hat, ist in diesem Zeitalter eher Neurastheniker. Zu Bachs Zeiten war das ja anders.

Kurz und mit dürren Worten: der Gang, den Herr Thannhauser bot, hatte eigentlich etwas Kränkendes an sich. Und man probierte Herrn Brakl zunächst aus. Der schrieb sehr schön zurück:

«In den Blättern, welche ..., steckt Außergewöhnliches und deshalb wäre es eine Sünde, bei mir, wo man in der Hauptsache Gemälde und speziell die Werke der verehrlichen Künstlervereinigung Scholle sucht, wo man an Graphikern modernster Richtung gar kein Interesse nimmt (ich kann derlei Schöpfungen nahezu nie verkaufen – [hier höre ich seine Tenorstimme] – ), diese Tafeln auszustellen.

In Wertschätzung Ihres wirklich großen Talentes und in freudigster Bereitwilligkeit, Herrn Wilhelm Michel zu dienen, würde ich Ja sagen, aber ganz abgesehen usw., usw., usw.»

Schließlich schickt mich das lorbeerbekränzte Schaf zu Littauer, zu Steinicke, zu Bertsch, zu Putze usw.

«Nehmen Sie die Ablehnung nicht ungütig auf und verübeln Sie dieselbe nicht Ihrem hochachtungsvoll ergebenen Franz Josef Brakl.»

Daraufhin kehrten wir reumütig zu Thannhauser zurück und beschieden uns mit dem Gang und mit der beschränkten Anzahl von dreißig. Anfang Juni wird es sein. Der Pressemann tröstete: «Sie werden noch mehr Ausstellungen machen, und wir wollen nicht die günstigsten Bedingungen gleich vorwegnehmen.»

897 Aus einer gewissen Depression heraus, die sich im Hinblick auf äußeren ‚Erfolg' einstellen wollte, schüttelte ich mich gewaltig. Ich mußte mich schütteln, weil mir für ein De profundis das jammervolle Abführungsorgan fehlt.

Vater Voltaire gefiel das, er jammerte ja auch nie, und gab mir einen Wink. Gleich war ich zur Stelle und machte mich jetzt sogleich an die Illustration von Candide. Ich fand auf seinen Wegen manches verlegte Gewicht, was früher, zu meiner Balance nötig, an seinem Ort war, vielleicht fand ich überhaupt mein eigentliches Ich jetzt wieder – doch hierüber schwanken immer noch die Meinungen in mir.

Daneben liefen zunächst Vermittlungsversuche mit der Außenwelt 1911/41, 1911/42, 43, usw., aber dann intermittierten die Wissenschaften, während zunächst für Candide wenig heraussprang, außer Mühen und Mühen. Bis dann im wunderschönen M M auch hier eine Art Frühling zu erwachen begann. Die Arbeit kam mit dem ersehnten Gleichmaß ins rücken.

22 *Szene im Restaurant. 1911, 89*

Eigentlich wollte ich noch vieles Schöne sagen, aber gegen Fanfaren bin und bleibe ich abergläubisch.

898 Johannes Meschaert sang. Das ist Vogl, das ist Gura, das ist Joachim, das ist Casals in einer Person. Aus den Müllerliedern von Schubert. Die Dichterliebe von Schumann. Zugaben Mondnacht von Schumann. Ich hört ein Bächlein rauschen und noch ein anderes von Schubert.

Caesar und Kleopatra, ein witziges Stück von Shaw. Sehr gut gegeben, Steinrück und Terwin usw.

899 Die Bewegung meiner Produktion geht je länger je weniger lustig nach einer ausgesprochenen Richtung. Gegenwärtig aber scheint etwas Neues aus diesem Fluß zu werden: er weitet sich zum See. Hoffentlich fehlt ihm nicht

die entsprechende Tiefe. Ich war das Abbild eines Stückes Kunstgeschichte, bewegte mich zum Impressionismus und über ihn hinaus. Ich will nicht sagen, über ihn hinausalternd, hoffentlich stimmt das nicht. Dies Abbild im kleinen war ich nicht aus Sport, sondern aus Bescheidenem: die Dinge alle kennen zu wollen, um nichts ignorant links liegen zu lassen und um aus jedwedem zu verlassendem Gebiet gewisse, wenn auch noch so kleine Teile zu assimilieren.

Zur Zeit geht mir über van Gogh mancherlei auf. Ich fasse, mit an Hand seiner Briefe, die ich in Auswahl besitze, mehr und mehr Vertrauen zu ihm. Er konnte tief, tief in seine Brust greifen.

An solchem Markstein wird überhaupt kaum einer so leicht vorbeistürmen, denn die historische Uhr geht in der Gegenwart härter als in der kunstgeschichtlichen Betrachtung; stehenbleiben tut sie zwar nicht, das scheint nur manchmal so, an nebligen Tagen.

Vielleicht hatte er sich auch noch gar nicht ganz ausgesprochen, so daß noch ein paar Andere zur Erfüllung zu berufen waren?

Besonders anziehend ist es, den van Gogh historisch nach rückwärts zu sehen, wie er ohne Bruch aus dem Impressionismus kam und doch ein Neues schuf.

Seine Linie ist neu und zugleich sehr alt, und glücklicherweise keine europäische Angelegenheit in Reinzucht. Mehr um Reformation handelt es sich hier, als um einen Umsturz.

Daß es Linie gibt, die vom Impressionismus profitiert und ihn zugleich überwindet, das vermag mich ordentlich zu elektrisieren. «Die Linie im fortschrittlichen Sinne erlaubt!»

Die zeitigte bei mir die Verträglichkeit zwischen meinen herumschwirrenden Kratzfüßchen mit bändigenden festlinearen Grenzen. Und das wird bei mir des weitern zeitigen: Die Linie, welche Kratzfüßchen frißt und verdaut. Die Assimilierung. Noch blicken jetzt die Flächen etwas leer, aber nicht mehr lange!

In hellen Momenten überblicke ich nun zuweilen zwölf Jahre Geschichte des eigenen inneren Ichs. Das krampfige Ich zuerst, jenes Ich mit großen Scheuklappen, dann der Wegfall der Scheuklappen und des Ichs, jetzt allmählich wieder ein Ich ohne Scheuklappen.

Gut, daß man das alles nicht vorauswußte.

23 *Tötung des Isaschar und des Großinquisitors durch Candide, von 9. Kap. Voltaires ›Candide‹*

Sommer.

900 Den Sommer verbrachten wir schweizerorts. Es war heiß, sehr heiß; ich kann mich an heiße Sommer erinnern, die waren aber lange nicht so heiß. Die waren viel kühler, wenn sie auch sehr heiß waren. Dieser noch viel heißere Sommer brannte sogar mir auf das Hirn (durch das Dach hindurch). Oft war es der reine Süden. Der ganz reine Süden. Nur das Wasser der alten Aare war kühl, wie Mutter Gletscher, wie Mutter Gletscher.

Schon in München hat es begonnen und man war täglich, täglich im Würmbad; täglich im Würmbad, im Würmbad tagtäglich. Es blühten da die Rosen, man schwamm an ihnen vorbei, an den blühenden Rosen vorbei.

Wehmütig war das letzte Baden und Abschied nehmen von den blühenden Rosen, ... henden Rosen. Nie mehr wirst Du jetzt baden in diesem noch viel heißeren, viel heißeren Sommer. Verlernen wirst Du Dein bißchen Schwimmen und verkommen, in Schweiß verkommen und im Staub.

Weiß ist der bernische Staub, wie Mehl so weiß. Und das Wasser ist reines gelöstes Eis. Schon vom Zug aus sah ich die mehligen Linien der bernischen Straßen und das Wasser von Mutter Gletscher unten eiskalt leuchten.

Einer sagte im Zug: «Hüt weis i eine, weis i eine, wo no id Aare geit.» Nah an der Verzweiflung, im Fieberdampf bracht' ich noch auf Bewunderung, eine ganze Dosis für diesen Helden!

Und als dann so weiter überheizt ward, gab's einen Helden mehr. Und ich pilgerte in den ‚Buber', wie so viele Helden, so viele Helden, täglich pilgerte ich dahin, wo die Wasser von Mutter Gletscher rauschten.

«U! hüt isch warm! füfzäche Grad!» Und auch der Professor Lotmar war ein Held und schwamm wie ein Seehund (ich schrieb's meiner Frau).

Später kam sie nach und ging: auch unter die Helden. Abwechslung brachten die Seen in das tägliche Einerlei (das Heldentum im Wiederholungsfall), die Seen bei Thun und bei Biel, de Thoune et de Bienne. Auch die Sinners sind Helden gewesen und Gevatter ‚Mölié', auch Onkel ‚Lui' genannt. Helden mit uns.

Ein Tag auf der Insel (Schanschaagrousseau) war gar nicht so übel. Von Biel bis Tüscherz ging's noch einigermaßen zu Fuß in des ‚Morgens Kühle'. Dann streikten die Alten und stellten sich brillend zum Oraire in Front, und zwar im Wartesaal.

Gegen den Oraire ich, wie immer, weil noch jeder Zug, den ich da suchte, nicht ging. Meine Frau ernstblickend.

Inzwischen schlich sich ein Zug an, grad der, den wir brauchten. Sie aber hatten ihn noch nicht gefunden, auf dem Horaire. Und glaubten ihm nicht, schwarz in schwarz, wollten erst sehen, schwarz auf gelb nach dem Beweis auf dem Horaire. Aufmunterndes Einsteigen meinerseits gab ihm Schwung, noch mehr der zweimalige Pfeifentriller.

Das war noch aufregender als der Umstand, daß auf der Ländte von Biel kein Dampfer sich fand, kein Dampfer sich fand.

Kennst Du das Zeichen «Nur Sonntags», dereinstiger Leser? Also hinein bis nach Ligerz.

In Ligerz war ich einmal gewesen als Oberprimaner mit einem Herrn Pfarrer. Wir hatten Seewein getrunken, und die Begeisterung hatte aus mir ein Genie auf der Orgel der Kirche gemacht. Aber die Kirche liegt etwas aufwärts. Der Herr Pfarrer äugte die Glasfenster. Ich gab Ohrenschmaus.

So ähnlich zog ich mich dann aus der Affäre, in der Matura, bald darauf. Der Herr Pfarrer war lieb, eine lautere Burg. Noch lieber war dann «Professor Sidler».

Diesmal war ich kein Abiturient mehr, sondern ein Ehemann. Der Motor brachte uns auf die Insel ‚Schanschaagg'. Meine Frau mußte turnen beim Ein- und Aussteigen. Ein kleiner Imbiß lohnte uns alle gehabten Mühen, dann gruben wir Würmer (schnell gesagt). Und: Papa fischte und war versorgt.

Ich mit ihr bei Mutter Grün hinein in die Flut. Ein gutes Essen lohnte uns alle gehabten Mühen. Dann hingegen kombinierten wir neu: es fischten die beiden. Er, und sie hat müssen zuschauend büßen.

Dafür durfte sie ein zweites Mal baden mit mir; so gegen Abend. War schön, sehr schön!!

Dann die bekannte Fahrt nach Biel, der Stadt ohne Anschluß. Die Bieler sahen wir promenieren, so ganz und gar ähnlich wie zu Rom, am röm. Corso.

Endlich im Zuge, sauste vorbei, Münchenbuchsee, wo sind geboren dereinst berühmte Männer. Galopp, galopp!

901 Zwei Wochen verbracht auf dem Berg voll Pracht Sancti Beati. Da amtete als Küchenchef ein kunstreicher Franzos, weiland Koch Seiner Majestät des Königs von Siam.

Die Wassersucht verließ uns selbst in dieser Höhe nicht und trieb uns oft hinab zum See von Thun. Was für eine Rolle spielten da sechshundert Meter abwärts. Man konnte zudem abwechselnd bald nach Merligen, bald nach Sundlauenen und bald über Sigriswil nach Gunten stürzen. Sundlauenen war mein letztes Bad, da brach ein mächtiger Schnupfen aus, die Folge eines tollen Tages am Wasser, auf dem Wasser und im Wasser: Zuerst hineingefallen in der Schiffhütte des Onkels Lui in Gunten, dann mit Luis Boot Spiezwärts gerudert. Zwischen Spiez und Faulensee zum zweiten Mal an einer Boeckliniischen Stelle zwischen Felsen. Dann Picknick in Gras und Hain, wo es gerade am verlockendsten schien. Es beteiligten sich dabei noch Kurt und Sascha von Sinner. Windige Rückfahrt über den See. Am Gunten-Ufer erhitzt vom Rudern ein drittes Bad. Zum Schluß zu Fuß auf unsern Beatenberg, über Sigriswil durch das Justistal, den letzten Teil bei sehr finsterer Nacht. Der schon erwähnte letzte Wassersturz bei Sundlauenen beschloß die Saison nach der Wasserseite hin.

Es regnete Mitte September zum ersten Male wieder nach langer Zeit. Es starb Lilys Großmutter, und es dämpfte auch dieses Ereignis unsern gemeinsamen Unternehmungsgeist.

Ich allein stieg dann noch einmal hinauf, wo ich als Junge die Berge zum ersten Male nahe kennengelernt hatte, den vertrauten Weg einschlagend, der über Vorsaß und Vorsaßspitz nach dem Niederhorn führt. Zurück entdeckte ich den schon vergessenen Weg nach den oberen Burgfeldhütten aufs neue. Hier zwang mich ein heftiger Regen zur Rast in einem ganz verlassenen Raume. Dem Senno schrieb ich einen poetischen Gruß auf seinen Tisch, ganz nach Knabenart und setzte nach einer Weile den Rückweg fort: über die untere Burgfeldalp, und über das bekannte Känzeli in mein Hotel, zu Frau und Kind.

Das war erstens schön gewesen. Oben auf dem Horn hatte ich das Schlechtwetter in Person heranziehen sehen. Der Wind hatte polyphon geblasen und allerlei Getier ward durch mich aufgescheucht. Eisvögel unter anderem, die ich schon damals so märchenhaft empfand.

Das war zweitens gesund gewesen, denn der Schnupfen verließ mich fühlbar durch Nase und Ohren, wie ein Dämon, den man austreibt.

Auf der Rückreise nach Bern stiegen wir abermals beim Onkel Luli ab, und trafen da mit August Macke und seiner Frau zusammen. Nachmittags ward gerudert und gesegelt. Felix schien glücklich und war brav, was zu vermerken ist. Ich riskierte ein allerletztes Bad, sehr kalt war jetzt der See, sehr kalt. Felix im Schiffsboden sitzend, betrachtete mich ernst, wie ich da schwamm. Abends war es schon ganz dunkel, als wir Gunten verließen. Der Kleine trug die Laterne. Im Zug zwischen Thun und Bern gab er dann eine Ruh, indem daß ihn ein starker Schlaf beim zarten Kragen packte. So ein fürchterliches, so ein armes Kerlchen.

Herbst.

902 In diesem Sommer hat sich in München eine Gruppe junger Künstler zu einer Vereinigung zusammengetan, die den Namen Sema, ‚das Zeichen', führen sollte. Ich gehöre zu diesen Gründungsmitgliedern, wahrscheinlich durch den Schriftsteller Wilhelm Michel. Außerdem gehören dazu eine Reihe von Malern, Bildhauern und Dichtern. Diese, vorläufig in der Minderzahl, sollen wohl hauptsächlich Propaganda machen. Die Kunstkritiker Michel und

Rohe. Kubin, Oppenheimer, Scharff, Genin, Caspar sind die Künstler, die mir gerade einfallen.

In einem hübschen Klübchen waren wir ein paarmal zusammengekommen und waren über Greco einig und darüber, daß wir alle kein Geld hatten.

Nun beschloß man die Herausgabe einer Mappe mit Original-Graphik, und man soll mindestens einhundert Subscribenten sammeln, dreißig hätte man schon. Dann wurde Herr Thannhauser für eine erste Ausstellung gewonnen. Caspar machte optimistische Mienen. Und Ich? Nun, es ist wenigstens einmal ein Zeichen, daß man doch nach außen nicht ewig isoliert bleiben wird, ein schwacher Anfang, sich zusammenzuschließen. Nach innen sehe ich wenig Zusammenhang. Aber wie gesagt, man probiert's.

903 Onkel Luli (Louis Moilliet) ist für ein paar Tage bei uns. Er ist verstimmt, die August Mackes haben ihm in einem öffentlichen Lokal seinen Hut auf den Kronleuchter gehängt. Er verläßt sein Quartier und zieht zu uns in die freistehende Mädchenkammer.

Kandinsky, von dem früher schon des öfteren die Rede war, und der um ein Haus weiter wohnt, dieser Kandinsky, den Luli zwar Schlabinsky nennt, übt immerzu eine große Anziehung auf ihn aus. Luli geht öfter hinüber, nimmt manchmal Arbeiten von mir und bringt Bilder ohne Gegenstand von jenem Russen wieder zu mir zurück. Sehr merkwürdige Bilder.

Dieser Kandinsky will eine neue Gemeinschaft von Künstlern zusammenrufen. Ich habe bei persönlicher Bekanntschaft ein gewisses tieferes Vertrauen zu ihm gefaßt. Er ist wer und hat einen ausnehmend schönen, klaren Kopf.

Zuerst trafen wir uns in einem öffentlichen Lokal der Stadt, wo auch Amiet mit seiner Frau zugegen war (auf der Durchreise). Dann verabredeten wir, auf der Trambahn nach Hause fahrend, weitere Pflege von Beziehungen. Im Laufe des Winters schloß ich mich dann seinem Blauen Reiter an.

Hodler.

904 Große Maréesausstellung bei Thannhauser, durch Meier-Gräfe 1908/09 und jetzt Ferdinand Hodler ebendort, solche Dinge sind sehr anregend, wenn ich auch gar nicht ganz für Hodler bin. Denn seine Bedeutung liegt nun einmal nicht im rein Bildnerischen, das ich immer mehr anstrebe. Er weiß gut, den

Menschen in der Gebärde zu charakterisieren, das bleibe ihm belassen. Aber mich beunruhigen diese Figuren alle, die so aussehen, als ob sie den Frieden nicht finden könnten. Nur der seelisch gesteigerte Mensch interessiert diesen Hodler, und zwar nur sein Bild, wobei eine seelisch gesteigerte Malerei ausbleibt, anstatt mit einzugreifen. Diese Dinge an sich werden besonders in großer Ansammlung lästig, fallen auf die Nerven.

Dies ist meine Ablehnung dieses Mannes. Lächerlich bleibt jedoch die Ablehnung, die er von jenen ehemals vielen erfuhr, die ihn mit der Moderne in Zusammenhang bringen wollten.

1912

905 Aus einem Münchner Kunstbrief, den ich in die Schweiz schrieb: «Von den Privatgalerien hat wieder die Thannhausersche meine Aufmerksamkeit auf sich gelenkt durch die (dritte) Ausstellung der neuen Vereinigung und deren noch radikaleren Sezession, genannt der Blaue Reiter. Mich an die Idee haltend, und nicht an die momentane Zufälligkeit oder nur scheinbare Zugehörigkeit mancher Leistung, möchte ich Leute beruhigen wollen, die da nicht an irgend einen Museumsliebling, und wäre es selbst ein Greco, anknüpfen konnten. Es gibt nämlich noch Uranfänge von Kunst, wie man sie eher in ethnographischen Sammlungen findet oder daheim in seiner Kinderstube. Lache nicht, Leser! Die Kinder können es auch und es steht Weisheit darin, daß sie es auch können! Je hilfloser sie sind, desto lehrreichere Beispiele bieten sie uns, und man muß auch sie schon früh vor einer Korruption bewahren. Parallele Erscheinungen sind die Arbeiten der Geisteskranken, und es ist also weder kindisches Gebaren noch Verrücktheit hier ein Schimpfwort, das zu treffen vermöchte, wie es gemeint ist. Alles das ist tief ernst zu nehmen, ernster als sämtliche Pinakotheken, wenn es gilt, heute zu reformieren. Wenn wirklich, wie ich glaube, sämtliche Läufe der gestrigen Tradition versanden und die sogenannten unentwegten Pfadgeher (liberale Herren) nur scheinbar gesunde und frische Mienen zeigen, im Licht der großen Historie aber der Inbegriff von Müdigkeit sind, dann ist ein großer Augenblick gekommen, und ich begrüße sie, die an der nun kommenden Reformation mitarbeiten.

Der kühnste von ihnen hier ist Kandinsky, welcher auch durch das Wort zu wirken sucht. («Das Geistige in der Kunst» bei Piper.)»

906 Februar. Nun ist in Bern der gute Jahn gestorben, unser lieber Tonvater. Das war ein tüchtiger, ernsthafter und edler Mann. Ein hervorragender Geigenpädagog. Das ist alles nicht übertrieben. Den elementaren Unterricht gab er mit von vornherein weitgestecktem Ziel. Er war selbst noch in ständigem Ringen um den Fortschritt und wußte den Fleiß in richtiger Art zu fundamentieren, weil für ihn der Fleiß über dem Talent stehen mußte. Als Künstler war er eine Spur zu intellektuell. Im Bestreben, ihn zu entlasten und vielleicht auch ihn zu ersetzen, müssen die leitenden Stellen in letzter Zeit grobe Fehler begangen haben. Denn er war ein paarmal außer sich gewesen vor Kränkung.

Aber ich glaube, daß die Fehler nur in der Form lagen. Denn die Tragik war seit je da. Es fehlte Jahn die virtuose Ader von vornherein und das gab Konflikte, denen er im zunehmenden Alter nicht mehr gewachsen war. Als Pädagog stand er dagegen auf höchster Höhe.

Ein Hirnschlag lähmte ihn plötzlich und in einigen Tagen war er dahin.

907 Ja, die Sezessionen! Sie glauben es ja doch nicht, wenn man es ihnen beweisen kann, daß sie sich überlebten. Und wenn ein noch so verdächtiges Symptom sich zeigt, wie jetzt, wo der Kampf der Meinungen seinen Schauplatz immer mehr nach der Provinz verlegt. Hier ist man ruhig und haust im schönsten Palais, ganz königlich-bayrisch.

Und das arme Publikum wird sich an etwas Neues gewöhnen müssen, weil die Zeit erfüllt ist (wieder einmal). Es wird sich dann bekehren, wenn die Juden mit dem Neuen wieder Kapital anzulegen verstehen. Und das ist bälder so weit, als man zu glauben wagt.

Der Blaue Reiter, so heißt das Ding. Die wagemutigen ‚Redakteure‘ Kandinsky und Marc haben diesen Winter schon die zweite Ausstellung veranstaltet, diesmal eine graphische in den oberen Räumen der Buchhandlung Goltz. Dieser Händler riskierte als ‚erster am Platz‘ in seinen Schaufenstern kubistische Kunst auszustellen, die von den Gaffern als typisch schwabingisch bezeichnet wird. Picasso, Derain, Braque als Schwabinger Freunderln, ein netter Gedanke!

908 April. Durch die Schwabinger und ihre Werke gewann der Gedanke sehr an Reiz, sich wieder einmal in Paris ein wenig umzusehen. Auch meine Frau wollte da gern dabei sein, und wir wagten auch und beschlossen. Der

Junge mußte in meinem Elternhaus in Bern abgestellt werden, das war klar und so reiste ich auf diesem Umweg, während meine Frau direkt ankam und zwar einige Stunden vor mir (am 2. April).

909 In Pontarlier stieg ich in einen Personenzug, da konnte ich die Abdachung des Jura in gemächlichstem Tempo verfolgen. Dort waren viele Soldaten eingestiegen. Sie hatten immer noch ihre roten Hosen an, drehten ihre Zigaretten und waren vergnügt, ohne besonders zu stören. Die Bahnbeamten waren etwas wenig soigniert. Auf ihren Mützen stand P. L. M.

An allen Stationen hielt dieser edle Zug. Es stiegen Weiber ein mit regen- und schneenassen Kleidern und Körben. Eine Spießerluft verbreitete sich, nicht zum sagen. Und so ging's bis Dijon.

Nach gemächlichem Warten stand dann hier ein D-Zug bereit, Gott sei Dank! Nun kam auch eine bessere Luft ins Coupé. Es roch ganz gut. Die Landschaft bei Dijon ist reizvoll. Steinberge und mitten in diesem Gestein die schönsten blühenden Bäume. In steinernen Komplexen eine blühende Minorität. Recht südlich-vermittelt, eben französisch, wo Nord und Süd ineinander übergehen und nicht durch einen Eiswall getrennt sind.

Allmählich verlor die Landschaft den fremdartigen Reiz und wurde grün, sanft, abendlich. Man sah ruhige Ströme, hie und da ein fernes, weidendes Pferd.

Irgendwo mußten wir zwei Expreßzüge voraus lassen. «Ah, les directs!» gruselte eine Frauenstimme und: «Wumm!», bra'ch ein solches Biest an uns durch. Nach zehn Minuten: «Schuff!», der zweite. Wahre Explosionen!

910 2. 4. Am Bahnhof von Lyon später noch als fahrplanmäßig angekommen. Sonderegger und Lily, letztere schon ganz begeistert. Ins Hôtel des Mines am Boul' Mich. Dann noch zu Hofer, um eine Verabredung zu treffen.

3. 4. Boulevards, Seine, Notre Dame, große Boulevards, Opéra, Louvre. Nachmittags im Musée Luxembourg: Degas, Manet, Balcon usw., Luxemburger Park.

4. 4. Palais Royal, Tuileriengarten, Place de la Concorde, Champs-Elysées. Bei Hofer im Atelier. Nachmittags: Salon des Indépendants, abends Moulin de la Galette.

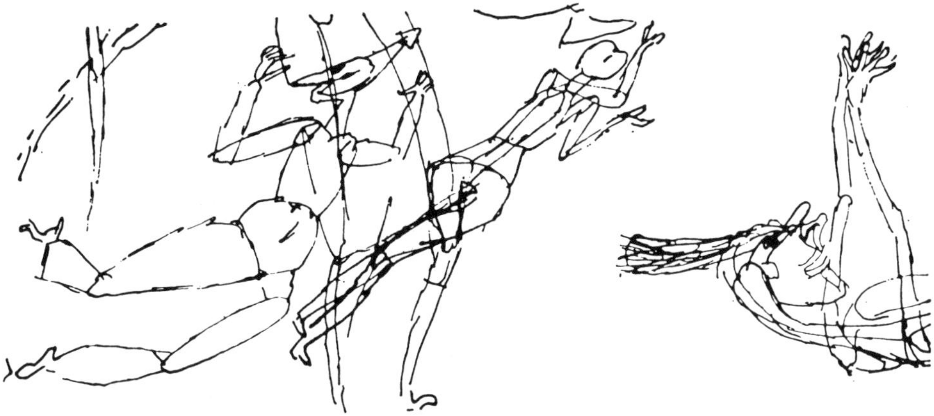

*24 Harlekinade. 1912, 84*

4. 5. Vormittag: Panthéon. Nachmittag: Louvre: Greco, Delacroix, abends Panthéon-Bar.

6. 4. Montmartre, Sacré-Coeur, Friedhof Montmartre (etwas für Lily!) Abends: Gaieté Montparnasse: Poilu chez les cocottes mit dem Komiker Cambon.

7. 4. (Ostern). Versailles. Abends im Café de la Paix.

8. 4. Notre Dame und Ste. Chapelle. Abends bei Karl Hofer.

9. 4. Jardin des Plantes. Kirche St. Germain-l'Auxerrois. Louvre: Manet *(Olympia)*, Ingres, Delacroix, Daumier – etruskische Sammlung. Nachmittags: Tee bei Hermann Haller. Café du Panthéon.

10. 4. Musée de Cluny, äußere Boulevards, Fortifications, Porte Clichy, Café du Dôme (Schwabingisches Milieu).

11. 4. Vormittags besuchte ich Delaunay im Atelier. Nachmittags Louvre, beim Déjeuner von Manet, Delacroix, Guys. Abends Bullier.

12. 4. Auf dem Turm von Notre Dame. Nachmittags bei Uhde (Rousseau, Picasso, Braque), Rue de Seine, abends auf Veranlassung Hofers im Cinéma en conleurs die indische Kaiserkrönung gesehn (Engländerei!).

13. 4. Musée Carnavalet. Dann im Laden von Kahnweiler. (Derain, Vlaminck, Picasso). Nachmittags: Besuch bei Le Fauconnier. Abends: Seinefahrt bis Auteuil und zurück. Panthéon-Bar.

14. 4 Friedhof Père-lachaise. Nachmittags: hübsche Wagenfahrt im Bois de Boulogne – Champs-Elysées. Nochmals zu Haller, um seine Frau kennen zu lernen. Abends im Cirque Médrano.

15. 4. Seinefahrt nach St. Cloud, dort spaziert (Park), abends in der Opéra: Rigoletto und Ballett.

16. 4. Vormittags Barbizanges (Galerie) im Auftrag von Kandinsky, nachmittags in der Wohnung Durand-Ruel, dann bei Bernheim jeune: Matisse, Guys. Abends Bal Tabarin.

17. 4. Auf dem vermaledeiten Zollamt Gare de l'Est. Dann bei Druet. Die Sonnenfinsternis bei der Madeleine-Kirche betrachtet. Nachmittags im Café Panthéon. Abends einhundert Lithos signiert. Abreise von Lily.

18. 4. Vormittags ein Besuch bei Herrn Sourbeck. Nachmittags bei Sr., Haller, der seiner Schwester nachsteigt, getroffen und betroffen. Abends zehn Uhr Abreise nach Bern.

Dort fünf Tage verbracht und Rückreise nach München.

911 Für Paris hatten wir in E. X. einen sehr tüchtigen Führer, wenn auch mehr einen Führer durch das alte Paris. Das letzte, was hier entstand, sieht er skeptisch an, weiß aber trotzdem den Weg zu weisen, der dahin führt. Seine zweite Frau, eine weitläufige Verwandte aus Bünden, war frisch dabei, eine weiße Feder winkte von ihrem Hut voraus als Zeichen, manchmal schon in weiter Ferne, weil sie einen guten Schritt hat. Aber dafür staute sich ihr Tempo vor besonders verlockenden Auslagen beträchtlich. Durch diese neue Ehe ist Freund E. etwas verbürgerlicht, aber auch etwas saniert in wirtschaftlicher Beziehung.

In seinem Innern mochte es zuweilen wenig freundlich aussehen. Hatten wir doch die unangenehme Aufgabe, ihm von den letzten Tagen seiner ersten Frau berichten zu müssen und ihm das wenig erheiternde Tagebuch und ein ‚Testament' von ihr zu übergeben.

Diese aus F. stammende erste Frau, von der er sich hatte scheiden lassen, war vor kurzem den Gifttod gestorben. Ich und meine Frau hatten es sozusagen mit ansehen dürfen, wie diese erst dreißigjährige Ruine vollends in sich zusammenbrach. Es fehlte nicht viel, so hätte sie bei uns gewohnt, jedoch brachten wir sie, nichts Gutes ahnend, in einer kleinen Schwabinger Pension unter. Sie kam täglich in unser Haus und aß bei uns, wenn man dies wenige essen nennen soll. Dieser martervolle Anblick war auf die Dauer nicht einmal rezeptiv zu ertragen, so daß ich mir sagte, dies schiffbrüchige Geschöpf hat ein Recht zu sterben.

Man ließ sie also gewähren. Man schickte sie noch einmal zum Arzt (Fritz Lotmar), man ließ sie noch einmal ihr grauenhaft verstimmtes Innere aussprechen und die Winterreise von Schubert wurde ihr von meiner Frau unter einem Entsetzen begleitet, wie es eben nur so ein ganz scheußlicher Schwanengesang zu bereiten vermag.

Dann übergab sie mir – natürlich! – Gedichte, und natürlich zum Drucken, und sonst eine Sammlung von Schriftlichem für ihren E. Sie streichelte noch einmal ein Möbel, das wir bei der Auflösung ihres Haushaltes damals übernommen hatten, sie streichelte auch mich beinahe, als sie guten Abend sagte, und dann ging sie. Es war natürlich auch der Vorabend ihres Geburtstages.

In der Nacht nahm sie mehrere in kleinen Dosen gesammelte Gifte zu sich und starb ungestört, im Gegensatz zu einem Selbstmordversuch vor einiger Zeit in F. Am Morgen fand man sie da tot, und durch einen Zettel rief man mich, alles Nähere zu ordnen. Die behördliche Untersuchung war im Gang, auch ein Reportermistvieh war dabei, der die paar den Selbstmord als solchen kennzeichnenden Aufklärungen, die ich geben zu sollen glaubte, für Geld in die Zeitungen einrückte. Nun mußte man die Verwandten weit herholen, von Berlin und von H., und so weiter. Das geschah wohl auf Kosten von Zeit und Nerven, war aber nichts gegen die Eindrücke aus ihren letzten Tagen.

Die zweite Ehe X...s scheint solid zu sein. Weniger gut scheint die Haller-Ehe. Er vor ihrer Büste: «Ja, wenn si inne grad so schön wär, wi usse, de wärs scho rächt!» Von der toten X. sagte er: «Si het ire Chare z'voll g'lade.»

912 Zwei tote Maler, Brühlmann und Welti (Totnigi). Der genußreichere Teil am Oeuvre Welti ist damit zu erklären, daß man den Menschen in ihm getreu wiedergegeben sieht. Ein guter alter Handwerker hat diese Arbeit treuherzig vollbracht. Ich sehe ihn vor mir, als er vorigen Herbst zur Überführung der plötzlich gestorbenen Gattin nach Solln kam. Mit peinlicher Beklommenheit erwartet, zerstreute der schwer herzkranke Mann alle Bedenken durch

die schlichte menschliche Art, wie er sein Schicksal trug. Die Situation erhob sich über die gewohnte Unerbaulichkeit von Friedhofszenen. Es war, als ob man in einer alten Geschichte läse. Die alte Geschichte hat aber auch ihren Haken, wir sind eben keine Figuren aus einer alten Geschichte. Ins Bild übertragen, ist die Altväterlichkeit wieder geneigt, peinlich zu werden, im Sinne mehrfacher Verdünnung. Und er übertrug sie ins Bild, er radierte den Zug zum Friedhof, sich hinter dem Sarg mit *Albärt und Ruodi*. Einen gemütvollen Spruch schrieb er auch noch drunter, und der Halbkitsch war da.

Hans Brühlmann war zu sehr mit Meier-Gräfe eins. Er ließ sich seine Böcklin-Verehrung mit dem Stock wegprügeln. Ein leichter Sieg Meiers war es nicht, es sah auch nicht ganz gut aus, wie Brühlmann sich ergab. Nachher passierte ihm so etwas nicht mehr. Der Nichtphantastische blieb eng im ‚neuen' Gleis. Es folgen selbstverständlich Marées und Cézanne. Brühlmann wird Jünger, horcht auf! Er hat sich so porträtiert. Nichts direktes leuchtet aus diesem Menschen, nur Reflex. Und nun erstrebte er noch das ‚Monumentale'. So kommt natürlich das Monumentale nie heran. Weil man monumental ist oder eben nicht. Genau wie bei Haller und Hofer, die auch immer monumental sein wollten und nur retrospektiv beschwert sind. Aber die Herren sind nicht enttäuscht und werden es nie sein. Die armen Glücklichen.

913 Den Sommer abermals in der Schwyz verbrungen. Bern und etwas Hilterfingen, wo die kleine überlebende Tante ein Haushältchen in drei Zimmern führt. Im Gegensatz zu 1911 war es kühl und regnerisch. Der Herbst lächelte etwas gnädiger.

Drei Tage waren wir zu drei beim Onkel Lui in Gunten. In Bern besuchte uns Arp, welcher die Schweizerische Expressionisten-Vereinigung Moderner Bund und sich damit lancierte. Er ist ein ganz frischer Bursch. Seinen Besuch erwidernd, fuhr ich zurück über Luzern–Weggis–Zürich. Die Ausstellung im Kunsthaus Zürich hatten wir schon herwärts gesehen, und damit eine Fahrt über den Lac des quatre Cantons bis hinauf nach Andermatt verbunden. In Weggis war noch Lüthy, ein Erotiker, etwas stark schillernd und perlmutternd, war noch H..., ein kleines Schneiderlein aus Sachsen, und war noch Sprenger, der nur ‚Pikkasso' sagen kann. Alle bemühen sich ganz tapfer, und ein kleines elsässisches Literatchen trommelt dazu mit einiger Grazie. Mich empfing man, als ob ich schon ein Großer wäre. Wie relativ doch alle Begriffe sind.

25 *Gute Unterhaltung. 1913, 84*

914 Fürs erste ohne Kind nach München zurückgereist, hatte ich etwas mehr Freiheit als bisher. Ich konnte ausgehen, ohne mein Söhnchen vorher um Erlaubnis zu fragen. Und wurde wirklich ganz geschäftig.

Goltz wird Kunsthändler und eröffnet am Odeonplatz einen kleinen, sehr appetitlichen Salon. Ich habe sogar etwas an den Vorbereitungen teilgenommen.

Dann nahte sich mir Alfred Mayer, genannt der ‚Weiche', und besah sich's. Für meine Candides entflammte er sich so sehr, daß er sich mit mir auf den Georg Müller-Verlag begibt, um auf Grund dieser Leistung einen Vertrag abzuschließen. Aber Georg entschied sich nicht: es fällt mir momentan nichts ein, lispelte er. Ich erwähnte Sternes Sentimentale Reise. «Schon herausgegeben mit den Chodowiecki-Kupfern, sowie auch Candide.» Ich wüßte noch eines: Reineke Fuchs. Ich möchte mir's überlegen und Proben zeigen. Das alles bedeutete soviel wie ein höfliches Nein, und Mayer wurde fast traurig.

Nun schrieb Delaunay und schickte einen Artikel von sich über sich. Aus Köln schrieb öfter Franz Marc über seine Pariser Eindrücke, über Walden und seinen «Sturm», über den Kölner Gereonsklub. Ich sollte eine gute Kollektion zusammenstellen für Köln und Berlin, eventuell noch weiter tournierend.

Kubin taucht auf, Wolfskehl bei Münter kennengelernt. Dann Marc persönlich, anderntags Walden mitbringend. Der verhielt sich ganz still, ich bin sehr Numero zwei für ihn. Aber da Franz es will, läßt er sich ein paar Zeichnungen für den Sturm in die Rocktasche gleiten.

Marc erkennt den Wert der Candideln, packt sie und bringt sie zu Piper.

Nochmals, tags drauf, konnte man den kleinen Herwarth Walden beim Hängen der Futuristen in der Galerie Thannhauser beobachten. Lebt von Zigaretten, befiehlt und rennt wie ein Stratege. Er ist wer, aber irgend etwas fehlt. Er liebt die Bilder aber auch gar nicht! Er riecht nur was dran, mit seinem guten Riechorgan. Carrà, Boccioni und Severini sind gut, sehr gut, Russolo mehr typisch. «Diese Bilder sind unverkäuflich, so berühmt sind sie, die Leute können gar nicht genug malen», sprach Herwarth zu mir. Ich hörte es.

## 1913

915 Ich schlage auch die Trommel; der Hans Bloesch in Bern druckt hie und da eine Notiz von mir in ein Blättchen, das er redigiert. Zum Beispiel:

«München bot eine reizende kleine Überraschung in der Eröffnung der Goltzschen Privatgalerie für neue Kunst in denkbar bester Lage am Odeonsplatz. Diese neue Kunst hat nun also ein richtiges Heim bekommen, nachdem sie bisher von der Gastfreundschaft (welche auch mit einigen Konzessionen verbunden war), von der Gastfreundschaft eigentlich andersgläubiger Unternehmer, abhängig gewesen war.

Bei Goltz stehen zur Zeit außer den einheimischen blauen Reitern und der einheimischen Neuen Vereinigung die tapferen Schweizer vom Modernen Bund in Bereitschaft und unsere Berliner und Pariser Mitstreiter. Für diese erste Heerschau ist der hübsche Raum gerade groß genug, um von jedem Manne drei bis vier Werke aufzunehmen. Für den Freund der ‚Richtung' stehen noch viele Dinge im Schatten. Später folgen Kollektionen einzelner.»

916 Das mehrmalige Gastspiel des kaiserlich-russischen Balletts mit den Solisten Nijinsky und Karsavina bringt ungewohnte Abwechslung in den Opernbetrieb. Ich sage nicht neues Leben, denn es handelt sich hier um eine alte, wohl im Aussterben begriffene Kunst. Längst vergangene Zeiten sind da noch lebendig. Der gelegentlich neuzeitliche Einschlag tut nichts zur Sache. Und mit Rührung kann man das Entschwindende, nicht mehr Wiederkehrende betrachten. Ganz besonders ragt Nijinsky hervor, zugleich in der Luft und am Boden tanzend. Die Erinnerung zaubert mir ihn besonders im Sprung her, in köstlichen Wendungen des jung-kräftigen Körpers.

Ein gewisse Kühle der Aufnahme will überraschen. Man zetert hier über die heranbrechende Zeitwendung, insbesondere über die futuristischen Künstler, die uns doch mindestens mit ihrem großen Talent anregten, und man bleibt steif, wenn die gute alte Zeit aufersteht. Was will man eigentlich? Immer nur Wagner, Knote und Feinhals? Aber zum Glück ist aus München in jüngster Zeit ein Platz geworden, wo manches gezeigt wird, ob München will oder nicht.

Das große Talent, das ich erwähnte, heißt Carrà; man braucht nicht über die neue Schwelle zu stolpern und kann hier an Tintoretto denken oder an Delacroix, so verwandt sind die Klänge der Farbe und sogar das Temperament der Faktur. Bei Boccioni und Severini geht das mit den alten Meistern allerdings schon weniger gut. Da steht im Manifest beispielsweise zu lesen: «Wenn man ein Fenster öffnet, tritt der ganze Lärm der Straße, die Bewegung und die Gegenständlichkeit der Dinge von draußen plötzlich in das Zimmer», oder: «die Macht der Straße, das Leben, der Ehrgeiz, die Angst, die man in der Stadt beobachten kann, das erdrückende Gefühl, welches der Lärm verursacht.» In der Tat, es finden sich solche Dinge überzeugend gestaltet. (Heiliger Laokoon!!)

Und das Gebiet ist um ein neues Stück bereichert. Auch der Taumel der heißblütigen jungen Leute brauchte nicht mißverstanden zu werden, mit dem sie sich in ihren Manifesten teilweise zum Erschrecken, aber auch wieder stolz und prächtig kundgeben. Die moderne Galerie, das ist Herr Thannhauser, hat ihren Paraderaum den Futuristen in ‚nicht verantwortlicher Weise' eingeräumt (es war lustig, wie beim Hängen die gewohnten hochanständigen ‚Modernitäten' Platz machend abzogen). Der eigentliche Veranstalter ist der heldenhafte Walden vom Berliner «Sturm».

Dieser nicht verantwortliche Hauptcoup wird von dem Goltz-Unternehmen wirkungsvoll flankiert, aber nicht nur von diesem, sondern auch noch von einem andern, «Salon Schmid-Diezl» genannten, wo man eine Nolde-Kollektion sehen kann, dicht am lieblichen Bach des Englischen Gartens, zum Glück ziemlich abseits vom ‚Harmlos', schwabingwärts ‚natürlich'.

Und das Maß ist noch nicht voll!! Man führt sogar Schönberg auf, das tolle Melodram Pierrot Lunaire!

Platze, du Spieß, ich glaube, dein Stündlein schlägt!

917 Im Laufe des Winters allerlei weitere kleine Fortschritte. Sogar einige Verkäufe, an Köhler in Berlin (als meine Frau gerade schwer an Influenza lag), an Miller in Biberist bei Solothurn u. a. m.

Arp kam von Weggis weg. Die Fabrik seines Vaters hat gekracht, auch im Modernen Bund scheint nicht alles in Ordnung. Nun das geht mich weniger an, als der Umstand, daß Arp sich um mich bemüht. Oder sagen wir, um die gute Sache. Durch ihn trat ich in Berührung zu einem neuen Verlag, «Die weißen Bücher», an dem ein Herr Otto Flake, Elsässer und Dichter, mitarbeiten soll. Dieser edle Wakes sei nun für mich gewonnen, heißt es, und plane eine Candide-Ausgabe mit meinen Zeichnungen. Auch für den Fall, daß Flake sich zurückziehen sollte, was immerhin noch möglich sei, bedeute das keine Gefahr für Candide.

918 Juni. Piper plant eine Expressionisten-Mappe und wünscht einen Beitrag

*26 Schwestern. 1913, 140*

von mir ... Ein Symptom? Denn dieser Verleger wich mir bis dahin mit bezeichnender Konsequenz aus ... Und Walden plant einen Herbstsalon zu Berlin, und ich soll da zusammen mit Kubin ein graphisches Kabinett erhalten! Franz Marc verrät außerdem noch, daß Köhler Geld gibt und daß er selber hängen wird. Sein Sammetauge glüht bei dieser Mitteilung.

919 Der arme E., dessen Eheschwierigkeiten ich schon mehrmals zu spüren bekam, ist letztens ganz außer Fassung geraten. Ein galanter Briefwechsel seiner Frau zieht uns mit in die Affäre hinein, und E. bricht jetzt die Beziehungen zu uns ab. Ein kranker Mensch, der immer mehr Widerspruch wird und hinter

anderer Denkweise Verrat wittert, kann auf die Dauer kein guter Gesellschafter sein. Für mich glaubte er sich öfter einsetzen zu sollen, ohne Erfolg freilich, aber das tut ja nicht viel zur Sache. Nun aber, wo mein Weg sichtbar hinanzusteigen beginnt, und Aussichten sich bieten, nun glaubt er mich nicht mehr in guter Gesellschaft und nimmt mir übel, daß ich beim Blauen Reiter bin. Ferner nimmt er mir übel, daß ich in der Eheaffäre X. nicht für die Unterliegende Partei nahm (fühlt sich zu seinem Nachteil in Parallele gesetzt in eigener Ehesache) und daß ich A. X. in den Tod gehen ließ.

Es ist schade, wenn ein Mensch sich immer mehr verbarrikadiert und einbaut, nachdem das aber bis zur Unerträglichkeit von kriegerischen Situationen zu führen droht, ist es ja ganz gut, wenn abgebrochen wird.

Es ist eine schöne Erleichterung, und er machte sie mir leicht. Z. will uns weiter besuchen. Mag sie. Viel wird nicht mehr dabei herauskommen, weil sie auch einen bitteren Geschmack nachgerade an sich hat.

920 «*Weh mir unter dem Druck der wiederkehrenden Stunde, in der Mitte allein, in der Tiefe der schleichende Wurm.*» (Ich glaube, die Zeichnung ist gut).

«*Durch den Tod der alten Raschatzel wird ein kleiner Geist frei, welcher mit der Botschaft entschwebt*» (andere Zeichnung).

Ein Idyll aus Bern müßte folgende Dinge zeichnen:

1. Den Zytgloggegüggel, welcher «Rufst Du mein Va...» singt.
2. Ein betrunkenes Soloquartett, welches diesem Vogel ein Ständchen bringt.
3. Zwei Polypen in Gummischuh, welche erwägen, ob sie gegen die vier siegen würden oder am End' gar unterliegen.
4. Die Berner Lauben, welche sich darüber biegen.

«*Ein Blitz in der Nacht: der Tag schreit grell im Schlaf auf. Herr Eckzahn Schneller, welcher bei Frau Gfeller / ist eingeladen zu einem vollen Teller.*»

Solche und ähnliche Dinge kann ich jetzt mit ziemlicher Prägnanz ausdrücken, und zwar nur mit der Linie, mit der Linie als absoluter Geistigkeit, ohne analytisches Beiwerk, einfach vorweggenommen.

921 Gegensätze im kleinen kompositionell verbinden, aber auch Gegensätze im großen, zum Beispiel: Ordnung dem Chaos gegenüberstellen, so daß beide an sich zusammenhängende Gruppen neben- oder übereinander gestellt in

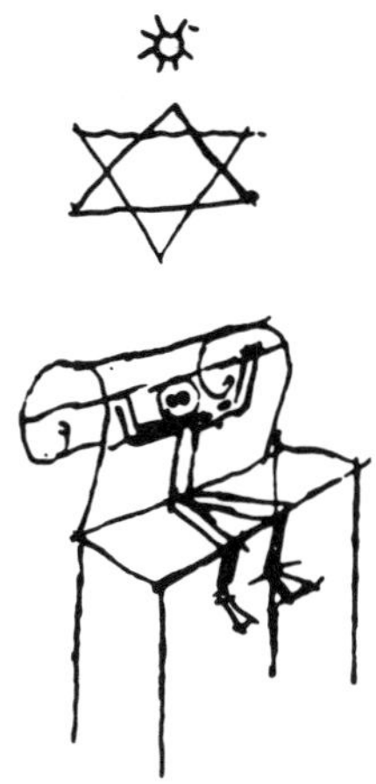

27 *Die betrübten Polizisten. Cop. 1913, 54*

Beziehung zueinander treten; in die Beziehung des Gegensatzes, wodurch die Charaktere hüben und drüben gegenseitig gesteigert werden.

Ob ich so etwas jetzt schon kann, ist nach der positiven Seite fraglich, negativ leider mehr als fraglich. Aber der innere Bedarf wäre da.

Dann wird das Können sich schon bereiten.

922 Manchmal geht's lange ohne Kampf. Ich reihe dann ‚Unschuld an Unschuld'. Ein naiver Stil. Der Wille liegt unter Narkose.

Eine richtige Liebeserklärung an die Kunst ist 1913/162. Abstraktion von dieser Welt mehr als ein Spiel, weniger als ein diesseitiger Zusammenbruch. So dazwischen. Der Liebende ißt und trinkt nicht mehr.

923 Dezember 1913. Eine Weihnachtsreise nach Bern wird unternommen. Mir gar nicht naheliegend. Wozu zwei Weihnachten dort feiern. Gut, läßt sich schwer dagegen reden. Man weiß ja, Weihnachten im Elternhaus war ja schön, war selig und ist schön und bleibt selig.

Gewisse Ahnungen sprachen aber dagegen. Unheimlich scharfe Bilder aus meiner Kindheit sah ich.

Kurz nach Neujahr erkrankte Felix an Influenza. Bald folgte ich nach, aus einem teuflischen Schnupfen entwickelt sich eine hochinteressante Stirnhöhleneiterung. Professor Lindt, ein vorzüglicher Spezialist, wird beigezogen. Erst Ende Januar konnte ich zurückreisen. In München noch ein Nachspiel in den Bronchien. Endlich Schluß und völlige Erholung.

1914

924 Mitrinovic, ein Serbe, kommt nach München und hält einen Vortrag über die neue Kunst, Kandinsky usw. Er nähert sich auch mir. Läßt sich Arbeiten leihen, um einzudringen. Ein netter Mensch mit einem Bauerngesicht.

Ist oft bei der Musik dabei. Tut den klassischen Ausspruch: «Ja, der Bach, der konnte es schreiben, Sie können es spielen, und ich kann es hören.»

Piper wird mürbe und tauscht Bücher mit mir gegen Handzeichnungen. Der Bauch mit Hemdärmeln, der Weinessig, darf sicher davon nichts wissen.

Auch der Privatdozent Dr. Fritz Burger faßt Interesse.

Musikabende mit dem Cellisten Barjansky; einmal spielte ich mit Barjansky und dem Pianisten Sapellnikoff das B-Dur-Trio von Schubert. Mit solchen

*28 Die fliehenden Polizisten. 1913, 55*

Leuten zu spielen, geht leichter als mit Privatdozenten. Was ich doch immer für Partner mit mir schleppte! Schönheitstrunkene Idealisten auf Kosten der Intonation und elegante Gaukler auf Kosten der Ehrlichkeit. Ja, ja!

925 Die große Phalanx von Putz bis Kandinsky sollte aufgestellt werden. Hausenstein und Weisgerber wollen kommandieren. Wer ist Weisgerber? Das verstand ich nie und werd' ich nie verstehen. Hausenstein, ja! Der ist geistreich und malt nicht so mäßig, weil er gar nicht malt.

Sie brachten es aber nicht ganz zusammen. Putz wollte keine Majorität bekommen, und Kandinsky und Marc sagten ab, hauptsächlich auf Betreiben von Marc. So wird die Phalanx von Püttner auf Klee sich erstrecken, über Caspar als Zentrum. Schade um die geschwächte Spitze. Neue Sezession wurde es genannt.

926 April 1914. Die Vorgeschichte ist die, daß der Louis Moilliet, jener schweizerische Graf, schon einmal dort war (natürlich).

Und zwar indem, daß dort ein Berner Arzt sich niederließ, namens Jäggi, welcher ihn aufnahm.

Nun ist jener Graf nicht nur unverschämt anmaßend seinem Glück gegenüber, sondern auch ein guter Kerl zu denen, die er mag.

Und er mag zwei Leute, das ist August Macke und das ist: mich. (Außerdem mag er viele junge Damen.)

Jener Macke lebt seit kurzem am Thunersee, und letzten Dezember haben wir zu drei geschworen, daß es sein soll. Louis gönnt es mir, will für Geld sorgen gegen Bilder von mir. Macke sorgt für sich selber, der verkauft ganz gut.

Der Apotheker Bornand in Bern sollte meine Reisekosten übernehmen, und der Doktor «Jegi» sollte mich und Louis beherbergen. Das ist die Vorgeschichte.

926a Freitag, den 3. 4. Abreise nach Bern, 1. um Felix bei seinen Großeltern zu plazieren, 2. um die Finanzen an mich zu nehmen.

926b Samstag, den 4. 4. Bern. Französisches Geld eingewechselt, eine Tasche voll schöner Goldstücke, fünfhundert Franken. Irgendein Instinkt ließ mich Gold kaufen, obwohl etwas teurer als Banknoten. Natürlich und richtig, wenn vielleicht diesmal nicht ganz notwendig.

926c Sonntag, den 5. 4. Früh zwei Uhr. Weiterreise nach Genf und Lyon in bequemem Schweizer Wagen, welcher bis Marseille läuft. In Lyon längerer Aufenthalt des Zuges. Schöne Stadt, die Häuser ähnlich wie in Paris. Die Rhonekais sehr typisch. In Genf war eine läppische Gesellschaft von grünen Jünglingen eingestiegen, Franzosen oder französische Schweizer, tanzten in den Gängen und sangen ‚Puppchen' und andere Berliner Ware auf welsch. In Lyon zogen sie truppweise durch die Straße, sie wußten wohl ein gutes Restaurant, und wir wußten keines. Trotzdem konnten wir uns nicht entschließen, in ihrer Nähe zu bleiben, so hatten sie uns geelendet. Albernes Studentengelichter, verzieh dich. Und wir suchten und suchten, bis wir irgendwo in stiller Straße einkehrten, wo man uns einen Rhonefisch briet, der sehr gut war, wenn auch etwas lüttich. Nennen wir ihn Lützelfisch. Um zwölf Uhr fünfzehn ging's weiter, ich glaube Dauphiné heißt die Landschaft zuerst und dann Provence. Ein liebliches Land des Südens. Die Rhonelandschaft bei Genf war schon sehr stark gewesen, dort wo die Bahn nach Aix-les-Bains über die Rhonebrücke abzweigt, sogar von höchstem Stil. Dann fingen die rotblühenden kleinen Bäumchen an, und die Dächer orangeterrakott, berückend, ganz mein Echtorange

In der Provence die schwarzgekleideten kleinen Frauen, Sonntagsleute ohne üblen Beigeschmack. Das Hechtauge des Grafen Louis in Tätigkeit setzende Reize. Avignon, wo Gott in Frankreich war, Arles und wie die tönenden Namen alle heißen. Schließlich flach dahin. Das Gleis durch Bäume vor Wind oder sonst was geschützt, ein Geflimmer, das krank machen wollte. Der Schweizer Wagen etwas zu leicht.

Die Nähe von Marseille, höchst gesteigerter Güterverkehr. Schöner Bahnbau. Ein großer See, der Berrer See. Sieht aus wie Meer.

Um fünf Uhr abends am ersten Ziel. Mit Louis in eine lustige kleine Droschke gestiegen, lang und immer bergab durch dies südliche Paris gefahren, mehr geholpert. Dem Kutscher die Wahl des Hotels überlassen. Mäßig, aber wie schön. Zum Dableiben schön.

Ein Spaziergang in der Abenddämmerung den Hafen entlang. Unser Schiff gesucht. Dann großer Hunger. Am Kai des alten Hafens Umschau nach Macke. Endlich ihn gefunden. Dort das Kindergesicht, ißt und trinkt wie ein junger Fürst. Sieht uns nicht. Es ist ein Trottoir-Restaurant, durch Barriere von der Straße abgegrenzt. Wir kauern hinter der Barriere, damit er nur unsere beiden Köpfe sehen soll.

Da, er sieht – sah uns, errötete leicht, guckte schnell weg, als ob er nichts gesehen habe. Dann lustige Begrüßung. Er ganz erfüllt von diesem Marseille und seiner Umgebung. Hat sogar ein Stiergefecht gesehen. Wurde ihm fast schlecht.

29 *Flucht nach rechts. 1913, 158*

Wir gehen noch in ein Varieté. Ein junger Artist mimt eine Tirolienne, die einzige stilvolle Nummer.

926d Montag, den 6. 4. Vormittags in Marseille herumgegangen, bis weit vor die Tore hinaus. Man hatte das Gefühl, daß man es hier schon ganz gut lange Zeit aushalten konnte. Die Gegend ist großen Stils und koloristisch neu. Aber Graf Louis lächelte über dies Verweilen, wissend, was da noch kommen wird! Ein türkischer Junge hört unser Deutsch in der Trambahn und biedert sich an, er sei bei Liman Sanders im Dienst gewesen. Jedenfalls kann er ganz gut Deutsch.

Mittags, zwölf Uhr, schiffen wir uns ein. Ein schönes großes Gebäude der Compagnie transatlantique, «Carthage» mit Namen, nimmt uns auf. Hübsche saubere Kabinen. Kleine Brechtöpfe sauber und verheißungsvoll. Die Fahrt durch den Hafen sehr spazierlich und amüsierlich. Draußen auf der Mole noch eine Gruppe Abschiedwinkender. Und nun wird's ernst, und das Schiff beginnt zu rollen. Der Golf du Lyon ist bekannt dafür. Il fait beau temps, pourtant. Wer's glaubt. Gabriele Münters Mittel wird geschluckt, die beiden andern nehmen lila und grüne Kugeln zu sich und lächeln über mich und Münter. Ich glaube an beide Mittel nicht, weder an das eine, noch an das andere. Deshalb wird mein Befinden eher schlechter, wenn auch ganz allmählich. August Macke zeichnet für mich eine kleine Komposition, wie es aussehen wird, wenn ich speien muß (er glaubt nicht an Münter). Daraufhin laß' ich mir auch von seinen lila und grünen Kugeln geben.

Und siehe, mein Mut kehrt zurück. Und ein wenig später zünde ich mir eine Pfeife an. August Macke schließt daraufhin Freundschaft mit mir. Er hielt mich bis dahin für ein Ungeheuer an Vollkommenheit, und nun rauche ich eine gemütliche Pfeife. Das findet er ganz hinreißend schön.

Das ändert unsere gute Stimmung in hohen Mut, ändert aber nichts daran, daß das Deck manchmal einem schiefen Dach gleicht, auf dem alles abrutscht, Männlein, Weiblein, Liegestuhl, und unten am Geländer ein peinlich Durcheinander entsteht. Die stetige Wiederholung solchen Hin und Hers wirkt: die Passagiere werden weniger. Wir drei aber sind heiter, sorglos und losgelöst von allem. Einfach glücklich. Appetite und Schläfe überkommen uns mit Gewalt. Wir belagern eine halbe Stunde vorher schon den Speisesaal. Das Essen ist vielleicht gar nicht so besonders, aber uns schmeckt es königlich. Und wie wir schlafen!

926e Dienstag, 7. 4. Angesichts der Küste von Sardinien aufgewacht. Die Farben von Wasser und Luft sind heute noch viel intensiver als gestern. Die Farben brennen stärker und sind eher dunkler. Vorn auf dem Schiff (ich besuchte öfter die 3. Klasse) kann man die farbigsten Szenen beobachten. Der französische Kolonialsoldat paßt so wundervoll hinein. Nachmittags erscheint die afrikanische Küste. Später deutlich erkennbar die erste arabische Stadt. Sidi-Bou-Said, ein Bergrücken, worauf streng rhythmisch weiße Hausformen wachsen. Die Leibhaftigkeit des Märchens, nur noch nicht greifbar, sondern fern, ziemlich fern und doch sehr klar. Unser stolzer Dampfer verläßt die offene See. Der Hafen und die Stadt Tunis liegen rückwärts etwas versteckt. Man passiert erst einen langen Kanal. Am Ufer ganz nah die ersten Araber. Die Sonne von einer finsteren Kraft. Die farbige Klarheit am Lande verheißungsvoll. Macke spürt das auch. Wir wissen beide, daß wir hier gut arbeiten werden.

Die Landung in dem einfach-ernsten Hafen sehr eindrucksvoll. Die ersten Orientalen aus der Nähe waren auf der Böschung des Einfahrtskanals zu sehen. Jetzt aber steigen, bevor das Schiff stillsteht, unglaubliche Gesellen auf Strickleitern zu uns empor. Unten unser Wirt Doktor Jäggi, seine Frau und sein Töchterchen. Und sein Auto.

Endlich steigt man aus, zur letzten Prüfung angeschickt: zur Durchzwängung der Zollquetsche, allwo der Lärm ganz betäubend. Im Auto zum Doktor Jäggi und zum Abendessen. Alles schwankt hier weiter.

Zum Schluß unter seiner Führung noch ein Spaziergang durch die nächtliche Araberstadt. Materie und Traum zu gleicher Zeit, und als Drittes ganz hinein verfügt mein Ich. Das muß ja gut werden.

Doktor Jäggi komisch, trocken und nüchtern, fühlt hier keine Heimat. Fühlt nur Klima und Geld. Sehnt sich schweizwärts, mir fremder als der nächste arabische Bettler. «Es Wirtshus und e Chirche, wi daheime.» Wir sollen zu Haus ein paar «Gige», die er billig erstand, begutachten; erfüllt, wie wir sind, ist das ein wenig fade. Wir reißen ein paar Witze über Stradivarius, lassen uns Bogen geben und improvisieren die schönste arabische Musik. Louis und ich als verstimmte Geiger, August auf dem Flügelholz den Rhythmus trommelnd, dazu eine lange monotone Melodie näselnd. Ich glaube wirklich, es war gut musiziert. Und die Geigenprobe fiel zur allgemeinen Befriedigung aus.

926f Mittwoch, den 8. 4. Tunis. Den Kopf voll von den nächtlichen Eindrücken des gestrigen Abends. Kunst – Natur – Ich. Sofort ans Werk gegangen und im Araberviertel Aquarell gemalt. Die Synthese Städtebauarchitektur-Bildarchitektur in Angriff genommen. Noch nicht rein, aber ganz reizvoll, etwas viel Reisestimmung und Reisebegeisterung dabei, eben das Ich. Das wird später schon noch sachlicher werden, wenn der schöne Rauch etwas verrauchen wird. Dann in den Souks etwas eingekauft. Macke lobt den Reiz des Geldausgebens.

Dann eine Autofahrt in die Umgebung der Stadt gemacht. Jäggi als Chauffeur ohne Patent. Heftiger Schirokko, Bewölkung, zarteste Bestimmtheit der Farben. Nicht wehtuend Helles wie zu Hause. Hinten ein großer See, der im Sommer austrocknen soll. Etwas Wüstenstimmung, bedrohlich. Solche Düsterheit bringt bei uns Güsse. Hier leider nicht, sagt Doktor Jäggi. Seit Dezember fiel kein Tropfen. Wir gehen ein wenig zu Fuß. Zunächst in eine Parkanlage mit sehr eigenartiger Pflanzung. Grün-gelb-terrakotta. Der Klang geht tief und wird bleiben, auch ohne Malen, an Ort und Stelle. Dann begegnete uns ein Leichenzug. Die Klageweiber hörte man schon von weitem. Louis bekommt Beine, rennt voraus. Macke: «Seit dem Tod des alten Gobat hat er einen Tick für Begräbnisse.» Etwas boshaft, lieber August! «Le divin Gobat», soll in einem Nekrolog gestanden haben. «Aber, lieber August, dies Begräbnis scheint mir doch nicht so ohne zu sein.» Und wir folgen nach, August, etwas faul und dick, aber doch! Der Sarg ist farbig, golden und blau. Eine Kutsche, von sechs Maultieren gezogen. Das sei der Bei gewesen, behauptet Louis. Kein Regen, der Abend wieder schön.

Auf der Heimfahrt berichtet Jäggi über eine Grundstücksspekulation, an der er beteiligt ist. Ein Hotel müßte in diesem Park entstehen. Ob wir nicht ein verführerisches Plakat malen wollten? August: das machen wir! Doktor Jäggi meinte, wir könnten verdienen und die Reisekasse auffüllen. Schön gedacht, schnell gesagt. Aber getan? Getan natürlich nie!

Die Mahlzeiten bei Jäggi sind üppig. Ein Schwarzer kocht, eine säuerliche Aargauerin macht die Zimmer. Wir haben Sodbrennen, weil wir den Magen überfüllen. Macke schluckt Natron, in Oblaten gehülltes. «Aber eines kann die Aargauerin wunderbar», sagt Louis, in Schutz nehmend, «ein Bad bereiten! Darin ist sie vorbildlich.»

926g Donnerstag, den 9. 4. Wetter wieder ganz klar. Aber windig. Im Hafen gemalt. Der Kohlenstaub in den Augen und in den Aquarellfarben. Trotzdem! Bei einem französischen Torpedoboot werden wir als Deutsche erkannt und in gebrochenem Deutsch angeulkt. Augusts Äußeres ist etwas kompromittierend. Er riet, sich möglichst unauffällig zu verziehen. Ist manchmal überängstlich. Mag auch nicht Louis' Scherze, wie: «Où peut-on acheter une négresse?» usw. Abends im Concert arabe. Etwas monoton, etwas Fremdenbetrieb. Aber doch neu für uns. Ganz gute Bauchtänze. Sieht man zu Hause

*30 Kritiker. 1914, 207*

nicht. Musikalisch auch nicht ohne den Reiz des Neuen. Sehr melancholisches Melos!

926h Karfreitag, den 10. 4. Tunis und St. Germain bei Tunis. Vormittags im Auto am Chauffeurexamen unseres Doktors teilgenommen. Sehr komische Sache. Er am Steuer, neben ihm der Examinator, vielerlei Aufgaben stellend. Louis und ich im Wagen. Doktor Jäggi, sonst nicht sparsam im Tuten, vergißt es im Eifer oft lange Zeit ganz. Muß rückwärts einen großen Berg hinauffahren, wobei er beim Wenden einmal das Trottoir mitbenutzt. Dann muß er mit Tempo vor die Stadt hinaus, wobei das Anschreien der unaufmerksamen Eingeborenen sich als zur Sache gehörig erweist. Der Examinator verbindet damit einen kleinen Privatbesuch und läßt uns auf einer Wiese warten. Herumschlendernd sehe ich kleine Blumen des Frühlings, die es zu Hause nicht gibt. Der Doktor hat Sorgen, nicht wegen des Examens, hier ist er sicher, daß er bestanden hat, aber sonstige. Viele Operierte liegen bei ihm zu Hause und in Privatspitälern. Die Zeit drängt, und der Examinator läßt sich Zeit. Und nach Tisch will er uns alle, Kind und Kegel, auf sein Landgut führen, allwo es schön und friedlich. Die Fahrt dahin sehr abenteuerlich, das Auto mehr als voll. Der schwarze Koch Hamed überholt uns zu Rad ganz à la Lufthund. Er hat einen Korb mit der Fourage auf dem Rücken. Das Landhaus liegt schön, dicht am Meeresstrand, auf Sand gebaut. Ein sandiger Garten mit Artischocken usw. Ein Bourriquet, welcher dem Töchterchen gehört. – Das Luder beißt. Die Kleine freut sich übermäßig und reitet auf ihm. Im Keller Weine, scharf im Geschmack und sehr stark. «Eigenes Gewächs, der Stolz des Docteur Schegi.»

Tags sehr heiß, abends bedeutende Abkühlung und heftiger Wind. Die Wäsche wird nicht aufgehängt, nur an ein Gesträuch angelegt. Der Wind ist konstant und heftet sie fest. Ein Chamäleon im Garten gefunden; dünn wie ein leeres Portemonnaie, maulaufsperrend, wogegen nur wassereingießend wirksam.

926i Samstag, den 11. 4. St. Germain bei Tunis. Einige Aquarelle am Strand und vom Balkon aus. Das Strandaquarell noch etwas europäisch. Könnte auch bei Marseille gemalt sein. Im zweiten traf ich zum ersten Male Afrika. (Später erhielt Hausenstein diese Arbeit, reproduzierte sie im Ganymed.) Die Hitze über mir tat wohl das ihrige hinzu. Mittags das erste Seebad. Oben ausgezogen, im Mantel hinunter. Den Mantel am Strand gelassen. Schön. Nachmittags kam der Wirt mit seinem Auto und führte uns ein Stück ins Land. Große Hitze. Abends Ostereier bemalt für die Kinder. August schafft entzückende Gebilde. Dann eine Kalkwand des Eßzimmers bemalt. August gleich ins' Format, eine ganze Szene, Esel und Treiber usw. Ich begnügte mich mit zwei kleinen Gebilden in den Ecken, die ich abschloß.

926k Ostersonntag, den 12. 4., St. Germain. August früh im Bett mit leichter Melancholie behaftet. Sieht selber so kindlich aus und hat Sehnsucht nach seinen Buben. Die müßten jetzt hier sein und gebadet werden. Ich raus! An die Arbeit. Die Kleine sucht die Eier. Leider konnten wir sie nicht fixieren und blieb ein Teil des Zaubers an den kleinen Fingern haften; die Morgenluft war feucht. St. Germain mit der Trikolore. St. Germain mit der jungen Palme. August badet nicht. Er denkt wohl an die sagenhaften Haie?? Ich lasse mir's nicht nehmen. Die Mittage sind zu heiß. Die Kleine steht am Ufer mit dem großen schweren Mantel. Die Ferne über dem Wasser ist blühend schön, aber nicht ausschweifend. Alles hat große Haltung.

Der Abend ist unbeschreiblich. Zum Überfluß geht auch noch der Vollmond auf. Louis reizt mich: ich sollte es malen. Ich sage: es wird höchstens eine Übung. Natürlich versage ich dieser Natur gegenüber. Aber ich weiß doch etwas mehr als vorher. Ich weiß die Strecke von meinem Versagen bis zur Natur. Das ist eine innere Angelegenheit für die nächsten Jahre.

Ich bin gar nicht deprimiert deshalb. Es darf nicht eilen müssen, wenn man soviel will. Der Abend ist tief in mir drin für immer. Mancher blonde Mondaufgang des Nordens wird als gedämpftes Spiegelbild mich leise mahnen und immer wieder mahnen. Es wird meine Braut sein, mein anderes Ich. Mich zu finden ein Anreiz. Ich selber aber bin der Mondaufgang des Südens.

926l Ostermontag, den 13. 4. St. Germain–Tunis. Vormittags gemalt und gebadet. Ein Pillenmistdrehkäferheiliger tut vor mir seine Arbeit. So werde ich auch arbeiten, immer wieder probieren, ob es rollt, abnehmen, herummessen. Einmal wird es auch gehen. Ob ich aber auch rückwärts marschiere mit meiner Kugel, ich meine rückwärts ins Ziel?

Der Vergleich braucht ja nicht ganz durchgeführt zu werden. Etwas Homer kann beruhigen.

Nachher im Auto zurück nach Tunis zum Essen. Nach Tisch Ostermontagsfahrt im Auto nach Sidi-Bou-Said, der Stadt, die wir zuerst vom Schiff aus sahen. Bis hinauf gefahren. Doktor Schegi wendet seine Karre mit Aussteigen und Heben von hinten. August konstatiert, daß es gemein sei, da nicht mit anzugreifen, aber weiter geht er nicht. Ich versuche zu helfen, werde aber gehindert. Schegi schwitzt seinen Hut durch. Passante Italiener greifen zu. Nun kann man guten Gewissens auf Entdeckung ausgehen. Die Stadt liegt so schön da oben und blickt weit ins Meer, das hoch aufatmend mit uns hinaufsteigt. An einem Gartentor haltgemacht und eine Aquarellskizze angelegt. Thalatta!! Dann zurück ins Städtchen. Wo Schegi Kaffee trinkt vor einer heiteren Moschee (wie daheim im Aemmetal, «vis-à-vis der Chilche, bim Waadtländer u bim Greyerzer»).

Daß Rom über Karthago gründlich siegte, sollten wir nun bald hierauf deutlich sehen. Wir bestiegen wieder unseren entzückenden Autowagen und fuhren den Berg hinunter nach der Gegend von Karthago. Dieser Ort ist schöner als die Stelle, wo Tunis liegt. Was man allgemein schöner nennt, freier am Meer, mit mehr Umblick. Von der Stadt außer einigen ausgekratzten Stellen am Boden nulla. Dafür ein kleiner neuer italienischer Ort mit einer sich belustigenden Volksmenge. Eine heisere und denkwürdig verstimmte Blechmusik, wie ich selbst in der unmusikalischen Schweiz nie eine gehört habe. Ein bedenklicher Sieg war das, wie sich jetzt hier herausstellte, jener Sieg Europas über Afrika! Am Eingang zum Ort saß eine geputzte Schöne auf einem Misthaufen, damit auch dem Auge etwas geboten wurde, was zur Musik paßte. Schön sind diese vermantschten Sizilianer ja überhaupt nicht. Vierschrötige Mischungen. Die ganze Verachtung der französischen Kolonisten hat ein Korn Berechtigung. Die ausgesprochene italienisch-französische Spannung hat aber andere Gründe. Tunis ist erstens arabisch, zweitens italienisch und erst drittens französisch. Die Franzosen aber spielen sich als die Herren auf.

Das feiertägliche Abendessen offerierte Doktor Schegi in einem französischen Restaurant mit etwas süffisanten Kellnern. Dies Gesindel ist international. Aber die Küche war nicht schlecht. (Wir waren durch Hamed bis zur Fettsucht gebracht.) Frau Jäggi war zu uns gestoßen, und die gemeinsame Heimfahrt nachts ist nicht besonders zu erwähnen. Die Finsternis ist überall gleich. Mit Reiseplänen endete der vielseitige Tag.

926m Dienstag, den 14. 4. Tunis-Hammamet. Sechs Uhr früh am Bahnhof mit Macke zusammenbestellt. Am Schalter eine kleine Schlange von Anstehenden. Ein Alter schreit: «Bara! bara!» und macht sich Platz. Es ist so natürlich. Wir hören es bei uns von Kindern. Ich bin gut gelaunt, ja übermütig. Den einen in der Schlange halte ich für August und schleiche mich an, als ob ich ihn bestehlen wollte. Bevor ich den Taschendiebstahl ausführe, entdecke ich meinen Irrtum. Die Fahrt ist schön. Ernste Wälder, sogar eine gewisse Düsterheit. «Die Eifel sei auch schön», sagt August. Die Anlage dieser Eisenbahn ist sehr primitiv. Man kommt auch nur langsam vorwärts. Aber was macht das? Man hat ja keine Geschäfte. In Hammamet angelangt, ist noch ein kleiner Weg in die Stadt. Was für ein Tag! In allen Hecken singen die Vögel. Wir blicken in einen Garten, wo ein Dromedar an der Zisterne arbeitet. Das ist ganz biblisch. Die Einrichtung ist sicher die gleiche geblieben. Stundenlang könnte man zusehen, wie das Kamel, von einem Mädchen gelenkt, mürrisch auf und ab geht und dadurch das Herablassen des Schlauches, das Schöpfen, das Aufziehen desselben und seine Entleerung bewirkt. Allein wäre ich hier sehr lange verweilt. Aber es ist, es gibt noch so viel zu sehen, meint Louis.

Die Stadt ist fabelhaft, am Meer gelegen, winklig und rechtwinklig und wieder winklig. Dann und wann von der Ringmauer ein Blick!! In den Straßen sieht man mehr Weiblichkeit als in Tunis. Kleine Mädchen ganz unverschleiert, wie bei uns. Auch darf man hier die Friedhöfe betreten. Einer liegt köstlich am Meer. Auf ihm weiden ein paar Tiere. Das ist gut. Ich versuche zu malen. Das Ried- und Buschwerk ist ein schöner Fleckrhythmus.

In der Umgebung köstliche Gärten. Riesige Kakteen bilden Mauern. Ein Weg ganz ‚hohle Gasse' in Kakteen.

Viel gemalt und geschlendert. Abends im Café der blinde Sänger und sein Tamburin schlagender Knabe, ein Rhythmus für immer!

Übernachtet bei einer bösen französischen Alten. Louis und Macke liefern sich im Hemd eine Kissenschlacht. Sie gab uns eine verstopfende Rindsleber und einen Heublumentee! Die Küche bei Jäggi war besser gewesen!

Aber die kleine Terrasse beim ‚Hotel'-Aufgang war gut. Ich aquarellierte hier mit starker Umsetzung und mit völlig gewahrter Naturtreue. Dies Aquarell erwarb Doktor Karl Wolfskehl kurze Zeit darauf.

Hohe Oboentöne und Tamburinschläge lockten zum Schlangenbeschwörer und zum Skorpionfresser: Ein entzückendes Theater auf der Straße. Der Esel sieht auch zu.

926n Mittwoch, den 15. 4. Wir sollten nun nach Kairuan und vermeiden, mit der Bahn zu sehr umzufahren. Zu diesem Zweck machten wir uns auf, ein Stück zu Fuß zu gehen nach der Eisenbahnstation Bir-bou-rekba. Auf diese Weise kamen wir nun selbst in die Lage, mit unserem europäischen Äußern das Landstraßenbild zu beleben; natürlich nur in dümmster Nichtanpassung. Denn was wir schon vom Zug gestern gesehen hatten, war so einzigartig zeitlos gewesen, daß es einen erbarmen wollte, mit seiner Mode Anfang zwanzigstes Jahrhundert hier hereinzuzeiteln.

Bald sollten wir auch wirklich groteske Szenen aufführen zu beiderseitiger Verunzierung: wir komisch, die blinde Sängergesellschaft mindestens tragikomisch.

Die Landstraße machte sich in erster Linie als Sandstraße bemerkbar. Und zwar mit tiefem trockenem Sand, in dem man schwer vorwärtskommt, und natürlich waren wir zu spät dran, weil jeder seine Uhr in der Tasche mit sich trug. Und nun stießen wir auch noch auf besagte Rhapsodengesellschaft, die uns bettelnd aufhielt. Unsere komische Eile im trockenen Sand, wo jeder Fußtritt nach der Tiefe und Breite herumrutschte, war von den Sehenden längst bemerkt worden, und sie richteten sich darauf ein, uns nicht ungeschoren durchzulassen.

Louis und August hatten dabei mehr Glück als ich, den man durch festes Zugreifen arretierte. Ich zahlte, was ich gerade in der Westentasche hatte, doch hatte man mich, scheint es, höher eingeschätzt. Das ward mir zu bedenklich bei unserer Verspätung, und ich riß mich rückwärts los.

Nun alles mir nach, um mich wieder zu erhaschen, wobei der dicke Blinde von seinem Tamburinbuben mitgerissen wurde und höchst komische Sprünge machte. Ich erfocht immerhin einen Sieg durch diese Flucht, aber ich wurde nicht frischer dabei.

Endlich kamen wir an das Bahngleis, welches wir dann als Straße benutzten. Man kann auf diesem etwas härteren Sand-‚Damm' (wenn Damm nicht zuviel gesagt ist) besser vorwärts. Den Bahnhof sah man schon, aber noch recht klein.

Doch es glückte uns die Ankunft noch vor dem reichlich verspäteten Züglein. Um die Sache noch einmal ins Komische zu wenden, empfing uns der Schalterbeamte mit Vorwürfen über unsere fahrplanmäßigen zehn Minuten Verspätung. Die französische Pedanterie in folio. Und es ging nochmals zehn Minuten, bis das Ding endlich anfuhr.

Wundervolle Reise durch eine immer mehr verödende Natur. In Kalaasrira nochmals umgestiegen und bei einem merkwürdig aufgeregten «Wirt

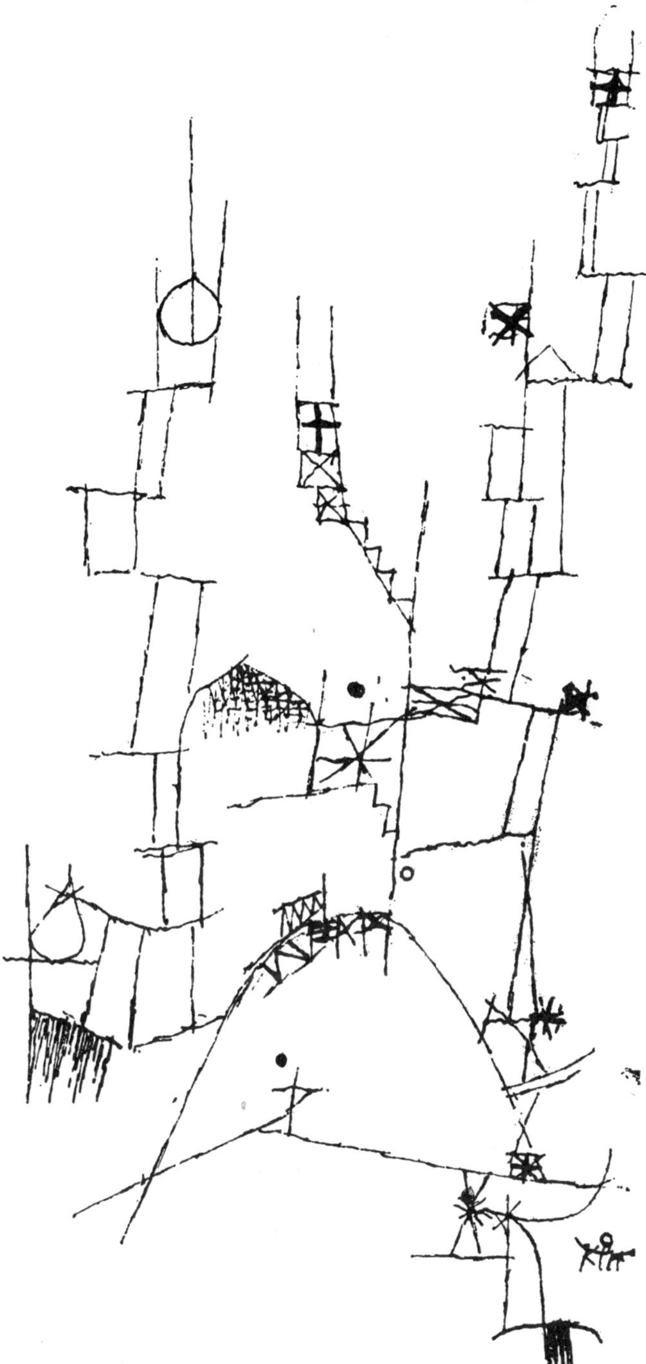

*31 Jerusalem meine höchste Wonne. 1914, 161*

zur Station» eingekehrt. Ein Neger kocht und serviert, sauber ist er nicht, aber er kann was.

Was wir da lachten bei Wirt Don Quichote. Diese Hühner! (Überhaupt Hühner! Unter ein Mikroskop gebracht, glaubt man sie in feurige Pferde verwandelt, und man bekommt Angst, getreten und überrannt zu werden.) Don Quichotes Federtiere waren aber auch ohne Mikroskop wirklich sehr beängstigend. Ja, wenn es noch seine gewesen wären; aber eigentlich waren es, wie wir nun herausbekamen, Nachbarshühner. Und die sollten in seiner Wirtschaftshalle nichts zu tun haben! Er gönnte es ihnen einfach nicht und ihrem Nachbar ebensowenig. Sie sollten nicht zu seinen Gunsten fressen und zum Schaden der Table d'hôte Sachen fallen lassen.

Wir lachten zunächst harmlos über die Komödie, aber bald war das nicht mehr so unkompliziert mit unserem Lachen, weil der Alte sich von Mal zu Mal kränker ärgerte. Er jagte «Gsch!, gsch!, gsch!», aber jedesmal, wenn er dienstlich ins ‚Haus' mußte, war der Erfolg wieder dahin.

Hat er wohl mit seinem Nachbar einmal einen Prozeß verloren? Denn nun sieht es ganz tragisch mit ihm aus. Man möchte ihn schonen, aber Komik ist unerbittlich. «Gsch!, gsch!», er wird daran noch zugrunde gehen. Und «Gsch!, gsch!» als Echo eines pfiffigen orientalischen Jüngelchens, und unsere Teilnahme an den Krämpfen des Armen dreht sich wieder ins Gegenteil.

In der Nähe sind Gäste, welche nichts genießen außer diesem außerordentlich gut gespielten Theater. Sie lachen gratis. Das gibt eine unheimlich anschwellende Majorität des Gesunden gegen den ärmsten Don Quichote.

Louis und August werden kühn und rollen Brotkugeln insgeheim. Die Hühner werden doppelt, und viele Kleinchen kommen gerannt und brechen fast Beine hierüber. Don Quichotes Kurzsichtigkeit gibt Mut. Nun gelangt von August her eine Riesenbrotkanonenkugel behaglich rollend unter die Hühnerschar. Don Quichote schöpft wahrscheinlich hier Verdacht.

Louis erwischt insgeheim ein paar Kleinchen und läßt sie auf dem Tisch flattern. Don Quichote sieht das nicht so ganz richtig und nimmt es den Kleinchen übel. «Gsch!, gsch!» Ein Araber, der sich bis jetzt beherrschte, einer von den Gratis-Gästen, schüttelt sich jetzt vor Lachen. Alles brüllt und schlägt mit Arm und Bein aus. Das steigert sich orkanartig, wenn der Alte hinein muß, wie jetzt wieder, um nach dem bestellten Kaffee zu sehen. August wirft ihnen bei dieser Gelegenheit ein Stückchen Käse hin, wird aber nun von dem

Wiederauftretenden richtig erwischt. «Ah! Il ne faut pas leur donner du pain . . . !» August: «Pardon, Monsieur, c'est du fromage!» «Mais par mégarde!, par mégarde!!» Der alte Pantoffelschlurfer setzt sich erschöpft, er kann nicht mehr.

Sein Glück ist es, daß der Zug nun hereinfährt. «Trois francs avec le café», sind seine letzten Worte. Ein angemessenes Pourboire dem Neger, und dahin geht's.

Wir hätten nun erinnernd Stoff gehabt für zweiundzwanzig Stationen des Emmentals. So ergriff uns aber bald wieder die neue Herrlichkeit dieses Landes. Aus dem Käsestückchen wurde noch ein Käsekubus, und dann war es still.

Akouda, eine fabelhafte Stadt, grüßt kurz verheißungsvoll, fürs ganze Leben vielleicht, vorbeihuschend. Um zwei Uhr Kairuan. Kleine französische Vorstadt mit zwei Hotels. Teedurst wird ausgiebig gestillt, um die Entdeckung des Wunders Kairuan würdig durchzuführen.

Zunächst ein großer Taumel, der nachts beim Mariage Arabe kulminiert. Nichts einzelnes, nur das Ganze. Und was für ein Ganzes!! Tausendundeine Nacht als Extrakt mit neunundneunzig Prozent Wirklichkeitsgehalt. Welch ein Aroma, wie durchdringend, wie berauschend, wie klärend zugleich. Speise, reellste Speise und reizendes Getränk. Aufbau und Rausch. Wohlriechendes Holz verbrennt. Heimat?

926 o Donnerstag, den 16.4. Früh vor der Stadt gemalt, leicht gestreutes Licht, mild und klar zugleich. Kein Nebel. Dann drin gezeichnet. Ein blöder Führer sorgt für Komik. August bringt ihm deutsche Worte bei, aber was für welche. Er führt uns in die Moscheen am Nachmittag. Die Sonne dringt durch, und wie! Man reitet ein Stückchen auf dem Esel.

Gegen Abend durch die Straßen. Ein Café mit Bilderschmuck. Schöne Aquarelle. Wir plündern kaufend. Eine Straßenszene um eine Maus. Schließlich wird sie mit einem Schuh erschlagen. Zuletzt in einem Straßencafé gelandet. Ein Abend von ebenso zarter als bestimmter Farbigkeit. Mühlespieler-Virtuosen. Glückliche Stunde. Louis sieht koloristische Leckerbissen, und ich soll sie festhalten, weil ich das so genau könne.

Ich lasse jetzt die Arbeit. Es dringt so tief und mild in mich hinein, ich fühle das und werde so sicher, ohne Fleiß. Die Farbe hat mich. Ich brauche nicht nach ihr zu haschen. Sie hat mich für immer, ich weiß das. Das ist der glücklichen Stunde Sinn: ich und die Farbe sind eins. Ich bin Maler.

926p Freitag, den 17. 4. Vormittags wieder vor der Stadt gemalt, dicht an der Mauer, auf einem Hügel aus Sand. Dann allein gegangen, weil ich so übervoll war, durch ein Tor hinaus, wo ein paar Bäume standen, Seltenheiten und Seltenheit. In der Nähe als kleiner Park festgestellt. Ein Bassin voller Wasserpflanzen, Frösche und Schildkröten.

Zurück durch die Staubgärten vor der Stadt, stehend ein letztes Aquarell gemalt. Beim Hotel Volksszenen auf einem Dach. Unten ein Weib in Aufregung. Ansammlung. Sie verteidigt sich weinend, am Rücken ihr Kind. Louis hat Mitleid mit ihr. Ich packte meine paar Sachen, um elf Uhr mittags geht mein Zug. Die zwei folgen später, nachmittags oder am andern Tag. Heute mußte ich allein sein, es war zu stark, was ich erlebte. Und fort mußte ich auch, mich zu besinnen.

Die zwei reisen doch mit mir, sie haben scheint's auch Erlebtes in sich. Gute Jungen. Sehr begabt. Macke leicht und glänzend. Moilliet verträumt. Im Zug raufen sie wieder, zum Staunen der Eingeborenen. Ein Ölhändler, wirklich durchtränkt davon, uns vis-à-vis. Penetrant riechend. Louis rückt naserümpfend ab. Ich bin ganz Auge.

In Kalaa-srira wieder bei Don Quichote zu Tisch. Er ist heute elegisch und ganz gelassen, ganz mild. Wahrscheinlich ist gerade ein Anfall vorüber. Die Hühner kommen auch nicht. Vielleicht eingesperrt, vielleicht alle vergiftet? Tot? Man kann nicht wissen.

Tunis

In Tunis angekommen, hören wir: die Doktorschen sind eingeladen und lassen bitten, auch zu kommen. Die Offiziersdame freut sich auf unseren Besuch und schlägt uns Eier in die Pfanne. ‚Stierenaugen'. Ich lehne ab, ich will heute festlich speisen, und zwar allein. Louis wahrt das Dekorum und geht hin. Ich lasse mir von der Krankenpflegerin ein schönes Bad bereiten, was sie vortrefflich kann, mit eingelegten Leintüchern. Und dann ins beste italienische Restaurant «Chianti». Wunderbar essend und jenen Chianti trinkend, welcher prickelt, wie Barbera. Nun kommt auch noch August, lächelt gutartig über meine versteckte Schlemmerei und singt ein kurzes Loblied auf das schöne Geldausgeben.

926q Samstag, den 18. 4. Tunis. Louis kauft für die Frau ein. Ich erinnere mich, daß auch für mich etwas Derartiges sehr tunlich. Wir schlendern durch die schönen Souks. Er handelt schwer um eine Bernsteinkette. Nach Abschluß erklärt ein benachbarter Sachverständiger: «Ce n'est pas de l'Ambre.» Aber er will nicht, daß man sein Gutachten gebraucht gegenüber dem Händler. Es ist eben doch Bernstein, aber, wie er meint, aus Pulver gemacht. Nicht ganze Stücke. Ich mißtraue nun diesen Orientalen sehr, die Juweliere und Parfümhändler sind zwar höchst vornehme Herren, aber ...

Ich kaufe dann ein schönes Messer und Lederkissen. Zwei. Außerdem ein schönes Amulett, Spangen und eine alte Münze.

Leichter Regen, ‚der erste seit Herbst', fällt während einer kleinen Stunde. Jäggis Töchterchen steht glücklich im Hof mit ihrem Regenschirm, den sie zu Weihnachten erhielt und bis jetzt nicht gebrauchen konnte.

Louis hat noch sonst was Schönes gekauft: Galante Fotos, die man bei den Italienern bekommt. Er lächelt glücklich über seinen Besitz.

Jäggi ist glücklich über den Regen: «Jetz si di Coloré hüt am Abe sicher alli bsoffe!» Er muß seinen Garten in St. Germain sehen. Wir fahren gutmütig in seinem Auto mit. Er braucht auch Wein.

Draußen angekommen, nach wenig anziehender Fahrt, macht er ein «Eheu!», weil wir seine Zimmer nur teilweise ausgemalt haben.

Im Keller macht er noch ein zweites «Eheu!», weil August ihm eine Flasche hinschmeißt. «Sisch doch schad für dä guet Wy!» Wir lächeln ungläubig, uns war dieser Wein zu scharf. Wir jagen zurück, weil abends Sudermann-Gesellschaft bei Docteurs ist, halb zu unsern Ehren.

Da gab es wieder eine komische Szene. Die Europäer waren etwas animiert vom ‚guete Wy', und die Unterhaltung wurde so ein wenig pikant. Drauf sagte ich leise zu Louis, er möchte doch jetzt seine galanten Fotos herumgeben. August dies hören und einen krampfhaften Lachanfall bekommen, war eins. Dabei steckte er uns auch noch an, der Unglücksmann, so daß wir zu drei lachten wie die Narren und uns lange nicht mehr erholen konnten. Besonders, wenn die eine Offiziersdame immer gar zu gern wissen wollte, warum wir so sehr lachten, ging das Konzert von neuem los.

926r Sonntag, den 19. 4. Abreise aus Tunis. Zunächst Vorbereitungen für die Abreise. Viele Aquarelle und sonst allerlei. Das meiste in mir drin, tief drin, aber so voll, daß es jederzeit offenbar wird.

Pflichtschuldigst einmal das ‚Museum' besucht. Viel Römisches. Das kommt vom Untergang Karthagos.

Nachmittags fünf Uhr zu Schiff. Ma und Mo bleiben noch ein paar Tage. Ich habe eine gewisse Unruhe, mein Karren ist zu voll geladen, ich muß an die Arbeit. Die große Jagd ist zu Ende. Ich muß zerwirken.

Ein sehr mäßiges Schiff, «Capitaine Pereire», nimmt mich auf. Die ‚Navigation mixte', von der ich einen Schein im kombinierten Heft habe, fährt nicht mehr. Das Geld wird mir hier nicht vergütet, sondern vom Ort der Bestellung aus. Ich muß daher bis Palermo bezahlen. Und um zu sparen, fahre ich dritte Güte. Zum Glück bin ich einziger Passagier. Der Schlafsaal für Männer ist groß. Eine Petroleumlampe erleuchtet ihn, man riecht das gleich beim ersten Augenschein.

Unten steht das hübsche schwarze Auto, der Gastwirt Jäggi, der es nicht mag, wenn man sich bei ihm bedankt. Sein Töchterchen, ferner Ma und Mo, die mir die Ehre des Geleites antaten.

Nun stehe ich oben, die andern unten. Sie fragen, wie die dritte Klasse sei. Ich sage ‚gut', ohne eigentlich überzeugt zu sein. Ma macht so oft ein köstlich dummes Gesicht. Er ist gar nicht ergriffen beim Abschied. Reichte mir rasurscharfe Wangen zum Kuß und heuchelte Wehmut. Eigentlich sollte es nur eine Farce von ihm sein, ich aber machte Ernst und küßte dies Kindergesicht. Ich hatte ja auch immer du zu ihm gesagt, ohne Förmlichkeit, und er sprach auch so ein gebrochenes Schweizerdeutsch, das man nicht ganz ernst nahm; hochdeutsch konnte ich ihn nie duzen.

Man muß schreien, wenn man sich nach unten verständlich machen soll. Ich sage nicht mehr viel deshalb, und wir waren ja täglich und stündlich beisammen. Oh, es war schön, gute Kameradschaft hielten wir. Wir wären imstand gewesen zu jugendlichen Streichen, trotz unserer Ehen, so leicht war uns zumute. Aber ich war immerhin der Älteste.

Einmal äugte Ma mondsüchtig nach einem Balkon, wo die ‚femme' d'un officier posierte. Schwuppdich gab sie ein Zeichen und verschwand ins Innere. Und gleich darauf erschien sie unten. Ich fühlte mich veranlaßt, das Zeichen zur Flucht zu geben. Und die beiden rissen auch wirklich mit mir aus. So blieb es jedesmal Scherz, und das war gut so.

Ein besonders dienstfertiger Guide führte uns in eine der Bordellgassen. Da gab es einmal eine große Szene, weil Graf Louis beim Anblick einer dicken Französin in kurzem Kinderkleidchen lächeln mußte. Der Guide wurde furchtbar angefahren mit einer Schnapsstimme, die zum Baby seltsam kontrastierte. «Tu amènes des gens, sale cochon, qui viennent riguler devant ma porte!!»

Nun antwortete der Eingeborene in seinem Französisch; er zitterte wie ein Raubtier vor dem Sprung. Louis wies auf seine Beine mit dem Zeigefinger. Sie waren wirklich sehenswert und wegen einer ältlichen Kokotte für Soldateska!

Einmal, ein einziges Mal, sahen wir eine kleine arabische Schönheit, und es war unheimlich, daß sie gerade Augusts Frau so ähnlich sah. Auch das beredete Mo, weil er ja nie etwas für sich behalten kann. Nun war es mir auch wieder peinlich, daß wir alle drei so im Beobachten standen.

Eigentlich waren es zwei Kokotten, aber die andere war wenig anziehend. Alles ist bei diesen Dingern erlaubt, nur leider nicht das Fotografieren. Das geht nur selten. Sowie sie den Apparat sehen, fliehen sie.

Wir gingen also auch. Aber dann erschienen die Dinger wieder und riefen uns nach. Louis antwortete drastisch und berndeutsch. Das letzte, was ich sah, war eine nicht anständige Gebärde des schönen Mädchens und ein gemeines Lachen, was so gar nicht zu der sonst so zierlichen und feinen Erscheinung passen wollte. Gemeinheit eben auch hier. (Aber sicher nur durch die Europäer.)

So gelang es mir und den Umständen jedesmal, die lustigen, keckbegierigen Jünglinge Ma und Mo vor unsittlichem Tun zu bewahren. Und es blieb bei dem Wort Mackes: «Du, da gehen wir los!»

Jetzt machen sie, was sie wollen, die beiden. In nächster Zeit schwimme ich ‚gen Italien', und sie sind unter sich. Wer weiß. In Tràpani soll's schöne Ziegen geben, vielleicht versuchen sie es dann dort auf diese Weise.

Mein Schiff hält nicht in Tràpani, höre ich soeben. Also lebt wohl, Ihr beiden Malersleute. Der Lärm wird mehr und mehr. Donnernd ruft man sich noch ein paar Kleinigkeiten zu, der Wind bläst sie fort. Die dritte Kajüte ist eigentlich übel gewesen. Ich sagte nur gut, um nicht ausgelacht zu werden mit meiner Sparsamkeit. Im Grunde bin ich schon lange weg. Vielleicht denken sie auch schon nicht mehr an mich. Sie wollen nur sehen, wie das Schiff abfährt.

Von Palermo nach Neapel werde ich dafür wieder gut reisen! Und wenn ich wirklich einziger Gast bleibe, geht es ja an. Nur kein Barackenlager! Doch darf ich den spitzbübischen Steward nicht vergessen. Er wird mir das Essen bringen, womöglich in einem Spucknapf für Seekranke. Vielleicht ist er besser, als sein Aussehen. Er müßte einen Hymnus auf die grande nation singen, das wäre grotesk!

Ausziehen werde ich mich nicht, wenn auch am andern Tag wieder etliche von meinen Haaren in der Bürste bleiben werden. Ich ..., doch jetzt wird das Schiff gleich fahren, ich gehe noch einmal hinaus, die drolligen Köpfe nochmals Gesicht nach oben zu sehen. (Störe mich nicht, Reiseherr, der in Kalaasrira gratis mitlachte, ich bin jetzt ganz in Grätschestellung zwischen Afrika und Europa! Sprich mir nicht von Landschaft, die dort schon ganz kubistisch sei!!)

Louis' Hechtauge sucht ein Opfer scheint's. Er späht so fix! Wo mag das Opfer sein unter den vielen, die alle sehen wollen, wie das Schiff abfährt. Sind doch nur Masse, von mir aus gesehen. Wir hätten das zweite Mal, als Don Quichote so mild und enttäuschend elegisch war, den Kaffee uns nicht verkneifen brauchen. Denn das erste Mal kostete es «trois francs avec le café» und das zweite Mal ohne Kaffee «trois francs s'il vous plait.»

Auf See. Das Schiff steigt ein wenig. Es wird vielleicht gut sein, etwas im Magen zu haben. Nun bin ich wirklich allein, mutterseelenallein! Der Fraß ist mäßig, die Schüssel nicht ganz so schlimm, wie ich ahnte. Der Wein stark und violett schäumend. Es ist alles zusammengekocht. Teller nicht, sondern einfach die Blechschüssel vor mich hingesetzt, Besteck und «bon appétit». Er, der Steward, ist doch auch besser. Aber ins Bett gehen?? Nicht so bald.

Ich lege mich irgendwo oben hin, es ist eine milde Nacht. Und hier erlebe ich den Traum zu Schiff ...

Als es mich doch endlich etwas friert, trotz Winterflauschmantels, fasse ich Mut, steige hinab und hinauf auf meine Pritsche. Und schlafe trotz allem gut ein. Und brauche kein Tröglein.

926s Palermo. Montag, den 20. 4. Früh aufgewacht, an der sizilischen Küste. Frisch gebirgig, manchmal geht die Spazierfahrt nah dem Land entlang, und man könnte versucht sein, mit dem Vierwaldstättersee Vergleiche anzustellen. Die Größe der Landschaft bei Sidi-Bou-Said ist es ganz sicher nicht mehr. Ich spaziere auf und ab auf dem Verdeck, welches von zwei Leuten gewaschen wird. Nach einiger Zeit spaziert noch ein Passagier (wie ich ja auch als Zweiter-Klasse-Passagier überall meine Nase hineingesteckt hatte) auf und ab. Wenn er mich nur nicht in ein Gespräch verwickelt. Ich weiche ihm eine Zeitlang aus, dann verschwindet er.

Drüben auf den dunklen Bergen fährt eine Eisenbahn, wie komisch. Was will die da oben? Und man sieht auch kaum Ortschaften! Aber viele schöne Buchten! Das Meer fast glatt.

Palermo soll bald kommen, man kann sich gar keine Stadt jetzt denken. Und gar eine Großstadt, wo soll sie sich ausbreiten, den Berg hinaufsteigen, ihn ganz bedecken? Nun endlich doch. Also hier liegt die Berühmtheit! Scheint nicht groß. Der Hafen mittelmäßig (gegen Genua und Marseille), aber schön, wie jeder Hafen. Dort der rote Berg ist schon eine sehr starke Persönlichkeit!

Man steigt nicht direkt an dem Kai aus, sondern man wird ausgebootet. Natürlich beschimpfen die Bootsleute sich wieder. Am Kai stinkt es merkwürdig. Arabien ist sauberer. Der Uringeruch!

Sehr persönliche Fassaden. Nun mein Gepäck, wohin damit? Ich werde es wider Willen jemand anvertrauen müssen. Man sieht in mein Inneres und versichert, daß es hochoffizielle Gepäckaufbewahrung sei. In Gottes Namen und auf Wiedersehen! Ich gehe zur via Roma, um eine Kabine zu lösen für das Abendschiff nach Napoli. An der Piazza Marina mir einen Tearoom gemerkt, für nachmittags. Nach einigen Stunden Schlenderns, wobei ich mich auf den Fall des Mittagessens präparierte, endlich das einzige Restaurant dieser Großstadt gefunden. Bin müde und hungrig; es ist heiß. Indessen sehr gut gegessen. Spinat kann hier wachsen, wie in Sachsen schöne Mädchen. ‚Römisches Restaurant', zwei Eingeborene essen noch mit. Außer uns dreien ist wohl ganz Palermo streng bürgerlich und verheiratet. Nach dem Essen unbekümmert (sitzend) ein wenig geschlummert.

Dann wieder am Hafen herumgelungert (enthungert, aber desto durstiger). Die staubigen Schuhe einem Wichskünstler hingestreckt, bald wie abgeschleckt und gespiegelt, da unten ganz Kavalier, im Kopf den Tearoom und eine verzweifelte Sehnsucht zu trinken.

Es glückte und entzückte. Ein hochkultiviertes Milieu mit Antiquitäten an Möbeln und Bildern. Die Dame schweizert ein wenig. Der Tee kommt bald, aber es scheint eine Ewigkeit. Er ist herrlich, wie auch das Gebäck ... Wenn nun das Ding auch gleich vor meinen Augen nach zwei Sekunden verschwände, wie die schönen Nuditätenfotos, mit denen ich beim Dom auf Herz und Nieren geprüft wurde: exakt zwei Sekunden, damit es nicht zum Genuß würde, ohne zu bezahlen. Ich bestand meine Probe im moralischen Sinne, lachte über den pfiffigen Händler und konnte es aushalten ohne. Tee trinken aber ist notwendiger als alles in diesem Moment! Die Liebe, wie man hier das Wüsteste und das Schönste mit demselben Namen ‚Amore' nennt, kommt mir dagegen unwichtig vor.

Restauriert und von Grund auf verändert weitergeschlendert, wieder am Herrn Schuhputzer vorbeitrottiert, der sie vorhin so glänzend frottiert. Zum Schiff, zum prächtigen Schiff: «Città di Catania.» Aber einsteigen darf man noch nicht.

Ich lagere mich à l'italienne par terre und warte so bis in den anbrechenden Abend hinein. Nun darf man endlich. Schnell zu jener Baracke, wo mein Gepäck sich befindet. Es fehlt nichts.

Später entdeckte ich, daß wenigstens die Kleinigkeit eines ledernen Anhängers für die Visitenkarte am Koffer fehlte.

Ich werde in eine Kabine geführt, die mich entzückt. «Seconda classa?» frage ich ganz erstaunt. «No, signor, la prima classa!!» oder ähnlich hieß es da. «Mira!» («Ich habe nichts dagegen.»)

Nun wieder an einem guten Ausguck zum Beobachten der Abfahrtvorbereitungen. Wie schön war das diesmal, wie wunderschön. Allmählich füllte es sich, auch die Zuschauer wurden unten immer mehr. Dabei begann es zu dämmern. Und wie es dann einhalb neun Uhr fuhr, wie herzenswarm riefen sich die Leute ganz vollendete Sätze zu. Was war da noch für ein kleiner Schritt von solcher Wirklichkeit zur Dichtung. Liebes sprechendes Volk! Chor und Soli!

Nur mir rief niemand etwas hinauf. Dieser Gedanke potenzierte in mir eine starke Ergriffenheit. Die letzten musikalischen Sätze des Abschieds erklangen ferner, die Sprechenden konnten nicht mehr des Schiffes Tempo einhalten, nur die allerletzten waren noch einmal deutlich vernehmbar, welche sich rechtzeitig draußen auf dem Molo postiert hatten.

Etwas schrie in mir, schrie ihnen Antwort und konnte nicht schreien, weil es eben nicht schreien konnte. Und doch war ich ganz Schrei, ganz tränenbewegte Stimme aus tiefster Brust.

Die Augen einer jungen italienischen Dame begegneten mir kurz darauf. Sie hatte mich wohl beobachtet. Ich senkte den Blick und suchte eine Stelle auf, wo es ganz finster war. Solche Augen sind zwar nicht ohne.

Später begab ich mich zum Abendessen.

Über das Abendessen müßte ein ganzes Buch geschrieben werden. Es kostete zwar etwas, während die französische Transatlantique das Essen im Fahrpreis mitverrechnet. Es kostete sogar vier Lire. Ich nahm von vornherein an, daß es nicht wenig sein würde, aber mit zehn Gängen zu rechnen, wäre mir doch allzu kühn erschienen. Ich bremste daher anfangs etwas, aber viel zuwenig. Die Spaghetti waren so wunderbar, daß ich den Gang ernst nahm. Bei der Wildsau mit Tannennadeln und Kompott wurde es mir schon etwas schwer. Aber ich führte die Partie zu Ende. Was hatten jene Spaghetti zu sagen innerhalb des Ganzen? Jetzt aber kapierte ich zu spät. Ein schwerer Sieg war es dann schließlich, so schwer, daß an ein Aufstehen zunächst nicht zu denken war. Ich hielt die leicht gebückte Essensstellung längere Zeit inne, um mir beim Strecken keinen Schaden zuzufügen.

Ich erwähne das, weil ich sonst nie fraß. Ich betrachtete es als ein Opfer, dem Zungengott dargebrachtes Opfer, und es war mir von vornherein auf diesem Schiff so außerordentlich zumute gewesen, daß nun auch dies noch kommen mußte.

Noch lange saß ich, bis ich mich in einen Rauchsalon begeben konnte. Hier eine edle Holländer-Pfeife und nur ja kein zweites Mal aufstehen!

So schlief ich denn endlich tief ein auf dem Lederpolster. Als ich erwachte, war ich einer der letzten. Nun Mut und ins Bett. Ein älteres Herr Nachbarchen war schon im Bett und träumte sanft. Ich möglichst schnell hinein!

Wunderbar kühles Linnen, blendend weiß, gut dem, der wie ein Ofen heiß.

926t Neapel. Rom. Dienstag, den 21. 4. Früh vom Zahnbürsten und Gurgeln des Genossen aufgewacht, aber nicht ganz. Als er draußen war, gefiel es mir noch mal so gut, und ich schlief wieder ein.

Erst nach diesem Nachschlummer bin ich fähig, mich ans Fenster zu begeben. Wir sind dicht hinter Capri. Das gibt mir Tempo. Der himmlische Golf!

Napoli taucht auf, von dem ich vor einem Dutzend von Jahren schon einmal so entzückt war. Es taucht auf aus einer leicht verschleierten Atmosphäre, am deutlichsten der Posilipp und dann das ganze Häuseramphitheater. Was für eine Stadt! Viel zu schnell rückt sie näher, und dann muß ich weiter. Denn ich bin auf keiner Italienfahrt begriffen, nicht zu vergessen! Ich war im Morgenlande, und ich muß dort jetzt bleiben. Jene Musik darf nicht vermischt werden. Hier ist die Influenz zu gefährlich! Also weiter, weiter. Die Ankunft bedrohlich wie immer. Entzückender Abstieg über leichte Treppen. An kritischer Stelle ein schmucker Matrose, welcher vorbeihilft. Unten hauen sich die Bootsleute wieder fast die Ruder auf dem Kopf entzwei. Aber es geht doch immer ohne Blutvergießen, wie wenn sich Kinder zanken. Ich wage mich in einen Fiaker, erkundige mich nach der Taxe, welche eineinhalb Lire beträgt. Dabei bedenke ich aber nicht, daß der Bahnhof in der Nähe sich befindet. Überhöflich grinsend, hämisch kam es mir vor, entläßt mich dort der Kutschergauner. Und gibt mir ein silbernes Zwanzig-Centesimi-Stück heraus, statt fünfzig. Ich entdecke es gleich, drohe ihm mit dem Finger. Wobei er nochmals mit beredter Geste den Hut zieht und in gutem Tempo davonfährt. Fahren können sie nämlich.

Gegen acht Uhr fährt der Zug nach Rom, in vier Stunden und mit vorzüglichem Tempo. Prachtvolle Entwicklung der Landschaft! Zwei Römerinnen, ich hör's am ‚chärigen' Tonfall und am Phlegma und an dem ‚sch' bei ‚stupido', sitzen mir vis-à-vis. Beide lesen Romane, und von Zeit zu Zeit teilen sie sich gegenseitig die Zahl der bewältigten Seiten mit.

Campagna – grün! Herbe Landschaft der Umgebung Roms. Und Rom selber, hell hingestreut unten in der Ferne, der Dom ganz deutlich!

Rom. Nach der Piazza Colonna geschlendert. Als ob ich erst gestern noch hier war! Zum Essen: Coratella con carciofi. Wirklich immer noch delikat! Dann nach der Fontana trevi, durch meine Via d ell' Archetto, und weil die Zeit schon etwas knapp, mit der Straßenbahn zur Ferrovia hinauf.

Zwei Uhr vierzig Abfahrt nach Florenz. Umbrien, ernsthafte Gegend. Dann allmählich toskanisch-heiter. Auch die Menschen leichter. Weinrote Gesichter dabei. Kleine Statur, fast wie im Waadtland. Ich glaube, wir waren auch am Trasimenischen See vorbeigefahren, die Beleuchtung sanft abendlich. In Florenz war es schon dunkel (acht Uhr dreißig abends) und gleich weiter nach Milano.

926u Mittwoch, den 22. 4. Sechs Uhr früh hier angekommen (Milano) und nun zwei Stunden Aufenthalt. Am Bahnhof gefrühstückt. Sicher hat hier

Europa begonnen. Industrie und Geschäftsleute. Strenge Mienen. Nichts dahinter. Achteinviertel Uhr im Lötschbergbahn-Wagen ab. Öfteres Halten am Lago Maggiore nicht unangenehm. Ich unterhalte mich angenehm mit dieser Landschaft. Unter mir poltern die Räder, ich höre den Rhythmus des Tamburins zum Gesange des Blinden in Hammamet heraus, zwingend!

Dazu der Anblick der Puppeninseln. Spielzeug in einem Waschbecken. Aber niedlich, allerniedlichst! Häuschen und Bäumchen, sich badend (Hüsli u Bäumli). Dann zweigt es ab zu einem andern kleinen See, blau mit roten Uferrändern. Nicht übel! Und dann wird's alpin und etwas düster. Domodossola. Dann Simplon, Brig, Lötschberg, Kandersteg, Spiez. Der Thunersee süß wie ein Vergißmeinnicht. Nachmittags drei Uhr in Bern.

Und Samstag, den 25. 4., Weiterreise nach München zurück.

928 Jedesmal, wenn im Schaffen ein Typ dem Stadium der Genesis entwächst und ich quasi am Ziel anlange, verliert sich die Intensität sehr rasch, und ich muß neue Wege suchen. Produktiv ist eben der Weg, das Wesentliche, steht das Werden über dem Sein.

Die Graphik als Ausdrucksbewegung der Hand mit registrierendem Stift, wie ich sie wesentlich betreibe, ist vom Umgang mit Ton und Farbe so grundverschieden, daß man diese Kunst motivisch ganz gut im Dunkeln ausüben könnte, in finsterster Nacht. Während Ton (Bewegungen von Hell nach Dunkel) etwas Licht und Farbe viel Licht voraussetzt.

929 Wäre ich ein Gott, zu dem man betet, ich käme in die größte Verlegenheit, von einem Tonfall des Bittenden irgendwo gerührt zu werden. Sobald das Bessere nur leise anklänge, würde ich gleich ja sagen, «stärkend das Bessere mit einem Tropfen von meinem Tau». Somit würde von mir ein Teilchen gewährt, und immer wieder nur ein Teilchen, denn ich weiß ja sehr wohl, daß das Gute in erster Linie bestehen muß, aber doch ohne das Böse nicht leben kann. Ich würde also in jedem einzelnen die Gewichtsverhältnisse der beiden Teile ordnen, bis zu einem gewissen Grad der Erträglichkeit. Revolution würde ich nicht dulden, wohl aber zu ihrer Zeit selbst machen. Daran sehe ich, daß ich noch kein Gott bin.

Ich wäre auch leicht, und mir dessen bewußt, zu überlisten. Ich wäre rasch im Verleihen eines Ja, einem kurzen Tone im Gebet gegönnt, welcher rührte.

Gleich darauf wär' ich imstande,
sehr inkonsequent zu handeln
und mich zu verwandeln
in das Ungeheuer Schauer,
welches liegt auf solcher Lauer,
daß es dann gibt Trauer
in Familien, wo sein Gift
gerade trifft.

Viel historisches Theater wollte ich auch machen, die Zeiten würden losgebunden von ihrem Alter, das wäre ein Durcheinander zum Lachen. Aber mancher wäre entzückt (hätte ich zum Beispiel je einen irrenden Ritter draußen im Busch gefunden, ich wär' beglückt!).

Ein bißchen narren würd' ich die Leutchen auch zuweilen
und gäbe ihnen in der Labung Ätzung,
in der Nahrung Zersetzung
und Schmerz in der Paarung.
Ich stiftete einen Orden, im Banner die lustig hüpfende Träne.

930 Was klammerst Dich so an die Nacht?
«Es dämmert!
Erst wenn es furchtbar hämmert,
erst wenn es reißt,
Du weißt:
Du hast ein Herz.
Dann stirbt dem Drang sein Verlangen nach fort,
er war zwar nicht Phrase,
doch platzte die Blase.»

(Der Antwortende stirbt.)

931 Ich bin gewappnet, ich bin nicht hier,
ich bin in der Tiefe, bin fern...
ich bin so fern...
Ich glühe bei den Toten.

932 Die Schöpfung lebt als Genesis unter der sichtbaren Oberfläche des

*32 Mittelalterliche Stadt. 1914, 15*

Werkes. Nach rückwärts sehen das alle Geistigen, nach vorwärts (in die Zukunft) nur die Schöpferischen.

933 Den Chorus mysticus erfinden, der von einigen hundert Kinderstimmen vorgetragen werden müßte. Wer das könnte, der brauchte sich nicht strebend mühen. Die vielen Werkchen führen letzten Endes dahin.

934 Elend.
Land ohne Band, neues Land,
ohne Hauch der Erinnerung,
mit dem Rauch von fremdem Herd.
Zügellos!
wo mich trug keiner Mutter Schoß.

Zwischen 934 und 935 brach der Krieg aus.

935 Die großen Tiere trauern am Tisch und sind nicht satt. Aber die kleinlistigen Fliegen klettern auf Brotbergen und wohnen in Butterstadt.

936 Nur eines allein ist wahr: im Ich ein Gewicht, ein kleiner Stein.

937 Ein Auge, welches sieht, das andere, welches fühlt.

938 Menschentier, Uhr aus Blut.

939 Schon von einem Kirchturm aus gesehen, nimmt sich das Treiben auf dem Platze komisch aus. Und erst von dort aus, wo ich bin! (Satyrspiel zu 931.)

940 Der Mond / im Bahnhof: eine von den vielen Lampen
im Wald: ein Tropfen im Bart
am Berg: daß er nicht rollt!
daß ihn der Kaktus nicht spießt!
daß Ihr die Blase nicht zerniest!

941 Ingres soll die Ruhe geordnet haben, ich möchte über das Pathos hinaus die Bewegung ordnen. (Die neue Romantik.)

942 A: Großpapa fährt Karussell auf der Pfeffermühle. B: Ein Dieb? Schnell das Gebiß für den Hund! C: Sie wünschen? Eine Glaskugel! Wie groß? Vielleicht in Vollmondgröße! (Gegenseitiges verstehendes Lächeln.) D: Nicht jeder soll erraten dies hier, denn wehe mir, sonst wär' ich ganz verraten.

943 Die Genesis als formale Bewegung ist das Wesentliche am Werk.
Im Anfang das Motiv, Einschaltung der Energie, Sperma.
Werke als Formbildung im materiellen Sinne: urweiblich.
Werke als formbestimmendes Sperma: urmännlich.
Meine Zeichnung gehört ins männliche Gebiet.

944 Formbildung ist energisch abgeschwächt gegenüber Formbestimmung. Letzte Folge beider Arten von Formung ist die Form. Von den Wegen zum

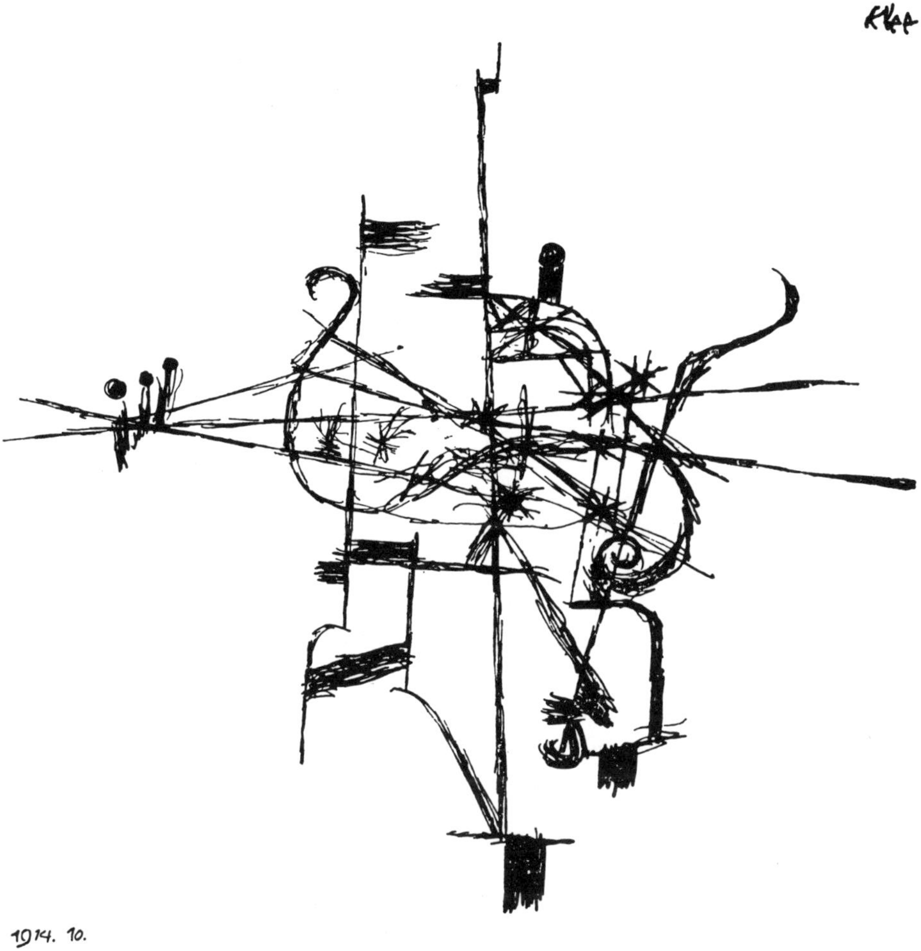


*33 Instrument für neue Musik. 1914, 10*

Ziel. Von der Handlung zum Perfektum. Vom eigentlich Lebendigen zum Zuständlichen.

Im Anfang die männliche Spezialität des energischen Anstoßes. Dann das fleischliche Wachsen des Eies. Oder: zuerst der leuchtende Blitz, dann die regnende Wolke.

Wo ist der Geist am reinsten? Im Anfang.

Hie Werk, das wird (zweiteilig). Hie Werk, das ist.

945 Meine kristallklare Seele war je da und dort hauchgetrübt, meine Türme manchmal bewölkt.
Pein setzt sich zur Liebe,
und ohne Sehnsüchte
kann ich nicht lang noch kurz leben.

946 Traum: Ich finde mein Haus: leer, ausgetrunken den Wein, abgegraben den Strom, entwendet mein Nacktes, gelöscht die Grabschrift. Weiß in weiß.

947 Töne aus der Ferne. Ein Freund früh am Morgen hinter dem Berg. Hörnerklang, Smaragden.
U. Es ruft mich Gedankengruß, Kuß sich ahnender Seelen verheißend.
O. Es verband uns ein Stern, sein Auge fand uns: Zwei Ich als Gehalt, mehr denn als Gefäß. Heilige Steine gestern, heute rätsellos, heute Sinn!:
«Ein Freund früh am Morgen hinter dem Berg.»

948 Eine Art von Stille leuchtet zum Grund.
Von ungefähr
scheint da ein Etwas,
nicht von hier,
nicht von mir,
sondern Gottes.
Gottes! Wenn auch nur Widerhall,
nur Gottes Spiegel,
so doch Gottes Nähe.
Tropfen von tief,
Licht an sich.

Wer je schlief und der Atem stand:
der...
Das Ende heim zum Anfang fand.

949 Felix schreibt: «liber Kopap er schek mir ein pi l pilbuch. ich u tu mülers ku mülsel taspistu. einmilerschas numer 23 (zweiunddreißig). feliz klee. ot ut wener ist ein laupup.»

950 1915 Das Herz, welches für diese Welt schlug, ist in mir wie zu Tode getroffen. Als ob mich mit ‚diesen' Dingen nur noch Erinnerungen verbänden... Ob nun der kristallinische Typ aus mir wird?

Mozart rettete sich (ohne sein Inferno zu übersehen!) im großen ganzen in die freudige Hälfte hinüber. Wer das nicht ganz begreift, könnte ihn mit dem kristallinischen Typ verwechseln.

951 Man verläßt die diesseitige Gegend und baut dafür hinüber in eine jenseitige, die ganz ja sein darf.

Abstraktion.

Die kühle Romantik dieses Stils ohne Pathos ist unerhört.

Je schreckensvoller diese Welt (wie gerade heute), desto abstrakter die Kunst, während eine glückliche Welt eine diesseitige Kunst hervorbringt.

Heute ist der gestrige-heutige Übergang. In der großen Formgrube liegen Trümmer, an denen man noch teilweise hängt. Sie liefern den Stoff zur Abstraktion.

Ein Bruchfeld von unechten Elementen, zur Bildung unreiner Kristalle.

So ist es heute.

Aber dann: Einst blutete die Druse. Ich meinte zu sterben, Krieg und Tod. Kann ich denn sterben, ich Kristall?

Ich Kristall.

952 Ich habe diesen Krieg in mir längst gehabt. Daher geht er mich innerlich nichts an.

Um mich aus meinen Trümmern herauszuarbeiten, mußte ich fliegen. Und

# 1915.

‚Das Herz welches für diese Welt schlug ist in mir wie zu Tode getroffen. Als ob mich mit ‚diesen' Dingen nur noch Erinnerungen verbänden... Ob nun der Kristallinische Typ aus mir wird? 950.

Mozart rettete sich (ohne sein Inferno zu übersehn!) im Grossen Ganzen in die freudige Hälfte hinüber. Wer das nicht ganz begreift, könnte ihn mit dem kristallinischen Typ verwechseln.

*

Man verlässt die diesseitige Gegend und baut dafür hinüber in eine jenseitige, die ganz ja sein darf. 951.

Abstraction.

Die kühle Romantik dieses Stils ohne Pathos ist unerhört.

Je schreckensvoller diese Welt (wie gerade heute) desto abstrakter die Kunst, während eine glückliche Welt eine diesseitige Kunst hervorbringt.

*

Heute ist der gestrige-heutige Übergang. In der grosse Formgrube liegen Trümmer, an denen man noch teilweise hängt. Sie liefern den Stoff zur Abstraction.

Ein Bruchfeld von unechten Elementen, zur Bildung ~~unechter~~ unreiner Kristalle.

So ist es heute.

*

Aber dann: Einst blutete die Druse. Ich meinte zu sterben, Krieg und Tod. Kann ich denn sterben, ich Kristall?

ich Kristall

*

Ich habe diesen Krieg in mir längst gehabt. Daher geht er mich innerlich nichts an. 952

Um mich aus meinen Trümmern herauszuarbeiten musste ich fliegen. Und ich flog.

In jener zertrümmerten Welt weile ich nur noch in der Erinnerung, wie man zuweilen zurückdenkt.

Somit bin ich „abstract mit Erinnerungen".

ich flog. In jener zertrümmerten Welt weile ich nur noch in der Erinnerung, wie man zuweilen zurückdenkt.

Somit bin ich ‚abstrakt mit Erinnerungen'.

953 Gewisse kristallinische Gebilde, über die eine pathetische Lava letzten Endes nichts vermag.

954 Traum: Bei den Geishas verlangte ich nur etwas Musik und etwas «von jenem Tee, der für sämtliche Geishas der Welt mehrfacher Ersatz» sei.

Bei der geringsten Versuchung hörte ich leises Klopfen. Als ich dem Klopfen nachging, streckte ein kleiner Genius sein Händchen nach mir aus und führte mich in seine Region sanft hinauf.

Da fielen die Dinge nach oben und nicht nach unten. Ein kleines Frühstück mit Eiern ruhte appetitlich gedeckt an der Decke.

955 Der prächtige dicke Däubler gibt mir seine weiche Hand: «Sie sind ein futuristisches Temperament in Deutschland. Mit der Kultur der Tradition verbundener Futurismus. Ich bin auch schon Futurist. Ich reime nur noch.»

(Vielleicht ist es schade, daß er noch reimt?)

956 Was anfangs der Krieg mir sagte, war mehr physischer Natur: Daß Blut in der Nähe floß. Daß der eigene Leib in Gefahr kommen konnte, ohne den die Seele einmal nicht! Die blöd singenden Reserven in München. Die bekränzten Opfer. Der erste am Ellbogen umgekrempelte Ärmel, die Sicherheitsnadel dran. Das eine lange bayrischblaue Bein, zwischen zwei Krücken weit ausschreitend.

Die Verwirklichung des Buchstabens im Geschichtsbuch. Die Bestätigung alter Bilderbogen. Wenn auch gerade kein Napoleon erschien, sondern nur viele Napoleonide. Geistig war daran so viel, als eben Dreck am Absatz.

957 Kann sich Wissenschaft nicht aus dem Rezeptiven herausarbeiten?

Zwischen mir und Lotmar zum Beispiel ein dichter Zaun. Warum kann ich kaum seine Füße sehen, etwa durch eine undichte Stelle?

Eine ferne Stimme, vor dem Stimmbruch, wimmert, ehedem rührend: ein innerlich schöner, guter Mensch.

Abschied nehmen ist nicht immer so ganz leicht.

Welch ein beträchtliches Schicksal, Waage zu sein zwischen hüben und drüben, Waage auf der Grenze des Gestrig-heutigen.

958 Die äußere Lebensführung eines Künstlers vermag manches über den Charakter seines Schaffens auszusagen.

Mein Jugendfreund Haller liebt das Leben so leidenschaftlich, daß er förmlich nach Erschütterungen jagt, in der Angst, es könnte ihm etwas entgehen. Seiner Kunst ist dies weltliche Müssen nur kurze Zeit von Nutzen gewesen, bis zur Gestaltung seines epigonischen Statuettentyps, der seinen großen Charme hat. Aber dann?

Wie soll er nun eine lebendige geistige Entwicklung nehmen, wenn auf ihm noch dazu eine Lebensführung lastet, die an sich schon eine Riesennatur voraussetzt? Ich war einmal unruhig in meiner Lebensführung, bis ich eine natürliche Basis gewann, um mich von jener Art abzuwenden. (Man entsagt dem ‚Magen' dadurch, daß man ihm nicht zuwenig gibt und auch nicht zuviel, was beides reizt.)

Wir heirateten beide, er mußte den Ton auf ‚Schönheit' legen und übersah dabei andere, wichtigere Seiten. Also geriet seine Ehe ins Wanken. Auch von der Jagd nach den Erschütterungen wollte er nicht lassen. Die Folgen für sein künstlerisches Schaffen konnten nur negativ sein.

Dann alterte er physisch vorzeitig, was mit seiner primitiven Geistigkeit dissonierte. Wäre er lieber geistig gealtert und körperlich jung geblieben!

Im Gegensatz zu ihm war ich also ein Art Mönch geworden, ein Mönch auf natürlich breiter Basis, auf der alle natürlichen Funktionen untergebracht waren. Die Ehe faßte ich als sexuelle Kur auf. Meine romantischen Triebe nährt ich vom sexuellen Mysterium aus. Ich fand in der Monogamie jenes Mysterium mitberührt, und das konnte genügen.

Ich drang auch hier, von den Erinnerungen weg, zum Wesentlichen hinunter in eine gewisse Tiefe.

Ein dritter Fall ist Kubin. Er floh diese Welt, weil er es physisch nicht mehr machen konnte. Er blieb halbwegs stecken, sehnte sich nach dem Kristallinischen, kam aber nicht los vom zähen Schlamm der Erscheinungswelt. Seine Kunst begreift diese Welt als Gift, den Zusammenbruch. Er ist weiter als Haller, der viertellebendige, er ist halblebendig, lebensvoll im Destruktiven.

*34 Tod auf dem Schlachtfeld. 1914, 172*

959 Dr. Hermann Probst besitzt einige meiner Aquarelle und liebt sie scheint's recht sehr. Auf seine Anregung hin hatte Rilke eine kleine Kollektion von mir zugestellt bekommen und brachte sie mir persönlich zurück. Sein Besuch war mir eine wirklich große Freude. Mit ihm kam eine hinkende malerische Dame.

Hierauf las ich im Buch der Bilder und in den Aufzeichnungen des Malte Laurids Brigge. Seine Sensibilität liegt mir sehr nahe, nur daß ich jetzt zentraler vordringe, während er mehr unter der Haut herumpräpariert. Er ist noch Impressionist, und ich habe auf diesem Gebiet nur noch Erinnerungen. Die Graphik, wo ich am weitesten bin, beachtete er auch weniger als die farbige Gegend, die noch im Heranwachsen begriffen ist.

Rätselhaft ist für mich die perfekte Eleganz seines Äußeren. Wie man das nur macht?

960 Meine Candide-Illustrationen möchte ich gerne zurückhaben. Sie liegen bei dem Verlag der Weißen Bücher, der schon vor dem Krieg mit der Herausgabe merkwürdig zögerte. Jetzt müßte zuerst ein gegenwärtiges graphisches Bilderbuch von mir veröffentlicht werden!

961 An Franz Marc mußte ich ins Feld schreiben, länger und viel ernsthafter, als mir liegt. Ich erklärte mein Bedauern, daß ich mich mit seiner Frau zu kunsttheoretischen Auseinandersetzungen herbeigelassen hatte. Es hätte sich das aus meinem Bestreben ergeben, seiner Frau zu helfen, die aus ihrem vielleicht nur scheinbaren Gleichgewicht gekommen schien und sich gegen ihren Mann stellte, was die Kunst betraf. Gewiß auch dies nur scheinbar, weil sie sicher dabei sein besseres Ich im Auge hatte. Es sei unklug gewesen von mir, hieraus theoretische Gefechte sich entwickeln zu lassen, schon wegen der Schwierigkeit, sich hierin präzis auszudrücken, was dann einer Fälschung des ‚auszudrückenden' Sinnes gleichkomme.

Ich legte den Ton auf die Werke, und zwar auf die schon geborenen, und nicht einmal auf die nächsten zukünftigen. Frau Marc hatte sich auch gegen Kandinsky gewendet, und ich dankte Franz Marc, daß er treu zum Werke Kandinskys stand. Ich wendete mich noch nachdrücklich gegen den Begriff Theorie an sich und geißelte eine Briefstelle, wo von «falsch angewandter Theorie» die Rede war.

Dann verteidigte ich das Ich, unterscheidend zwischen einem selbstsüchtigen und zwischen einem göttlichen Ich.

Dies Ich erklärte ich als das einzig Verläßliche an der ganzen schöpferischen Kunstangelegenheit und erklärte weiter, mein Vertrauen zu anderen beruhe nur auf dem gemeinsamen Gebietsteil zweier Ich. Dabei gebrauchte ich als Illustration zwei sich schneidende Kreise:

«Dein Kreis und mein Kreis schienen mir verhältnismäßig erheblich viel gemeinsames Gebiet zwischen sich zu haben. Und ich verließ mich felsenfest darauf, weil ich doch die letzte Einsamkeit fürchtete. Nun bin ich nach einer vorübergehenden Erschütterung wieder ganz beruhigt.»

*35 Kriegshafen. 1915, 10*

Was war der Anlaß zu solchen unnützen und für den im Feld stehenden pinsellosen Maler beunruhigenden Geschichten? Die Schwäche seiner Frau, die nicht auf eigenen Beinen stillstehen kann, und der Einfluß eines Propheten Kaminski, der in der dortigen Gegend wirkt und einfließt.

962 Kurz darauf erhielt Marc Urlaub und kam, obwohl sehr ermüdet und sichtlich abgemagert, unausgesetzt erzählend, nach München. Anhaltender Druck und Freiheitsberaubung lasteten deutlich auf ihm. Das verdammte Habit, eine mäßig sitzende Unteroffiziersuniform mit Portepee-Säbel, begann ich nun richtig zu hassen.

Um ihn eingehender, und nachdem er sich schon etwas erholt hatte, zu sprechen, besuchte ich ihn in Ried bei Benediktbeuren, zuvor die Strecke von Feldafing bis Bernried zu Fuß wandernd.

Die feldgrauen Sachen hingen wie ausgedrücktes Gedärme zum Trocknen im Freien. Er selber trug seine Sporthosen und farbige Joppe. Das war schon besser, aber nicht für lange!

Zum Abschied begleitete ihn seine Frau später nach München, und sie kamen zu uns zu Tisch. Ich kochte Risotto, und er brachte ein Paket rohen Schinken. Man war vergnügt, der Abschied schien ihm nicht unerträglich. Er versprach, fleißig sich zu bücken, wenn dann wieder etwas Gefährliches durch die Luft geflogen komme...

Der Mann müßte wieder malen, dann käme sein stilles Lächeln zum Vorschein, das nun einmal einfach zu ihm gehört, einfach und vereinfachend. Für brennende Gärungen ist er doch schon viel zu weit. Sie treten ein, weil sein Ventil nicht funktionieren darf.

Das Soldatenspiel müßte ihm verhaßter sein, oder noch besser: gleichgültig.

963 Diesen Sommer verbrachten wir in Bern. Der Bezirksfeldwebel, ein Mann in Friedensuniform und mit feuerrotem Vollbart, sah mich durch seine Brille sehr ernst an: «Ich will's Ihnen erlauben, aber Sie müssen mir versprechen, wiederzukommen!» Das konnte ich mit gutem Gewissen tun, denn wo sollte ich später existieren außer in Deutschland, wo sich für mich gerade eine ernsthafte Gemeinde gebildet hatte?

In Bern war alles so beim alten, alles gleichförmig, gutbürgerlich, ewignormal. Soll ich nur immer innen leben, soll ich außen ewig brav und durchschnittlich dahinspazieren?

Einige Ausflüge täuschten Bewegung vor. Einen Sonntag fuhren wir ins Kiental, wo Lotmar die Ferien mit seiner Familie verbrachte.

Dann reisten wir für einige Tage zu einer exaltierten jungen Frau nach Fribourg und zu einem Rendezvous mit unseren Russen Jawlensky-Werefkin, die von St. Prex herkamen. Frau L. H. hieß das holländische Monstrum.

Die Russen waren die alten hochbegabten Leute. Wir mußten musizieren und verschleppten Bach in ein Wedekindsches Milieu. Moilliet wurde auch schnell herzitiert, weil einige Anekdoten über diesen Maler der Heißhungrigen den Mund wässrig machten. Er kam.

Als wir eben das G-Moll-Konzert gespielt hatten, begab ich mich ins Nebenzimmer. Da saß der dicke Lulu als Reiter auf Frau L. Rücken, der arme Louis aber befand sich in arger Not in ihren Krallen am Boden. Sie hätte ihn erstickt, wenn ich nicht hinzugetreten wäre. Aber auch so brauchte er ärztliche Hilfe, weil an seinem Kehlkopf nicht mehr alles in Ordnung war. Verstimmt reiste

36 *Abstrakte Höhenarchitekten. 1915, 232*

er baldmöglich ab und lernte auf diese Weise unparteiisch über die L.-Scheidungsangelegenheit urteilen.

Außerdem war noch der schwächliche Sohn eines Genfer Malers im Hause, der von L. zu profitieren schien. Auch seine gute Mama saß strickend dabei. Sie hatte mit ihrem Manne auch sämtliche Violinsonaten von ‚Mosar' gespielt. Deutsch konnte sie nicht.

Ein drittes Mal ließen wir uns auf dem Stockhorn nieder. Am ersten Tag stiegen wir von Erlenbach an und übernachteten oben in der Pinte unterhalb des Gipfels. Die andern Male übernachteten wir in einer Sennhütte am oberen See, auf heißem Gras. Ein wundervoller Abend war das. Endlich bummelten wir wieder gemächlich abwärts. Aßen in Erlenbach wieder Fleisch und tranken so lustigen Wein, daß wir beinah den Zug verfehlten. Als wir atemlos drin saßen, setzte allmählich leiser Landregen ein.

Später verbrachten wir noch einige Tage in Gunten beim Onkel Moilliet. Seine Frau war schwanger und unglücklich, weil er sich amüsierte.

Im ganzen war das gesellschaftliche Leben in Bern recht anstrengend und auch wieder recht monoton; man gab uns nur Materielles, gegen viel zu viele Musik. Einmal geriet ich in ein pfarrherrliches Streichquartett nach Thun. Wir mußten sogar ein Opus des einen Herrn aus dem Manuskript spielen. Lotmar fand, daß man während Joffres Herbstoffensive höchstens wichtige Komponisten spielen sollte. Mir ist der Krieg innerlich gleichgültig, aber auch der sanfte Trug des Berner Milieus taugt mir gar nichts. Ich habe mit wirklichen Köpfen zusammen Blut geleckt. Däubler muß wieder mit ganzer Fülle in meiner Tür erscheinen. Das Irrlicht Wolfskehl muß wieder durch meine bescheidenen Räume flackern. Kandinsky soll mich wenigstens von der Wand grüßen. Der feine Rilke muß uns etwas aus Tunis erzählen. Und der forschende Georg Hausmann braucht nicht zu fehlen.

964 Im November kam Marc als Leutnant auf Heimaturlaub. Er sah diesmal gut aus, als Offizier konnte er sich pflegen, und die Haltung des Offiziers hatte er auch angenommen. Es stand ihm das neue Kostüm, ich möchte fast sagen ‚leider', gut. Ich bin nicht sicher, ob er nun der alte war oder nicht. Ich hatte einige Variationen von Jawlensky bei mir und war fast bange, sie ihm zu zeigen.

Am letzten Abend bei uns in der Ainmillerstraße war er ohne Frau. Die Frau

*37 Spiritistische Katastrophe. 1916, 32*

war krank, und der Abschied von ihr lag hinter ihm. Tiefer Ernst ging von ihm aus, und er sprach wenig.

Wir spielten Bach, und die Variationen lagen zur selben Zeit vor ihm am Boden. Das war ganz seine Art, Bilder zu betrachten und Musik zu hören. Früher hatte er oft zur Musik in seinem Skizzenbuch gemalt.

Jawlenskys Bilder schienen ihm etwas zu sagen. Eine von Jawlensky offenbar verworfene Rückseite hob er hervor.

1919

965 Ein Schicksalsjahr. Ende Januar starb die Frau des Louis Moilliet an der Geburt eines Knaben, einer Erstgeburt. Am 4. März fiel mein Freund Franz Marc bei Verdun. Am 11. März wurde ich als Rekrut von fünfunddreißig Jahren zum Militärdienst eingezogen.

Marc und ich schrieben uns seit seinem letzten Urlaub nicht, er kannte nun meine Abneigung, zu theoretisieren. Die anormale Zeit sollte zuerst vorübergehen, um so mehr, als ich jeden Tag erwarten mußte, daß ich Farben und Pinsel gleichfalls lassen würde.

Ich wollte gern Gedanken austauschen, aber gesunde Gedanken, die sich von Fall zu Fall einstellten. Ich wollte gerne mit ihm Grund suchen, aber zu hypothetischer Grundlegung konnte ich mich nicht herbeilassen.

In diesem Zustande des Wartens und des Hoffens traf mich die telegraphische Nachricht von seinem Tod wie ein Blitz. Sie kam von seiner Frau aus Bonn, wo die Marc bei der Witwe August Mackes sich aufhielt. Ominöser Drang von ihr, dahin zu reisen und gemeinsam zu atmen.

Das Telegramm rief mich nach Frankfurt, bis dahin hatte Frau Marc andere Begleitung gehabt. Allein konnte sie nicht. Am selben Tag erhielt ich den roten Zettel mit meiner Einberufung auf den 11. März. Abends wollte ich etwas Ordnung machen und stand vor ausgeräumten Schubladen, meine Frau in ihrer Nachtruhe störend. Als ich, endlich Rücksicht nehmend, zu Bett lag, läutete es schrill und lang, wie es nachts eben läutet, wenn ein dringendes Telegramm gebracht wird. Nichts Gutes ahnend, ging ich, weiß nicht mehr recht wie, zum Gartentor, und das Unglück war geschehen.

Andern Tags reiste ich in der Frühe nach Frankfurt ab. Frau Marc war dort am Bahnhof. Sie war bei einer Familie Hirschfeld abgestiegen. Zurück benutzten wir den Nachtzug und waren früh neun Uhr zu Haus.

In den drauffolgenden Tagen kamen dann die näheren Berichte aus dem Feld und auch noch zwei letzte Briefe von Marc an seine Frau. Außerdem gingen die Beileidsbesuche bei uns ein und aus.

Auf diese Weise wohlvorbereitet, packte ich am 11. März meine Handtasche und begab mich nach dem Bezirkskommando.

Nun hab' ich einen neuen Stand, ich bin der Landsturmmann Klee, und meine Adresse lautet: Rekrutendepot Landshut, Abteilung Gabelsbergerhof.

# Tagebuch IV

966 Landsturmmann Klee, Rekrutendepot Landshut, Abteilung Gabelsbergerhof.

Am 11. März zog ich mit einem Handkoffer früh nach dem Bezirkskommandohof (Bezirkskommando München I). Wenigstens bei strahlendem Wetter. Nachdem man sich da nach Tafeln gesammelt hatte, ging's noch an ein längliches Umeinanderstehen. Ein gütiger Major wünschte uns Glück zur Reise. Es hieß nach Landshut. Und ich hatte mich doch darum beworben, in München bleiben zu dürfen. Ich fand es verletzend (der letzte Tag für lange, an dem ich mir über die Dinge eine Meinung bilden zu müssen glaubte).

Um ein Uhr etwa kamen Unteroffiziere mit Gewehr und geleiteten uns zum Bahnhof. Volksfest in den Straßen dahin. Angehörige. Töchter. Tränen. Witze. Am Bahnhof ein Extrazug. Auf der Strecke schnappe ich ein paar tröstende Worte auf. «Seid's froh, daß ihr zu uns kommt. Schöner is nirgends.»

Um halb fünf etwa Ankunft in Landshut. Wieder vier und vier. Man läßt uns auf der Gehbahn marschieren. Von einem Schulhaus aus Hohngelächter der Mannschaften an den Fenstern. Im Heißgarten halt. Da wird lange verlesen. Pässe abgenommen. Die Abteilungen bestimmt. Ein Feldwebel mit gutem Kopf nimmt uns in Empfang. Im Quartier angelangt, werden wir nach der Größe in fünf Korporalschaften geteilt, immer auf der Straße stehend. Als es schon dunkelt, kommen wir endlich ins Quartier, einen Gastwirtschaftssaal mit Kegelbahn. Der Vizefeldwebel entschuldigt sich phrasig wegen des schlechten Quartiers. Ein dunkler Stall, Strohsack an Strohsack, auf jedem ein Brot, zwei Teller und ein Besteck. Schmale Pfade zwischen den Strohsackbeeten. Großer Hunger. Kein rechtes Abendessen. Unteroffiziere trösten. Nach einigen Tagen dürfen wir auswärts schlafen.

Abends in der Wirtschaft bei Rauch, Kopfschmerzen, (die letzten für lange) Würstchen und Bier. Dann eine ganz sensationelle Nacht. Morgens weckt uns ein barsches «Aufstehn», und es bricht einer der denkwürdigsten Sonntage an.

Sonntag, 12. 3., früh sechs geweckt. Schlaf einigermaßen, mehr aus Trauer zustande gekommen. Marsch zum Kaffee. Vorerst Ekel davor. Dann marschierten wir ziemlich mutig und stramm, vier zu vier, durch die alte Stadt, zum Prantlgarten. Die Stadt unter anderen Umständen entzückend. Hier im ‚Glaspalast' ist Einkleidung. Zu derselben größter Ekel vor diesen Fetzen, Lumpen und Riemen, halb Zivil, halb Militär, kostümiert vollbepackt, mit Mühe nichts zu verlieren, krampfhaft, schmerzhaft, über und über beladen mit schmierigen Uniformstücken, Stiefeln, undefinierbarem Lederzeug, Dinge im Kot nachschleppend, Spießruten laufend, Zuchthaus, vor den Sonntagsbummlern zur Schau gestellt, marschieren wir zurück. Im Quartier General-Kostümprobe. Das Stück verspricht effektvoll zu werden.

Dann zum erstenmal Menage holen. Das Essen reichlich. Kaffee war schon überstanden. Reizend. Das dicke blonde Schwein, welches den Kaffee ausschenkt. Sein kugelsicheres Phlegma. Auf unmöglichen Stiefeln, vielmehr in diesen Stiefeln herumbefohlen, nach Hause, zum Baden, zum fruchtlosen ‚Stiefi-Umtausch'. Zuletzt tiefe Schwermut-Melancholie der Gefangenschaft. Träger Sonntagnachmittag.

967 Montag, 13. 3. Heute schon frisch exerziert, mit meinen eigenen Stiefeln wär's ein Vergnügen gewesen. So aber nicht ohne die Melancholie der Fußschmerzen. Bis heute abend leider noch keine Post von den Meinen. Was sie wohl fühlen ohne mich? Haben sie Sorgen?

Ich bin sorglos wie noch nie. Tun, was man befohlen bekommt, ist gar nicht schwer. Die Küche ist nicht französisch, aber es schmeckt, und es reicht auch. Dieser Hunger und Durst, was für neue Dinge. Ein Liter Bier ohne Bedenken!

968 14. 3. Endlich Post! Was das heißt! Nur der Ton ist zu weich. Felix lobt Sophies Kochkunst. Lily möchte mich nach München zurückversetzen. Ich bleibe in Landshut. Ich habe es gut getroffen. Wir sind ein letztes Aufgebot. In München könnte man mit Jungen zusammenkommen. Hier ist Ausschuß, Partiewarenhandlung. Gemütston. Bald kann ich privat wohnen. An Samstagen fährt man nach München. Nur der nächste ist fraglich, wegen Mangels an feldgrauen Monturen.

969 15. 3. Eine Reihe Postsendungen von München. Unteroffizier Gröner fragt, ob meine Frau recht Sehnsucht hat. Heute einen neuen Leutnant bekommen. Er ist munter und scheint gutmütig. Er redet die Einjährigen besonders an. Etwas komische Rhetorik. Buhl heißt er. Der Hauptmann heißt Jungwirt. Er rühmt selber den Platz als einen der allerbesten. Schon auf der Eisenbahn beruhigten uns die den Transport Begleitenden. Kurz, der Stand ist auferzwungen, aber davon abgesehen kann ich zufrieden sein.

970 16. 3. Heute nahmen wir das Gewehr mit auf den Marsch. Es ist beim ersten Mal nicht leicht. Nach ein paar Freiübungen geht es wahrhaftig schon besser. Nur die grundlosen Gruben, Stiefel genannt. Das Abscheuern der Fersen. Nun ziehe ich meine eigenen Schuhe wieder an und falle beim ersten Schritt beinahe hin, im Gefühl keine Füße mehr zu haben, dafür einen Kopf aus Blei. Ein gewisser Köster soll es in München beim Reserveregiment auch gut getroffen haben. Das kann für Lily mich etwas bedenklich stimmen. Strenger ist's aber da, und mehr Chancen fürs Feld. Hier ist ein guter Ort, für diese Sanatoriumskur.

Manchmal fällt mir das Wort Marc ein, ich bin betroffen und sehe etwas einstürzen.

Erster Ausgang allein, abends. Große Aufregung, einem Vorgesetzten zu begegnen. Leider dürfen wir nächsten Sonntag nicht nach München. Nach Landshut zu reisen, riet ich meiner Frau zuerst ab. Die schmierige Uniform war ein Grund.

971 Freitag, 17. 3. Am Samstag fand ich einigen Spaß am Marschieren. Eine Kur ohnegleichen. Die erste geistige Entspannung seit langem.

Ich werde mich fürs erste willig zeigen, dann sitzt mir keiner auf, und der Humor geht nicht so schnell in Stücke.

Der Unteroffizier Gröner scherzt über meinen heftigen Briefwechsel mit meiner Frau. Ich bitte sie, auf Karten sich militärischer Haltung zu befleißen. «Herr von Klee, Eanere Frau ist am Telefon. Sie sagt, Sie müssen hoam kemmen.»

Meine Antwort: «Tut mir leid, Herr Unteroffizier, ich kann nicht telefonieren.» Nun wußte ich, daß er die Karten las.

Nun habe ich ein Zimmer, fünf Mark die Woche, gleich neben dem Quartier. Elegant, sonnig, aussichtsreich. Gas usw. usw. Ich brauche zwar für die paar Stunden freie Zeit kein schönes Zimmer, aber für Familienbesuch wird es sich gut eignen.

972 18. 3. Der Ausfall des ersten Urlaubs keine Schikane, sondern Scham über den Ausbleib der grauen Monturen. Ich lasse meine Familie nun doch am Sonntag kommen, obwohl die Uniform sträflingsmäßig aussieht. Ich lasse Lily die Zivilkleidung mitbringen, damit wir wie sonst beisammen sein können auf vier bis fünf frohe Stunden. Wir werden uns Tee brauen und Kuchen essen. Wie sonst. Nachmittags großes Reinemachen. Wir werden korporalschaftsweise fotografiert.

19. 3., Sonntag. Kirchgang im Sträflingsanzug. Nachmittags Besuch Lily und Felix, schöne Stunden.

973 Der schwarzbraune Dachauer, etwas isoliert in dieser Münchner Früchtelngesellschaft, schließt sich mir an; als ich mich mit ein paar Fragen an ihn wende, schimmern seine Augen. Von der Landarbeit weggeholt. Eine Dienstfraukriegswitwe ist in größter Verlegenheit. Wird ihn reklamieren. Hier steht er herum und soll Knie durchdrücken und Handflächen anlegen.

974 20. 3. Halb acht bis elf Uhr Exerzieren. Die Sonne brät. Gut bayrische Ansprache des Oberstleutnants. Immer dieselben vaterländischen Formeln. Reden, die man selber halten könnte und würde, wenn man sie noch ein paarmal mit anhören muß.

975 21. 3. Besichtigung durch den Kommandierenden General v. d. Tann. Wir marschierten (in Stiefeln!) weit hinaus. Fünf Uhr aufgestanden. Halb sechs Kaffee ‚gefaßt'. Dann schnell Seitengewehre gefaßt. Im Heißgarten, nach langem Stehen, dann zurück ins Quartier. Da gestanden. Dann wieder Heißgarten. Inspektion des Äußern. Instruktion über Verhalten bei Besichtigung und eventueller Ansprache. Abmarsch endlich halb acht Uhr. Um neun Uhr draußen. Generalprobe. Leutnant Buhl nimmt die Exzellenz. Nach der Vorstellung leichtes Exerzieren. Zwei Blasen und blauen Ellbogen (Seitengewehr) akquiriert. Ein Held. Leichter Regen besprengt uns und die staubige Straße.

Ich lasse den Aquarellkasten kommen... Kleine Hoffnungen – Täuschungen...

976 22. 3. Abkühlung, man atmet staubfrei. Erfolglos gegen Pocken geimpft. Bloesch wollte mich in München aufsuchen. Goltz verlangt schwarzweiße Blätter. Wann er zum erstenmal verkauft?

Zielübungen und Gewehrgriffe. Jeden Tag ein wenig Neues. Nur das Marschieren in Löchern von Stiefeln ist bedenklich. Alles andere geht ohne besondere Anstrengung.

977 Der Hauptmann auf sanftem Pferd, schiffartig durch den Nebel steuernd. Einer der Arbeiter, ein trefflicher Vagabundentyp mit Drollsgelächter, drängt sich heran und will meinen Zimmerdienst übernehmen. Wir einigen uns auf ein ‚Fufzgerl'.

Der Dachauer bekommt ein paarmal Kommis von mir, putzt dafür von selber meine ‚Stiefi' ohne Reden. Ein vornehmer Mensch auch im Kasperlkostüm. Von der Scholle weggerissen.

978 23. 3. Urlaubsscheine für Samstag/Sonntag ausgefüllt. Ein heftiger Katarrh vom letzten Montag heilte rasch, im Kehlkopf sitzt noch etwas. Nachts etwas Temperatur.

979 24. 3. Die Einjährigen fassen heute mittag Monturen, graue. Die andern werden schamlos in unbeschreiblichen Dienstuniformen nach München gelassen. Zum erstenmal seit vielen Jahren nutzt mir meine akademische Bildung etwas. Ich habe leider Fieber, eine Mundinfektion. Aber zum Arzt melde ich mich nicht, sonst bekomme ich Bettruhe statt Urlaub. Folge: Ich mache jetzt mit Fieber Dienst. Heute Geländeübung, das ist ein Spaziergang im Regen, dann bei aufheiterndem Wetter ins Hügelgelände südlich Landshut. Entzückende Gegend, mit Blicken auf die liebenswürdige Stadt.

980 27. 3. «Mein liebes Jüngelchen, jetzt hab ich's gut. Der Arzt hat gemerkt, daß ich Fieber habe, und nun darf ich auf meinem schönen Zimmer, Gabelsbergerstarße 12/II, bleiben. Nur zum Essen trete ich an, das versteht ein jeder. Am Donnerstag aber wird die Sache wieder ernst. Dann möchte ich wieder

ganz gesund sein. Leb wohl, mache die Aufgaben zuerst, dann kannst Du fröhlich spielen.»

981 27. 3. Etwas Temperatur (achtunddreißig Grad) bewog den Arzt, mir drei Tage Bettruhe zu diktieren. Er interessierte sich gar nicht für die Art der Entzündung, bildete sich erst ein, es komme von den Zähnen. Ich protestierte ziemlich energisch, sonst hätte er mich vielleicht noch zum Zahnarzt geschickt. Der ganze Gang zum Arzt eine neue Sensation. Erst Sammlung in den Quartieren, ziehe den Mantel an, weil es noch März ist. Und stehe herum. Dann unter Führung eines Gefreiten hin zum Heißgarten, wobei die Kranken den Kaffeekübel zurücktragen. Darunter einer mit vierzig Grad, wie sich's später herausstellt. Dann Sammlung der einzelnen Quartiergruppen im Heißgarten, das heißt sehr langes Herumstehen mit gelegentlichen Ehrenbezeigungen. Allerlei Reden, allerlei Kommandos, bis zum Abmarsch vier zu vier unter Führung eines Sanitätsgefreiten. Einem regulären Trupp auszuweichen, machen wir Reihen rechts, der mit vierzig Grad mit, und gehen ein Stück auf dem Trottoir. Endlich bei der Martinsschule am Ziel. Dann ins Revier zum Fiebermessen. Eine schöne Gegend so ein Reviersaal. Das Lüftchen! Nur eine Scheibe lüftet, weil sie kaputt ist, oder dient sie mehr zur Unterhaltung zwischen einem Kranken und einem im Hof Stehenden? Hosen herunter, je drei legen sich hin und messen. Nun entdeckt man den mit vierzig Grad und verhaftet ihn. Leute unter vierzig Grad müssen wieder hinaus auf den Gang und stellen sich drei zu drei auf. Man wartet auf den Arzt; seit sieben Uhr ist man auf den Beinen, um neun Uhr beginnt der Arzt mit einem Gang durchs Revier. Das geht nun eigentlich nicht sehr lange. Die höheren Temperaturen begleiten den Arzt ins Sprechzimmer und kommen zuerst dran. Kurz drauf werden sie ins Revier geführt, um eine Zeitlang Stickluft zu atmen. Eine schwere Strafe ist nicht schlimmer als diese Stellung. Ich kann zufrieden sein: man entläßt mich für drei Tage Bettruhe. Ich verschwinde in meine Behausung (nicht so schnell getan als gesagt, weil noch allerlei Förmlichkeiten eingehalten werden) und verlasse sie nur zweimal am Tag mit zwei Schüsseln. Das Gehalt läuft weiter... Dies alles heißt: sich zum Arzt melden. Lehrreich, eindrucksvoll und manchmal lohnend.

982 28. 3. Hie und da spiele ich Geige. Vor dem Malen hält mich große

Scheu ab. Strindberg, Nach Damaskus gelesen. Das übliche Lied. Die Nacht schlief ich ruhiger. Genesung?

29. 3. Verkauf bei Walden für zweihundertsechzig Mark. Temperatur letzte Nacht wieder etwas höher, eine Art Abschluß damit verbunden. Natürliche Mattigkeit greift Platz. Die Korporalschaftsaufnahme erhalten. Komisch, komisch.

983 30. 3. Der erste fieberfreie Abend. Tapfer musiziert. Keine technische Einbuße. Morgen schlägt die Bettruhe jäh ins Gegenteil um. Aber gesund sein ist auch hier doch noch besser ...

984 31. 3. Früh lag Schnee, und ich fror nicht zum erstenmal nach acht Tagen. Bin durch. Die Geschwüre im Mund heilen ab. Heute Nachtübung. Klingt ernst. Und ist sicher irgend was Harmloses. Urlaub gewährt. Energie wieder ganz da. Nachmittags mein Gewehrschloß zum erstenmal auseinander. War auch notwendig.

Eine richtige Soldatenkrankheit war es. So recht ekelhaft. Bei der Nachtübung inszenierte der Leutnant eine kleine Komödie und ließ uns am Bahndamm beschießen. Es fiel aber keiner.

Soll im Orchester der hiesigen Liedertafel spielen: Haydn: Schöpfung.

Helme gefaßt. Kriegerisches Aussehen gesteigert. Was für Helme!! Den Toten abgenommen, uns aufgepreßt. Daß das Blut schon abgewaschen! Hätten uns auch noch daran gewöhnt.

3. 4. Pocken nachgeimpft. Manchmal geschieht beim Militär etwas, aber erst nach breiten Umständen. Man hat Zeit, man hat Geld. Sorgen keine. Eile hat nur der Zivilist.

985 5. 4. Mit Helm zum erstenmal ausgerückt. Schwere Köpfe. Zur Entschädigung blies die neugebildete Musik voran. ‚Tout Landshout' auf den Beinen, ein Volksfest.

986 6. 4. Geländeübung, in der Ferne feindliche Schützen erkennen. Ausschwärmen, Bauchliegen und Schützenfeuer verteilen. Der Hauptmann be-

rührte mich von hinten mit der Degenspitze: «Wo halten Sie hin, Freund?» und erstaunte über die richtige Antwort und verzog sich beschämt.

987 Singunterricht jetzt nicht mehr durch den rein singenden Feldwebel, sondern durch Unteroffizier Bruckner. Ein sauberer Mann, leichtes Schielen schadet wenig. Erst lesen wir den Text im Chor, dann singt er die erste Strophe unter heftigem Detonieren vor, daß die Ohren mucken. Dann singen wir's nach. Heute lernten wir einen furchtbaren Mist: ‚Flaggenlied', gut für die Singspielhalle.

Unter Meerkatzen hause ich, bei so einem ernst genommenen Erzschund merke ich's. Und dann sind wir wieder verbrüdert. Jeder möchte heim. Auch die Oberen.

Wie Unteroffizier Weindl den fettrosigen Juden verlachte, daß es nun einen Reichen endlich derwischte.

7. 4. Orchesterprobe zur Schöpfung abgesagt, wegen Reisemarsch.

988 10. 4. Montagsstimmung. Noch halb in München. Früh im Quartier etwas angehaucht. Man soll eine Stunde vor Abmarsch da sein. Wir hatten die dumme Vorschrift bis dahin umgangen. Haben sie aber deshalb doch nicht abgeschafft. Ich denke meist an den kommenden Osterurlaub. Palmsonntag heißt's hierbleiben: Vereidigung.

Heute Schießlehre, wobei man sich gar nicht bewegt, und war so kalt in der Früh! Fast eine Stunde auf dem Bauch, dann eine halbe frei stehend und kniend. Übung mit dreimaligem Zielen (Zieldreieck). Dann drei Schüsse mit Platzpatronen.

989 11. 4. Strahlender Tag, draußen in der Sonne gestanden; Griffe und anderes dummes Zeug. Abends Ausmarsch bis in die Nacht. Wohin? Wie weit? Schrieb an Kubin in Sachen Nachlaß Marc. Ging zur Post, holte fünf Mark. Machte dabei mehrere hundert Ehrenbezeigungen und ging in der Altstadt ein Stück in Berner Lauben spazieren.

990 12. 4. Wettersturz, bei eisigem Windzug auf dem ungeschützten Exerzierplatz furchtbar gefroren. Der Unteroffizier Schuster vertritt den Urlauber Kaspar. Ein zerstreuter, untätiger Mensch. Und wir stehen und zittern wie

Espenlaub. In der Pause rennen wir umher wie die Tiere vor der Fütterung. Nachher holt uns die Menagerie-Musik ab. Wenig Trost für das Erlittene.

991 13. 4. Bei scharfem Wind und eisigen Güssen eine Stunde nach Salzdorf hinaus marschiert. Durchnäßt im Wald Schützenlinien gebildet und im nassen Moos gekrochen wie der Regenmolch. Ein besonders heftiger Guß noch abgewartet. Dann hinaus zur Besichtigung eines Schützengrabens. Der Feldwebel betrachtet, kritisiert und erklärt ihn. Der Wind gefriert uns mehr als er trocknet. Ein scharfer Sonnenblick und neue Güsse. Zentnerpantoffeln aus gelbem Lehm.

Der Feldwebel Pritzmeier, Mathematiklehrer an der Annaschule, erzählt oft intelligent, nicht unsympathisch von seinen Erlebnissen im Feld. Dann kann er auch wieder etwas hart sein.

992 14. 4. Seit langem der erste Unterricht ohne Kampf mit dem Schlaf, gehalten vom kleinen Unteroffizier Huber, über das Scharfschießen, über militärisches Benehmen. Was ist ein noch so munteres Leutnantsgerede gegen so ein volkstümliches ‚Dischkurieren'. Und dazu das schlaue Mausgesicht des Kleinen. Die Kulmination bestand im Rat vor Vorgesetzten, auch höheren, sich nicht schüchtern zu benehmen: «San aa Fleischerne, san alles Fleischerne!»

Statt Kaspar richtet uns ein zierliches blondes Männchen ab. Er muß im Feld besonders Schreckliches durchgemacht haben. Ganz in sich versunken, vergißt er in kürzester Zeit vom Leutnant oder Vizefeldwebel erhaltene Befehle. Träumt vor sich hin und knüpft an jede Gelegenheit Erzählungen vom Feld. Wir hören zu, unterhalten uns gut, lernen nichts. Niemand ahnt bis jetzt, wie unfähig der Blonde auf dem Exerzierplatz ist. Er findet sich aus dem Ernst nicht in dies Spiel auf grüner Wiese. Schuster heißt er.

Die Brüder wurden naß heute. Morgen ist Scharfschießen.

15. 4. Ich schoß zuerst zwölf, dann weniger; liegend aufgelegt, einhundertfünfzig Meter.

993 16. 4. Vereidigungs-Klimbim. Eine schöne musikalische Messe mitangehört. Besuch Lily und Felix. Im letzten Moment Zimmer gewechselt. Jetzt Klötzlmüllerstraße 16. Lily unzufrieden mit dem Zimmer, etwas verstimmend – etwas zu sehr Dame.

994 17. 4. Zweites Scharfschießen, zweihundert Meter liegend freihändig. Ich schoß elf und acht. Mittags in die Kanzlei gerufen. Einsicht in den Einjährigenschein.

Der alte Sklaventanz. Gewehrreinigen, Flutmulde und Singen noch ein paar Tage fortgesetzt, dann eine Woche Wohlleben (Osterurlaub). Nachher? Auch Weltkriege gehen vorüber.

18. 4. Es wird gesagt, man soll nicht so gut schießen. Soll ich das Zielgerät schleppen, wie das die schlechten Schützen tun müssen?

Wir fahren Donnerstag in aller Früh mit Extrazug ab. Antreten um sechs Uhr im Heißgarten.

995 Der Osterurlaub wurde sehr stimmungsvoll angetreten. Sechs Uhr im Heißgarten. Zugweise abmarschieren. Einsteigen in Viehwagen mit darin aufgeschlagenen Bänken. Statt Türen eine Querstange. Luftzug erheblich. Dafür keine Reisespesen. Außerdem eine Mark fünfzig Entschädigung für jeden Tag. Außerdem Sold weiter, täglich dreiunddreißig Pfennig.

Einige Tage in München. Dann Eröffnungsfest der Weisgerber-Ausstellung. Dann Reise nach Wiessee für einige Tage. Gut gegessen und geschlafen. Doch nicht ganz in meinem Sinn. Und ging nicht anders und war schließlich auch nicht gar so übel. Das Einrücken nach dem Urlaub recht erschwert. Man hatte wieder Freiheit gerochen.

995a 19. 4. Eben eingerückt von einer Nachtregenwindübung. Wir marschierten sechs Uhr Richtung Moosburg dem Feind entgegen, machten in einem Bauernhof günstigen Standorts-Unteroffiziers-Posten. Feldwache war nicht weit davon gewesen. Der Unteroffizier, Herr Schuster, hatte Zahnschmerzen und war ein paarmal etwas heftig, als wir aber im geräumigen Holzstadel geschützten Unterschlupf fanden, waren wir wieder nett miteinander und plauschten; er sehr anschaulich vom Feld wie immer. Bei der Sichtung des Feldwebels (immer die wichtigste Aufgabe eines Postens) wurden halt zwei Posten in den Wind hinausgestellt. Dann besuchten uns Patrouillen, zwei baumlange Kerle von der ersten Korporalschaft, unser schönes Quartier mit Neid rühmend. Später kamen nochmals zwei, den Befehl des Leutnants bringend, wir sollten, «wenn kein ausdrücklicher Gegenbefehl erfolge», uns um acht Uhr zehn zur Feldwache zurückbegeben. Von da mit Singsang heim.

Vormittags ein großes Frieren auf der Flutmulde gewesen. Nachmittags hatten wir in einer Stunde das treffliche Lied «Wenn die Soldaten durch die Stadt marschieren» gelernt.

24. 4. Samstagnachmittag ist Impfung. Ich werde den Fünf-Uhr-vierzehn-Nachmittagszug kaum erwischen, aber sicher den Acht-Uhr-zweiundzwanzig-D-Zug oder den Acht-Uhr-sechsunddreißig-Personenzug. Sehen uns also erst abends.

995b 27. 4. Gut gereist, gut geschlafen. Ein wenig exerziert, mehr turngeübt. An einer Brücke hinaufgeklettert, am Pfeiler, auf der andern Seite wieder hinunter. Gesundheitsvisitation. Unterricht.

995c 1. 5. Heute mußten wir den Tornister tragen.

2. 5. Der Dienst ist jetzt etwas anstrengender durch das warme Wetter und durch die Bepackung. Heute nachmittag wird ein Reisemarsch sein mit den neuen Sachen am Buckel. Es wird sich zeigen.

3. 5. Gestern der Marsch von fünfundzwanzig Kilometer mit Gepäck, das war schon eine Belastungsprobe! Ein Dutzend versagte in unserm Zug. Einen mit Herzkrampf sah ich am Wege liegen. Heute früh Geländemarsch, eine kleine Stunde hin, dann im Wald herumliegen bei herrlichstem Wetter, eine kleine Stunde zurück. Es wird wohl doch gehen.

995d 4. 5. Ich saß gestern abend mit einigen Besseren im Gasthaus «Zur Neuen Welt» nebenan. Ein wunderschöner Garten und Gelegenheit, ein paar Eier und Semmeln zu bekommen. Heute vormittag ging's hinaus nach dem äußeren Exerzierplatz, fünf Viertelstunden mit Gepäck. Draußen anstrengendes Exerzieren, vom Hauptmann geleitet. Dann der Rückmarsch! Bei der Hitze. Nun es vorbei ist, ging's ja wohl einigermaßen, aber sauer! Sauer!

Bei den ersten Anzeichen eines Schadens würde ich nicht mehr mitspielen. So tut's vielleicht dem Körper doch ganz gut.

5. 5. Der Dienst heute angenehmer, weil es nicht gar so schwül mehr ist. Wir machten im Wald kleine Anfänge des Eingrabens. Die Landschaft hinter Heiligenblut ist herrlich, heute alles wie nur hingezaubert; wieder etwa zehn Kilometer marschiert.

8. 5. Heute kühlere Witterung, bald wird es landregnen. Dienst daher

weniger anstrengend. Vormittags dienstlich viereinhalb Stunden im herrlichsten Wald zugebracht. Leider kam der Tornister nicht vom Leib. Aber es war wirklich zu machen.

9. 5. Haupt- und Preisschießen. Zur Beruhigung: ich traf diesmal gar nichts. Auf vierhundert Meter macht sich meine geringe Kurzsichtigkeit etwas fühlbar. Ich redete mich drauf hinaus und brauchte auch kein Zielgerät schleppen. Um drei Uhr kamen wir zum Essen. Am Schießplatz sprach ich Schinnerer und – sprach ihn ziemlich ausgiebig. Er schenkte mir einen Apfel für den hungrigen Magen.

11. 5. Nach fünf Uhr früh war schon Abmarsch zum Kavallerie-Exerzierplatz. Da wurde Paradeaufstellung genommen in Erwartung Seiner Exzellenz. Zuerst kamen andere Abteilungen dran, und an uns wurde noch herumgeschliffen. Wir mußten dann Freiübungen vormachen, die gingen einigermaßen. Anderes schmiß glatt um. Herrlicher Maitag, nicht schwül, tat das Seine. Nachmittags kein Ausrücken. Morgen abend Nachtübung.

12. 5. Morgen ist die Impfung schon um elf Uhr vormittags, so daß wir voraussichtlich mit dem Ein-Uhr-Personenzug nach München fahren werden. Sollte ich aber, was weniger wahrscheinlich ist, erst um fünf Uhr vierzehn fahren können, so darf ich an dem Perronausgang dieses Zuges nicht aussteigen, sondern muß ganz drüben bei der Bayerstraße hinaus und komme dann nach einiger Zeit wüsten Drängens bei der Kommandantur im großen Quergange zum Vorschein.

15. 5. Gut angekommen. Es regnete hier nicht mehr. Heute früh elementare Dinge im Exerzieren getrieben, nicht anstrengend durch geeignetes Wetter. Freute mich nachträglich noch über die gehörte Oper und bin sehr für gelegentliche Wiederholung dieses Brauches.

18. 5. Die Hauptprobe zur Schöpfung ist am Samstagnachmittag einhalb sechs Uhr, die Aufführung am Sonntag, fünf Uhr, in der Dominikanerkirche (ich wirke als Geiger im Orchester mit).

19. 5. Mitteilung von Walden, daß die zurückverlangten Aquarelle abgegangen sind. Die *Anatomie der Venus* hat er noch verkauft, netto einhundertsechzig Mark. Er wünscht Ersatz, um noch mehr Verkäufe machen zu können ... Die Neue Sezession hat Urlaub für mich verlangt, der Hauptmann gibt nicht gern vor dem einunddreißigsten Mai, weil jetzt das Gefechtsschießen kommt, wo jeder dabei sein muß.

Gestern war tagsüber leichter Dienst. Abends marschierten wir nach Klausenberg zu einer Nachtübung. Ohne Gepäck war das ein entzückender Spaziergang in den abendlichen Wald.

23. 5. Heute früh bei strömendem Regen erwacht, teils mich freuend, teils befürchtend. Bald wurde es aber wieder hell, wenn auch sehr schwül. Der lästige Staub fiel wenigstens weg. Draußen am Infanterie-Exerzierplatz das übliche, dann ein Angriff durch Flaggenzeichen geleitet. Jetzt knappe zwei Stunden Bettruhe. Hunger und Durst waren groß, für beides war indes Abhilfe möglich.

996 25. 5. Um sechs Uhr bis einhalb zwölf Reisemarsch erlebt und erlitten. Von eins bis drei Uhr im Bett schön geschlafen. Wetter nicht schwül, aber sehr heiß. Eine halbe Stunde ruhten wir im Wald, Momente tiefsten Genusses.

26. 5. ...Ihr jammert und habt Kopfweh und seid blaß. Ich treibe mich schwer beladen stundenlang in der prallen Sonne herum, aber wie jene Übel sind, weiß ich längst nicht mehr. Das erste Gefechtsschießen glücklich überstanden. ‚Glücklich', weil vorbei; das Abkochen war sehr komisch, es ging dabei zu wie in einem Kindergarten.

997 30. 5. Normaler Dienst auf dem Infanterie-Exerzierplatz. Leider tat's dabei an verschiedensten Orten weh von den Strapazen der letzten Tage. Dann beim Kompanie-Rapport. Der Hauptmann wollte wissen, wie die Eröffnung sein würde. Er gibt Urlaub vom ersten bis vierten nachts; vom fünften bis achten muß ich wieder da sein. Vom neunten bis dreizehnten kommt der Pfingsturlaub.

Dann wird man in Kompanien eingeteilt, und es kommt ein neuer Schub Rekruten. Eine Klasse promoviert. Am einunddreißigsten abends oder am ersten bin ich zu Hause.

998 Urlaub. Der Hauptmann schickte mir einen Urlaubsschein vom fünften bis achten zu, ohne daß ich eingereicht hätte. Nun nahm ich an, daß der Pfingsturlaubsschein für neunten bis dreizehnten Juni von selbst folgen werde. Ich Zivilist hielt es für überflüssig, am achten nachts einzurücken, um am neunten mit Schub wieder in Urlaub gefahren zu werden. Aber als am neunten der

Urlaubsschein nicht kam, war ich doch etwas soldatisch bedeppt und bat telegraphisch drum, die Antwort hieß: «Sofort einrücken.»

999 9. 6. Landshut. Wie furchtbar komisch ist doch die ganze Moritat. Je näher Landshut kam, desto lustiger, und ausgestiegen war ich bester Laune und ganz voll Kampflust. Der bekannte Weg städtcheneinwärts.

Im Heißgarten gelang es mir, einen abstaubenden Kanzleirat allein zu sprechen. Das Faktotum meint, daß es glimpflich abgehen werde. Die ganze Gesellschaft ist nämlich wirklich um sechs Uhr früh abgedampft. Meine Ausnahme ist also wieder von zwingender Logik (Zivillogik), und ich hoffe morgen einhalb zehn Uhr den Kompaniefeldwebel zu überreden. Er hat ja sein Freudchen gehabt, mich auf die Eisenbahn zu sprengen. Also keine Aufregung! Im besten Fall fahre ich mit dem Eilzug zehn Uhr vierzig vormittags ab, sonst ein Uhr einundzwanzig. Ich telegraphiere dann noch.

1000 Es kam dann so, daß ein stellvertretender Hauptmann Daxelhofer mich verdonnerte oder verdonnern wollte, aber an meiner beredten Verteidigung und Berufung auf den Hauptmann Jungwirt zuschanden wurde. Er sprach kein Urteil aus, sondern überließ es dem regulären Hauptmann. Ich sei vorläufig gestraft dadurch, daß ich einen Tag verlor. Stellte mir den Pfingsturlaubsschein aus und ließ mich abtreten. Das Phänomen, daß der Hauptmann unerbeten einen Urlaubsschein schickt, war zündend unerhört gewesen!

1000a Ein halber Tag ist herum. Am Samstag ist schon wieder Genesungspause. Wir sind nicht mit den neuen Rekruten vermischt worden, sondern lauter gleichzeitig Ausgebildete beisammen. Nur die Kleinen (vierte und fünfte Korporalschaft) kamen nach Mitterwehr. Diese Zwerge hatten auch wirklich was Verunzierendes an sich. Unser Zug sieht jetzt ganz stattlich aus. Mein Gewehr haben die Unteroffiziere für mich aufgehoben, die andern Sachen hingegen hübsch beieinander. Vize Pritzlmeier, der Doktor, ist geblieben. Außerdem führt uns ein Oberleutnant. Das Kompanieexerzieren, das heute begann, leitete ein sehr sympathischer und tüchtiger Feldwebelleutnant Feh. Mein Korporalschaftsführer heißt No Wimmer. Beim Kompanieexerzieren waren wir etwa dreihundert, es ist ganz amüsant.

Eine Schweinssulz um dreißig Pfennige ist noch zu erwähnen!

1001 18. 6. Schießen auf einhundertfünfzig Meter, Ringscheibe. Abends Nachtmarsch mit eingelegtem Sandsack. Höchste Stufe des infam tristen Infanteristen. Urlaubsschein für Donnerstag eingeliefert.

23. 6. Zwei Urlaubsscheine abgegeben, einen alten und einen neuen. Gut gereist mit zwei gebildeten ‚Herren'. Nachher mit Gruber und dem Doktor Vize und einem fremden Kompaniefeldwebel bei Bier und Schweinssulz. Um zwölf Uhr im Bett. Dienst: Besichtigung durch den Oberstleutnant, der mit dem Hauptmann überall nachritt, daß der Schweiß tropfte.

1002 27. 6. Kein Urlaub, ich erwarte die Meinen Mittwoch abend. Zum Unglück ist noch eine Nachtübung angesetzt, so daß ich sie nicht abholen kann. Fräulein Weidmüller macht ihnen Tee, Lily legt Felix schlafen, und ich finde sie gemütlich anwesend.

1003 1. 7. Urlaub gab's nicht, weil mich die erste Wache traf. Lily und Felix sollen am Samstagabend kommen. Bis Sonntag mittag bin ich frei. Dann schläft man in der Kaserne (Martinschule, jetzt Lazarett).

1004 4. 7. Brief von Probst, der mich freute. Korrespondenz Osthaus-Friess-Piper erledigt.

Von der Wache erbaulichen Gruß an Lily geschickt. Heute geschossen sechs, zwölf, elf. Nachmittags ‚Putz-und-Flick-Stunde'. Sechs Uhr Reisemarsch, viel Vergnügen. Nach der Wache schlief ich im Bett so gut, daß der Wecker zum ersten Mal mich im Schlaf überraschte.

So eine Wache! Vergatterung! Und ich hab's doch ganz gut überstanden. Eine neue Monotonie tritt zum alten Trott hinzu. Leider machte Lily das Tor zum Lazarett nicht auf, hinter dem ich tags stand. Nachts ging ich mit Gewehr auf dem Trottoir auf und ab und hörte die Viertelstunden schlagen. Zwei bis vier nachmittags, acht bis zehn abends, zwei bis vier nachts, acht bis zehn vormittags. Es kommt mir vor, daß der Krieg ins letzte Stadium tritt.

1004a Der Reisemarsch wurde heute durch angenehme Witterung etwas erleichtert. Die Abend- und Nachtmärsche waren anstrengender. Nachmittags geht's erst um drei Uhr an, und man rückt gewöhnlich nicht aus, höchstens zum Baden. Nach meinem Eindruck ist Veränderung im Anzug (Versetzung).

*38 Ohne Titel. 1916, 1*

Ein Notkurs in Freising soll am fünfundzwanzigsten beginnen, vielleicht komme ich als ‚Einjähriger' dahin. Vielleicht kommt mir die hier verbrachte Zeit noch einmal ganz rosig vor.

1005 20. 7. Nach München versetzt. Bahnreise, warten, Türkenschule, warten, Übergabe, ein eingebildeter Oberleutnant. Übergabe. Reden, dann zum Großen Wirt. Dann ins Maxgymnasium. Zweite Reserve, siebtes Regiment, erste Ersatz-(Feld-)Kompanie. Zu Hause schlafen erst nach Bewährung.

München 1916

1006 20. 7. «Meine geliebte Lily! Wir sind hier. Vorläufig im Maxgymnasium, zweites Reserve-Infanterieregiment, erste Ersatzkompanie. Die andern liegen im Großen Wirt, wir im Turnsaal des Maxgymnasiums. Es ist über all dem Warten einhalb fünf Uhr geworden, und erst ganz langsam beginnt das Einkleiden. Die Landshuter Lumpen gegen graue Halblumpen umgetauscht.

Kann also noch lang gehen, bis ich drankomme. Daher nicht wahrscheinlich, Euch heute noch zu sehen. Auswärts schlafen gewährt als Vergünstigung erst der Kompaniechef. Bis dahin Geduld! Das Quartier ist praktisch und geräumig. Abwarten, abwarten, abwarten. Grüße an alle.»

1007 Bericht. Der Dienst war nicht gerade strenger als in Landshut. Reisemärsche etwas härter. Schießerei genauer. Ernsthafte Gefechtsübungen. Und doch immer großes Durcheinander. Erst originell protziger Feldwebel Feueregger. Allmählich gewisse Bonbomie. Lächerlicher Schönredner Major Ableitner. «Freut Euch, daß Ihr nicht in Urlaub fahrt wie die Bauern, sondern hier üben und lernen dürft!» Später oft Wachen statt Nachtübung und Reisemarsch.

1008 Als ich einmal von mehreren Malen in Fröttmaning die Munitionsanstalt bewachte, kamen mir etliche Gedanken über Marc und seine Kunst. Das Kreislaufen um ein paar Munitionsmagazine war so recht geeignet, sich mit Muße zu versenken. Tags stimmte eine fabelhafte Hochsommerflora außerdem noch besonders farbig, und nachts und vor Sonnenaufgang spannte sich über mir und vor mir ein Firmament, das die Seele in große Räume dahinzog.

Wenn ich sage, wer Franz Marc ist, muß ich zugleich bekennen, wer ich bin, denn vieles, woran ich teilnehme, gehörte auch ihm.

Menschlicher ist er, er liebt wärmer, ausgesprochener. Zu den Tieren neigt er sich menschlich. Er erhöht sie zu sich. Er löst nicht sich zuerst als zum Ganzen zugehörig auf, um sich dann nicht nur mit Tieren, sondern auch mit Pflanzen und Steinen auf einer gleichen Stufe zu sehen. In Marc steht der Erdgedanke vor dem Weltgedanken (ich sage nicht, daß er sich nicht hätte dahin entwickeln können, und doch: warum starb er dann?).

Das Faustische in ihm, das Unerlöste. Ewig fragend. Ist es wahr? Das Wort Irrlehre gebrauchend. Nicht aber die stille Zuversicht des Glaubens. Oft habe ich in letzter Zeit Angst, er würde einmal ein ganz anderer sein.

Der Übergang der Zeit bedrückte ihn, die Menschen sollten mit ihm gehen. Weil er selbst noch Mensch war und ein Rest von Ringen ihn fesselte. Der letzte Zustand, wo das Gute noch Gemeingut war, das bürgerliche Empire, kam ihm beneidenswert vor.

Ich suche nur bei Gott einen Platz für mich, und wenn ich zu Gott verwandt bin, will ich mir nicht einbilden, daß meine Brüder nicht auch zu mir verwandt seien; doch ist das ihre Sache.

Ein frauenhafter Drang, jedem von seinem Reichtum mitteilen zu können, war ihm eigen. Daß nicht alle folgten, erfüllte ihn mit Bedenken über seinen Weg. Oft ahnte ich bang, er würde sich nach der Gärung zurückwenden zu irdischer Schlichtheit. Nicht aus Totalitätsabsichten diese Welt mitberühren, sondern ganz in sie zurückkehren aus Menschenliebe.

Meine Glut ist mehr von der Art der Toten oder der Ungeborenen. Kein Wunder, daß er mehr Liebe fand. Edle Sinnlichkeit zog wärmend ziemlich viele an. Marc war noch Spezies, nicht Neutralgeschöpf. Ich erinnere mich seines Lächelns, wenn meinem Auge irdische Momente entgingen.

Kunst ist wie Schöpfung und gilt am ersten und am letzten Tag.

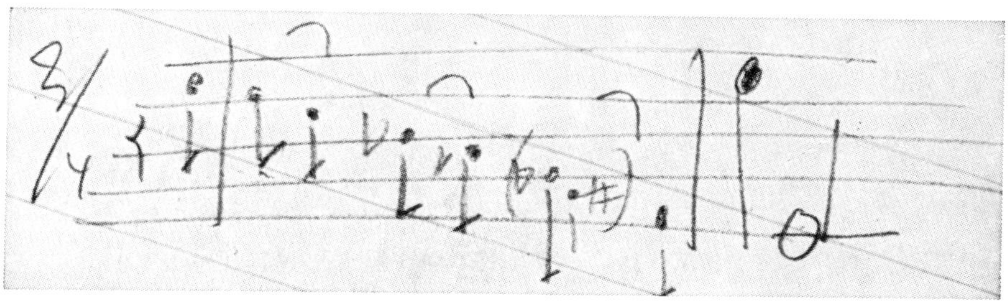

Meiner Kunst fehlt wohl eine leidenschaftliche Art der Menschlichkeit. Ich liebe Tiere und sämtliche Wesen nicht irdisch herzlich. Ich neige mich weder zu ihnen, noch erhöhe ich sie zu mir. Ich löse mich eher vorher ins Ganze auf und stehe dann auf einer brüderlichen Stufe zum Nächsten, zu aller irdischen Nachbarschaft. Ich habe. Der Erdgedanke tritt vor dem Weltgedanken zurück. Meine Liebe ist fern und religiös.

Alles Faustische liegt abseits von mir. Ich nehme einen entlegeneren, ursprünglichen Schöpfungspunkt ein, wo ich Formeln voraussetze für Mensch, Tier, Pflanze, Gestein und Erde, Feuer, Wasser, Luft und für alle kreisenden Kräfte zugleich. Tausend Fragen verstummen, als ob sie gelöst wären. Weder Lehren noch Irrlehren gibt es da. Die Möglichkeiten sind zu unendlich, nur der Glaube an sie lebt schöpferisch in mir.

Geht Wärme von mir aus? Kühle?? Davon ist dort, jenseits der Weißglut, nicht die Rede. Und weil dorthin nicht allzu viele hinreichen, werden wenige berührt. Keine noch so edle Sinnlichkeit brückt zu den Vielen hinüber. Der Mensch meines Werkes ist nicht Spezies, sondern kosmischer Punkt. Mein irdisches Auge ist zu weitsichtig und sieht meist durch die schönsten Dinge hindurch. «Er sieht ja die schönsten Dinge nicht», heißt es dann oft von mir.

Kunst ist ein Schöpfungsgleichnis. Gott gab sich auch nicht mit den zufällig gegenwärtigen Stadien besonders ab.

1009 Kompanieführer ein Leutnant Deyerl, ernsthafter Mensch, aber leicht pedantisch. Mein instinktives Schießen ging ihm besonders auf die Nerven. Der Drill stak ihm etwas im Leib. Zerbrach sich den Kopf, warum ich einmal sehr gut schoß, dann wieder die Scheibe verfehlte. Statt mich ruhig einschießen zu lassen, rückte er an der Auflage herum und an meiner Haltung. Daß der Helm bei der liegenden Schießstellung hinderlich ist, fiel jedem Soldaten schon auf, aber keinem Offizier.

1010 Als ich zu Hause übernachten wollte, nannte er dies eine Vergünstigung, die erst nach Bewährung zu erteilen sei, etwa nach vierzehn Tagen. Daß ein gebildeter Mann sich einem anderen gegenüber so äußern mag, bleibt ein Manko.

1011 Wenig ernst, aber amüsant war der andere Leutnant, ein schöner Kaufmann aus London. Die Bauern hatten ihn ganz gern, wie mir schien.

Mit dem Schießen pressierte es mir gar nicht so sehr. Ein Instinkt hieß mich da fatalistisch sein.

1012 Allmählich wurde ich bei den Unterchargen populärer. Der Kammerunteroffizier erkannte in mir den wilden, ‚grimmigen' Künstler. Er war Mitglied des Kunstvereins. Nun wußte ich, daß ich nicht mehr in dem gottverlassenen Provinzialnest Landshut war. Auch der Fourier wurde sehr freundlich. Allmählich ließ das zwar gutartige ‚Frotzeln' des Kompaniefeldwebels nach. Der erste Kompanieschreiber wurde intim und freundlich zu mir. Ich kam auf Wache, wenn Reisemarsch oder Nachtübung angesetzt war. Dies die Eindrücke von meinem tiefen Punkt aus.

Als ich längst zu Hause schlief und es mir gut zu gefallen begann bei diesem Truppenteil, wurde einmal plötzlich auf dem Exerzierplatz während der Rast bei einer der unzähligen Gefechtsübungen mein Name gerufen. «Hier!» «Sofort zum Bataillonsarzt, zuerst zum Feldwebel.» Mir kam das gleich ziemlich bedeutsam vor. Der Feldwebel empfing mich sehr aufgeräumt. «Wollen's nicht fliegen?» «Ich?» «Ja, Sie haben sich doch zu den Fliegern gemeldet!» «Verzeihung, Herr Feldwebel, ich weiß nichts davon!» «Nun, damit Sie sich auskennen, wir haben Eana g'meldet. Jetzt gehn's zum Arzt, ob's tauglich sind.» Beim Arzt traf ich noch einige Wartende. Einer sprach mich an, ob ich Klee sei. Er stellte sich als Wildermann vor. Zuerst kam ein Unterarzt. Ob ich etwas anzugeben habe? Nein! Dann kam der Bataillonsarzt. Ob ich auf meine Einjährigenberechtigung verzichten wolle? Antwortende Gegenfrage: Ob es dort denn keine Einjährigen gebe? Leises Achselzucken.

Als ich zum Feldwebel kam, war ich schon versetzt. Er gratulierte mir: «Sans' froh, daß S' von dere windigen Infanterie wegkommen. Jetzt essens' gleich, dann machen Sie sich bereit. Hier sind Ihre Papiere. In der Türkenschule erhalten Sie weitere Weisungen.» Gab mir die Hand. «Grüß Gott, Klee, lassens' sichs' gutgehn!!» Auch die andern Chargen schmunzelten. Der Schreiber schüttelte mir lächelnd die Hand.

Schleißheim 1916

1013 Also war ich kein Infanterist mehr. Was nun? Zuerst Reise, wobei ich den Transportführer spielte (außer mir noch drei): Wildermann und zwei Handwerker. In Schleißheim angekommen, nahm uns ein greulicher, verlotterter Posten mit Filzschako in Empfang. Das war schon ein Grad weniger, als wir gewohnt waren. Ein gewisses Dekorum war ja bei der Infanterie gewesen.

Dieser Posten führte uns stumm nach der Kaserne, einem Bau, wo alles eng und klein war, wenn auch neu. Ein Feldwebel (vom Rekrutendepot) nahm uns in Empfang, teilte uns ein und schickte uns herum. Paßabteilung usw. Wir gehörten zur Werftkompanie.

Nun, nachdem wir uns sicher fühlten, waren wir nicht nur Maler mehr, sondern Kunstmaler. Wir erregten damit etwas Kopfschütteln. Nur der Kompanieschreiber war erfreut. Wir würden jetzt gerade eine Arbeit bekommen, an der wir unsere Kunst erproben könnten. Nun ins Quartier: Kirchenspeicher.

Die Appelle, der Feldwebel Poschenrieder. Die Werft, die Arbeit dort. Proletarier. Fabrikarbeiter. Stubenvoll. Drei Wochen Urlaub.

1014 12. August 1916. Absender: Pionier Klee, Fliegerersatzabteilung, Schleißheim, Werftkompanie. An Frau Lily Klee, München, Ainmillerstraße zweiunddreißig, zweites Geschoß, Gartenhaus. «Welche Enttäuschung, Du bist nicht gekommen. Nun hoffentlich Sonntag, traf Stubenvoll, versprach zu helfen. Nur auswärts schlafen geht nicht. Ob Du Quartier bekommen wirst?? Es soll alles von Fliegern überfüllt sein. Wird sich zeigen. Ich streiche Staffeleien mit Lack an. Gefährlich ist das ja nicht. Aber plötzlich Fabrikarbeiter zu sein, wie abenteuerlich! Und das Gewand! Dein Paul.»

1015 4. 10. «Meine geliebte Lily! Danke herzlich für Deine letzte Karte aus der Schweiz. Überhaupt willkommen beide in München! Leider war es nicht möglich, Urlaub zu bekommen. Es trifft mich von Mittwoch auf Donnerstag Wache, das geht hier voraus. Hoffentlich seid Ihr beide gut zurückgereist, Jüngelchen ohne sich zu erkälten.»

1016 5. 10. «Trotz Deinem Expreßbrief und Telegramm kann ich in derselben Woche nicht zweimal Urlaub verlangen. Als ob es noch einen freien Willen gäbe! Auch darf man sich nicht in kleinen Dosen bemerkbar machen. Auf Samstag! Man fährt jetzt um sechseinhalb Uhr abends hier weg, also entweder sieben Uhr am Bahnhof oder einhalb acht Uhr zu Hause.»

1017 12. 10. «Der Hauptmann wird mir Urlaub geben, nachdem der Schein vom Werftvorsteher unterzeichnet ist. Es wird wohl Freitag.»

1018 23. 10. «Gut angekommen. Zwei Wandtafelgestelle lasiert. An Aeroplanen alte Nummern ausgebessert, neue vorn hinschabloniert. Dabei das Gefühl, daß der sächsische Werkmeister um mich herumschleicht. Gerücht vom Exerzieren gegen vier Uhr aufgetaucht. Dann den günstigen Moment erwischt und aus der Kolonne entwischt. Dadurch hübsch Zeit gewonnen. Ob Folgen, wird sich zeigen. Ich war bis jetzt biederer Rekrut, zahm und gehorsam. Dafür Urlaubsverpatzung. Konsequenz: Kein biederer Rekrut mehr. Die Kolorierung der Litho für Goltz in Angriff genommen.»

1019 26. 10. «Freitag von vier bis fünf Uhr Feuerwehrübung, dann geschlossen zum Appell. Entwischen sehr schwer. Vor sechs Uhr nicht auf der Bude. Also ein Büssi gehört jetzt zur Familie. Wenn ich Sonntagswache bekomme, muß ich um neun Uhr vormittags wieder hier sein.»

1020 2. 11. «Einen schönen Gruß sende ich Euch nach. Hoffentlich auf Wiedersehen am Samstag. Ein herrlicher Tag heute. Ich war eineinhalb Stunden draußen beschäftigt mit Wagenhalten beim Motorenabladen. Ungesund ist dies ja nicht.»

1021 10. 11. «Sonntag von Mittag an Wache, werde um neun Uhr vormittags da sein müssen. Habe heute den kaputten Aeroplan aufräumen helfen, auf dem zwei Flieger vorgestern ihr Leben ließen. Übel zugerichteter Motor usw.; ganz stimmungsvolle Arbeit. Daß ich soviel bei Trupp zwei aushelfen darf, habe ich dem Poschenrieder mitgeteilt. Er will mir beistehen. Dann hab' ich wenigstens das Erlebnis mit der gestürzten Maschine gehabt.»

1021 a Anfang November. «Nachdem ich Urlaub hatte, glaubte man auf der Werft, mir dafür diesen Sonntag Feuerwache geben zu müssen. Ich erkundigte mich beim Feldwebel. Er sagte, es tut ihm leid, aber auf der Werft hat man meinen Namen auf die Liste gesetzt. Er ist sicher unschuldig. Man bleibt den ganzen Sonntag auf zwei Kasernenzimmer und Kantine beschränkt, es hat also auch keinen Zweck, mich etwa zu besuchen.

Sonst geht's mir gut, immer auf militärische Tücken gefaßt. Aber es wird schon wieder die Zeit für eine Kompensation kommen, zum Ärger des sächselnden Herrn Werkmeisters. Werde heute abend (Samstag) arbeiten, etwas Petroleum ist da und ein warmes Zimmer.»

1022 13. 11. «Man hat mich zum Transportführer nach Köln gemacht, um meine monotone Tätigkeit zu beleben. Ich bedaure nur, auf Euren Besuch morgen, Dienstag, verzichten zu müssen, weil ich heute abend schon verreise, vom Güterbahnhof Milbertshofen aus. Doch die Sache macht auch wieder Spaß, Flugzeuge sind mir anvertraut für Fea sieben. Eine schöne Speckseite bekam ich mit und Verpflegungsgelder.»

Erster Transport

1022a 13. 11. (Montag). Vier Uhr nachmittags zu Fuß mit Proviant beladen nach Milbertshofen, da drei Flugzeuge fast fertig verpackt getroffen. Nachts zehn Uhr ab mit Güterzug nach Laim.

1023 14. 11. Von Laim nachts zwei Uhr ab. In Treuchtlingen gefrühstückt. Nachmittags Kaffee und Semmeln in Würzburg. Aschaffenburg abends einhalb zehn Uhr angelangt, am Bahnhof sehr gut gegessen. Aufenthalt bis drei Uhr fünfundvierzig früh. Im Wachlokal am Boden auf einer Reisedecke verbracht. Ich gebe mir eine naive Mühe, um bald wieder auf Transport geschickt zu werden. Ich träume von einer Balkanreise. Ich sitze beim Zugführer und denke oft an Felix, was ihm das für einen Spaß machen würde. Er schwankt doch zwischen Malerei und Zugführer.

1024 15. 11. Früh in Aschaffenburg weg, da auf der Bahnhofswache ein paar Stunden genächtigt. Nach Großgerau, Mainz, Aufenthalt in Bingen, einer sehr stilvollen Stelle am Rhein. Eine einzigartige Mischung von Natur und Kultur. Die Berge, der Strom, die Hafenanlagen, die Schiffe, die Terrassen. Schon Mainz war ein großer Eindruck. Doch dort überwiegt das Künstliche. Wenn ich als Künstler einige Zeit in Bingen sein könnte! Heute nacht werden wir in Köln sein. Leider habe ich außer dem Vorschuß von fünfundzwanzig Mark nichts bei mir.

1025 16. 11. Köln-Eifeltor, Köln-Gereon, Köln-Nippes, Longerich. Flugzeuge für zweihundertneunundvierzig abgeliefert (Fea sieben). Abends einhalb fünf Uhr nach Bickendorf zu Fuß, hier mit der Elektrischen nach dem Domplatz, Haarschneiden und dann ins Hotel Kölner Hof. Die Mission ist beendet. Es war ein phantastisches Scherzo von Teuflischem und Lichtem. Eine Art Trunkenheit umnebelt mich noch. Es ist Donnerstagabend geworden bis zur Erlangung der Freiheit. Ich übernachte in einem schönen Hotelzimmer wieder einmal menschlich. Morgen bin ich Privatmann. Wundervoller Nachtspaziergang.

1026 17. 11. Im Hotel herrlich geschlafen, nachdem ich seit Sonntag ein rußiges Zigeunerleben geführt. Köln ist vom Teufel, blankpoliert und groß.

Der Eindruck gestern nacht besonders! Der Korso in den Hauptstraßen, dies Militär. Der verrückte Bahnhof. Dicht davor das überlebensgroße Museumsstück, der Dom. Die völlig unbeleuchtete, scharf bewachte Hohenzollernbrücke. Der Strom. Die scharfen Linien von vier listigen Scheinwerfern. Zuhöchst oben über den Türmen des Domes mit Grazie manövrierend das helle Strichlein eines Zeppelins, von einer der Linien gespießt. Ein solches Stadtnachtschauspiel sah ich noch nicht, ein wahrhaft festlicher Akt des Bösen.

Spaziergang über die Brücken. Kaffeefrühstück. Museum: Bosch, Breughel, Kreuzigung vom Meister des Marienlebens. Dom. Essen mittags beim Roten Kreuz am Hauptbahnhof, dann im Kunstverein, dann zum Deutschen Ring aus Höflichkeit für Wildermann seine Plastiken am Kinderspielplatz beaugenscheint. Am Rhein spaziert, Konditorei, Nachtessen wieder am Bahnhof, acht Uhr abends ab nach Frankfurt.

18. 11. Nachts in Frankfurt am Main, idyllischer Empfang mit Abendessen und Nachtquartier im Hippodrom. Mit Extrawagen der Trambahn hingebracht und abgeholt.

Früh acht Uhr nach München über Würzburg und Nürnberg. Abends sechs Uhr in München. Sechs Uhr dreißig nach Schleißheim weiter; da niemand in der Kanzlei, reiße ich aus, um den Sonntagsurlaub zu retten. Zu Fuß über Milbertshofen nach Hause. Hier eine sehr angenehme kleine Teegesellschaft getroffen: Hausmann und Dr. Keller (Kunstgeschäfte).

Zweiter Transport

1026a Nach dem Kampfgeschwader 5 mit zwei Flugzeugen, Wagen 37090 Hannover und 24059 Königsberg, über Köln-Gereon, Weiterleitungsstelle. Flugzeug B. F. W. 3054/16 und 3053/16 mit Ersatzteilen.

27. 11. Der Transport beginnt erst heute, Montag abend. Vielleicht komme ich von Milbertshofen auf einen Sprung heim, um noch einiges zu holen.

Dienstag, 28. 11. Vormittag. Abmarschiert, vollkommen feldmarschmäßig mit Karabiner. In Milbertshofen finde ich die Flugzeuge noch nicht fahrbereit. Der Zug wird erst abends neun Uhr abgehen. Ich stelle mein Gepäck beim Fahrdienstleiter ein und trabe ab nach Haus, wo ich noch einen gemütlichen Mittag und Nachmittagstee verbringe.

29. 11. Diesmal komme ich schwer aus München heraus. In Moosach bleibe ich schon stecken.

Die Nacht verbringe ich im Wartesaal auf einer Holzbank. Die Einfahrt nach Laim gesperrt infolge einer kleinen Entgleisung. Die Warterei dauert bis einhalb vier Uhr nachmittags. Entfernen darf man sich nicht, weil niemand genau sagen kann, wann es weitergeht. In Laim geht's noch bis einhalb zehn Uhr abends, bis der Zug 1755 bereit ist. Gut, daß ich wohl verproviantiert bin, vielleicht komm' ich dann auch wieder besser vom Fleck. Im Packwagen ist's so halb bequem, ich schlage mein Lager auf und schlafe bis Treuchtlingen ausgezeichnet. Hier Packwagenwechsel.

30. 11. Die bessere Vorbereitung kommt mir zustatten. Früh fünf Uhr Kaffee gekocht und gefrühstückt. Acht Uhr Vormittag Würzburg. Abermaliger Wechsel. Dann gewaschen, jetzt frisch. Laune bedeutend besser als auf der Werft. Zwei Karten geschrieben, erst in Partenstein eingeworfen. Spessart-Eindrücke wieder sehr intensiv. Heiligenbrücken! Nachmittags zwei Uhr in Aschaffenburg. Wieder ausgezeichnet im Bahnhofsrestaurant gegessen. Mit 7509 um drei Uhr zwanzig nachmittags weiter, mit Brot, Wurst und Kaffee im Packwagen selbst verpflegt.

1. 12. Nachts ein Uhr in Koblenz, dann Freitag in aller früh nach Bonn gelangt. Jetzt lange Stockung, die Nähe der Großstadt macht sich fühlbar. Auf Rangierbahnhöfen herrschen die übelsten Zustände. Wenigstens schlief ich ausgiebig. Mußte eine einzige nächtliche Unterbrechung machen. Weiter geschlafen bis Köln-Eifeltor. Da in der Kantine gefrühstückt und einen Hering mitgenommen, ein großes Stück mariniert. Hier werde ich nicht laut Frachtbrief nach Gereon, sondern nach der Weiterleitungsstelle Hohenbudberg mit 6263 weitergebracht.

2. 12. Glücklich nördlich über Köln hinausgekommen! An die Weiterleitungsstelle Hohenbudberg. Hier unglücklicherweise fehl am Ort, die Weiterleitung hätte doch in Gereon erfolgen sollen. Der Betriebsleiter Eifeltor Bezirk fünf, der den Zug 6263 am 1. Dezember zusammenstellte, ein großes Kamel trotz seinem energischen Wesen und weltmännischen Allüren. Nur Pioniergut kommt nach Hohenbudberg. Also einhundertdreißig Kilometer zu weit gefahren. Die Hiesigen kennen diese Irrtümer schon zur Genüge. Man wird freundlich aufgenommen. In Hohenbudberg wenigstens guter Empfang in der Kriegsküche; mit gebratenen Kartoffeln (fünfzig Pfennig) erfreut worden durch eine Rotkreuz-Dame. In einem hübschen Zimmer mit Zentralheizung und Bett übernachtet. 2. 12., früh vom Feldwebel freundlich behandelt, ein

Stück Brot erhalten, von seiner Mannschaft Kaffee, Zucker und ein Stück Butter. Vormittags gegen zwölf Uhr zurück nach Köln. Wetter klar, milder als in Oberbayern. Die Leute hier nennen's aber doch ‚kallt', sogar mit Doppel-L. Der Volksschlag gefällt mir zunehmend. Wenn ich den Transport durchführe, komme ich durch Belgien nach Maubeuge (Lüttich). Sobald rechne ich nicht, daß es sich entscheidet. Die großen Rangierbahnhöfe habens' an sich. Warten kann man da lernen.

In sechs Stunden nach Nippes, da in einen Gütereilzug nach Gereon einrangiert. Neun Uhr abends in Gereon. Bei der Weiterleitungsstelle bis anderntags einhalb neun Uhr vormittags beurlaubt. Wieder im Hotel Kölner Hof abgestiegen. Essen abends in einer kleinen Pinte, von einem kurz eingerückten Fußartilleristen geführt, Kalbsragout mit Kartoffeln, Leberwurst mit Salat, ein Brot, ohne Marken.

3. 12. (Köln). «Es hat sich entschieden. Ich begleite den Transport bis ans Ziel. Bitte weitere Nachrichten Brüssel hauptpostlagernd, da ich im Rückweg dorthin komme, und vielleicht auch die genaue Adresse von Hausenstein?» Um sieben Uhr auf, umgepackt, zur Weiterleitungsstelle. Hier schreibt mir ein Kanzlist eine Rückfahrkarte und erklärt meine Mission für beendet. Ich halb enttäuscht, halb erleichtert. Dann aber kommt der Feldwebel und lacht ihn aus, gibt mir eine Militärfahrkarte über Aachen, Lüttich nach Haumont (bei Maubeuge) und bestellt mich mit Papieren versehen nachmittags zwei Uhr Gleis dreiundsechzig zum Etappenzug. Ich überzeuge mich an Ort und Stelle von der Anwesenheit meiner Wagen und der Richtigkeit der Abgangszeit, gebe meine Sachen auf der Bahnhofswache ab und gehe zur Bahnhofsverpflegungsstelle zum Mittagessen.

Auf dem Weg zum Bahnhof stellt mich ein Leutnant und schickt mich in ein Zigarrengeschäft, dort soll ich dem Fräulein ausrichten, daß der Herr Leutnant heute nicht mehr kommt. Wenn ich gefragt würde, sollte ich sagen, ich habe den Herrn Leutnant am Deutschen Ring gesehen, er war schon im Helm. Dafür gibt er mir fünfzig Pfennig. Ich gehe hinein, das blonde Katzengesicht blickt einen Moment verstehend heftig. Mehr erbaut ist als Zeuge ein anwesender Kunde. Lächelnd schenkt er mir eine Zigarre. Aus meiner Ungewandtheit im Trinkgeldnehmen schließt er, daß ich vom Lande bin, «aus Bayern, was? Na, da rauchen Sie mal was Gutes, eine Sonntagszigarre. Hier haben Sie Feuer, sehen Sie, so geht dat Ding». Ich danke und verschwinde. Die Sonntagszigarre ist danach, der Spaß ist desto größer.

Abfahrt nachmittags zwei Uhr vierzig, Gleis dreiundsechzig, mit dem Etappenzug Gereon-Haumont. Zwanzig Begleiter in einem Wagen vierter Klasse mit Bänken und Ofen. Sehr bunte abenteuerliche Gesellschaft. Passieren der Grenze nach Aachen einhalb elf Uhr nachts.

4. 12. Es geht nach Wunsch weiter. Wir sind tief in Belgien. Der französische Stationsname Nesseaux. Coupiertes Terrain, leider nicht bei Tageslicht. Lüttich, ein magisches Nachtbild. Zwischen Lüttich und Namur unfreiwilliger Halt in tiefer Nacht. Vor Namur wird es Tag. Der Maas entlang, wo in schmalen Kanälen kleine Dampferchen sich mit Schleppern abmühten. Charleroi, die Kunst-Schlackenberge, Fabelort, Kohlen, das Gemäuer, afrikanisch, tagteuflisch. Gegen Thuin und Lobbes wieder mehr Naturschönheit. Die zarten Töne Frankreichs klingen leise an.

La douce France. Welch ein Wiedersehen! Erschütternd. Von Norden her, auf finsterem Weg und nicht zum Herzen hin! Illegitim. Armes, entadeltes Land! Vergangenheit, ein unerbittlicher Strich unter Gestern. Eine blitzende Klinge tief in des Herzens Kern. Milder sonniger Tag. Vieh weidet friedlich, schwarze und weiße Kühe. Karmin-Kühe.

Zeppelinhallen. Maubeuge abends einhalb vier Uhr. Gleich drauf Haumont. Ein Muster französischer Provinz. Die Poesie der Nüchternheit, ungeschminkter Alltag. Vorräte? Zucker? Öl? Reis? Wolle? Gummi? Wenig, nur ein Lot mehr als bei uns und auch schon ausgeplündert, weil Etappenstation. Die kundschaftenden Soldaten, Hamsterkaufleute, Spekulanten! Butter möcht ich auch, aber nicht um Geschäfte zu machen, sondern nur zum Essen für mich und die Meinen. Der Satan der Wucherzinse hat keine Macht, er ist zu bürgerlich.

Wir gehen ins Soldatenheim, wo ein Feldwebel bedient. Die Transportführerkollegen fühlen sich da wohl. Keiner fühlt den Reiz der französischen Provinzialtrostlosigkeit. Kintopp ist der letzte Wunsch der Herren Helden. Irgendein guter Geist trennt mich auf dem Weg dahin von ihnen. Es beginnt ein ausgiebiger Schneefall. Ich eile nach dem Bahnhof, wo ich erfahre, daß der Zug nicht wie zuerst verkündet um halb elf Uhr nachts abgeht, sondern schon bald. Eine halbe Stunde sei noch Zeit. Ich eile wieder hinauf nach dem hohen Mont, es ist Nacht geworden. Wenigstens den Kollegen vom Kampfgeschwader 5 möchte ich noch erreichen. Der Konstanzer hat Erfahrung im Transport in Feindesland. Aber wo ist die Zeit, um noch bis zum Kintopp zu gelangen? Dafür erwische ich einen Aprikosenkuchen von Qualität und eile zurück zum Bahnhof. Maschine und ein belgischer Packwagen, der jeder Beschreibung spottet, sind schon da. Die Flugzeuge eingestellt. Um halb acht Uhr fährt die ganze düstere Geschichte dahin.

Ein kleines Plätzchen erwische ich noch im warmen Oberraum, man schläft sitzend, die Decke um die kühlen Beine gewickelt. Der Ekelhafte mit dem übelriechenden Dialekt aus Thüringen, so was Ekelhaftes! (Vier Uhr früh St. Quentin.)

5. 12. Stimmung düster, man naht sich der Front. Das Drama meiner Reise naht sich wohl dem Höhepunkt. St. Quentin. Bei völliger Dunkelheit angekommen. Die Bahnhofskommandantur zur Not ertappt. Man weist mir einen Aufenthalt in einer Salle à manger an. Wer ist da? Die ganze im Personenzug nach- und vorgefahrene Gesellschaft unter einem Wust von Feldzüglern. Bin froh um den spezifischen Kollegen vom Kampfgeschwader 5. Kaffee, Wurst und Brot gibt's in der etwas dürftigen Marketenderei. Um acht Uhr früh nach der Weiterleitungsstelle oben in der Stadt gewalzt, die nicht eben gut zu finden ist. Niemand weiß genau Bescheid, wo das ist. Einer rät (richtig, wie sich nachher herausstellte) Essigny-le petit. Dann telefonieren sie noch beim Stoffel an und erhalten den Bescheid zurück: nach Bussigny und dann nach Cambrai zum Flugpark I. Wir raten hin und her, warum? Und die Fahrerei immer nur nachts! Wir ordnen unten am Bahnhof mit viel Mühe (wie faul ist doch jeder dieser Beamtentröpfe!) die Neubeklebung und Änderung der Frachtbriefe. Schließlich legen wir selber Hand an den Kleister. Gegen zwölf Uhr verdichten sich die Verhandlungen bei der nächsten Gelegenheit bis zum Versprechen der Weiterbeförderung zwischen zwei und drei Uhr nachmittags mit 7980. Das gibt uns Mut, nochmals nach der hübschen Stadt hinaufzugehen und warm in einem der Soldatenheime zu essen. Sauerbraten mit Kartoffeln, ganz wie in der Schleißheimer Menage, dann kaufen wir noch Brote und schöne Leberwurst, gehen hinunter und warten und warten im bereitgestellten Zug.

Und es wird abermals Nacht, bis wir weiterkommen. Packwagen gibt's diesmal nicht. Mit zwei Pferden im Abteil gereist. Immer nur nachts, weil man sonst die Züge bewirft. Meinen Pelz heraus! Eine schiefe Latte wird zum Bett. Noch ein Besitz! Sonst müßt' ich im Mist schlafen. Eingehüllt, so gut es geht. Gefroren, aber ausgehalten. Von den Füßen spricht man nicht.

6. 12. Früh im Cambrai-Annexe angekommen. Zettel umgeklebt nach Cantimpré, dem anderen Nebenbahnhof von Cambrai. Offenbar das Ziel. Wir haben wieder Überfluß an Zeit und schlendern nach der Stadt, dem armseligsten, ausgefressensten Nest. Netter Markt. Chicorée-Salat die Fülle. Mittagessen in der Kantine am Bahnhof Annexe. Dann nochmals zur Stadt zurück in eine Konditorei mit Kuchen und Früchten. Ein Bataillon von der Somme marschiert mit Musik auf, ein erschütternder Auftritt. Alles lehmgelb. Das Unmilitärische, Sachliche, die Stahlhelme, die Bepackung. Der Trott. Nichts Heldenhaftes, nur lasttierisch, sklavisch. Dazu die Klänge der Menageriemusik. Der Pauker gibt ein Besonderes her. Die stumpfen Mienen, die das Glück der Ablösung und Ruhestellung, wenn überhaupt, nur verzerrt wiedergeben.

Die Flugzeuge unten ausgekundschaftet. Lang gewartet und dann endlich eine kleine Station weit gefahren. Im Wartesaal des Hauptbahnhofs nochmals geharrt und geharrt unter einer Legion von Sachsen (brrr!). Und endlich wieder eine Station weit gefahren nach Cantimpré. Hier nun um drei Uhr früh auf die Straße gesetzt.

7. 12. Nichts Finstereres als solch eine Nacht. Den Weg zur Fliegerkaserne ertastet. In irgendeinen Raum parterre eingedrungen, da einen Strohsack erwischt und drauf mit Sack und Pack! Bei Tagesanbruch Kommandos im Kasernenhof. Wir erheben uns allmählich, gehen zur Geschäftsstelle (Schirrmeisterei) und sehen, daß wir bei Armeeflugplatz I sind. Man telegraphiert für uns nach dem geheimnisvollen Kampfgeschwader 5, ob Flugpark quittieren kann oder ob die Flugzeuge weiterzubegleiten sind? Um Mittag wiederkommen. Inzwischen sind wir da gut aufgehoben und auch verpflegt. Sensation die Fülle!

Mittags ist die Antwort noch nicht da. Um vier Uhr wiederkommen. Endlich: «Flugzeuge nach Essigny-le petit weiterleiten, Benzin nach Epéhy (Trennung vom Kollegen, Hotelier in Konstanz) Kagohl V.» So heißt die Antwort.

Ich beklebe neu und bekomme neue Frachtbriefe. Erkundige mich abends noch einmal an der Station, sehe, daß die Abfahrt ungewiß ist, beschließe, die einzige Gewißheit abzuwarten, daß die Flugzeuge ohne mich weg sind, und schlafe noch eine Nacht auf dem Strohsack.

8. 12. Gut geschlafen und gefrühstückt, um halb neun Uhr mich an der Station Cantimpré überzeugt, daß die Gewißheit seit Mitternacht zur Tat

wurde. In Ruhe und Regen sieben Uhr Hauptbahnhof Cambrai geschlendert, da die Flugzeuge gleich erspäht und bald nach Annexe weitergefahren. Glücklich wieder am alten Fleck, wieder dieselben Gänge unternommen, einen von russischen Gefangenen gebauten Wartesaalofen fertig vorgefunden. Essen in der Kriegsverpflegungsstelle, Kaffee im Soldatenheim, wo ich den Fall von Bukarest erfahre. Um halb neun Uhr abends sollen die Flugzeuge nach Bussigny abfahren. Ich lächle erkennend. Aß in der Kriegsverpflegungsstelle Annexe mein letztes Abendbrot, füllte die Feldflasche mit Kaffee. Tue ein letztes Schläfchen beim großen Ofen, der Zierde des Wartesaales. Dann finde ich meine Wagen neben einer Munitionssendung für Bussigny. In diese Sendung steige ich ein, um sicherzugehen. Niste mich ein neben drei Niederdeutschen. Am Boden viel Stroh. Kerzenbeleuchtung. Erst friere ich über das gewohnte Maß, dann lege ich die Leibbinde um und schlafe und träume bis früh fünf Uhr.

9. 12. In Bussigny wieder die bekannte Unmöglichkeit, eine Auskunft über die Weiterbeförderung zu erlangen. «Gehen Sie zu Ihren Wagen, dann werden Sie schon sehen, wann Sie abfahren.» Ein wahres Wort. Ich denke mir was und begebe mich nach dem Übernachtungsraum, wo ich wilde Bayern treffe. Trotzdem befängt mich noch ein milder Nachschlummer. Dann treibt mich leise Unruhe erst ins Bremshäuschen meiner Wagen, dann in eine Eisenbahnerbude zum Kaffeekochen und Marmeladebrotessen und zu Wurst und Äpfeln. Nun warte ich in guter Ruh im warmen Raum, der mir durchs Fenster einige Übersicht gewährt. Draußen Nebel und Sturm als bester Schutz vor Fliegerangriffen.

Gegen Mittag fahre ich mein letztes Stück für diesmal, ein paar Stationen gegen St. Quentin. In Essigny-le petit angekommen, erkundige ich mich und wandere einige hundert Meter dem Gleis nach, biege bei der nächsten Brücke nach rechts in die Straße, gehe bis zu einer großen Ferme-Anlage, erkundige mich und – bin am Ziel, von Regen und Sturm durchnäßt. Es ist erreicht. Ich bin in der Schreibstube von Kagohl V.

Die Aufnahme ist nett und menschlich, der Feldwebel führt mich gleich in die sennhüttenartige Küche, wo ich Fleisch, Kaffee Brot und viel Butter bekomme, wunderschöne nordfranzösische goldgelbe Butter. Es erkundigte sich noch ein Unteroffizier nach den Nummern der Flugzeuge. Quittiert wird erst nach dem Ausladen.

Ich bleibe auf einem Mannschaftszimmer. Der Ofen, den sie in die Cheminée bohrten, ist mein Freund. Ich wasche mich und warte, bis die Leute abends von der Arbeit heimkommen.

Sie sind guter Dinge. Das Wort Bruch steht nicht in ihrem Vokabularium. Kölner, Bremer und Hamburger. Abendbrot: Brot, Marmelade und abermals Butter. Nachher sind sie erst etwas laut und ausgelassen, dann setzt sich alles um die Karbidlampe an den Tisch. Jeder liest für sich. Stille und großer Frieden. Mir geben sie einen Stoß «Motor», eine schöne illustrierte Sportzeitschrift. Ein Lager mit Deckbett und vielen Decken zieht mich früh an sich.

10. 12. werden die Flugzeuge ausgeladen. Um sieben Uhr geweckt, zum Kaffee gegangen. Den Tisch wische ich ab. Dann gehe ich ein wenig hinauf ans Gleis. Je sechs Mann bei einem Flugzeug. Das Wetter klärt sich. Nach dem Essen hätte ich Lust wegzugehen. Ich frage auf der Kanzlei an, Quittung und Fahrschein werden ausgefertigt, erst muß aber der Leutnant zum Unterschreiben kommen. Bald bringt mir der Schreiber das Gewünschte, und ich ziehe vergnügt ab nach der Station. Da steht wie gewünscht ein Güterzug, ich elastisch hinein, in geheiztem Packwagen bis Bussigny.

Hier warte ich auf den Brüsseler Schnellzug, der mich abends halb zehn Uhr hinbringt. Ich finde eine ausgestorbene Großstadt, deren Bürger in der Strafe sind und um acht Uhr zu Bett sein müssen.

In ein Hotel bei der Gare du Nord, esse irgendwo gar nicht schlecht und gehe elf Uhr zu Bett.

Brüssel

11. 12. Reizvoller milder Tag. Frühstück im Hotel, halb neun Uhr, viele Tassen Kaffee und einige Weißbrotschnitten. Dann zur Kathedrale, innen farbig auffallende Glasfenster, im übrigen gewöhnlich-bürgerlich. Dann zum Königspalast und Justizpalast, durch eine Avenue hinten herum zurück. Militär kommt mit Pfeifen daher. Als es Mittag schlägt, bin ich gerade beim Soldatenheim, wo mich die Aufschrift: «Hier ißt man wie bei Muttern», zu einer längeren Rast veranlaßt. Hierauf, das Essen war ganz gut, noch in einen Nebenraum, zu Kaffee und Streuselkuchen. Die kleine alte Gemäldesammlung finde ich geschlossen, nur Jeudi lautet der wenig freundliche Empfang. Ich wütend davon. Hinunter zum Rathaus und Blumenmarkt, zu üppig, zu bürgerlich. Dann zum Bahnhof, Fett kaufen und ins Hotel, einpacken und bezahlen.

Hierauf großes Einkaufen in Geschäften und am Markt. Der Offizier mit der Korbkiste, die er selbst wegschleppt. Das Abendessen irgendwo ist nicht berühmt. Der Hunger weicht nicht. Sehr anziehendes Nachtleben, ganz lateinisch. Kokotten mit steilen Hüten und dünnen Beinen. Am Bahnhof noch lang auf den Zug von Antwerpen gewartet, der mit großer Verspätung kommt.

12. 12. Rückreise, über Namur, bei Tagesanbruch in Luxemburg, Metz, Saarburg, Straßburg, Karlsruhe. Hier hübsche Krankenschwestern mit dünnem Kaffee. Zwischen Karlsruhe und Stuttgart häßliche Schwestern mit ausgezeichnetem Kaffee und guter Wurst. Bei Metz wollte man mich aus dem Zug setzen, weil das ‚nicht' auf dem Fahrschein nicht gestrichen. Ich ignorierte das, stellte mich schlafend und kam bis Stuttgart. Von da an war keine Kontrolle mehr. Stuttgart, eine wunderschöne Stadt. Leider wurde es jetzt Nacht, die Alb muß besonders schön sein. Über Ulm, Augsburg nach München um acht Uhr abends. Um halb neun Uhr zu Haus, der Bahnhofskommandantur glücklich entwischt. In Stuttgart war das Friedensangebot des Kaisers bekanntgeworden.

13. bis 16. 12. eigenmächtiger Erholungsurlaub in München.

1039 18. 12. Der Ofen in meiner Schleißheimer Bude raucht. Besen und Schaufel gekauft. Kaminkehrer her. (Fand einen Lumpen im Rohr.)

1040 20. 12. Ich stehe auf der Weihnachtsurlaubsliste. Ich bat den Gefreiten, mich nicht mit Wache zu beglücken.

Der Ofen ist jetzt gut, nachdem der Lumpen heraus. Die Meinen können mich wieder besuchen. Vielleicht gerade in der zweiten Hälfte der Weihnachtsferien.

Schleißheim 1917

1041 2. 1. Gut angekommen. Den zweiten Tag der Woche glücklich umgebracht. Abends Wildermann auf ein paar Sekunden gesprochen. Fragte nach den Meinen. Nachher zehn Mark und fünfzig Pfennig einkassiert, verdient durch Urlaub. Das Militär hat auch lichte Momente.

Mit den Chinesischen Novellen begonnen.

1042 4. 1. «Wieder auf Transport, es ging plötzlicher denn je. Nach Nordholz, Marine-Festlandflieger-Abteilung, soll es gehen. Ich hätte wieder nach

Cambrai können, doch zog ich das Neue vor. See-Eindrücke und die Möglichkeit, Berlin zu berühren, kommen hinzu. Mein Rückfahrschein lautet über Cuxhaven–Berlin–Hof–München. Mitteilungen bitte an Walden. Der Sonntagsurlaub wird schon Ersatz finden.»

Dritte Transportreise

1043 Als Begleiter von Halle 42025 enthält B. F. W. 3739/16 nach Nordholz, Festungsflugstation bei Cuxhaven.

Vorabend, 4. 1. Um vier Uhr von Schleißheim zu Fuß nach Milbertshofen, wo der Güterzug um neun Uhr abends abfährt. Vorher noch etwas verproviantiert, unter anderem mit einem sehr guten Kräuterlikör. Glatt nach Laim hineingelangt.

5. 1. Drei Uhr früh mit 1909 von Laim ab. Im Fränkischen Jura aufgewacht bei wundervollem Frühlingswetter. Überschwemmungen der Altmühl. Wasser in den Straßen von Dollnstein, Wasser in den Ackerfurchen, Häuser als Inseln im weiten See, Wasser im Doppelochsenkarussell. Eine einsame Post, wie Abschied einer früheren Zeit. Später der Main, lehmgrün-rosa Klänge. Diese Landschaft ist von einer sanften Größe.

Abends sieben Uhr in Gemünden (der Heimat edler Vorfahren). Das Flugzeug wird mit einiger Mühe in einen Postzug gesetzt. Inzwischen mache ich es mir im Bahnrestaurant bequem und esse ideale Kartoffelpuffer mit Apfelpüree.

Vom fahrenden Zug aus später ein rascher Blick in ein geisterhaftes Dorf, verlassen, schemenhaft, gestorben.

6. 1. Gegen zwei Uhr früh in Bebra. Um vier Uhr weiter mit 8439. In Göttingen (acht Uhr) eine unerhörte Neuigkeit: Ein Schutzmann im Kampf mit Einbrechern gefallen! Wie schrecklich, noch zu allen Kriegsverlusten hinzu. Ich gehe ins Restaurant Bürgerpark und esse mäßiges Brot mit Sülze, trinke Kaffee und lese das Göttinger Blättchen mit den Anmerkungen der Schriftleitung.

Um zehn Uhr fünfzig weiter der Leine entlang. Klänge wieder grün-rosa, nur nicht ganz dasselbe Grün wie am Main, außerdem von Schnee leicht überzuckert. Die Leine durch Hochwasser ein mächtiger Strom.

Wiedersehen mit Kreiensen, wo ich mich einmal mit meiner Braut traf und wo ich auf einer Fahrt zu meiner Frau nach Holzminden umstieg. Elze, hannoversches Gebiet, und Nordstemmen, ein Schloß, echt literarisch-keck am

Berg. Chinesische Novellen gelesen, Vater und Gatte in gemeinsamem Gebet an der Leiche des Mädchens.

Nun wird es flacher, es erscheinen die ersten Windmühlen, und es kündet sich eine Großstadt an (Hannover).

Traumhaft zieht die große Stadt im Dunst jenseits der Überschwemmung vorbei. Eine eitle Kuppel mit Goldknauf am Anfang und schließlich ein alter, dreizackiger Kirchturm. Vorn ein holländisches Stück Industrie. Große Raumverschwendung überall, auch in der Anlage des Güterbahnhofes Seelze.

In den nächsten Zug nach Bremen kann das Flugzeug nicht mehr eingestellt werden, sondern erst elf Uhr zweiundfünfzig nachts in 7638 bei Stellwerk II. Ich erkundige mich und finde ein liebliches Restaurant mit Bier, Suppe, Filetbraten, Kartoffeln und Chinesischen Novellen.

7. 1. Beim Stellwerk im Schnee angelangt, muß ich (schlafend) noch einige Zeit warten, bis der Zug abgeht. Um sieben Uhr früh in Bremen, auf einer Packwagenbank ausgeruht habend, wärmer als letzte Nacht, nur immer mit gekrümmten Beinen.

In Bremen soll es eigentlich erst am nächsten Abend weitergehen. Doch bestimmt ein freundlicher Beamter, während ich im Stellwerk eben am Boden zu Ende schlafe, daß der Zug nach Geestemünde gewaltsam angehalten werde, um mein Flugzeug anzuhängen. Ich liege unterdessen in angenehm sauberem, luftig-warmem Raum, mit Schlummerträumen mild umgeben. Leider kommt der zu überlistende Zug mit erheblicher Verspätung. Und ich versitze einen Sonntag da oben und weiß kaum, warum das alles? Der Beamte, ein sanfter Blondling, mit mir schönes Deutsch redend, durchs Fenster nach unten mit den Eisenbahnern eine unverständliche Sprache zwischen Englisch und Dänisch.

Der zu überlistende Zug kommt endlich doch und bringt mich nach Geestemünde. Ein weichherziger Stationsbeamter bestellt mich auf dreiviertel sieben Uhr zum Personenzug, der das Flugzeug mitnehmen wird, und ermahnt mich mehrmals väterlich, nicht zu spät zu kommen. Es ist vier Uhr, ich spaziere nach dem Hafen und besehe die Schleusenanlagen. Dann hinüber zum Leuchtturm (übersetzen in einer Nußschale für drei Pfennig.) Beim Leuchtturm und bei der Funkstation ein unheimlicher Blick in die Nordsee. Großes Unglück lag in dieser Naturäußerung. Ganze Hoffnungslosigkeit. Ein schrecklicher Wind, der nur Unheil bringen kann. Innerste, kälteste Angst will mich erfassen. Die Seeleute sagen, schlechtes Wetter in Anzug. Ich gebe England die Schuld.

Zurück in ein Hotel-Restaurant mit einem Papagei. Da gibt es Schweinskotelett, Blaukraut und Kartoffeln, zum Sattwerden (wirklich satt). Den guten Rat des Fahrdienstleiters befolgend, komme ich rechtzeitig an und es war nicht so einfach bei sehr mangelnder Beleuchtung. Der Personenzug führt lauter Kleinbürger, als ob ich in der Schweiz wäre, außerdem Seeleute in schönen Ausgehmonturen, welche vom Sonntagsurlaub einpassieren. In Nordholz entrinne ich der Bahnhofswache nicht. Ein Posten bringt mich nebenher radelnd eine halbe Stunde weit zum Bestimmungsort. Der Feldwebel und besonders der Herr Mechaniker empfangen mich freundlich, letzterer sorgt für Zigaretten, Bettwäsche (!) und bietet mir Essen an. Ich mache mir einen Tee und lege mich nieder. Um mich lauter blonde Jüngelchen. Einer liest ein selbstverfertigtes Drama – moderner Stoff – in Jamben vor und steht Kritikern zur Diskussion. Meine schlechtesten Träume sind besser gemacht. Netter, armer Junge, gehört noch in die Schule.

8. 1. Früh wird gegen sieben Uhr geweckt. Es kümmert sich aber niemand drum. Später kommt die Gestalt noch einmal vorbei, witzelt und zieht Decken weg. An mir geht sie schonend vorbei. Dann kommt der Feldwebel selber, nach dem Rechten zu sehen. Bei mir fragt er: «Wer ist der Herr?» «Ich bin der Transportmann!» «So?» und geht vorüber. Als letzter stehe ich auf und sehe erst, wie niedrig und überfüllt die Baracke ist. Dann hole ich Honig, welcher auf Brot und im Kaffee vorzüglich schmeckt. Beim Kommando zum Maschinenausladen gehe ich später bei heftigem Sturm mit hinaus und sehe repräsentierend zu, wie die Leute sehr lebhaft und gut arbeiten. Beim Herumspazieren ängstigt mich die Gegend von neuem. Hier sieht es ganz nach dem Ende der Welt aus. Lieben kann man so was nicht, aber die ganze Gottverlassenheit ist nichts Schwächliches. Wer sich was zutun will, der reise hierher. Ich werde schon drüber wegkommen. Ein Kaninchenzoo entspricht dem Milieu.

Einer der nächsten Gedanken ist Kubin!

Nach dem Essen in einem Topf, welches gut schmeckt, hab' ich keine Ruhe mehr und möchte fort. Ich begebe mich zum Feldwebel, ein süßer, kindlicher Junge in Blond sitzt da im Matrosenkleidchen an der Schreibmaschine. Der Feldwebel schickt mich zum Vize-Flugzeugmechaniker. Der quittiert, gibt zwei Zigarren und guten Rat, wie ich Schnellzugfahren kann. Der Feldwebel ist einverstanden und stellt einen neuen Fahrschein aus mit gestrichenem ‚nicht'. Die Quittung hat dem blonden Kind Mühen gemacht.

Höchste Zeit zum Zug! Auf und davon bei einsetzendem Schneesturm, zum Glück von hinten. Wie vulkanischer Rauch zieht der verwehte Schnee in Strähnen über den gefrorenen Boden.

Ein Eilzug nimmt mich auf nach Cuxhaven. Strenge Revision der Papiere. Ich trinke eine Art Kaffee und fahre um vier Uhr nachmittags mit Eilzug über Harburg nach Hamburg. Hier schlendere ich ein paar Straßen im Schnee. Am Bahnhof beim Roten Kreuz etwas verproviantiert, oben im Wartesaal noch erklecklich von meinem Brot und Fleisch gezehrt. Um acht Uhr fünfundzwanzig D-Zug in vier Stunden nach Berlin.

9. 1. Am Lehrter Bahnhof angekommen. Nachts in Einsamkeit nach dem Dach des Reichstagsgebäudes gesteuert und hinter dem Brandenburger Tor nach dem Potsdamer Platz gegangen. Im Hotel Borussia abgestiegen. Unterwegs Soldaten und einem Leutnant den Weg gewiesen. Gut geschlafen. In der Früh um neun Uhr angeklopft. Um zehn Uhr stehe ich fertig, beim Weggehen tritt ein Kriminalschutzmann aus einem Nebenzimmer und guckt mich scharf an. Aber ich bin der Rechte nicht.

Bis halb elf Uhr bin ich bei Walden. Wir sprechen, planen ein Buch und Geschäfte. Um zwölf gehe ich essen und bin um ein Uhr wieder bei ihm, um seine Privatsammlung zu sehen. Mit seiner Hilfe telefoniere ich an Köhler und verabrede mich für sieben Uhr mit ihm. Dann zu Aschinger in eine Konditorei, der Kaffee ist nicht schlecht, aber die Torten!

Abends sieben Uhr zu Köhler, Brandenburgstraße 34. Er verspätet sich etwas im Geschäft. Fürs erste sehe ich hübsche Stickereien nach Entwürfen von Macke, Campendonc und Marc. Das beste sind ein paar fliehende Rehe, von Frau Niestlé gestickt, an chinesische Arbeiten erinnernd.

Nun kommt Köhler, begrüßt mich in netter Weise und bittet mich zum Abendessen. Ich habe sozusagen schon gegessen, aber daß man jetzt von Essen nicht satt wird, zumal in Berlin, ist bekannt, so halte ich doch mit bei Gans und rohem Schinken.

Nachher besehen wir die schöne Sammlung. Wir gedachten der beiden gefallenen Freunde und tranken fest auf ihr Gedenken einen ernsten Wein. Beim Abschied sorgte Köhler für Proviant, ein Soldat ist leicht gerührt über Fürsorge. Die Sammlung war so anziehend, daß ich Walden abtelefonierte.

Nachts zehn Uhr zwanzig ab vom Anhalter Bahnhof, über Leipzig–Hof, an Landshut und Schleißheim vorbei mit eigenen Gefühlen nach München. Hier entwischte ich der militärischen Sperre mit dem Versprechen, den nächsten Zug nach Schleißheim zu benutzen. Der nächste Zug ging am Montag, 15. 1., vormittags.

1050 15. 1. Meine militärischen Schicksale sind nicht schwer, aber überraschungsreich. Ich komme aus meinem geheimen Urlaub zurück und finde mich nach der Fliegerschule 5 versetzt. Das verdanke ich natürlich der Werft. Aber der Feldwebel versprach mir, dort für mein Fortkommen zu sorgen. Da es wahrscheinlich heute noch dahin geht, kann ich in meinem Zimmer wohl noch etwas Ordnung machen, mehr nicht. Das übrige besorgt dann meine Frau mit Sophie so nach und nach.

1051 16. 1. Das reine Naturereignis, so eine Versetzung. Nach zwölf Stunden kopfschüttle ich immer noch. Ich gehöre zum Gründungskommando mit etwa siebzig Leuten zusammen. Ich soll dort Obermaler sein! In Schleißheim soll nur der Stamm bleiben, zu dem ich nicht gehöre. Mein Schutzgeist wird schon wissen, was er tut.

Wir sind ausgerüstet wie fürs Feld. Ein Extrazug wird uns befördern, diese Nacht um ein Uhr dreißig. Ein Abenteuer mehr, damit der Krieg nicht zu fad wird.

Gersthofen 1917

1052 «An unserer Werft, da wollen wir uns nichts vormachen, kommen Sie nicht weiter. Dort werdens' befördert», meinte mein Herr Feldwebel.

Den ganzen Tag warteten wir und faßten und lieferten ein. Abends sechs Uhr waren wir fertig. Ich aß noch einmal im Blauen Karpfen und machte in meinem Zimmer Ordnung.

Nachts zwölf Uhr antreten, empfangen eine Tagesverpflegung und Tee. Der Herr Feldwebel gab mir die Hand. Erst drei Uhr dreißig ging nachts der Zug ab. In Laim blieben wir stecken, in München desgleichen mit Suppe. In Augsburg um drei Uhr, in Gablingen bei Nachtanbruch. Nun ein abenteuerlicher Marsch nach dem Bauplatz Barackenfeld. Von Fliegerschule noch keine Spur. Wir die Bauarbeiter.

16. 1. Nach einer abenteuerlichen Fahrt hier angelangt. Nach dem ersten Eindruck auch eine recht gottverlassene Gegend. Quartiere in einem neu hergestellten Barackenlager, wie im Feld. Der Unterschied aber im Sonntagsurlaub nicht zu vergessen. Ein Privatquartier?? Wo? Wird sich zeigen. Eine Wirtschaft?

Eine ganz neugegründete Sache ist das, und bis der Betrieb beginnt, wird's phantastisch zugehen. Ein Druckgebiet ohnegleichen, denn hier können wohl ganze Truppenteile in Vergessenheit geraten.

Der Feldwebel Poschenrieder in Schleißheim verabschiedete sich von mir in so ausnehmend netter Weise, daß ich annehme, er hat mir mit der Versetzung eine Art Dienst tun wollen.

«Hier ist ja gar nicht dran zu denken, daß Sie vorwärtskommen, darüber verlieren wir gar keine Worte. Es ist ja ein Unsinn, aber gegen Tatsachen kann man gar nichts machen. Auf Wiedersehen, Herr Klee!»

Es ist sicher, daß die Werftleitung mit meiner häufigen Abwesenheit nicht einverstanden war und mich weg haben wollte, wohl ins Feld. Um die schönen abenteuerlichen Transporte ist es schade.

Jetzt heißt es, sich mit dem Neuen abfinden. Und sehen, wo neue Vorteile liegen. Rasch rinnt die Zeit, und jeder Tag ein Minus an dem wahnsinnigen Krieg.

1054 22. 1. Wir haben bis jetzt wenig Arbeit gehabt. Ich kann viel lesen und werde immer chinesischer. Die Li-T'ai-Pe-Gedichte sind zu spielerisch übersetzt. Klabund verfährt etwas leichtsinnig. Auch die Novellenübersetzung ist nicht zuverlässig. Der Übersetzer kokettiert etwas mit Europa.

1055 22. 1. Bin gut angekommen und richtig einpassiert. Die Nacht war kalt, aber ich zog die Haube über die Ohren. Mit der Straßenbahn durch Augsburg gefahren, Augsburg sah ich nicht, nur einige Augsbürger. Auch ein Eindruck. Die Zeit ist knapp, der Zug darf keine größere Verspätung haben. Ich war mit Reif behangen wie ein Baum. Und mein Schnupftuch gefror steif in meiner Tasche.

1056 26. 1. Die Bahn ist für Militärurlauber gesperrt. Ich verlange daher Urlaub nach Augsburg von Samstag früh bis Sonntag nacht und möchte, daß die Meinen nach Augsburg zu mir kommen. Die Urlaube waren gewährt, bis heute abend der Armeebefehl kam. Die Hiesigen können nichts dafür. Aquarell *Heiterer Ausblick*.

1057 29. 1. Nach den schönen Stunden in Augsburg gut einpassiert. Es war nachts etwas milder und dadurch der Marsch angenehmer. Ich brachte Erholung für eine Woche mit und den großen Eindruck des Doms.

1058 30. 1. Ich will versuchen, trotz Sperre, als dringender Fall den nächsten Sonntag in München zu sein. Aber zuerst muß ein bestellter Brief von Walden in meiner Hand sein. Die Tage sind etwas freundlicher geworden durch den Sonnenschein und die Kälte leichter zu ertragen. Die erste Halle steht in der Konstruktion fast fertig da. Ich lerne auf diese Art Hallenbau. Konserven aufgegessen, Rollmöpse sind in der Kantine aufgetaucht. Wenn nichts mehr da ist, treibt mich der Hunger doch einmal in ein Dorf.

Jetzt bin ich von den acht Stunden Winterluft stets ganz berauscht, daß ich abends keine Wanderlust mehr verspüre.

1059 31. 1. Heute kam ein neuer Chef, ein Hauptmann Moosmair. Er macht einen angenehmen Eindruck. Wenn Walden endlich funktioniert hat, werde ich dann sehen, was er leistet. Bitte um Kinderreime und russische Märchen.

1060 3. 2. Die Meinen brauchen nicht nach Augsburg zu kommen, da ich für die Sturmausstellung kurzen Urlaub erhalte. Es ist bei dieser Temperatur auch besser, besonders für Felix.

1061 6. 2. Bin gut angekommen. Leider ohne die Konserven, die im Wohnzimmer liegenblieben. Die Büchsenschere äugte mich sarkastisch an. Eben kommt Lachs an, außerdem ein Paket von einer Dame in München. Morgen übt unser Gesangverein.

1061a 9. 2. Der Mondwechsel hat nicht viel vermocht, die Luft ist nur schärfer geworden und auch die Farbe. Ich brauche von zu Haus Anstreichpinsel, denn das preußische Hallenbaukommando verläßt uns, und wir sind ohne Material.

1062 12. 2. Walden verkaufte einiges, darunter sogar eine Zeichnung *Traum zu Schiff* (später sah ich diese bei Lothar Schreyer). Ein Artikel Däublers im Börsencourier wurde mir zugesandt. Die Ausstellung sei erschütternd, die Vertiefung in letzter Zeit unglaublich. Außerdem kündigt er eine größere kritische Studie an. Bin gut einpassiert. Wenn einmal das Eis verschwindet, wird man leichter marschieren. Ich brauchte zur Arbeit im Freien starke Tatzenhandschuhe.

1063 13. 2. «Mein liebes Jüngelchen! Nun ist Dein lang erwarteter Brief endlich zu meiner großen Freude gekommen, zugleich mit einem Brief Deiner Mama und einem Paket von Frau von Kaulbach. Nun hab' ich, da ich gerade auf Wache bin, allerlei zu lesen und zu essen. Ich hoffe noch auf Kuchen und Schokolade sowie auf Stoff zum Handschuhenähen... Also gut gereist seid Ihr bis auf Kälte und Hunger. Und der Fripp hat allerlei Untaten verübt. Ich hätte an seiner Stelle ganz ähnlich gehandelt und mir auch durch Schläge den Appetit nicht nehmen lassen. Besonders wenn sie erst lang nachher kommen.

Ich bin gut gereist auf Schusters Rappen. Über Deine Fotografie kann ich noch nichts sagen, bis mir heute oder morgen einer die entwickelten Platten aus Augsburg mitbringt. Die zweite Aufnahme ist sogar noch in der Kassette.

Zum Schluß noch vielen Dank für das Gedicht. Heute friert's mich an die Hände, welches einmal ein Ende nehmen muß. Mit herzlichem Kuß, Dein Papa.»

1064 14. 2. Walden wünscht für seine Privatsammlung sechs Blätter:
1. *Nachterinnerung Tags* 1916/72. 2. *Kleine Gemeinde* 1916/69.
3. *Gestirne über bösen Häusern*. 4. 1916/8. *Miniature*.
5. *Das schwere Herz*, Zeichnung. 6. *Licht und Schatten*.

Nun weiß ich ohne mein Wachstuchheft nicht, welche Nettopreise dafür angesetzt sind, und kann sein Angebot nicht beurteilen.

1065 19. 2. Die Augsburger Delikateßgeschäfte waren geschlossen. Meine Frau soll mir etwas zum Ersatz senden, auch etwas Tee. Ich komme ziemlich früh zweidrittelwegs in Gersthofen an und kann da im Strasserbräu noch essen, so daß meine Vorräte geschont bleiben.

1065a 20. 2. «Bis jetzt war ich zuletzt doch immer einigermaßen satt geworden. (Das ewige Thema deutscher Nation.)

Tauwetter und Schokoladensudel.

Ich habe noch meine anständigen Schleißheimer Stiefel.

Es kam ein Paket aus Wiessee, ich erhielt rohe gelbe Rüben, eine riesige rote Rübe. Dabei lag ein Brief an Dich. Es muß also eine Verwechslung passiert sein. Hackbraten und Kuchen konnte man sich gefallen lassen. Die Feldfrüchte und ein Paket Grieß bringe ich nach München. Braten und Kuchen wohl nicht.»

1066 22. 2. Als Schreiber in die Kassenverwaltung befohlen. Es hat sich das von selber erfüllt, dem ich in Schleißheim ängstlich aus dem Wege ging und wofür ich mancherlei durchzumachen hatte.

Meine Berliner Ausstellung wird ein finanzieller Erfolg. Walden kauft für achthundert Mark, und außerdem sind zwölf Blätter für eintausendachthundertunddreißig Mark verkauft. Sage zweitausendsechshundertunddreißig Mark.

23. 2. Die Urlaubssperre ist verlängert. Ich berief die Meinen telegraphisch nach Augsburg, da ich nächsten Sonntag hierbleiben muß.

26. 2. Nach diesem Urlaubssonntag etwas vermehrte Arbeit als Wirtschaftsbuchführer, weil ein Tag mehr zu berechnen.

Ich finde Augsburg immer hübscher. Heute ist der Frühling wieder etwas gewachsen. Felix soll fotografische Kopien einer Hallenaufnahme machen.

1067 1. 3. «Mein lieber Felix, Dein Brief hat mich wieder sehr gefreut. Sehr lustig ist Deine Idee vom Doppel Paris auf Oberwiesenfeld. Diese beiden Türme kenne ich gut von den Übungen her, die ich letzten Sommer dort mitmachen mußte. Es sind keine Aussichtstürme, sondern Funktürme zum Auffangen der drahtlosen Telegramme.

Nächsten Sonntag bin ich nun doch wahrscheinlich wieder in Augsburg. Wenn die Mama keine Lust hat, dahin zu reisen, so kann ich es verstehen nach den Mühen der Woche usw.»

1068 19. 3. Die letzten Verkäufe bei Walden betragen fünfhundertundvierzig Mark, der erste Verkauf, den er meldete, war zweihundertundneunzig Mark, also sind es jetzt dreitausendvierhundertundsechzig Mark. Gott sei Dank, daß man nicht auch noch Geldsorgen hat!

Schön war's in München, trotz der Kürze. Dafür hatte ich heute recht viel Arbeit.

1069 22. 3. Der Weg nach Gersthofen war stellenweise recht verschneit, besonders das letzte Stück, und ich war etwas müde zum Schluß. Aber trotzdem sind diese allwöchentlichen Märsche ein Genuß, wenn man so lange eingesperrt war. Bis Montag abend war ich Herr auf der Kassenverwaltung. Der Zahlmeister war auf einer Konferenz in Schleißheim. Ich übernahm die Kantinengelder. Man traut mir.

Der Hauptmann gibt weitere Aufträge zur Ausmalung seines Fotoalbums. Wenn ich nur wüßte, wie man einen Löwen macht, der ein bayrisches Wappen in der Tatze hält. Die Gunst dieser Gewaltigen vom Flugplatz ist so wichtig, daß es nach seinem Geschmack gelingen muß.

Heute kamen die ersten Flugzeuge herangeschwirrt. Ich hatte keine Sehnsucht nach Propellergeräusch.

1070 März. Mein Urlaub ist diesmal in eine Sonntagswache verwandelt worden. Nichts zu machen, denn da ich noch nie auf Sonntagswache war, hat es den Schein von Gerechtigkeit. Trotzdem ist es natürlich eine kleine Rancune gegen mein häufiges Urlaubfahren. Aber der Zahlmeister steckt sicher nicht dahinter. Es ist fatal, weil ich einen schönen Schweinsbraten ergattert habe, den ich nach München bringen wollte. Nun muß ein anderer das Fleisch nach München mitnehmen, der edle Schneider Hansi gibt das Paket beim Handgepäck-Depot am Bahnhof ab und tut den Schein in einen Brief, der an die Meinen adressiert ist. Diesen Brief wirft er rasch ein, und der Schweinsbraten wird abgeholt.

1071 4. 4. Zum Nervus rerum militarificorum, zur Urlaubsfrage, ist zu bemerken, daß wir Bahnsperre oder mindestens große Einschränkung haben. Ich werde einen Urlaubsschein von Samstag abend bis Montag nacht einreichen, und zwar nach ‚Augsburg'. Hier kleide ich mich als Zivilist um wie neulich und komme leicht nach München. Nur kann ich am Ostermontag dann nicht den letzten Zug benutzen, wegen zu großer Verspätungsgefahr.

1072 20. 4. Die ökonomische Musterung macht uns viel Arbeit. Man ist ganz vergraben und weiß sonst nichts. Wir rechnen und rechnen. Wie auf der Schule. Wirtschaftsbuch, Kammerbuch, Kammerbuch, Wirtschaftsbuch.

... Nachtwache. Furchtbar langweilige Bewachung des Benzinkellers. Musterung gut vorüber.

1072a Im Offiziersspeiseraum erklang neulich ein Klavier, es wurde mir etwas wärmlich zumute. Nun aber heißt es sich still halten und unmusikalisch sein.

Ich richte zur Zeit ein Fräulein Scheller aus Langweid in meiner Branche ab und muß dann nachher eigentliche Zahlmeisterarbeit machen. Gelindes Gruseln davor! Schön ist's jetzt im Freien, der Flugplatz verschönert sich, wenn das nicht ein für Flugplätze unangebrachtes Wort ist. Gartenanlagen sind im Entstehen.

Heut gab's guten eigenen Spinat, ein wirklich vorzügliches Essen. Man gibt mir als Wirtschaftsführer noch immer gewaltige Portionen, ob das wohl bleibt für einen angehenden Zahlmeister? Ob eine gewisse Dankbarkeit für zugedrückte Augen Bestand haben wird?

1073 9. 5. Jetzt lerne ich die eigentlichen Kassengeschäfte, nachdem ich dem Fräulein meine Sache beigebracht habe. Das ist dann eine kleine Wissenschaft, in der man nicht so leicht zu ersetzen ist. Aussicht auf Stabilität meiner militärischen Karriere.

1074 23. 5. Das herrliche Wetter tut gut. Jeden Abend bin ich drüben in meinem Wald und glaube, ich bin irgendwo freiwillig auf dem Land in guter Pension. Was schadet dabei der Dienst tagsüber? Er ist zu ertragen. Über Pfingsten wird es wohl Urlaub nach Augsburg geben, wo der Kostümwechsel erfolgen wird. Mit den Eiern als Mitbringsel wird's vielleicht bald. Ich hoffe auf einhundert Stück! ...

26. 5. Habe von Sonntag auf Pfingstmontag Nachtwache, «weil ich am Dienstag so in Urlaub fahre», sagt der edle Feldwebel Schurz. Ich fahre nach Augsburg, übernachte bei Ost in der Ulmer Straße und male für mich auf dem Zimmer. Das ist auch ein Fest ...

27. 5. Ein Gang durch den Dom hat mich von neuem von der Herrlichkeit dieser Architektur überzeugt und tief ergriffen.

3. 6. Gut von München hergereist bei versöhnend schönem Wetter. Der Marsch von Oberhausen ins Lager bei heller Nacht genußreich. In Augsburg löschte ich noch meinen Durst. Die Fische schwammen. Ich hatte Zweiter-Klasse-Fahrkarte gelöst. Den halben Weg war's noch Tag gewesen.

1075 13. 6. Ein Tag ist schon wieder verflossen, so tief ist dies Dienen schon als Gewohnheit verwurzelt, daß es ganz ohne tragischen Einschlag vor sich geht. Es war ganz amüsant. Der Zahlmeister empfing mich in bester Laune über den Doktor Schmidt wurde wieder so herzlich gelacht und gelästert wie je. Gegen Abend kam der Oberarzt Pickert zu mir und brachte das fünfte Heft des vierten Jahrgangs der Weißen Blätter mit einem kleinen Essay von Adolf Behne über meine Aquarelle. Pickert wollte allerlei Aufschlüsse über den Expressionismus und war ausnehmend nett. Der Zahlmeister schaute nur so, der ‚Doktor' und das Fräulein rissen die Augen weit auf. Wie drollig, daß mein beginnender Ruhm die fünfte Fliegerschule erreicht hat! Ich bin also einmal kein düsterer, verwendbarer Kitscher mehr, weil's in der Zeitung steht.

Gestern kam ich gut und rechtzeitig hier an. Der Weg war angenehm, Temperatur ziemlich frisch, Straße durch etwas Regen staubfrei. So machte auch das Urlaubsgepäck keine Beschwerden. Felix war noch ein großes Stück mit der Trambahn abschiedgelaufen, das reine Windspiel.

1076 20. 6. «Meine geliebte Lily! Endlich kam Dein Brief nachgehinkt, vom fünfzehnten bis zum neunzehnten von München nach Augsburg! Wenn es jetzt etwas Wichtiges gewesen wäre! Hoffentlich geht's Euch gut. Ich genieße die Hitze nach angeborener Art, ich lebe auf im Innersten. Wenn auch äußerlich unbeweglich, wie sich's gehört, bei südlicher Temperatur. Die meisten fluchen.

Wie genußreich ist der Eindruck der Zeitlosigkeit eines solchen Mittags, dies haarscharfe Balancieren des Seins, dies Stehen, wo sich kaum ein Atem rühren soll. Alles Tun ist da nur mechanisch, nur Schein. Wesentlich ist nur ein voller langer Augenaufschlag nach innen. Inzwischen wird wohl unsere Ernte großen Schaden erleiden. Herzlichst Euch beiden...»

1076a 21. 6. «Mein liebes Jüngelchen, ich habe mich sehr über Deinen lieben Brief gefreut, der gestern, Mittwoch, schon in meinen Händen war. Gestern abend bildeten sich zum erstenmal Gewitterwolken, ein fürchterlicher Sturm hüllte den Flugplatz in eine große Staubwolke, alles sehnte sich nach Regen, aber kein einziger Tropfen wollte fallen. Das Kornfeld, das ich den ganzen Tag vor mir sehen kann, geht einer vorzeitigen Reife entgegen und wird nur leichte Körner hervorbringen...Ich lese öfter in Deinem schönen Märchenbuch.»

1076b 28.6. ... heute nacht bin ich Posten und wandle mit Tschako und Karabiner herum.

1077 2.7. Gut angekommen von München, diesmal etwas knapper an der Zeit als sonst. So holte mich das Lumpensammlerauto schon vor Gersthofen ein, und ich schwang mich frisch hinauf. Es mußte tüchtig geregnet haben, denn die Straße war feucht, aber fest zugleich. Die wenigen Stunden in München tun immer gut, man bleibt durch diese ziemliche Regelmäßigkeit als Mensch im Gleis. Diese Woche hoffe ich wieder einiges für mich zu malen ... Empfindlicher Obstmangel.

1078 4.7. Am Montagabend malte ich ein Aquarell und begann ein zweites. Gestern abend wurde es wieder schön und mild. Ich spazierte in unseren ausgedehnten Gemüseanlagen und legte mich zum Schluß hin.

Kunst von gestern, so ein Dostojewskij Tschandala. Ein Werk, vielleicht die Brüder Karamasow, genügt eigentlich. Statt dessen liest man ein halbes Hundert solcher Dokumente von gestern, meist rein aus Langerweile, und von früher klaffen die Lücken. Von der Lücke der Gegenwart nicht zu reden, denn hier lassen die Dichter aus! Vorläufig springt die bildende Kunst in die Bresche. Unser Freund Hausmann weiß wenigstens Perspektiven für die neue Dichtung herzuzaubern. Eier keine, täglich wieder etwas Milch. Ein Pfund Honig von Fräulein Scheller erhalten.

1079 10.7. Das Gotthelf-Buch kann ich nicht lesen. Manchmal wird die Predigt schön, aber nie erhebt sie sich dahin, wo für mich ein Buch anfängt. Mag es homerisch sein, lese ich den Homer? Warum liest man eigentlich nicht einen nichtigen Schund, das ist doch unterhaltender. Das Buch der Gegenwart existiert ja doch nicht.

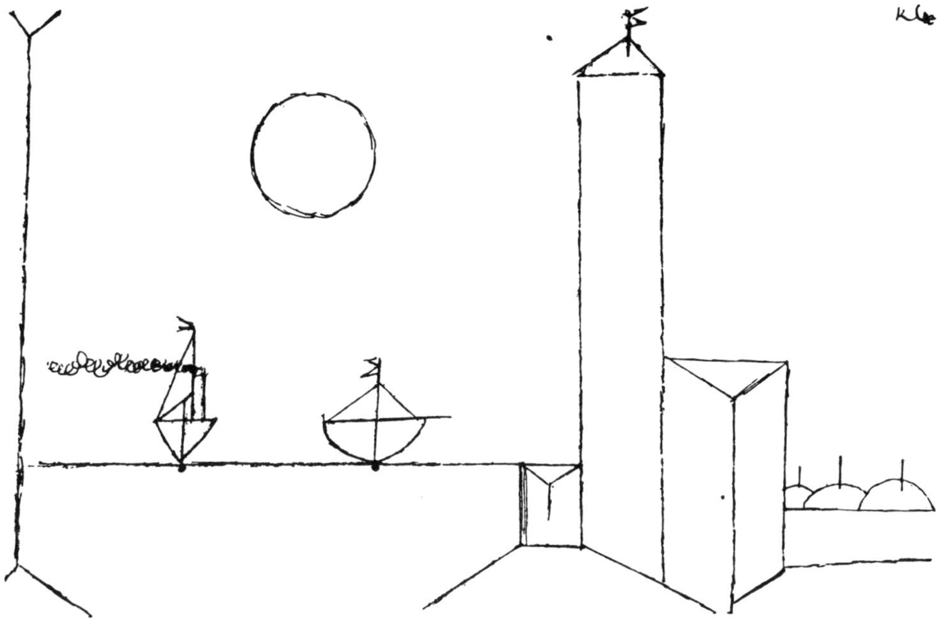

*39 Turm am Meer. 1917, 160*

Gestern abend konnte ich gut malen. Ein Aquarell in der Art der Miniaturen entstand, nichts Neues, aber eine gute Erweiterung der Serie. Neues bereitet sich vor, es wird das Teuflische zur Gleichzeitigkeit mit dem Himmlischen verschmolzen werden, der Dualismus nicht als solcher behandelt werden, sondern in seiner komplementären Einheit. Die Überzeugung ist schon da. Das Teuflische guckt da und dort schon wieder hervor und kann nicht unterdrückt werden. Denn die Wahrheit erfordert alle Elemente zusammen. Wie weit sich dies jetzt schon unter nur teilweise günstigen Umständen verwirklichen läßt, ist fraglich. Doch kann auch der kürzeste Moment, wenn er gut ist, ein dahin gesteigertes Dokument hervorbringen.

Großer Temperatursturz, fürchterlicher Wind und kühles Wetter. Bauchzwicken, nah dran, Uzaratabletten zu nehmen. Heute gab's so schöne Bohnen, aber die Faulenzer haben sie nicht weich gekocht! Milch habe ich jetzt wieder regelmäßig. So kann ich von der Menage alles herschenken, was mir nicht schmeckt (und das ist nicht wenig). Der Herbst scheint so plötzlich kommen zu wollen, wie der Sommer kam. Abgekürztes Verfahren, damit's schneller gar wird.

1080 13. 7. Von München zwei Pakete erhalten. Von Bern eine Karte. Professor Bürgi soll die Absicht haben, mit einem Zeugnis einen Auslandsurlaub für mich erwirken zu wollen. Leider werden sie enttäuscht werden.

Nichts Gutes mehr gemalt, bereitete graphisch einiges vor, als Vorfühler nach dem Ziel, welches ich hoffentlich nicht allzubald erreiche, denn es gibt nichts Kritischeres, als am Ziel zu sein.

1081 Juli. Gedanken am offenen Fenster der Kassenverwaltung. Alles Vergängliche ist nur ein Gleichnis. Was wir sehen, ist ein Vorschlag, eine Möglichkeit, ein Behelf. Die wirkliche Wahrheit selbst liegt zunächst unsichtbar zugrunde. Farbig fesselt uns nicht die Beleuchtung, sondern das Licht. Licht und Schatten ist graphische Welt. An Phänomen reicher als ein sonniger Tag ist die diffuse Helligkeit leichter Verschleierung. Dünne Nebelschicht kurz vor Durchbruch des Gestirns. Abmalen läßt sich das schwer, weil der Moment so flüchtig ist. Es muß in die Seele dringen. Das Formale muß mit der Weltanschauung verschmelzen.

Die einfache Bewegung kommt uns banal vor. Das zeitliche Element ist zu eliminieren. Gestern und morgen als Gleichzeitiges. Die Polyphonie in der Musik kam diesem Bedürfnis einigermaßen entgegen. Ein Quintett wie in Don Giovanni steht uns näher als die epische Bewegung im Tristan. Mozart und Bach sind moderner als das Neunzehnte. Wenn in der Musik das Zeitliche durch eine zum Bewußtsein durchdringende Rückwärtsbewegung überwunden werden könnte, so wäre eine Nachblüte noch denkbar.

Wir forschen im Formalen um des Ausdrucks willen und der Aufschlüsse, die sich über unsere Seele dadurch ergeben. Die Philosophie habe eine Neigung zur Kunst; anfangs war ich erstaunt, was sie alles sahen. Denn ich hatte nur an die Form gedacht, das Übrige hatte sich von selber ergeben. Das erwachte Bewußtsein, dieses ‚Übrige', hat mir indessen viel genützt und größere Variabilität im Schaffen ermöglicht. Ich konnte sogar nun wieder zum Illustrator von Ideen werden, nachdem ich mich formal durchgerungen hatte. Und nun sah ich gar keine abstrakte Kunst mehr. Nur die Abstraktion vom Vergänglichen blieb. Der Gegenstand war die Welt, wenn auch nicht diese sichtbare.

Die polyphone Malerei ist der Musik dadurch überlegen, als das Zeitliche hier mehr ein Räumliches ist. Der Begriff der Gleichzeitigkeit tritt hier noch reicher hervor. Um die Rückwärtsbewegung, die ich mir für die Musik ausdenke, zu veranschaulichen, erinnere ich an das Spiegelbild in den Seitenfenstern in der fahrenden Trambahn. Den Akzent in der Kunst nach dem Beispiel einer Fuge im Bild auf das Zeitliche zu verlegen, versuchte Delaunay durch die Wahl eines unübersehbar langen Formates.

1081a August.

Weil ich kam, erschlossen sich Blüten,
Die Fülle ist ringsum, weil ich bin.
Zum Herzen zaubert meinem Ohr
Nachtigallsang.
Vater bin ich allem,
Allen auf Sternen,
Und im letzten Fernen.
Und
Weil ich ging, ward es Abend
Und Wolkenkleider
Hüllten um's Licht.
Weil ich ging,
Schattete das Nicht
Über allem.
O
Du Stachel
In silbern schwellender Frucht!

1082 9. 9. «Meine geliebte Lily! Also morgen abend seid Ihr wieder in München, und wir werden uns nun leichter wiedersehen. Ich könnte heute nicht fahren, weil mich Dienst traf, und da mir der neue Führer dies selber mitteilte, kann ich gar nichts dagegen machen. Ich tröste mich damit, daß Ihr ja noch nicht in München seid. Überhaupt ist ja alles leicht zu tragen, wenn man es andern gegenüber nicht zu verantworten hat, man macht es mit sich selber aus und Schluß. Und Kompensationen gibt's für jede Unbill, ich könnte heute von Mittag an ausgehen; der Tag war leicht verschleiert, so wie ich das Licht mag, und ich begab mich in die Flußauen, Langweid zu, die mich schon zu Pfingsten über Erlittenes trösteten. In einsamster Gegend packte ich mein Aquarellwerkzeug aus und begann mit der Arbeit. Bis zum Abend hatte ich fünf Aquarelle, darunter drei ganz vorzügliche, die mich selber ergreifen. Das letzte, am Abend gemalte, enthielt ganz den Klang der Wunder um mich herum; ist zugleich ganz abstrakt und ganz Lech-Au.

Zum Schluß hatte ich keine geringere Befriedigung als im Urlaub. Einige Stücke Brot, ein Paket Zigarren und ein Pfund Birnen haben mich körperlich frisch gehalten.

Die Zeit ist gewiß nicht leicht, aber voller Aufschlüsse. Ob meine Arbeit bei gelassenem Weiterleben auch so schnell emporgeschossen wäre wie Anno 1916/17? Ein leidenschaftlicher Zug nach Verklärung hängt doch wohl mit der großen Veränderung der Lebensführung zusammen.

Hoffentlich klappt alles gut bei Eurer Reise und trefft Ihr zu Hause alles in Ordnung an. Nächsten Samstag werde ich wohl kommen, aber mehrere Tage Urlaub vertragen sich nicht mit dem derzeitigen Stand der Arbeit in der Kassenverwaltung. Jedenfalls bespreche ich es mit dem Zahlmeister, bevor der Führer, Oberleutnant Paul Kremer, entscheidet. Meine ersten Eindrücke von diesem sind günstig, ich meine, wir haben Glück gehabt.»

1083 12. 9. «Meine geliebte Lily, da ich annehme, daß Ihr heute nach Wiessee verreist, teile ich Dir dorthin mit, daß ich heute Deine letzte Karte aus Bern erhielt und daß es abgemacht ist, daß ich Samstagabend Euch in München treffe. Andernfalls würde ich abtelegraphieren. Herzlichst Euch beiden.»

18. 9. Gut in Gersthofen angekommen. Ich war froh, den früheren Zug benutzt zu haben, denn das Marschieren ins Lager hinaus ging gestern nicht besonders gut wegen Indisposition. Heute bin ich frischer. Der Zahlmeister ist im Lager Lechfeld, um die dortige ökonomische Musterung mitanzusehen. Ich fange nur sehr allmählich mit der Arbeit an, obwohl genug da wäre.

*40 Embryonale Abstraktionselemente. 1917, 119*

Manchmal mag man nun einmal nicht, besonders wenn kein Chef da ist. Herrliches warmes Wetter stimmt etwas hinauf. Um dreiviertel zwölf Uhr war ich gestern am Ziel und schlief gut. Es war schön die zwei Tage zu Hause; man hat wieder etwas Ordnung in seine Sachen gebracht.

1084 24. 9. Der gestrige Sonntag war recht mäßig. Nachmittags nur Dienst. Ich malte in der Schreibstube, was nicht so schön ist wie im Freien, wo man durch die Landschaft schon angeregt ist. Außerdem war ich auf dem Qui vive, weil ich fotografischer Stellvertreter von Baumann war, und bei einem Absturz die Aufnahmen hätte machen müssen. Diesmal war's mir recht, daß nichts passierte, so sehr ich sonst dafür bin, daß an Sonntagen alles klein geschlagen wird. Nächsten Sonntag dürfte ich, wenn das neue System bis dahin anhält, wieder hier sein, weil mein Urlaubstag auf den Dienstag fällt. Geschäfte wird's genug geben, die einen Urlaub erfordern. Fad ist nur das Laufen zum Rapport, das bleibt eine unwürdige Sache.

1085 4. 10. Bin gut und rechtzeitig angekommen. Fand viel Arbeit vor zur Musterung. Wildermann schrieb, daß er meine Angelegenheit (es handelt sich um einen Günstling von Stempel, Kommandeur in Schleißheim, den Theatermaler Hans Wildermann, der in meinen Urlaubsschlamassel eingreifen wollte) an geeigneter Stelle vorbrachte und ihm Erfolg in Aussicht gestellt wurde. Die Sonntagsarbeit brachte diese Schwierigkeiten mit sich. Wollen sehen.

8. 10. Gut angekommen, das letzte Drittel marschierte ich in Sturm und Regen, es war gut, daß ich meinen Mantel dabei hatte.

1086 8. 10. Ich bin heute durch das Wetter sehr müde und angenehm niedergeschlagen. Hoffentlich springt dabei etwas an Kunst heraus; das war schon oft so. Wir ruhen noch auf den Lorbeeren der ökonomischen Musterung aus. Das Büro ist gut geheizt, heute sehr ruhig, der Zahlmeister kam sogar erst im Laufe des Nachmittags zurück, und bei Wind und Wetter, wie ich gestern.

Der herannahende Winter hat immer etwas Geistiges an sich. Man zieht sich in seinen innersten Bau zurück und lagert sich um das bißchen Glut, das man hier vorfindet. Die letzte Wärmereserve, ein Teilchen von der ewigen. Ein Körnchen davon genügt für ein Menschenleben.

1087 10. 10. Der Sturm draußen hat sich gelegt, heute war richtiges Regenwetter, ich denke daran, wieder zu arbeiten. Außerdem lese ich in dem Steinerschen Buch. Wenn das alles nur kürzer gesagt wäre! Auf zehn Seiten. Leute, die ganze Bücher schreiben, werden mir immer rätselhafter. Gewissen Nebelflecken, die manch einer in seinem geistigen Innern hat, wird wohl zu einer Form verholfen, aus der sich mannigfaltige Variationen, auch Werke, entwickeln lassen könnten.

12. 10. Es geht mir ‚gut', Regen trifft nicht, Bude gut geheizt, was will man mehr. An Arbeit fehlt es auch nicht, im Gegenteil.

41 *Zeichnung mit der Fermate.* 1918, 209

1088 14. 10. Diesmal ist's nichts mit München. Heute vormittag gab es dafür sehr viel Arbeit. Nachmittags hätte ich frei, aber draußen kann ich bei großer Nässe doch nicht malen. Also sitze ich in der Schreibstube und arbeite für mich. Natürlich fehlt die gute Stimmung von draußen und die unbewußte farbige Anregung.

Theosophie? Verdacht schöpfte ich besonders bei den geschilderten Farbenerscheinungen. Wenn nicht Schwindel im Spiel ist, betrügt man sich doch selbst. Die Farbigkeit ist unbefriedigend, und die Andeutungen über die formale Gliederung sind direkt komisch. Die Zahlen sind unmöglich. Jede simple Gleichung hat mehr Sinn. Verdächtig ist auch die psychologische Seite der ‚Schulung'. Man arbeitet mit Suggestion. Wahrheit aber braucht nicht Widerstandslosigkeit, um durchzudringen. Natürlich habe ich das Buch nur zum Teil gelesen, weil es mir bald durch Gemeinplätze ungenießbar wurde.

Neben mir sitzt ein Offizier im Stubenarrest, er hat fünf Tage wegen einer Ehrensache. Furchtbare Langeweile quält ihn. Spricht am Fenster jedermann an. Gestern rief er dem Oberarzt, der bei uns drin war, durch die Wand zu: «Herr Oberarzt, ich bin krank, aber Sie können mir nicht helfen.» «Was fehlt Ihnen denn?» «Ich bin krank am Stempel, der Sauhund hat mir fünf Tage einjesperrt!» Zur Zeit amüsiert er sich damit, einen unserer Wachhunde zu reizen. Das gibt einen ungeheuren Lärm!

1089 22. 10. Gut hier angekommen, war recht froh, den vorletzten Zug benutzt zu haben. Hier viel Arbeit vorgefunden. Zahlmeister verreist. «Es muß gehen und wird gehen. Wir schaffen's.»

24. 10. Arbeit gerade genug. Der Doktor fuhr gestern unter großen Umständen und nach stundenlanger Vorbereitung in Urlaub. Ich schicke mich, um etwas freie Zeit zu bekommen, da der Frieden im Büro jetzt sehr tief ist und der Raum abends ein gutes Atelier.

26. 10. Ich arbeite wieder mehr graphisch als farbig. Die Farbe scheint sich zur Zeit etwas zu erschöpfen, bis sich wieder neue Vorräte angesammelt haben werden. Jetzt wäre ohne die Dienstfron dahier vielleicht gut Zeit, die plastischen Versuche weiterzubringen. Dies ist wohl der einzige Verlust, den mir der Krieg beibringt. Denn ob ich es später nachhole, ist fraglich, ich stehe dann vielleicht wieder an einem Punkt außerhalb dieses Gebietes.

1090 27. 10. Ein Wunder trat nicht ein, und ich repräsentierte hier als einziger und muß es auch morgen vormittag tun, weil geflogen wird. Sonst könnte man wenigstens zusperren. Nachmittags gibt es dann vielleicht ein gnädiges Wetter, und ich komme vor Herbstschluß noch einmal in die Lechauen, die mir so lieb geworden sind. Ich arbeitete gestern und heute, als ob ich zu Hause wäre, nur eben in der Schublade, die mich vor Überraschungen sichert.

Für die Fliegerschule war es ein Unglückstag, früh stürzte einer und brach sich verschiedene Knochen, nachmittags fiel ein Leutnant aus beträchtlicher Höhe zu Tod. Guten Appetit für die morgige Sonntagsfliegerei. Ich sitze ja warm und sicher und kenne im Innern keinen Krieg. Die Isonzoschlacht, die den Italienern verderblich wird, ist ja auch nur dazu da, damit wir etwas früher nach Hause kommen.

Tagore ist nichts so sehr Heftiges. Da lese ich lieber das treffliche futuristische Landsknechtslied über die Schlacht von Pavia oder sonst etwas Gutes aus dieser Gegend. Ob wohl Zivil noch ungestört reisen kann oder nur gegen Ausweis? Das ist auch sehr wichtig.

1091 29. 10. Nachmittags war ich spazierengegangen. Draußen malen ging nicht, es war zu kalt. Bitte sofort meine Zivilkleider mit Sommermantel, Kragen, Krawatte, Knöpfe, Hut und Schuhe nach Augsburg zu Herrn Ludwig Ost, Gastwirtschaft, Augsburg, Ulmer Straße, wegen eingetretener Zugsperre für Urlauber.

1092 15. 11. Die Zeit rast so dahin, und ich sehe mit Schrecken, wie spärliche Nachricht ich von mir gebe. Das macht, daß ich wirklich andauernd arbeite. Daß Hausenstein Referat und Redaktion für bildende Kunst an den Münchner Neuesten Nachrichten innehat: welch ein Wunder! Dr. Probst schreibt mir lange und geschäftlich. Campendonc schreibt sehr sympathisch! Es regte sich vorahnend in mir die Absicht, ihm zu schreiben.

1093 26. 11. Gut angekommen, die Nacht war sehr hell, das Innenleben konnte sich also während des Marsches nicht so sehr vordrängen. (Der Fachmann äugte.) Außerdem dachte ich noch lebhaft an die genossenen, ganz vorzüglichen Kartoffelklöße. Also von Geist keine Spur.

Ein Pionier brachte mir heute eine schöne Wurst für eine Mark und sechzig

Pfennig, die ich mit Freuden annahm. Ich hatte ihn vertraulich vor einem Kammersergeanten-Anschlag auf ‚eigene' Waffenröcke gewarnt und so Gelegenheit zu nutzen veranlaßt, samstags sein Eigentum nach Hause und in Sicherheit zu bringen. Die Schreiner lösten diese Frage in facheinschlägiger Weise durch Anfertigung einer geheimen Tischschublade. Geheim, weil kein Tisch im ganzen Mannschaftsbarackenkomplex einen Schub hat.

1094 28. 11. Hier geht's normal Tag für Tag weiter. Diese Woche stiller, wie immer nach dem Zwanzigsten. Auf den ersten Dezember geht der Tanz dann von neuem los.

Der neue Kreis nennt sich die Dresdner Gesellschaft, in Hannover heißt es Kestnergesellschaft, in Frankfurt Neue Vereinigung, in München Das Reich. Überall dieselben emporschießenden Pilze der neuen Zeit. Nehmen wir an, daß eine reelle Basis da ist. Jedenfalls tritt das Gegenteil von dem ein, was sich die deutschen Dunkelmänner vom Krieg erhofften. Wie es auch der scharfsichtige Kandinsky voraussagte damals in Rorschach. Eine Genugtuung scheint für mich jedenfalls daraus hervorzugehen: eine vollständige wirtschaftliche Selbständigkeit. Nicht, daß nun alle Hindernisse aufhören werden. Der Geist braucht sie ja!

1095 3. 12. Bin gut angekommen, aber nicht rechtzeitig einpassiert, weil der Acht-Uhr-fünfzehn-Zug ausfällt und der Neun-Uhr-fünfzehn-Zug erst gegen dreiviertel elf Uhr ankam. Durch Anwendung höchster Energie gelang es mir, bei Ost einzudringen, der eben zugemacht hatte, wie der Blitz mich umzuziehen und dann mit sieben Meilen auszuschreiten und um zwölf Uhr fünfundzwanzig Minuten einzupassieren. Der Wachhabende, ein mir ganz unbekannter, grantiger Unteroffizier, machte Meldung und Eintrag ... In der Frühe sprach ich dann mit Feldwebels rechter Hand, Unterschlagung nahelegend. Da ich keine Vorladung zum Kompanierapport erhielt bis heute abend, scheint die Sache gut abgelaufen. Es heißt nun leider in Zukunft, den Personenzug fünf Uhr fünfundvierzig in München nehmen. Alles in allem ein kleines nervenkitzelndes Abenteuer.

1096 5. 12. Gestern abend war Gesangprobe für das Weihnachtsfest der Schule beim Hauptlehrer von Stettenhofen. Der Schirrmeister, eine Operetten-

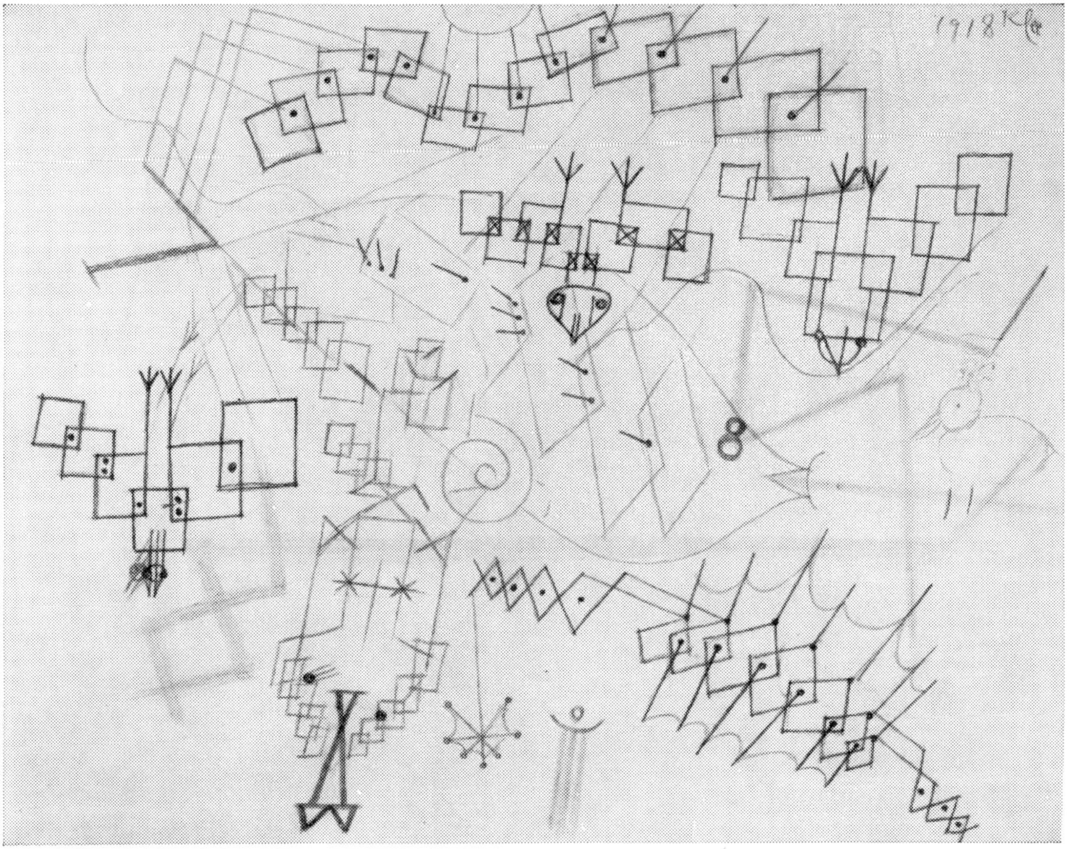


42 *Vogelflugzeuge.* 1918, 210

figur, hat's in die Hand genommen. Schön war's nicht, aber darauf kommt's ja nicht an, sondern auf das Verdienst, das mit Urlaub belohnt wird. Nach der Probe gingen wir in die Wirtschaft zur unteren Lechbrücke, wo es gute saure Leber gab. Die Winternacht war sehr kalt.

Ich muß das nächste Mal eine Steppdecke mit herausnehmen. Mein zu spätes Einpassieren lief glatt ab. Der Wachhabende mußte eine Notiz eintragen, daß er sich geirrt hatte. Ich genieße also doch einiges Ansehen hier.

1097 12. 12. Ab 1. Januar 1918 bin ich als Zahlmeisteranwärter beim Generalkommando gemeldet. Der Oberarzt mußte hierzu ein Gutachten ausstellen. Ich bin G. v. F. (Garnisonsverwendbar im Feld) auf Grund von L 1. Gewöhnlich geht es ein ganzes Jahr, bis die Reife verlangt wird. Und bis dahin wird ja mancherlei passieren.

13. 12. Die Graphische Ausstellung der Neuen Sezession kommt mir sehr gelegen, weil man dann Urlaub für mich reklamieren kann.

14. 12. Die Decke brachte ich gestern gut her, Gott sei Dank!

21. 12. Wenn ich dienstlich freier wäre, hätte ich glatt vierzehn Tage bekommen. Der Führer war ganz dafür.

Gersthofen 1918

1098 3. 1. Bin gut angekommen. Der Zug fuhr in München eine Stunde zu spät ab und kam erst um neun Uhr in Augsburg an. Weil in der Verzweiflung einige ausstiegen, glückte es mir, einen Sitzplatz zu bekommen. Sitzend erträgt man mehr, man kann außerdem einschlafen. Augsburg ganz hübsch und freundlich. Eine schöne Lunge mit Kartoffel bei Ost tat das ihrige. Auf dem Weg Empfindung bester Befriedigung über die vergangenen zehn schönen Tage.

Außerhalb Augsburg kamen ernstere Gedanken, hervorgerufen in grimmiger Schneewüste und chaotischer Finsternis. Dieser Charakter ward im Verlauf eher noch härter, Kyrie eleison von nun an Hauptmotiv. Gersthofen, der Ort unterbrach eine Viertelstunde leicht mildernd, dann setzte ein wüstes Schneetreiben ein. Das Kruzifix stand schwarz und abweisend zur Rechten. Im Lager warf ich mich lakonisch auf den Strohsack, im Bewußtsein, daß ich morgen einen schwerbeladenen Schreibtisch finden würde.

Noch bin ich nicht weit genug, den Feind England zu lieben und in ein Gebet einzuschließen. Vielleicht wird dann Ruhe, wenn ich's gelernt habe.

1099 10. 1. Seit gestern sind wir ganz eingeschneit und ohne Postverbindung. Zudem sind wir noch umgezogen, in eine Baracke mit größerem Raum, aber lange nicht mehr so gemütlich.

12. 1. Der Sturm hauste im Lager in ganz phantastischer Weise. Die Baracken sind teilweise unsichtbar geworden. Auf der einen Seite wurde der Schneestaub angetrieben und hinten wieder angesetzt. Dazu unser Umzug.

Jetzt sind wir bald wieder eingerichtet.

Schreiner, Ofensetzer, Elektromonteure und wie das Gelichter sich nennt, steigen auf unseren Köpfen herum. Und wir arbeiten ohne Doktor und ohne Hilfsdienst. Die Schneemassen stehen dazwischen. Auf den Bahnlinien stehen Züge mit ihrer Post eingefroren. Zeitungen unbekannt. Der Friede könnte ausgebrochen sein, wir wüßten es nicht.

1100 14. 1. Die Post funktioniert wieder. In der Friedensfrage hat Raten keinen Zweck. Niemand weiß nichts. Mit Rußland kommt es dazu, beide Teile brauchen's. Wie er wird, ist uns gleich, da wir die Politik nicht betreiben.

Daß wir von zu Hause weg waren: eine Strophe im Epos. Später lächeln wir feucht-leicht darüber, wie wir jetzt vergangene Leiden belächeln. Die Kunst sieht darüber hinweg.

17. 1. Eine frohe Botschaft von Däubler, sehr gern schaffe ich mit ihm zusammen an einem Buch. Am Samstag bin ich in München.

21. 1. Glatt einpassiert. Die kleine Abendgesellschaft, die ich zu Hause traf, wirkte märchenhaft auf mich. Der Sprung vom schmutzigen Barackenlager in ein appetitliches kleines Milieu. Die Däubler-Sichel las ich schon im Zug, ein entzückendes landschaftliches Epos.

22. 1. Der Zahlmeister war zwei Tage weg, da konnte ich manches für mich tun. Leider war die Stimmung nicht gerade schöpferisch. Außer Däubler las ich fabelhafte chinesische Geschichten, die ergreifend tief sind. Dann begann

ich mit der Tentation de St. Antoine. Etwas einseitig Ahriman. Keine gut-böse Simultanität.

Äpfel wären mein Hauptwunsch.

1101 27. 1. Das Wiegenfest S. M. erinnert mich an die vor einem Jahr in Augsburg gemeinsam verbrachten Stunden. Hoffentlich kann ich mich nächsten Samstag in München einschleichen. Diesmal ist zu vieles zu erledigen.

Ich habe nämlich nur noch reine Zahlmeisterarbeit. Der Doktor hat die Bekleidung übernommen, ich habe hauptsächlich Rapportwesen und den Rechnungsakt. Nun heißt es, sich etwa ein Vierteljahr noch in dieser Einöde stillhalten, bis ich genug kann, um eine Versetzung zu riskieren. Dann sollte schon etwas angebahnt werden, was einer Verbesserung gleichsieht. Das Schicksal hat jetzt gezeigt, was es mit mir vorhatte. Das Gespenst Schützengraben ist nicht mehr wirksam. Kassenverwaltung oder Intendantur.

Die Tentation de St. Antoine behagt mir nicht ganz. Was geht mich diese Hölle mehr an?

1102 28. 1. Der Oberarzt liest im Hausensteinschen Buch: Die bildende Kunst der Gegenwart.

Gestern nachmittag machte ich einen schönen Spaziergang. Die Landschaft war in ein schwefliges Gelb getaucht, nur das Wasser war türkisblau bis zum tiefsten Ultramarin. Der Saft färbt die Weiden gelb, karminrot und violett. Ich stieg im Flußbett umeinander, und da ich Stiefel anhatte, konnte ich das Wasser an vielen Stellen durchwaten. Die schönsten geschliffenen Steine fand ich. Einige verwaschene Ziegel nahm ich mir mit. Der Schritt zu einer Plastik ist hier nur klein.

Plötzlich überraschte mich dichtester Nebel, und ich machte mich schleunigst in die Richtung Flugplatz, da ich die Gegend nicht einmal bei hellem Tage ganz gut kenne. Einen mir bekannten Pfad einschlagend, kam ich bald gegen Langweid heraus und wanderte links unterhalb der Fahrstraße nach Stettenhofen, wo, abseits vom Lech, der Nebel weniger dicht war. Zartwärmliche Töne des feuchten Grundes drangen durch. Dann kehrte ich am altbekannten Ort ein, aß zweimal Voressen, bis ich wieder ganz warm war.

1103 31. 1. Urlaub nach Augsburg bekommen. Hoffentlich gelingt der zivile

Kniff wieder gut. Es droht ein Führerwechsel, gerade wieder im Moment, wo man sich gegenseitig etwas kennengelernt hatte. Kremer wurde plötzlich telegraphisch ins Feld berufen.

Im Büro sprach mich ein Leutnant Oesterreicher an, ein Mann, der mir schon lange gut gefällt. Wollte etwas von mir sehen, doch konnte ich ihm nur die «Nachtigallen» im Kunstblatt zeigen. Erst etwas verdutzt, bat er dann um Aufklärungen. Wie wir nun von Weltanschauung sprachen, entpuppte er sich als ein ganz wohlunterrichteter Mensch. Er steuerte dann auf religiöse Fragen los, auf den Krieg im metaphysischen Sinn als Zusammenbruch Europas. Immerhin erstaunlich für einen Flieger und technischen Offizier.

1104 Januar/Februar. Der erste Staatsgalerieblick auf Dinge, die schon Anno 1906 da waren. Meine Freude ist mehr Ironie.

Durch Zahlmeisters Abwesenheit, mit dessen Frau es sehr kritisch steht, bin ich jeden Abend ganz Herr des Büros und kann mich behaglich ausbreiten. Alles versinkt um mich, und Werke entstehen wie von selber. Graphische reife Früchte fallen ab. Meine Hand ganz Werkzeug eines fremden Willens. Ich muß dort Freunde haben, helle und auch dunkle. Aber ich finde sie alle von großer ‚Güte'.

1105 4. 2. Es ging alles glatt vonstatten, das ganze Verkleidungsabenteuer. Dann zog ich wieder mein lumpiges Maskenkostüm Feldgrau an, das mir so drollig steht, und der lange, lange Karneval kam wieder in Fluß. Wetter war bedenklich neblig, doch wollte ich nichts von Geistern wissen. Das Feuerwerk der Irrsternchen war wieder zu sehen, aber ich wehrte jedem Crescendo. Die Haltestationen Kapelle, diverse Kreuze, ganz ohne Spuk, ohne Neuigkeit, wie's in der Maskensprache heißt. Lieb war die kurze Gastrolle, die ich bei mir zu Hause gab.

7. 2. Nächsten Sonntag kein Urlaub. Zahlmeister geht seine Frau besuchen. Einer muß die Kasse hüten.

13. 2. Letzten Sonntag habe ich lustig gemalt und wieder einmal etwas Brauchbares zustande gebracht. Der Frühling draußen regt mein farbiges Innenleben neu an. Zartheiten werden fester.

19. 2. Kurze Urlaube sind gut, längere sind Gift. Die Nacht war etwas wärmer, um den Mond ein Riesenhof, so groß, daß seine Zugehörigkeit sich

verlor. Ja, die Nacht lernt man kennen, wenn man immer den ganzen Tag eingesperrt ist. Schön war's, nur zuviel Steiner. Ich bleibe einsam, geistig ledig. Ob wohl Münter berichten könnte, wo Kandinsky ist? Weiß der Teufel, was in Rußland noch alles geschieht!

1106 21. 2. Gestern hatten wir am goldenen Hochzeitstag der Majestäten Dienst, wie sonst mit zugehörigem Bruch. Abends ist das ganze Lager ohne Licht. Mit den Hühnern zu Bett gegangen. Tröstlicheres liegt nicht vor.

21. 2. Diese Woche hatten wir drei Tote, einer vom Propeller derschlagen, zwei derhuzten sich aus der Luft! Ein vierter sauste gestern mit Krach, Splitter-Riß und Schurf auf das Dach der Werft. Zu tief geflogen, an einer Telegrafenstange hängengeblieben, auf dem Werftdach einmal aufgehupft, überpurzelt und verkehrt liegenblieben wie ein Trümmerhaufen. Ein Gerenne von allen Seiten, im Nu das Dach schwarz von Monteurkitteln. Tragbahre, Leitern. Der Fotograf. Ein Mensch rausgelöst und bewußtlos fortgetragen. Gellendes Schimpfen gegen Zuschauer. Kinoeffekt erster Güte. So feiert ein königlicher Truppenteil goldene Hochzeit. Außerdem liegen an diesem Tag drei restlose Maschinen in der Umgebung. Schön war's.

1107 25. 2. Wieder ein Sonntag im Lager! Zahlmeister mußte plötzlich Urlaub nehmen. Ich war wenigstens fleißig. Malte und zeichnete und wußte zum Schluß gar nicht mehr, wo ich eigentlich bin. Staunend erblickte ich unten an meinen Füßen die grausam kriegerischen Stiefel.

5. 3. Gestern gut gereist, in Augsburg in den Donauwörther Zug umgestiegen und in Gablingen ausgestiegen. Dann in einer Viertelstunde in die Wirtschaft Stettenhofen gepilgert zum Pfannekueche. Dann zwanzig Minuten zum Lager, die ganze Marschleistung. Eine Karte von Mama fand ich vor. Sie beschreibt mit tadelloser Schrift ihren ‚Hirnschlag'.

1108 9. 3. Fritz Lotmar ist nach Augsburg zu Besuch gekommen, und wir trafen uns glücklich am Bahnhof. Zuerst ging's zu Ost, wo ich mich umzog, um mich ungenierter bewegen zu können. Dann gingen wir durch die alte Stadt, in den Dom usw. Dann tranken wir Kaffee im Königsbau. Zum Schluß Kalbsschäuferl bei Ost.

Viel Komisches war erst dabei. Ich Soldat und er Arzt im Hauptmannsrang.

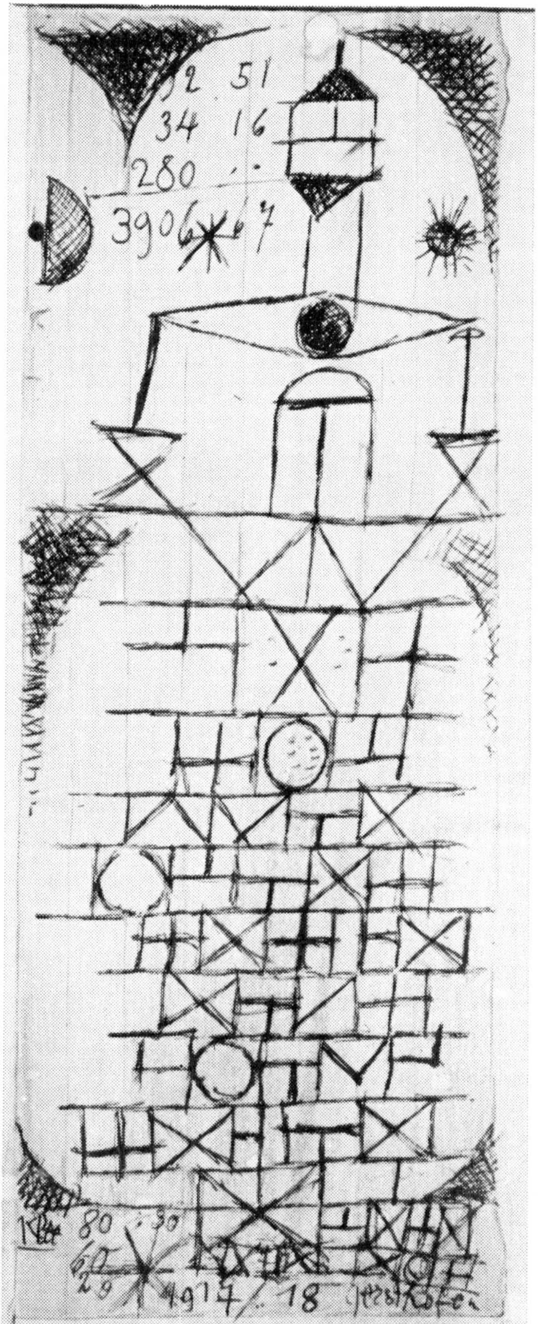

*43 Abschied. 1918, 207*

Erst machte ich viele Formfehler. Der Fall war neu. Wen hatte ich nun zu grüßen? Wem zu danken? Dann sind wir gewöhnt, daß er links geht. Das war auch so komisch, daß das nun plötzlich nicht mehr ging. Kurz, es war höchste Zeit, daß ich mich umzog, dann war alles beim alten. Noch einen Zwischenfall gab es, ich stach vor einem Major an meinen weichen schwarzen Filzhut auf mit Augen links. Fünf Minuten, bevor ich das Lager zu diesem Rendezvous verließ, kam ein Brief von meiner Schwester mit einer genauen Schilderung des Zwischenfalls in der Krankheit meiner Mutter. Ich konnte dann gerade mit Fritz darüber sprechen.

1109 19. 3. Am Bahnhof Augsburg kaufte ich Zeitungen und fand die Besprechung Hausensteins über die graphische Ausstellung der Neuen Sezession. Das Wunder einer Würdigung meines Schaffens hat sich erfüllt.

Schön war's in München. Aber auch die Rühreier bei Ost waren gar nicht übel.

1110 20. 3. Nachdem der Zahlmeister auf Wunsch seiner Angehörigen abermals nach München hat fahren müssen, weil der Zustand seiner Frau bedenklich stabil ist, mußte ich die Vertretung übernehmen und bleibe natürlich auf dem Posten, bis er wieder da ist. Dadurch ist mein nächster Urlaub fraglich. Vielleicht statt Sonntag an einem der nächsten Werktage. Ich habe diesmal auch die Kasse übernommen und muß die Nacht im Nebenzimmer zubringen.

1111 20. 3. Zum Gefreiten ernannt. Heute beim Rapport; es stehen vier Tage in Aussicht, jedenfalls bin ich Samstag abend in München, vielleicht schon früher. Eher ging's nicht, weil ich Stellvertreter war bis gestern nacht. Wer früher fährt, passiert früher ein.

21. 3. Heute war wieder Musterung, Resultat: dauernd G. v. Etappe. Die erste Stufe zum General ist erklommen. Leider hat mein Chef wieder schlechte Nachrichten, und ich habe viel Arbeit, besonders Dinge, die ich nicht sicher beherrsche.

26. 3. Ich habe an Abenden jetzt gute Gelegenheit, ein oder mehrere wichtige Blätter zu arbeiten. Osterurlaub nach Rückkehr des Chefs, wahrscheinlich von morgen an.

1112 5. 4. Heute am Flugplatz wieder einmal in der Sonne gelegen. Hoffentlich haben die Meinen schöne Ferien. Nur der arme Katzenfritzi ist zu bedauern. Bei Richter soll auch wieder ein Zeitschriftenpilz emporschießen. Im Auftrag von Däubler hat er sich schmeichelrednerisch (quasi Honorarersatz) an mich gewendet. Zugleich Erweiterung meiner Ausstellung. (Baustein für ein Urläubchen.)

8. 4. Hatte gestern einen nicht üblen Sonntag. Vormittags erledigte ich Privatkorrespondenz.

Nachmittags trieb ich mich in der schönen Lechgegend herum, abends suchte ich nach Essen jagend zwei Wirtschaften auf. Die sogenannte Abendkost wird feiertags schon mittags ausgegeben und als Dessert gleich eingenommen. Das macht dann gegen Abend Beine.

1113 11. 4. Urlaub für Sonntag und Montag erhalten. Heute und morgen bin ich Kassenverwalter wegen Abwesenheit des Chefs in Nachlaßsachen seiner verstorbenen Frau. Ich hoffe, daß er Freitag abend zurückkommt. Als Meister des Ganzen kann ich mehr für mich arbeiten, dienstlich muß ich anderseits wieder vorarbeiten, um wegzukommen.

Endlich Regen, es tut gut. Die Offensive wird sich nicht darüber freuen. Alles Schicksal.

1114 17. 4. Heute abend fange ich mit den Zeichnungen für Däubler definitiv an. Es muß sein, wenn es auch manchen sauren Tropfen kostet, wie immer, wenn ich mich meinen eigenen Einfällen nicht frei überlassen kann.

Engert will Zeichnungen und Graphik in die Staatliche Sammlung bringen. Preise: für Handzeichnungen hundert Mark; für Radierungen (es wurde mir dann alles wieder zurückgegeben) vierzig Mark, mit Ausnahmen der *Jungfrau im Baum*, die fünfzig bis sechszig Mark kostet.

1115 20. 4. Viel Arbeit, aber ich werde schon Herr. Dazwischen viele heitere Momente, wenn sich andere fürchterlich aufregen, und wozu? Wenn das physische Ich einigermaßen über Wasser steht, kann doch rein gar nichts passieren. Die Psyche gehört mir ganz, und niemand ist imstande, etwas davon wegzunehmen.

Ich denke, daß ich Samstag fahre. Ich probierte einen neuen Modus, weil ich wegen der vierundzwanzig Stunden nicht immer zum Rapport laufen und dort durch Regelmäßigkeit etwa auffallen mag. Ich lasse den Zahlmeister einen Zettel signieren, daß ich dienstlich abkömmlich bin. Den bringe ich zum Feldwebel. Hier wird ein Urlaubsschein ausgestellt, den der Führer unbesehen unterschreibt. Wenn es gelingt, bin ich stolz auf die gute Erfindung.

1116 21. 4. Das gegenwärtige Wetter macht schwermütig. Dazu der schwerfällige Gang der Offensive draußen, wo soviel abhängt von einem richtigen Gelingen.

Ach, daß man nur Mensch geworden ist, halb Gesindel und nur halb Gott. Ein tragisch reiches, tiefsinniges Schicksal. Möge sein ganzer Gehalt einmal geformt als Dokument vor mir liegen. Dann kann ich in Ruhe dem schwarzleeren Moment entgegensehen.

Passiert ist äußerlich: ein durchgearbeiteter Rapport und ein Kassenabschluß. Zuviel Brot haben wir gefressen. Das ist alles.

1117 29. 4. Gut angekommen, noch einen letzten Sitzplatz ergattert. Wir fuhren bei Nannhofen durch ein prachtvolles Gewitter mit Hagelschlag. Ich fuhr bis Gablingen, aß da ein bescheidenes Mahl und schlief dann traumlos bis früh sieben Uhr.

1118 1. 5. Die ökonomische Musterung wäre wieder vorbei, es war ganz amüsant. Dem Doktor, der jetzt das Kammerbuch führt, passierte wieder allerlei.

Für mich tat ich wenig oder nichts. Das schwüle Wetter macht müde, und die Bürozeit ist lang genug.

Die beiden Zeichnungen für die Richtersche Zeitschrift sind dort angekommen. Wenn sie nur gut reproduziert werden.

5. 5. Gut angekommen. Schwül war's im Zug, aber ich konnte sitzen. Wieder ein Sonntag, diesmal erholungsreicher, weil es nicht soviel zu tun gab.

1119 6. 5. Ich werde einen Urlaubszettel mit «einverstanden: Zahlmeister Renner» für Sonntag und Montag einliefern. Am Montag ist dann vielleicht ein Hilfsdienstfräulein da, zur Dekoration des Büros. Der Doktor, auf den meine Frau zur Zeit nicht gut zu sprechen ist, reiste heute mit den obligaten Umständen auf acht Tage ab. Urlaub nach München ist fraglich, nach Augsburg geht's eher. Dann fahre ich mit erhöhtem Risiko zivil nach München. Wenn's schiefgeht, geht's schief. Ich werde am Montag den Nachmittagszug zu erwischen versuchen. Wenn die Fülle zu groß ist, geht's dann sicher mit dem nächsten Zug. Ein hübsches Tableau, wenn dann Dienstag früh gar nichts anwesend ist! ... Doch frisch gewagt!!

7. 5. Herrliche Tage beleben das Gemüt, soweit das möglich ist. Vor mir wird den ganzen Tag gepflügt, und ich kann vom Arbeitstisch aus die schönsten Naturbilder sehen. Zudem fangen die vielen Apfelbäume das Blühen an. Wieder ein Frühjahr, das zweite heraussene! Noch eins – ? ... einmal muß es aber doch gar werden, ob es will oder nicht. Die Grammophonplage in der Baracke nimmt überhand. Vergiftete Würste nützen hier nichts, es frißt keine.

1120 21. 5. Alles scheint gut abgelaufen zu sein. Der Achtuhrzug ging zwar nicht, ich fuhr dann einfach mit dem Neunuhrzwanzig-Personenzug, da ich ja an keine bestimmte Zeit gebunden war. Urlaub in Form einer Dienstreise nach Schleißheim. Halb zwölf Uhr war ich am Ziel, schlief sehr gut nach dem Marsch in heller Mondnacht. In der Kassenverwaltung hielt ich nachts noch Nachschau, fand schwere Prüfungsbemerkungen zu meinen Arbeiten vor.

Kubin schrieb sehr warm und nett, Walden hat drei Aquarelle *Gestirne über der Stadt*, dreihundert Mark, *Komposition mit vier Kuppeln*, zweihundertfünfzig Mark und *Tempel der Sekte vom grünen Horn*, dreihundert Mark, verkauft.

23. 5. «Mein lieber Felix! Ich danke Dir für den kurzen Gruß von heute, der zu meiner Verwunderung auch wirklich ankam. Wie geht's Euch, es ist Euch wohl zu heiß? Mir gerade recht, weil ich doch irgendwie aus dem Süden komme. Ich erinnere mich gern an die Tage in München und an den flotten Marsch mit Dir zusammen nach Schleißheim. Dein Papa.»

1121 27. 5. Gut angekommen. Erst schien es, daß ich stehen müsse, dann aber fand ich doch noch einen letzten Platz. Der Marsch war ganz angenehm, es schloß sich mir ein unterhaltsamer Mann an.

28. 5. Habe Rapport der beiden Feldwebel entgegengenommen, bis zum 17. Mai durchgejagt. Davon etwas gehirnschwach. Es ist jetzt so eine Art Bataillons-Rapport. Jeder Feldwebel führt den Kompanie-Rapport. Aber da keiner dazu imstande ist, macht's, daß ich drei Rapporte führe.

Abends lag ich am Flugplatz mit Goethen. Die Episode mit dem Baron und

Hilarion liest sich angenehm. Ein Stück Kunst mit der deutschen Sprache zustande gebracht. Musik ist's freilich nicht. Das Wort ist doch recht weit vom Mysterium weg, Ton und Farbe an sich schon Mysterium. Was für ein anziehendes Schicksal, heute die Malerei zu beherrschen (wie ehedem für den Musiker).

Während ich dies überdenke, arbeitet das Grammophon unermüdlich. Köpfe grinsen drum herum, teuflische Masken gucken zum Fenster herein. Die Bestien genießen. Irgendeinen Sinn muß es doch haben, daß um mich immer ein Stück Hölle ist. Und diese ist wenigstens ganz sanft. Nur ein Reflex der wirklichen.

30. 5. Heute nachmittag lag ich wieder ein paar Stunden im grünen Dickicht, mir selbst angehörend. Vielleicht machte ich dabei Fortschritte.

1122 3. 6. Gut angekommen, Sitzplatz zweiter Klasse im letzten Moment noch erwischt.

Die Zeitschrift 1918, Verlag Richter ist da. Die Reproduktionen sind gute Autotypien. Die übrige Ausstattung ist etwas kriegsmäßig. Der Aufsatz Däublers kurz, er versucht, auf meiner Musikalität aufzubauen, und verbreitet außerdem meinen internationalen Ruhm als Violinvirtuose. Engagements erster Konzertinstitute werden die nächste Folge sein. Ich werde aber zurücktelegrafieren: Feldgrau verhindert.

4. 6. Mein Urlaub kam zur Sprache. Zehn Tage hintereinander sind um die Monatsmitte nicht möglich. Ich denke für's erste vier Tage, der Rest Ende des Monats. Ich hoffe dann Musik zu hören und zu machen. Aber wegen der Kürze nicht mit Kristeller! Die schlemmen in Brahms, für mich rentiert sich nur, was wirklich an die Nieren geht. Es müßte noch Herrlichkeiten aus der Vorzeit geben, Volksmusik, Tänze, Troubadourlieder. Oder, wenn ich das fabelhafte Duett zweier tunesischer Bettler in stiller weißer Gasse mittags vor verschlossener Haustüre noch einmal hören könnte! Wo einer dem andern antwortete, und die Stimmen dann ein paar Takte zusammengingen, um zum Schluß eigenartig überraschend miteinander herabzufallen. Und gleich darauf öffnete sich das Tor ganz schmal, eine Gestalt ahnte man und eine feine Hand sah man ein paar Münzen herausreichen.

1123 6. 6. Ich bin vorarbeitend mit dem Rechnungsakt beschäftigt, um nachher mit gutem Gewissen fortzugehen. Ich denke am Elften abends. Wenn ich's

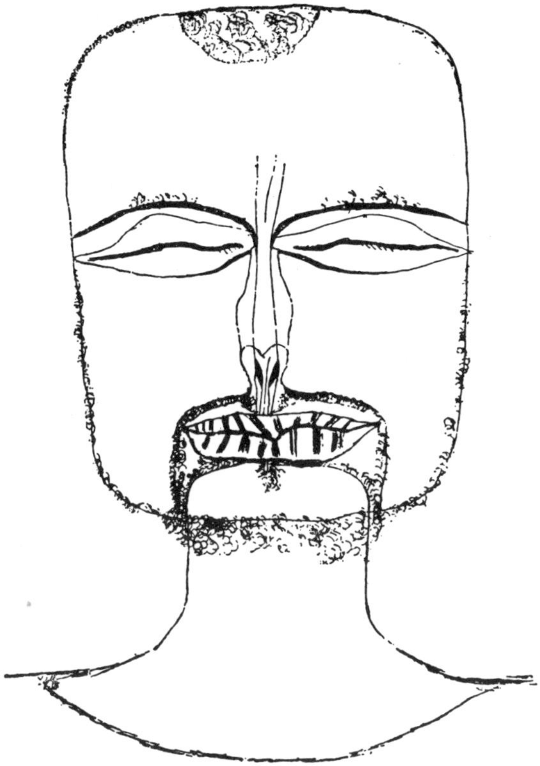

*44 Versunkenheit (Selbstporträt). 1919, 113*

durchbringe – und der Wille macht viel –, so ist dann wohl mit einer Woche zu rechnen. Nächsten Sonntag bin ich dann naturgemäß hier.

8. 6. Jetzt bin ich überzeugt, rechtzeitig fertig zu werden!

1124 28. 6. Schon sind wieder zwei Tage dahin. Das ist die Hauptsache, wenn möglichst viele möglichst rasch kaputtgehen. Kleine Freuden gibt es auch. Ich malte gestern – gut im Zug wie ich bin – einige Aquarelle in Rot und las auch weiter schöne Stücke aus den Wanderjahren ... Arbeit zur Zeit nicht übermäßig.

Der Urlaub hat die gute Nachwirkung, daß ich voll Kunst bin. Die Erkenntnis ist durch das mehrmalige Bachspiel wieder vertieft. Noch nie habe ich Bach mit solcher Intensität erlebt, noch nie so sehr eins mich mit ihm gefühlt. Welche Konzentration, welche einsame letzte Bereicherung!

1125 3. 7. Die Zeit vergeht gut, das ist die Hauptsache. Gegenwärtig ist Hochdruck der dienstlichen Arbeit. Am Montag fürchtete ich etwas, der Zahlmeister sei krank geworden. Denn er zog sich mitten am Zahltag zurück, und ich durfte sämtliche Offiziere honorieren. Aber es war nur die Folge eines Sonntagsausfluges. Der dicke Schurz, der Feldwebel Schmidt, er und der Abteilungsschreiber Siegling hatten mit unseren beiden Hilfsdienst-Damen einen Ausflug gemacht. Nachdem die Damen sich nicht sehr gut amüsiert hatten, gingen die vier für sich los. Schurz liegt zwei Tage zu Bett, Zahlmeister war vom Rad gefallen, nur die beiden letzten blieben heil. Ein Spottgedicht lag heute auf Zahlmeisters Tisch.

Eben hört es auf zu regnen. Der Sturm auf den Getreidefeldern war hinreißend; ich werde ein Schiff malen, das auf Roggenwellen dahinsegelt. Jetzt ist's hell, aber alles ist tief gefirnißt.

Die Lerchen sind verstummt, hie und da huschen Schwalben schattenhaft über den Boden.

1126 8. 7. Sehr schön gereist und schon um zehn Uhr in Augsburg ausgestiegen. Diesmal war der Zug gar nicht so voll, weil ein Vorläufer gefahren wurde. Aber man kann sich nie darauf verlassen.

18. 7. «Meine geliebte Lily, es freut mich, daß Ihr die Reise nach Ried unternehmt, hoffentlich habt Ihr schöne und erholungsreiche Tage! Wann kommt Euer Zug am Samstag wohl in München wieder an? Mein Urlaub ist nämlich schon genehmigt, und zwar Samstag mittag bis Dienstag nacht zwölf Uhr. Dann kommt für mich und Fritzi die lange Einsamkeit! (Reise meiner Familie nach Bern.) Ihr werdet es am wenigsten empfinden, aber das Katzenherz wird verzweifeln! Alles geht indessen vorüber, sogar Weltkriege. Viele Grüße auch an Frau Marc! Dein Paul.»

24. 7. Der Zug kam mit geringer Verspätung an. Die Schnellzugsfahrt war sehr stimmungsvoll, grauer Dampf ringsum, stellenweise ein satanisches Tempo, Risse im Himmel, alles zerfetzt. Wenn man nachher auf Schusters Rappen

45 *Reisebild. 1919, 132*

dahin muß, glaubt man sich ohnmächtig, das Ziel je zu erreichen, bis das bekannte Innenleben regsam erwacht und Zeit und Ort zu unbewußten Mechanismen sich degradieren. Ab und zu wurde ich etwas angeduscht, schwül war's auch reichlich.

1126a 25. 7. «Zu Deiner Beruhigung kann ich Dir mitteilen, daß ich am Sonntag dableiben muß. Zahlmeister auf drei Tage fort, ich sein Vertreter. Morgen wollt Ihr in die Schweiz reisen, hoffentlich geht alles gut. Ich denke, meine freie Zeit mit Malen auszufüllen. Vielleicht schlage ich wieder einmal ein Lager auf, draußen im Gebüsch, und nehme es für ein schönes Freilichtatelier und entlehne der ‚Natur' etwas von ihren würzigen Säften.

Wie schön, daß der letzte Urlaub zur rechten Zeit noch so gut glückte und daß die Versetzung nächsten Sonntag bei Eurer Abwesenheit mich nicht schwer trifft. Die einsame Zeit wird auch vorübergehen, wie jede Zeit. Jetzt scheint's mir leicht, aber es sind erst wenige Tage.

Also erholt Euch gut und genießt die Erleichterung, auf neutralem Boden zu weilen.»

28. 7. Heute war ein richtiger Regensonntag, der mich ganz ans Zimmer fesselte. Eine ganze Reihe angefangener Arbeiten konnte ich fertig machen, so daß wieder etwa zehn neue Arbeiten zum Aufziehen bereit sind, darunter einige von Däublers Sichel angeregte.

1. 8. «Nun seid Ihr schon bald acht Tage in der Schweiz, ohne daß bis jetzt irgendeine Nachricht zu mir gedrungen wäre. Sonst geht es mir gut, am Samstag hoffe ich abends in München zu sein, daselbst vielleicht das eine oder andere vorzufinden, meine Aquarelle aufzuziehen und so weiter. Ich bringe einen oder mehrere Gockel mit. Heut' erhielt ich ein paar Eitel gebraten gegen einige Zigaretten.»

3. 8. «Endlich kam gestern die erste Karte aus Rorschach usw.»

5. 8. «Als ich heute aus dem Sonntagsurlaub zurückkam, lagen die beiden ersten Karten aus Bern auf meinem Tisch. Natürlich bist auch Du ohne Nachrichten von mir gewesen.

Den Sonntag habe ich gut verbracht. Am Vorabend fehlte Fritzi. Die Tomaten fand ich vor, tadellos bis auf eine. Vielen Dank für die Zeilen zum Abschied. Auch eine Gurke sah mich frisch und fröhlich an. Nach einiger Zeit sah ich unten Licht und holte Fritzi herauf.

*46 Zwei mal Vierzehn. 1918, 49*

Da es nun sehr viel zum Essen gab (neue Kartoffeln, Tomaten, Gurken, zwei Gockel), bat ich Madeleine zum Essen zu mir. Sie kam pünktlich um ein Uhr ‚in die braunseidene Kleid' und lobte sehr meine vegetarischen Hühner sowie das übrige. Zum Schluß noch Suche nach Kaffee, aber es gab nur Malzkaffee und einen halben Liter Milch dazu. Fritzi hielt tapfer mit und legte sich gleich nachher aufs Bett. Die Nacht hatte er auf mir verbracht.

Vormittags hatte ich Aquarelle aufgezogen. Nachmittags malte ich noch einiges fertig. Abends gab es kalte Überreste. Zum Schluß eilte es wieder gewaltig. Zwanzig vor neun war ich am Bahnhof und sauste bald mit fliegender Eile durch die dämmernde Landschaft, oder sie sauste an mir vorbei. Nun weißt Du genau, wie es zuging, usw.»

7. 8. Bei Richter ist noch mehr verkauft, zweihundertfünfundzwanzig Mark netto. Walden will fünfzig Blätter einer Radierung für die Vorzugsausgabe

seiner Kunstwende. Wenn er zahlt, bekommt er *Garten der Leidenschaft*. Litho für die Sezession drängt auch. Acht Tage bräuchte ich halt wieder!

11. 8. Sonntagsurlaub in München, allein.

12. 8. Die ganze Auflage von «Kleinwelt» (für Westheim) zum Signieren erhalten. Schönes, teilweise prachtvolles Japan!

19. 8. Gestern war ich in München, arbeitete an einem Aquarell, das ich am Vorabend schon begonnen. Fand zu Haus alles in Ordnung, Fritzi sehr fett und schlemmerhaft. Madeleine hatte ihn gegen elf Uhr nachts heraufgebracht samt Zubehör. Der Hausenstein-Aufsatz, so ehrenvoll er für mich ist, hat mich trotzdem zur Opposition aufgerufen, und ich malte ein streng organisches Stück *Der Traum* auf grobes Papierleinen mit Gipsgrund. Wurde gleich weiß gerahmt und gehängt. Erfüllte mich noch den ganzen Heimweg vollständig.

Ich erwarte einige gute Tage, zwar werde ich bei Urlaubsabsichten des Herrn Chefs nächsten Sonntag hier bleiben, aber dafür kann ich dann jeden Abend auf seinem Zimmer ohne jede Störung für mich arbeiten.

21. 8. «Durch Goltz ein paar Hundert verdient. Radierungen für Westheim signiert und spediert, erwarte jeden Tag das Honorar. Einen Nachmittag war ich dienstlich in Augsburg und nahm mir Zeit, gut zu essen. Wenn diese Wirtschaft Ost doch in München wäre, da könntet Ihr öfter bei ihm essen. Nächsten Sonntag sicher hier.»

24. 8. «Diese Tage sind übermäßig heiß und schwül, es sollte regnen und kann nicht. Die Nächte sind dafür merkwürdig schön, gerade das richtige Maß an Temperatur. Mein schönes Nachtquartier behagt mir sehr. Nur die Bettlampe funktionierte heute nicht.

Goltz hat das *Weihnachtsstilleben*, netto vierhundertundfünfzig Mark, verkauft, Walden das ovale Bild und das kleine mit den Schiffchen, welche im Reich ausgestellt waren, zusammen netto sechshundertfünfzig Mark, also habe ich diese Woche tausendeinhundert Mark eingenommen.

Die Leipziger Illustrierte, die alte Tante, will unter der Flagge Expressionismus etwas von mir reproduzieren. Ich frug dagegen: wer den Artikel schreibe, welche Künstler außer mir in Aussicht genommen und ob Honorar?

Ich glaube, wir können jetzt der Zukunft mit Ruhe entgegensehen. Und ein Dienstmädchen wird wohl auch zu bekommen sein, bei entsprechendem Lohn.

Wenn die öffentlichen Chancen so gut wären wie meine privaten!

Das Kunstblatt brachte eine Schweizer-Nummer. Ich gehöre mit keinem

47 *Die Unerlösten. 1918, 189*

Wort dazu, obwohl Leute wie Neitzel und der Doktor Entente, der bei Genin hie und da zu sehen war, hineinschrieben.

Das würde ja dem entsprechen, was ich immer anstrebte: kein Lokalmann sein.

Laßt es Euch gut gehen, eßt für mich Schokolade und Risotto.»

29. 8. Die Illustrierte Zeitung bekommt nun einen Beitrag von mir. – Den Artikel schreibt Westheim.

Morgen erwarte ich den Bürochef zurück und ich hoffe, am Samstag wieder nach München zu kommen. Ein Gockelchen, gebraten, kam von München geflogen, daraus machte ich eine anregende Mahlzeit und aus dieser ein sehr farbiges Aquarell nachts von zehn bis zwölf Uhr.

4. 9. «Von der Gymnasialklasse + erhielt ich die Einladung, mich an einem Tag im September zu der Versammlung der Abiturienten vom Jahre 1898 einzufinden. Da werde ich mich wohl entschuldigen müssen, ich sei noch etwas ergriffen von der großen europäischen Krankheit. Sie sollen noch fünf Jahre warten, dann geht's vielleicht wieder.

Ich freue mich sehr auf Euer Kommen am 14. September, doch werde ich erst in acht Tagen längeren Urlaub erhalten können, weil der Gang der Kassengeschäfte es vor dem 18. nicht erlaubt.»

1127 19. 9. Der Zahlmeister liegt. Der Oberarzt müßte ihn ins Lazarett schaffen, doch sieht er aus Rücksicht auf den Dienst und auf mich vorläufig noch zu, wie es sich entwickelt. Subjektiv geht es ihm nicht schlecht, objektiv ist's die schönste Ruhr. Nun fahr wohl, Urlaub! Angeketteter war ich noch nie!

Grimmige Stimmung und viel Arbeit! Nichts ist ganz in Ordnung. Überall kleine Unstimmigkeiten. Wo ich den Fehler nicht gleich sehe, laß ich es liegen. Den Chef fragt man sowenig wie möglich.

Nun kommt auch noch der andere Arzt insgeheim und gibt die bekannten homöopathischen Winzigkeiten. Beider Mittel werden eingenommen. Komödie wie überall.

In dieses Milieu kommt eine Publikation Waldens, Die Kunstwende hereingeschneit. Zum großen Teil Aufgewärmtes, Bilder und Text. Von mir soll der Museumsausgabe eine Originalradierung *Garten der Leidenschaft* beigegeben werden. Ich habe bei Wetteroth längst fünfzig Drucke bestellt, aber er braucht furchtbar lang zu dieser kleinen Auflage.

48 *Künstlerbildnis (Selbstporträt). 1919, 260*

Mein Essay für Edschmidt ist als erster Entwurf schon da. Nun heißt es, die hingeworfenen Gedanken zu überblicken und zu ordnen. Manches scheint mir auch zweimal in verschiedener Form gesagt.

23. 9. Die kurze Unterbrechung in München hat gut getan. Sonntage können hier im Lager sehr trostlos sein! Und besonders, wenn man seinen Malkasten nicht dabei hat! Der Chef steht wieder auf.

Heute abend ohne elektrisches Licht. Mit den Hühnern zu Bett! Mannheim will die Marionetten ausstellen. Abgelehnt.

24. 9. Der Zahlmeister steht hie und da wieder auf und beginnt, Gott sei Dank, zu arbeiten. Es ging also noch glimpflich ab, vom ins Wasser gefallenen Urlaub abgesehen! Im Jahrbuch Kunstwende überragt der vortreffliche Aufsatz von Kandinsky alles, so einfach ist er und geistig zugleich. Ganz zum Überzeugen geschaffen, reinste Klarheit. Und da schreit man nach Klärung! Ein Wort wie «das Kunstwerk wird zum Subjekt» sagt ja alles. Der ganze Gang der Darstellung so sanft und ruhig.

Vielleicht komme ich jetzt bald so weit, einen Raum für mich auch außer Dienst zu haben, wo ich meine freie Zeit ganz ungestört verbringe. Es wird jetzt allmählich die Kaserne bezogen.

26. 9. Als Kassenhüter muß ich nebenan wohnen. Sehr günstig für die außerdienstliche Tätigkeit! Ich ziehe aus meiner Schublade aus!

1128 2. 10. Die Zeit ist merkwürdig, man spricht nicht mehr gerne von ihr. Es gibt Tage, wo die tollsten Dinge passieren, und man hat ‚nichts zu berichten'. Die Hauptsache ist jetzt mein eigenes Zimmer. Keine Aufsicht, kein Lichtauslöschen! Kein Wecken, nichts Militärisches, außer dem edlen Kostüm. Mittags ißt der Zahlmeister mit mir an einem Tisch. Wir haben ein Tischtuch, wenn auch kein reines. Der Doktor und die Damen essen im Büro nebenan.

Viel Platz hab ich und einen schönen großen Schrank ganz für mich allein.

Also ganz Arbeit! Das glänzende Licht mit hundert Kerzen! Also heran, du heiliger Geist!

Die Kriegsereignisse stimmen allzu weltlich! Man denkt an die Bulgaren, die jetzt den Krieg entscheiden, und ob die Türken jetzt auch umschmeißen werden? Ob sich die Westfront bald zum Rhein zurückbemühen wird?

Nach Hause gehen wir dann, welch ein hymnisches Thema! Aber nun muß es wirklich krachen. Niemand darf sich mehr erholen. Der psychologische Moment ist da.

1129 14. 10. Gut gereist, hatte noch einen Stehplatz erwischt. Reise und Fußmarsch kamen mir ganz kurz vor; ich muß innerlich beschäftigt gewesen sein. Das heißt, auf der Bahn schlief ich, dazu hörte ich, wie von weitem ein paar Österreicher von der italienischen Front erzählten, ganz traumhafte Dinge wie im Traum.

27. 10. Ich bin gut angekommen mit dem Personenzug. Da ich in Augs-

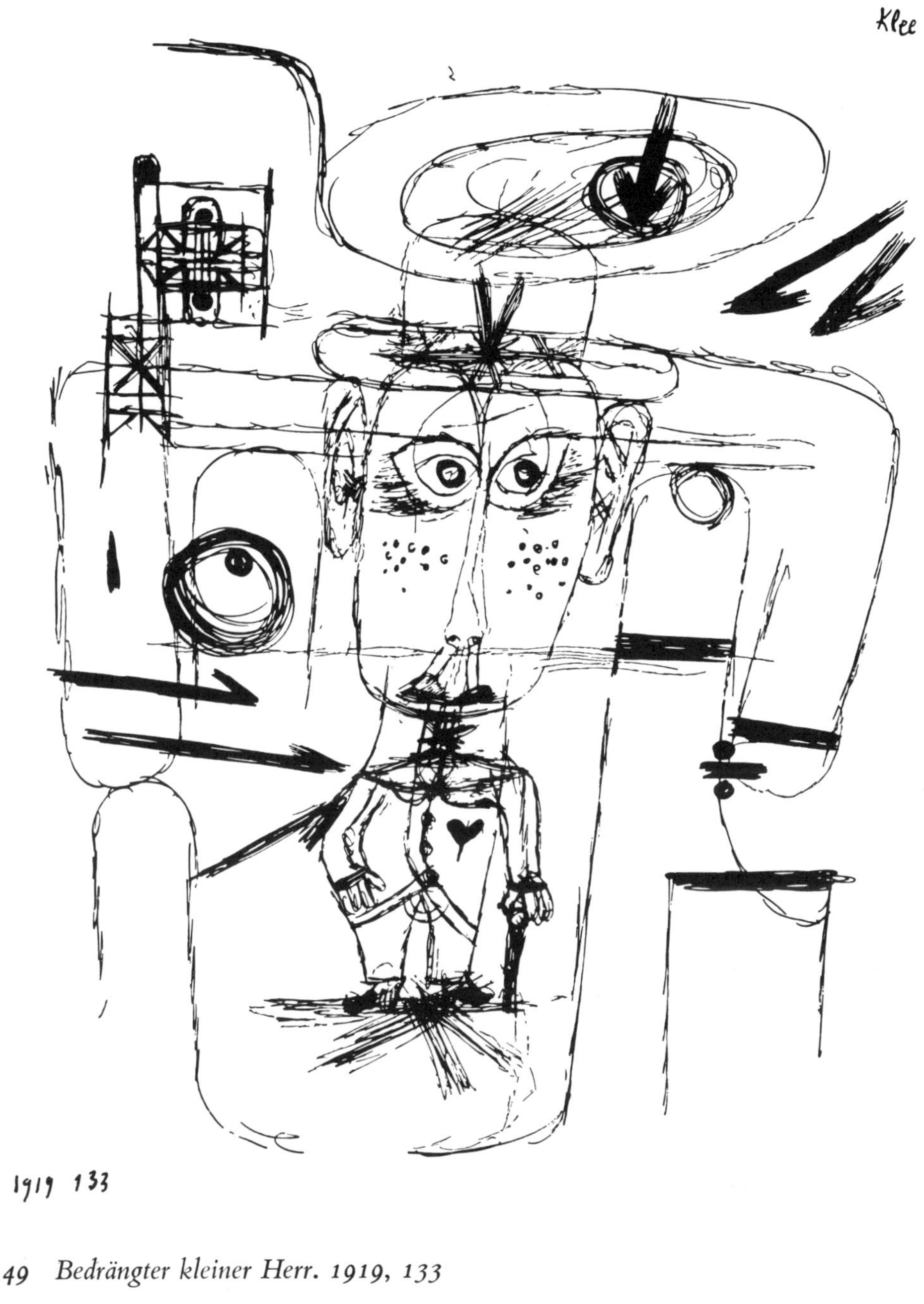


49 *Bedrängter kleiner Herr.* 1919, 133

burg mich müde fühlte und viel Gepäck hatte, ging ich hier ins Hotel. Um halb sechs Uhr ließ ich mich nach sechs Stunden guten Schlafens wecken und benutzte den traurig stimmungsreichen Arbeiterzug nach dem Flugplatz. Um sieben Uhr früh war ich am Ort, ohne Beschwerden und gut ausgeruht. Der Samstag ging vorüber, und den heutigen Sonntag malte ich ganz in meinem Sinn ohne Unterbrechung. Zwei bis drei mehr pathetische Stücke wurden sozusagen fertig, und etliche andere bereitete ich vor für den Fall, daß mich bald wieder ein solcher Trieb befällt.

Der Zahlmeister ist noch da, von einer Veränderung hat er nichts mehr gehört, doch traue ich nicht ganz. Gut, daß ich eben weg war, denn jetzt ist vollständige Urlaubssperre bis 6. November.

Ich genieße die Vorteile meiner neuen Unterkunft. Das Essen war wenigstens heute nicht übel, und abends röstete ich mir, statt auszugehen, Kartoffeln auf dem Büro-Ofen. Etwas Klosterhaftes hat das Ganze, um nicht das Wort Hotel zu gebrauchen. Mittags las ich als kleine Unterbrechung im Robinson, das Buch paßt jetzt besonders gut zu mir. Diese Dichtung und meine Wirklichkeit berühren sich in vielem.

1130 30. 10. Österreich und der Türke funktionieren gut. Ich bin ganz gehobener Stimmung. Nur hoffe ich, daß sich die Spannung bald löst, weil man sich von dieser Weltgeschichte zu sehr verweltlichen läßt.

Meine Aquarelle, sechs an der Zahl, habe ich schon hier aufgezogen und dabei meinen Karton aufgebraucht (und den ärarischen Kleister).

Robinson zu Ende, im Verlauf weniger geistiger bei zunehmender Handlung. Aber immer noch sehr gut.

Was für ein Moment, wie jetzt das Reich so ganz allein dasteht, bis an die Zähne bewaffnet und doch so hoffnungslos! Ob wohl auch die Hoffnung, daß nach innen Würde bewahrt werden möge und daß der Schicksalsgedanke über den alltäglichen Atheismus die Oberhand behalten werde, zerschellen wird? Gelegenheit zu einem Exempel, wie ein Volk seine Katastrophe ertragen soll, hätten wir ja jetzt. Wenn aber die Massen aktiv werden, was dann? Dann wird es sehr gewöhnlich zugehen, es fließt Blut, und was noch schlimmer ist: es gibt Prozesse! Wie banal!

Zur Zeit scheint ja noch alles ruhig.

*50. Badeleben. 1919, 28*

1131 3. 11. «Mein geliebter Felix, ich danke Dir für den lieben Brief. Leider konnte ich diesmal nicht kommen, auch nicht auf Schleichwegen. Es ist vollständige Urlaubssperre, auch nach Augsburg. Wie lange, weiß ich nicht, und Gründe werden ja nie bekanntgegeben. Vielleicht Grippe, vielleicht Unterbindung des Verkehrs, damit der Geist der Revolution nicht allgemein wird. Man kann jetzt gar nicht mehr mit den gewohnten Verhältnissen rechnen. Außerdem nimmt die alte Soldatenherrlichkeit ja sicher bald ein Ende, und wer dann heil nach Haus kommt, kann froh sein. Mit des Zahlmeisters Versetzung wird es jetzt auch ernst, es fehlt nur der Nachfolger. Alles schreit förmlich nach dem Ende.

Am Freitagnachmittag habe ich wieder gut für mich arbeiten können und es entstanden zwei Aquarelle. Der Aufsatz über Graphik, den ich für ein Buch schreibe, ist nun auch fast fertig. Du kannst der Mama sagen, daß Walden das Geld für die Verkäufe im Reich und für die dreißig Radierungen auf das Bankkonto angewiesen hat und daß sie dann sofort die Rechnung für die Drucke bezahlen möge sowie auch die bisherige Rechnung für die Rahmen, damit nichts anwächst. An den Verlag Müller, der von mir Illustrationen verlangt (Curth Korinth, Potsdamer Platz), habe ich auch geschrieben. Herzlichst grüßt Dich und die Mama, Dein Vater.

P. S. Heut esse ich Gockelfleisch, das für Euch bestimmt war; es wird im Offizierskasino gebraten, von einem Chef des Hotels Drei Mohren in Augsburg. So hab' ich wenigstens einen Trost. Brot schicke ich Euch dann per Post.»

5. 11. Felix schrieb abermals einen ganz historischen Brief revolutionären Geistes. Ich las ihn in der Kassenverwaltung vor. Die Sperre scheint aufgehoben. Also Samstag! Höchste Zeit: nix Tabak.

1132 14. 11. Ich hatte einen deutlichen Grippeanfall, bekam vorgestern Fieber und Husten. Eine phantasievolle Nacht machte mich aber wieder gesund. Es war zu deutlich, daß es ausbrechen wollte und nicht konnte.

Nach den Wirren des Umsturzes, wo niemand was anderes tat als schimpfen, ist jetzt wieder Dienst wie sonst. Verschiedene Feldtruppenteile sind gemeldet, auch die ganze Fliegerschule 2, Speyerdorf (Pfalz). Dann Feldfliegerabteilungen, Bogohls usw. Das wird nicht schön, aber lebhaft werden.

19. 11. Mit dem Siebenuhrfünfundvierzig-Schnellzug (früh) sehr gut gereist, in Augsburg ein kräftiges warmes Frühstück bekommen, mich dann in Ruhe

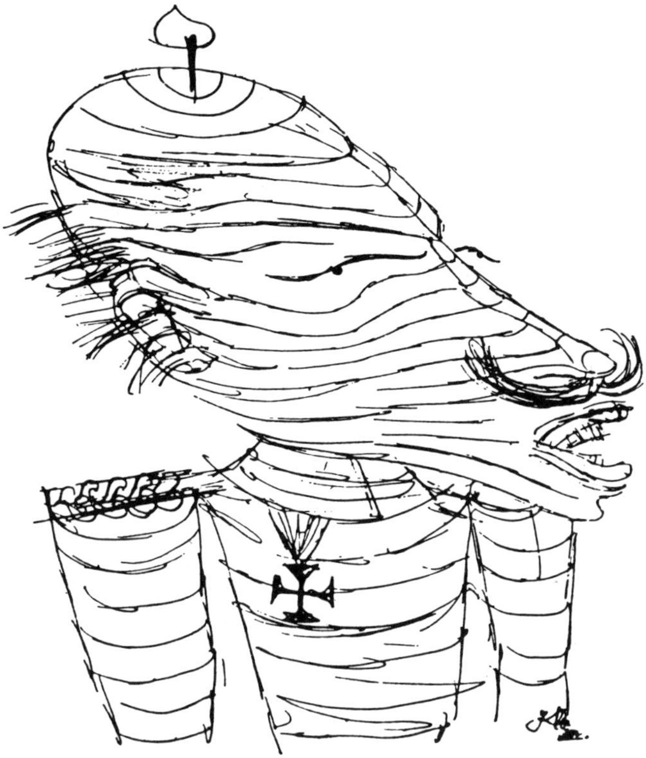

51 *Der schimpfende Kaiser Wilhelm. 1920, 206*

wieder maskiert und den Marsch in sonniger, leicht beschneiter Landschaft gemacht. Hier dann großer Betrieb ankommender Feldfliegerabteilungen. Haarsträubende Erzählungen vom Zusammenbruch draußen. Doppelt friedlich ist nun meine kleine Bude mitten in dem Durcheinander.

Der Soldatenrat gibt jetzt zur Löhnung hinzu täglich drei Mark. Ausgeben kann man kaum etwas, also wird man reich.

1133 2. 12. Gut gereist, bei Riegele eine Schweinshaxe verspeist. Dann das Lastauto der Schule erspäht und damit hinausgefahren. Der Müllerverlag wird mich demnächst reklamieren. Gesuch Nr. 1 (es wird nicht das letzte sein). Es demobilisieren wieder neue Abteilungen vom Feld, das bringt viel Unruhe mit sich und auch manche spezifische Zahlmeisterarbeit. Fremde Zahlmeister gehen aus und ein, lesen die tollen neuen Verordnungsblätter, schimpfen, leihen Geld bei uns, usw.

1134 10. 12. Wie gewohnt gut angekommen, das übliche Frühstück in Augsburg. Dann fuhr ich mit Roß und Wägelchen bis in den Ort Gersthofen und ging von da noch die halbe Stunde zum Flugplatz. Die Hoffmann-Lektüre fortgesetzt. Dienstliche Arbeit nur mehr ganz mechanisch. Lange mag ich nicht mehr. Eine hübsche Ausgabe von Des Knaben Wunderhorn könnte ich brauchen. Bei der Kunst ist das Sehen nicht so wesentlich wie das Sichtbarmachen.

12. 12. Heute ist der Arbeitsgeist womöglich noch geringer.

16. 12. «Meine geliebte Lily. Gut angekommen, diesmal ganz zu Fuß, schadet aber bei mildheiterem Wetter gar nichts. Heute bekomme ich eine G. K. V. zu Gesicht, wonach Zahlmeisterpersonal bis auf weiteres zurückzuhalten sei. Das ändert aber an meinem Plan nichts. Ich handle nach innerem Befehl; denn jetzt heißt es rücksichtslos für sich sorgen; mit großem Interesse male ich mir die Folgen meines und Zahlmeisters Abgangs von hier aus. Der Doktor wird sich nach uns sehnen. Die Hilfsdienstkinder werden weinen. Aber diesmal wird es sich lohnen, der inneren Stimme zu folgen, das weiß ich. Das Schicksal hat ja gesprochen, und es hat bei diesem Riesenkrach keinen Sinn mehr, einem kleinen Posten treu bleiben zu wollen. Mit Grazie will ich's aber machen, nicht grob durchbrennen. Brav Weihnachtsurlaub aus der Hand der Herren Räte nehmen, und dann ... à la Leporello ... Dein Paul.»

«Der Soldat der Bayrischen Fliegerschule 5 bittet um seine baldmöglichste Entlassung und Anforderung eines Zahlmeisteranwärters. (Jahrgang 1879). Derselbe würde durch weitere Zurückhaltung beim Heer dadurch u. U. großen Schaden erleiden, daß in Aussicht stehende Berufungen, u. a. als Lehrer an eine Kunstschule in Berlin und als künstlerischer Berater an ein modernes Theater in München, durch anderweitige Besetzung für ihn nicht verwirklicht werden könnten. In seiner Eigenschaft als Familienvater fühlt er sich verpflichtet, den Soldatenrat auf diese Umstände aufmerksam zu machen und denselben zu bitten, durch baldmögliche Anforderung eines Zahlmeisteranwärters diesem Mißstand abzuhelfen. Gefreiter Paul Klee.»

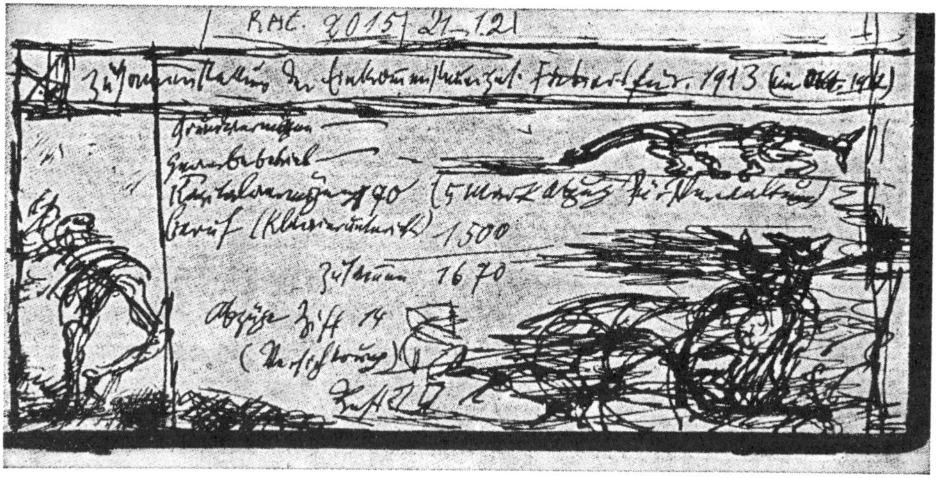


Im vierten Tagebuch berichtete Paul Klee von seinen Militär-Transportreisen in den Westen. Jeweils nach Schilderung des Unternehmens legte er die Ereignisse gekürzt in Briefzitaten an seine Frau nieder. Um den Leser nicht nochmals mit zum Teil ähnlichen Formulierungen in die gleiche Materie zurückzuführen, kamen Verlag und Herausgeber überein, auch hier ohne Doppelspurigkeit eine einheitliche Linie zu wahren und die Reiseberichte in ihrem wesentlichen und wichtigen Inhalt zusammenzufassen.

AHNENTAFEL

Peter Klee (Taglöhner) ○ Barbara Klee geb. Rauch

Carl August Göbel (Lehrer und Kantor) ○ Anna Barbara Göbel geb. Hofmann

Samuel Riedtmann (Provisor) ○ Rosina Margreth Riedtmann geb. Schweizer

Johann Peter Klee (Oberschreiber und Rendant) * 1828 ○ (1848) Elise Klee geb. Göbel *1825 † 1888

Heinrich Franz Frick * 1806 (Absinthfabrikant) ○ Anna Catherina Rosina Frick geb. Riedtmann * 1817 in Basel † 1884 in Bern

Hans (Johann) Wilhelm Klee * 1849 in Tann in der Rhön † 1940 in Bern (Musiklehrer am staatlichen kantonal-bernischen Lehrerseminar) ○ (1875) Marie Ida Klee geb. Frick * 1855 in Besançon † 1921 in Bern (Sängerin)

Mathilde Klee * 1876 in Walzenhausen † 1953 in Bern (Sprachlehrerin)

Ernst Paul Klee * 1879 in Münchenbuchsee bei Bern † 1940 in Muralto-Locarno (Kunstmaler) ▷

*Paul Klees Familienabstammung*

(1875)

Dr. Ludwig Karl August Stumpf
* 1846 in München
† 1923 in Wiessee
(Arzt)

Marie-Anna Luise Caroline Hermine Stumpf geb. Pohle
* 1847 in Schwerin
† 1893 in München

(1906)

Lily (Karoline Sophie Elisabeth) Klee geb. Stumpf
* 1876 in München
† 1946 in Bern
(Klavierlehrerin)

Felix Paul Klee
* 1907 in München
(Regisseur)

(1932)

Efrossina Klee geb. Gréschowa
* in Kostur (Mazedonien)
(Sängerin)

Aljoscha (Alexander) Klee
* 1940 in Sofia (Bulgarien)

# ERINNERUNGEN

Der Herausgeber der vorliegenden vier Tagebücher Paul Klees möchte dessen Lebensgeschichte mit dem Jahre 1918 ungern beschließen. In verschiedenen biographischen Werken über meinen Vater wird der Leser sein Leben bis zuletzt sehr genau verfolgen können. Trotzdem fand ich es besser, den Bogen zu schließen, wenn auch aus meiner subjektiv-familiären Bindung heraus betrachtet, und den Lebenslauf meines Vaters Paul Klee vom Jahre 1918 bis 1940 zu Ende zu skizzieren. Um diese restliche Zeit nun besser überblicken zu können, teile ich sie in fünf Perioden ein:

A: 1918–1921: München;
B: 1921–1926: Weimar;
C: 1926–1933: Dessau;
D: 1933: Düsseldorf;
E: 1933–1940: Bern.

A. So, als ob es sich vor kurzem ereignet hätte, erinnere ich mich an den Dezember 1918, als mein Vater in feldgrauer Uniform vor dem Weihnachtsfest in unsere kleine, bescheidene und dunkle Schwabinger Wohnung heimkehrte. Für ein Kind ist Weihnachten ja stets etwas sehr Wichtiges. Meine Mutter schloß sich geheimnisvoll ins Musikzimmer ein, wo es vor der Bescherung verdächtig raschelte, und mein Vater war glücklich, endlich von allem äußeren Zwang befreit, geruhsam mit seiner Familie seinen 39. Geburtstag und das Christfest feiern zu können. An der zu langen Gaslampe wurde das rote Geigenhalstuch als warnender Wimpel vor Zusammenstößen aufgehängt; meine Mutter saß glückstrahlend am Flügel, flankiert von zwei kugelrunden Petroleumlampen, der Vater packte seine Testore aus, stimmte das Instrument mit dem Klavier überein, und beide musizierten zur Feier des Tages und der Freiheit Bachsche und Mozartsche Sonaten. Die einzigen Zuhörer waren der Herausgeber sowie der übermäßig große Tigerkater Fritzi.

Im Frühjahr 1919 erreichte die revolutionäre Spannung in München ihren Höhepunkt. Doch all die bewegenden Ereignisse konnten die Ruhe meines Vaters nicht erschüttern. Er bereitete ja seine eigene Revolution vor und mietete sich zur Durchführung derselben einen großen Atelierraum im spätbarocken Schlößchen «Suresnes» in der Werneckstraße 1. Die Umgebung des verlotterten Palais mit seinem noch mehr verwahrlosten Park regte meinen Vater besonders an: hier konnte er sich endlich auf herrliche neue Werke konzentrieren, so sehr, daß er nicht einmal bemerkte, wie Ernst Toller Wand an Wand von Hans Reichel vor der siegreichen weißen bayrischen Soldateska wochenlang versteckt gehalten wurde. Ganz in seine ureigenste Welt versponnen, lebte Klee fortan nur für seine Kunst, ihr von frühester Stunde an bis Mitternacht dienend. In unserem Heim kamen alte und neue Freunde der Familie zusammen, und wenn nicht gerade musiziert wurde, so zeichnete mein Vater in jedem Trubel im kleinen Wohnzimmer ein schönes Blatt nach dem anderen. Die asthmatische Gasbeleuchtung wurde durch eine grelle, zischende und fauchende Karbidlampe ersetzt. Ausstellungen wurden in dieser lebendigen Zeit veranstaltet, Bilder verkauft, und es waren gleich drei Bücher über Klee in Vorbereitung. Gewiß freute sich mein Vater über diesen Erfolg, ohne daß er ihm jemals zu Kopf stieg. Paul Klee blieb stets der gleiche, einfache, bescheidene, zufriedene – und in der Familie sehr humorvolle – Mensch, der nur einer Sache fanatisch diente: seiner Kunst.

Herrlich war für uns die Ferienzeit, die wir zum erstenmal nicht in Bern verbrachten, sondern in einer gemieteten Wohnung in Possenhofen. Neben Malen und Kochen beschäftigte sich mein Vater sehr intensiv mit Fischen. In unendlicher Ausdauer holte er Eitel, Bürschling, Rotaugen und sogar Schleien aus dem See. Die großen Exemplare waren für uns, die kleinen für Fritzi bestimmt. Und sonntags flüchteten wir uns oft vor vielen unangemeldeten Münchner Besuchen in das einsame Moorgebiet um den Maisinger See und bewunderten dort die vielen wildwachsenden Orchideen.

B. Im Herbst 1920 lebte ich allein in unserer Münchener Wohnung. Meine Eltern besuchten gerade in Ascona ihre russischen Freunde Alexej von Jawlensky und Marianne von Werefkin. Da läutete der Telegraphenbote und brachte die Berufung meines Vaters als Lehrer an das Staatliche Bauhaus in Weimar. Nachdem eine geplante Professur an der Stuttgarter Akademie am

Widerstand der Maler gescheitert war, sagte Klee um so lieber dieser Ehrung zu. Da er zunächst in Weimar keine Wohnung fand, fuhr mein Vater je zwei Wochen eines Monats an den neuen Wirkungsort. Er erhielt am Bauhaus im zweiten Stock zwei entzückende Atelierräume, in denen er sich inmitten einer gleichgesinnten Arbeitsgemeinschaft ausnehmend wohl fühlte. Seine künstlerische Entwicklung schlug neue und bedeutsame Wege ein. Zudem entwickelte Paul Klee, wie sein Vater Hans, ein ausgesprochen pädagogisches Talent, was sich fruchtbringend in einem dreizehn Jahre dauernden Unterricht auswirken konnte. Im Herbst 1921 zogen wir in unsere neue Vierzimmerwohnung um: Am Horn 53, erster Stock. Den täglichen Weg vom Heim zur Arbeitsstätte und umgekehrt ging der Meister mit dem Lehrling Klee oft gemeinsam zu jeder Tages- und Jahreszeit durch den romantischen Park. Welch herrliche Naturbeobachtungen vermittelte mir dabei mein Vater! Besonders hatte es ihm die Vogel- und Blumenwelt angetan. Wir marschierten an den Windungen der sanft fließenden Ilm täglich am Dessauer- und Schlangenstein oder am Borkenhäuschen, an Goethes Gartenhaus und am Euphrosynenstein vorbei. Nach der geliebten Großstadt München lebten wir uns fast klösterlich und etwas mühsam in die Kleinstadt Weimar ein; gemieden und verspottet von der Einwohnerschaft, hatten wir jedoch in den vielen Schlössern, Museen und dem Nationaltheater manche geistige Anregung erhalten. Eine erste Hitlerwelle fegte im Frühjahr 1925 das Bauhaus mit einem Federstrich aus der Stadt. So schnürten wir wieder einmal unser Bündel und wanderten zum nächsten Ort.

C. Mein Vater stellte uns einmal eine Scherzfrage, ob wir die enharmonische Verwechslung von Dessau wüßten? «Cisschwein» lautete seine schmunzelnde Antwort. Inmitten von trüben Industrieanlagen (Zucker, Gas, Agfa, Junkers) döste diese kleine Residenzstadt ihren Dornröschenschlaf. Ein mutiger Stadtvater lotste das ganze Weimarer Bauhaus nach dort, erstellte den Kunstrevolutionären eine herrliche Schule und jedem Meister extra eine Villa mit Atelier und acht Zimmern. Im Juli 1926 zogen wir in «unser» Haus Burgkühnauerallee 7, welches lieblich in einem Kiefernhain lag. In der Übergangszeit wohnte mein Vater bei Kandinskys in Untermiete, um wieder abwechslungsweise einen halben Monat am neuen Bauhaus zu unterrichten. An die Stadt konnten wir uns nie gewöhnen; einzig versöhnend waren neben dem manierlich gewordenen Bauhaus die aufstrebende Gemäldegalerie, das traditionsbewußte und lebendige Friedrichtheater, wie die wunderbare Umgebung der Stadt mit ihren beiden mächtigen Flüssen und den vielen Parkanlagen. Nur eine halbe Stunde entfernt, entdeckten wir ein wahres Wunder der Gartenbaukunst: Wörlitz. Der Alte Dessauer legte den Park an, und es verging kein Monat, in dem Klee nicht zwischen Floratempel, dem Kletterfelsen und dem künstlichen Vesuv promenierte. Mein Vater fühlte sich in seinen neuen vier großen Wänden sehr glücklich, Mauer an Mauer neben seinem Freunde Kandinsky wohnend. Hier konnte sich in idealem Wettbewerb seine Kunst in folgerichtiger Weiterentwicklung bis zur Vollendung steigern. Eine Reise Klees nach Ägypten im Dezember 1928 möchte ich nicht unerwähnt lassen. Sie bildete nach der ersten Tunisfahrt eine sehr gewichtige Rolle in der reichen Thematik seiner Bildwelt. Einer Berufung als Professor an die Düsseldorfer Kunstakademie sah mein Vater wohlwollend entgegen. Der sich stets wiederholende Unterricht am Bauhaus langweilte meinen Vater letzten Endes etwas. Er sehnte sich mehr nach der ‚Ruhe‘ eines Akademiebetriebes, nur umgeben von einer Schar Meisterschüler. So löste er seine Bindung zum Bauhaus, reiste wieder vierzehntäglich zwischen Dessau und Düsseldorf, hatte in beiden Städten zwei herrliche Arbeitsräume und freute sich jedesmal auf die unvollendeten ‚Kinder‘ welche sich in der entfernteren Werkstatt befanden. Das westlich pulsierende Leben der gepflegten, aufstrebenden Rheinstadt behagte Klee außerordentlich. Er fand es sogar mit Paris verwandt, und die prickelnde Atmosphäre befruchtete seine Produktion ganz nach der leichten, schwerelosen Seite hin. Die einzige Schwierigkeit fand Klee in der leidigen Wohnungsfrage. Er konnte und konnte sich nicht zu einer Wahl entschließen. Sehr spät, nämlich am 1. Mai 1933, bezogen meine Eltern eine Siebenzimmervilla in der Heinrichstraße 36.

D. Der restliche Aufenthalt in Düsseldorf mit der ganzen Familie war reichlich überschattet von den Ereignissen der ‚Machtübernahme‘. Eine peinliche Hausdurchsuchung durch die SA in Dessau und die fristlose Entlassung von der Kunstakademie waren für Klee Anlaß genug, sich in ein kleines Arbeitszimmer seiner neuen Wohnung zurückzuziehen. Wie recht hatte meine Mutter, meinen Vater zur Übersiedlung nach Bern zu überreden. Doch die Vorbereitung zum Umzug wickelte sich langsamer ab als vorgesehen. Erst kurz vor

Weihnachten erfolgte die Auswanderung in Klees eigentliche Wahlheimat. Er sollte sein einstmals geliebtes Deutschland nicht mehr betreten. Doch lassen wir meinen Vater besser in einem Brief über diese letzten Stunden berichten:

«Schadowkeller, den 22. Dezember 1933.
Lieber Felix, liebe Phroska,
ich bin jetzt ausgeräumt. Morgen abend verlasse ich wahrscheinlichst diesen Ort. Es kommen dann die schönen Weihnachtstage, wo in jedem Kindskopf Glocken läuten. Ich bin in den letzten Wochen etwas älter geworden. Aber ich will nichts von Galle aufkommen lassen, oder nur humorvoll dosierte Galle. Das gibt's bei Männern leicht. Frauen pflegen in solchen Fällen der Tränen...»

E. Die erste Zeit fand Klee bei seinem Vater am alten Familiensitz im Obstberg Zuflucht, mietete dann provisorisch eine möblierte Wohnung am Kollerweg und im Frühjahr 1934 eine geräumige Dreizimmerwohnung in der Elfenau, am Kistlerweg 6. Wieder mußte mein Vater in einem kleinen Logis leben, wie einst beim Münchner Beginn. In einem mittelgroßen Raum – ein Fenster nach Süden und die Balkontür nach Osten – wurde das Atelier eingerichtet. Zunächst gestaltete sich das Leben in der freiheitlichen Atmosphäre der Schweiz recht angenehm. In genauer Tageseinteilung malte, kochte und musizierte Klee. Die Bilder wiesen einen stärkeren Impuls als früher auf, bis dem Schaffensdrang meines Vaters eine heimtückische Hautkrankheit im Jahre 1935 einen Riegel vorschob. Von dieser, aus einer Masernerkrankung sich rekrutierenden Sklerodermie sollte Klee sich nicht mehr erholen. Ein fünf Jahre dauernder Kampf des Körpers, nur mit dem eisernen Willen des Geistes hinausgezögert, hatte auf seine immer mehr sich steigernde und vehementere Produktion seiner Werke nur wenig Einfluß. Wenn auch der Arzt das Geigenspiel und das Rauchen verbot und Klee immer mehr vom Dämon der Arbeit besessen war, dominierte schließlich der Zerfall seines Körpers. Anfang Mai 1940 suchte mein Vater in einem Tessiner Sanatorium Erholung, doch seine Kräfte verfielen zusehends, und er sollte von dort nicht mehr zurückkehren. In den frühen Morgenstunden des 29. Juni schlummerte er sanft in ein ferneres Reich hinüber. Im Krematorium Lugano wurden seine sterblichen Überreste den Flammen übergeben.

Wenn wir an einem so schönen Herbsttag wie heute zum Grab der Eltern spazieren, dann erinnere ich mich in der ländlichen Ruhe des Schoßhaldenfriedhofs an die restlos glückliche Zeit der eigenen Kindheit. Gelbe und weiße Astern, Begonien und Rosen sind um die Urne meines Vaters gepflanzt. Und wir entziffern die Grabinschrift der großen Steinplatte:

HIER RUHT DER MALER

PAUL KLEE

GEBOREN AM 18. DEZEMBER 1879

GESTORBEN AM 29. JUNI 1940

DIESSEITIG BIN ICH GAR NICHT FASSBAR

DENN ICH WOHNE GRAD SO GUT BEI DEN TOTEN

WIE BEI DEN UNGEBORENEN

ETWAS NÄHER DER SCHÖPFUNG ALS ÜBLICH

UND NOCH LANGE NICHT NAHE GENUG

# Abbildungsverzeichnis

1 Lebenslauf
2 Das Karussell. 1889 (10 Jahre). Zeichnung 11 x 14 cm
3 Dorndreher oder Neuntöter. 1894. Zeichnung aus dem Zoologieheft. 19 x 12,3 cm
4 «Aus Rothenburg an der Tauber». Dezember 1896. Zeichnung. 12,8 x 8,7 cm. Felix Klee, Bern
5 Zeichnung aus dem Mathematikheft, etwa 1896. Felix Klee, Bern
6 Zeichnung aus dem Mathematikheft, etwa 1896. Felix Klee, Bern
7 Bleistiftstudie bei Knirr. 1899. Klee Stiftung, Bern
8 Zwei Männer, einander in höherer Stellung vermutend, begegnen sich (Invention 6) 1903, 5. Radierung, Zinkätzung. 11 x 19 cm. Klee Stiftung, Bern
9 Jüngling auf Leier gestützt. 1905, 33. Bleistift. 10,8 x 4,5 cm. Klee Stiftung, Bern
10 Katze, 1905. Bleistiftskizze
11 Bildnis meines Vaters. 1906, 23. Hinterglasbild. 31 x 28,5 cm. Felix Klee, Bern
12 Männlicher Kopf, Zigeunertypus. 1906, 4. Bleistift. 5,7 x 6,1 cm. Klee Stiftung, Bern

13 Akt in der Malschule. 1906, 30. Bleistift 11 x 13 cm. Klee Stiftung, Bern
14 Auguren im Gespräch. 1906, 33. Bleistift. 21,5 x 17 cm. Klee Stiftung, Bern
15 Zwei Tanten, Akte mit Hauben. 1908, 14. Feder. 14,2 x 12 cm. Bernhard Sprengel, Hannover
16 Mädchen und kleiner Knabe am Boden. Einfache Konturen, 1908, 31. Bleistift. 7,1 x 12,5 cm Klee Stiftung, Bern
17 Selbstzeichnung zu einem Holzschnitt. 1909, 39. Federzeichnung. 13 x 14,5 cm. Felix Klee, Bern
18 Bildnis meiner Schwester im Profil. 1909, 24. Tuschzeichnung. 20,2 x 26,4 cm. Klee Stiftung, Bern
19 Lektüre auf dem Bette. 1910, 13. Tusche-Feder. 12,1 x 22,4 cm. Klee Stiftung, Bern
20 Karikatur eines Möbels. 1910, 15. Tusche-Feder. 22,4 x 25,7 cm. Klee Stiftung, Bern
21 Junger Mann ausruhend (Selbstporträt) 1911, 42. Tusche und Pinsel. 14 x 20 cm. Rolf Bürgi, Bern
22 Szene im Restaurant. 1911, 89. Zeichnung. 13 x 23 cm. Felix Klee, Bern
23 Candide, Kap. 7. 1911, 63. Tusche-Feder. 16 x 24 cm. Klee Stiftung, Bern
24 Harlekinade. 1912, 84. Tusche-Feder. 6 x 14,5 cm. Klee Stiftung, Bern
25 Gute Unterhaltung. 1913, 84. Feder. 15 x 12 cm. Alex Vömel, Düsseldorf
26 Schwestern. 1913, 140. Tusch-Zeichnung. 12,4 x 9,8 cm. Klee-Stiftung, Bern
27 Die betrübten Polizisten. Cop. 1913, 54. Feder. 28,5 x 22 cm. Felix Klee, Bern
28 Die fliehenden Polizisten. 1913, 55. Tusche-Feder. 19,5 x 15,5 cm. Klee Stiftung, Bern
29 Flucht nach rechts, abstrakt. 1913, 158. Tusche-Feder. 14,2 x 10,4 cm. Klee Stiftung, Bern
30 Kritiker. 1914, 207. Feder. 16 x 15 cm. Felix Klee, Bern
31 Jerusalem meine höchste Wonne. 1914, 161. Feder. 19 x 18,5 cm. Siegfried Rosengart, Luzern
32 Mittelalterliche Stadt. 1914, 15. Feder. Bernhard Sprengel, Hannover
33 Instrument für neue Musik. 1914, 10. Feder. 17 x 17 cm. Felix Klee, Bern
34 Tod auf dem Schlachtfeld. 1914, 172. Feder. 9 x 17,5 cm. Felix Klee, Bern
35 Kriegshafen. 1915, 10. Feder. 10,5 x 20 cm. Felix Klee, Bern
36 Abstrakte Höhenarchitekten. 1915, 232. Feder. 16,5 x 11,5 cm. Felix Klee, Bern
37 Spiritistische Katastrophe. 1916, 32. Lavierte Tuschzeichnung. 7,3 x 15 cm. Klee Stiftung, Bern
38 Ohne Titel (Landschaft und Fische). 1916, 1. Feder. 6,5 x 16,5 cm. Felix Klee, Bern
39 Turm am Meer. 1917, 160. Tusch-Zeichnung. 9,2 x 13,7 cm. Klee Stiftung, Bern
40 Embryonale Abstraktionselemente. 1917, 119. Zeichnung. 19,5 x 14,5 cm. Felix Klee, Bern
41 Zeichnung mit der Fermate. 1918, 209. Feder. 15,9 x 24,3 cm. Klee Stiftung, Bern.
42 Vogelflugzeuge. 1918, 210. Bleistift. 21,7 x 27,4 cm. Felix Klee, Bern
43 Abschied. 1918, 207. Zeichnung. 21 x 7,5 cm. Felix Klee, Bern
44 Versunkenheit (Selbstporträt). 1919, 113. Litho. 24,5 x 18 cm. Klee Stiftung, Bern
45 Reisebild. 1919, 132. Feder. 27,5 x 22 cm. Felix Klee, Bern
46 Zwei mal Vierzehn. 1918, 49. Feder. 11 x 22 cm. Felix Klee, Bern
47 Die Unerlösten. 1918, 189. Feder. 15,5 x 25 cm. Felix Klee, Bern
48 Künstlerbildnis (Selbstporträt). 1919, 260. Feder laviert. 23 x 13,5 cm. The Passadena Art Institute, Californien
49 Bedrängter kleiner Herr. 1919. 133. Feder. 27,5 x 22 cm. Felix Klee, Bern
50 Badeleben. 1919, 28. Feder. 26 x 17 cm. Felix Klee, Bern
51 Der schimpfende Kaiser Wilhelm. 1920, 206. Feder. 18,5 x 20,5 cm. Felix Klee, Bern

# DUMONT Dokumente: Gesamtübersicht

Albus, Volker / Borngräber, Christian
**DesignBilanz**
Das neue deutsche Design der 80er Jahre in Objekten, Bildern, Zahlen und Texten

Baumeister, Willi
**Das Unbekannte in der Kunst**

Baumgart, Fritz
**Stilgeschichte der Architektur**

Boulboullé, Guido / Zeiss, Michael
**Worpswede**
Kulturgeschichte eines Künstlerdorfes

Braunfels, Wolfgang
**Abendländische Klosterbaukunst**

Braunfels, Wolfgang
**Abendländische Stadtbaukunst**
Herrschaftsformen und Baugestalt

Braunfels, Wolfgang
**Kleine italienische Kunstgeschichte**

Held, Heinz-Georg
**Engel**
Geschichte eines Bildmotivs

Held, Jutta / Schneider, Norbert
**Sozialgeschichte der Malerei**
vom Spätmittelalter bis ins 20. Jahrhundert

Hofmann, Werner
**Nana**
Mythos und Wirklichkeit

Klee, Felix (Hrsg.)
**Paul Klee**
**Tagebücher 1898–1918**

Kiby, Ulrika
**Bäder und Badekultur in Orient und Okzident**
Antike bis Spätbarock

Küppers, Harald
**DUMONT's FARBEN-ATLAS**
Über 5500 Farbnuancen mit Kennzeichnung und Mischanleitung

Küppers, Harald
**Harmonielehre der Farben**
Theoretische Grundlagen der Farbgestaltung

Lucie-Smith, Edward
**DUMONT's Lexikon der Bildenden Kunst**
Begriffe und Stilrichtungen

Maenz, Paul
**Art Deco 1920–1940**
Formen zwischen zwei Kriegen

Murken, Axel Hinrich
**Vom Armenhospital zum Großklinikum**
Die Geschichte des Krankenhauses vom 18. Jahrhundert bis zur Gegenwart

Naredi-Rainer, Paul von
**Architektur und Harmonie**
Zahl, Maß und Proportion in der abendländischen Baukunst

**Emil Nolde Mein Leben**
Herausgegeben von der Stiftung Seebüll Ada und Emil Nolde

Pawlik, Johannes (Hrsg.)
**Goethe Farbenlehre**
Didaktischer Teil
Textauswahl mit einer Einführung und neuen Farbtafeln

Read, Herbert (Hrsg.)/Stangos, Nikos
**DUMONT's Künstler-Lexikon**

# DUMONT Dokumente: Gesamtübersicht

Reuther, Manfred
**Das Frühwerk Emil Noldes**
Hrsg. von der Stiftung Seebüll
Ada und Emil Nolde

Rewald, John
**Die Geschichte des Impressionismus**

Stützer, Herbert Alexander
**Die italienische Renaissance**

Thomas, Karin
**Bis Heute: Stilgeschichte der bildenden Kunst im 20. Jahrhundert**

Vogt, Paul
**Geschichte der deutschen Malerei im 20. Jahrhundert**

Wescher, Herta
**Die Geschichte der Collage**
Vom Kubismus bis zur Gegenwart

Wick, Rainer
**Bauhaus-Pädagogik**

## DUMONT Dokumente – Archäologie

Reden, Sibylle von
**Die Megalith-Kulturen**
Zeugnisse einer verschollenen Urreligion
Großsteinmale in: England – Frankreich – Irland – Korsika – Malta – Nordeuropa – Sardinien – Spanien

## DUMONT Dokumente – Musik

Boehmer, Konrad
**Das böse Ohr**
Texte zur Musik 1961–1991

Klüppelholz, Werner
**Mauricio Kagel 1970–1980**

Klüppelholz, Werner
**Kagel..../1991**

Schnebel, Dieter
**Mauricio Kagel Musik Theater Film**

Schnebel, Dieter (Hrsg.)
**Karlheinz Stockhausen**
Texte zur elektronischen und instrumentalen Musik
Band 1: Aufsätze 1952–1962
zur Theorie des Komponierens

**Karlheinz Stockhausen**
Texte zu eigenen Werken, zur Kunst Anderer, Aktuelles
Band 2: Aufsätze 1952–1962
zur musikalischen Praxis

**Karlheinz Stockhausen**
Texte zur Musik 1963–1970
Band 3: Einführung und Projekte, Kurse, Sendungen, Standpunkte, Nebennoten

**Karlheinz Stockhausen**
Texte zur Musik 1970–1977
Band 4: Werk-Einführung, Elektronische Musik, Weltmusik, Vorschläge und Standpunkte zum Werk Anderer

**Karlheinz Stockhausen**
Texte zur Musik 1977–1984
Band 5: Komposition

**Karlheinz Stockhausen**
Texte zur Musik 1977–1984
Band 6: Interpretation